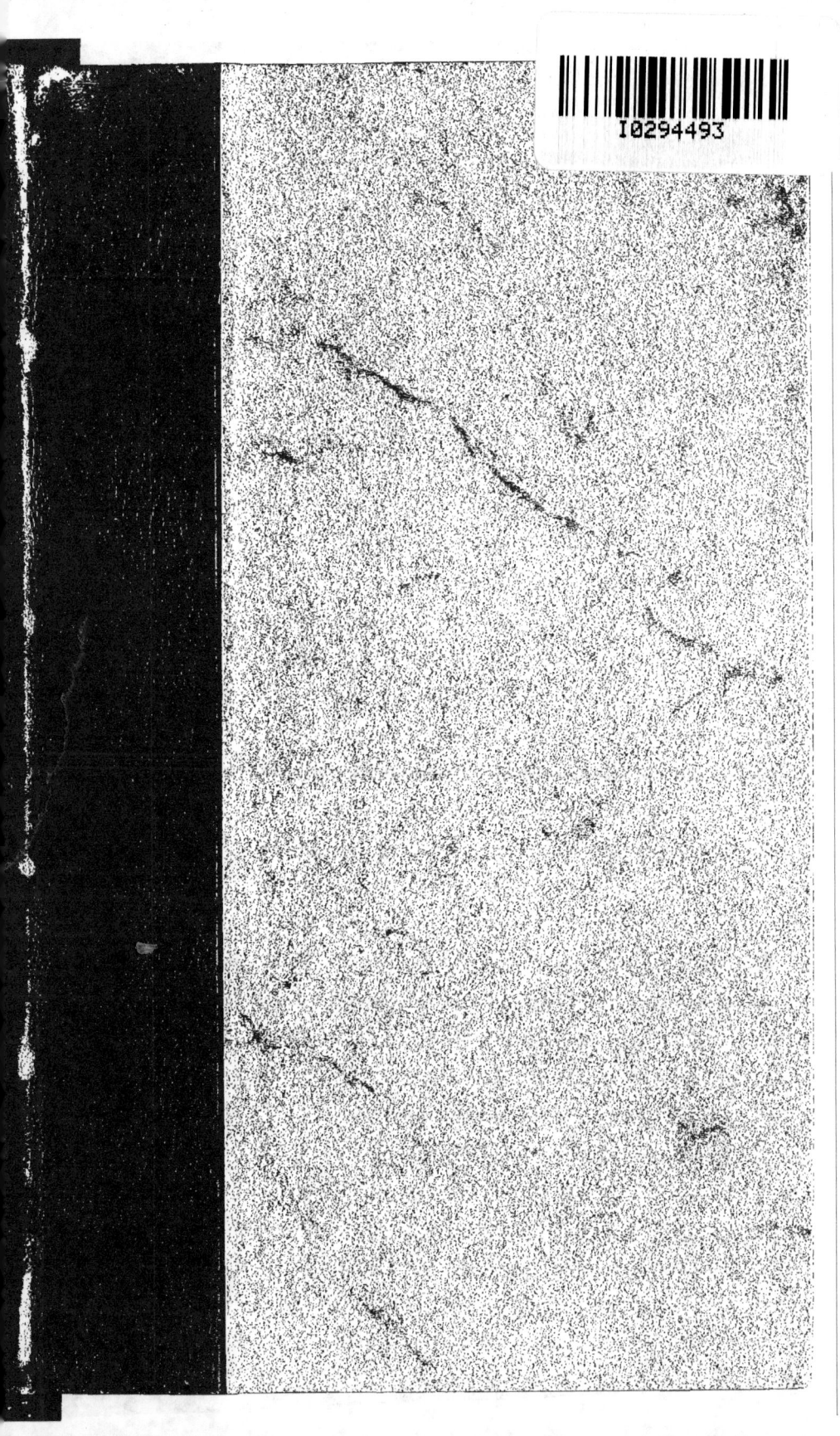

CHOIX
DE
MAZARINADES

A PARIS

De l'imprimerie de Ch. Lahure (ancienne maison Crapelet)
rue de Vaugirard, 9, près de l'Odéon.

CHOIX

DE

MAZARINADES

PUBLIÉ

POUR LA SOCIÉTÉ DE L'HISTOIRE DE FRANCE

PAR C. MOREAU

TOME DEUXIÈME

A PARIS

CHEZ JULES RENOUARD ET CIE

LIBRAIRES DE LA SOCIÉTÉ DE L'HISTOIRE DE FRANCE

RUE DE TOURNON, N° 6

M. DCCC. LIII

EXTRAIT DU RÈGLEMENT.

Art. 14. Le Conseil désigne les ouvrages à publier, et choisit les personnes les plus capables d'en préparer et d'en suivre la publication.

Il nomme, pour chaque ouvrage à publier, un Commissaire responsable, chargé d'en surveiller l'exécution.

Le nom de l'Éditeur sera placé à la tête de chaque volume.

Aucun volume ne pourra paraître sous le nom de la Société sans l'autorisation du Conseil, et s'il n'est accompagné d'une déclaration du Commissaire responsable, portant que le travail lui a paru mériter d'être publié.

Le Commissaire responsable soussigné déclare que l'Édition préparée par M. C. Moreau *du* Choix de Mazarinades, *lui a paru digne d'être publiée par la* Société de l'Histoire de France.

Fait à Paris, le 13 octobre 1853.

Signé RAVENEL.

Certifié,

Le Secrétaire de la Société de l'Histoire de France,

J. DESNOYERS.

CHOIX
DE
MAZARINADES.

Discours sur le gouuernement de la Reyne depuis sa régence [1149].

(1649.)

Il y en a qui se plaignent du Soleil, parce qu'en le regardant fixement, leurs yeux ne peuuent souffrir l'éclat de sa lumière; mais enfin il n'en arrive autre chose sinon que par vne iuste punition les vns en sont aueuglez, et les autres du moins en sont esblouis. Aussi tous ceux qui osent parler ou écrire contre la Reyne, au lieu d'honorer sa vertu, ne doiuent pas moins attendre de leur témérité que d'estre accablez d'une confusion éternelle. Ne pas suiure les loix de sa Soueraine, c'est n'auoir point de prudence; prendre plaisir à contredire ce qu'elle fait, c'est ne pouuoir tempérer ses passions; ne pas vaincre l'auersion intéressée qu'on a pour elle, c'est n'auoir point de générosité; et ne luy rendre pas le respect qu'on luy doit, c'est n'auoir point de justice; et par conséquent les Esprits n'ayant pas toutes ces vertus, on peut dire qu'ils se doiuent plus mettre en peine de corriger leurs crimes que de blasmer l'innocence des autres. Ie sçay qu'ils croyent auoir beaucoup de suiet de se plaindre de ce que la nécessité de la France empesche qu'ils n'ont pas tous ce qu'ils voudroient pour satisfaire à leurs voluptez. Ils ne demandent la Paix sur la terre que pour faire la guerre au Ciel. Ils veulent que toutes choses leur soient sousmises, et ne veulent point reconnoistre de puissance, si ce n'est celle de leurs passions. Si ces personnes iugeoient des choses par connoissance, ils considéreroient que le Roy Henry le Grand laissa la Reyne sa veufue avec la Paix dans son Royaume et beaucoup de millions de liures dans la Bastille, et que le feu Roy son fils a laissé nostre Reyne sa veufue sans argent et auec vne guerre contre l'Empereur, contre le Roy d'Espagne et contre beaucoup de Princes Souuerains leurs alliez. Il est facile de faire bien des choses quand on a de quoy les faire; mais il est impossible de faire beaucoup de choses auec rien. Il est bien aysé de discourir et de iuger de tout; mais il est bien difficile d'exécuter tout ce qu'on se propose. Nous n'aurions que des Saints sur la terre s'il ne faloit parler que de la Piété pour estre sauué. Beaucoup en parlent; et beaucoup ont enuie d'aller au Ciel; mais quand il faut exécuter ponctuellement les loix que Dieu nous a prescrites, c'est où l'on fait bien voir la foiblesse de son âme. Ie sçay que les Esprits qui trouuent à redire à toutes choses, me répondront que cette Princesse a leué beaucoup d'argent sur ses Subiets; mais où voudroient-ils qu'elle en eust pris pour les défendre? N'a-t-elle pas entretenu de puissantes armées en France et fait donner de grandes sommes aux Princes estrangers qui nous ont secourus si puissamment? Et n'estoit ce pas pour les exempter du naufrage qu'elle a distribué ses bienfaits aux Grands afin d'empescher vne guerre Ciuile, que la feue Reyne Mère n'a pu éuiter avec tous les auantages qu'elle auoit? Ils disent que toutes les affaires ne sont pas si bien gouuernées qu'elles le deuroient estre, et que l'argent n'est pas si bien distribué qu'ils le désireroient. C'est ce qui passe ma connoissance; mais quand cela seroit, ie leur auouerois que c'est en cet endroit où les Souuerains feroient de grandes fautes, au cas qu'ils me pûssent prouuer que les particuliers missent vn si bon ordre dans leurs maisons qu'on leur rendist vn fidèle compte de tout ce qui s'y fait. S'il est vray qu'vn particulier qui a douze ou quinze domestiques, ne sçait pas tout ce qui se fait dans sa Maison, comment veulent ils que la Reyne sçache tout ensemble les affaires d'Estat, de la Iustice, de la Guerre, des Finances et le particulier de toutes ces choses? Ceux mesmes qui possèdent quelqu'vne de ces charges, ne sçauent pas comment toutes les autres s'exercent, et quelle adresse il y a pour y profiter iniustement s'ils en ont enuie; de sorte que puisqu'il n'appartient qu'à Dieu de sçauoir tout ce qui se fait, il est asseuré que ceux qui gouuernent les Estats, sont déchargez de leur administration quand ils se seruent de personnes qu'ils croyent estre gens de bien et capables des affaires où ils les employent. C'est pourquoy la Reyne nostre régente ne pouuant pas tout sçauoir, et ne se trouuant pas d'exemple que depuis la création du Monde vne personne ait sceu naturellement toutes choses, on ne doit pas s'étonner de ce qu'elle s'est reposée touchant les affaires de cet Estat sur la conscience et sur la capacité de ceux qui auoient esté établis par le feu Roy son Espoux.

Ils diront encore que cette Princesse pouuoit donner la Paix au commencement de sa Régence, comme s'il eust esté facile de s'accorder auec le Roy d'Espagne qui croyoit que la mort du feu Roy et la ieunesse du Roy son fils luy causeroient le gain de cent victoires. Et puis quand elle l'eust peu faire, ie suis témoin que les Esprits malicieux l'attendoient à ce passage et qu'ils disoient desià qu'estant Espagnole, la Reyne ne manqueroit pas de faire vne Paix désauantageuse auec le Roy son Frère, et qu'en luy rendant toutes les Villes qu'on luy auoit prises, elle rendroit par ce moyen toutes les conquestes de la France inutiles; qu'elle s'entendoit avec sa Maiesté Catholique et qu'elle alloit abandonner l'intérest du François pour faire du bien à son Pays; qu'il faloit se méfier d'elle et que pendant qu'elle estoit en France, son cœur estoit en Espagne. Mais comme ils ont veu que cette grande Princesse n'auoit autre but que la gloire du Roy son fils et qu'elle estoit deuenue Françoise en épousant vn Roy de France, ils sont demeurez dans le silence pour quelque temps. Enfin le Siége de Paris ayant irrité les Esprits, on a pris la licence de parler et d'écrire contre sa Maiesté, sans considérer le respect que les François doiuent à la Mère de leur Roy. Et depuis, la Paix ayant esté conclue auec cette capitale Ville du Royaume, les Démons n'ont pas laissé de tenter encore de certains Esprits de luy continuer leur mauuaise volonté. Paris les comprend dans son enclos sans que ses Citoyens en soient coupables; car en quelque lieu qu'on se trouue en cette grande Ville, on y voit des gens de bien qui après auoir cherché la Paix auec Dieu, ne la cherchent qu'auec leur Roy et qu'auec leur Reyne; et le mesme Dieu qui préside sur les Autels, y distribue ses grâces à tant de personnes qu'on y voit reluire la vertu de tous les costez. Le Clergé s'y emploie à estre le Médiateur de la Terre enuers le Ciel. Le Parlement et les autres Magistrats y rendent la Iustice à tout le monde. La Noblesse y languit en l'absence de son Roy et de sa Reyne [1]. Les Bourgeois n'espèrent point de repos qu'ils ne les voient éta-blis dans leur Ville; et enfin entre le moindre peuple, il y en a beaucoup qui auoüent qu'ils ne peuuent subsister sans leur présence. Il n'y a donc que de certaines gens qui se meslent parmy ce grand nombre, lesquels par vn excès de malice, de foiblesse ou de brutalité ne demandent que le désordre. Les vns parlent ou écriuent pour ce qu'ils n'ont point de part au gouuernement du Royaume; les autres par vne mauuaise inclination et parce qu'ils ne trouuent bien que ce qu'ils font. Il y en a qui tirent de l'argent de leurs Ecrits, et quelques autres qui ne sçauent pourquoi ils font du bruit.

Grande Ville de Paris, la plus Auguste et la plus pompeuse de l'Vniuers, empeschez les désordres de ces Esprits qui veulent troubler encore vostre repos; inuitez-les à vostre imitation à rendre le respect qu'ils doiuent à leur Roy et à leur Reyne. S'ils considèrent ce qui se fait dans leurs maisons et dans leurs Ames, ils seront si empeschez à y établir vn bon ordre que ie crois qu'ils ne penseront plus à vouloir corriger ceux qui les surpassent en vertu aussi bien qu'en condition. Faites leur souuenir qu'ils sont Chrestiens, et par conséquent que leur deuoir est d'adorer vn Dieu auec toutes les puissances de leur âme, d'aimer leur prochain pour Dieu et ne rien haïr pour l'amour de luy; et faites encore ce que vous pour-

---

[1] Le roi est rentré à Paris, le 18 août. La pièce est donc antérieure à cette date.

rez pour leur persuader que s'ils se font iustice à eux mesmes, ils se rendront dignes de leur salut par le mérite du Sang de leur Sauueur. Ie m'asseure alors *que nostre Reyne Très-Chrétienne* voyant que ces âmes qui ont cousté la mort d'vn Dieu sur le Caluaire, seront ainsi changées en des victimes offertes à leur Créateur en sacrifice, oubliera par sa générosité toutes leurs foibles entreprises; et en nous honorant icy de sa présence auec celle du Roy son fils, elle fera naistre vn autre Siècle d'or par la Paix uniuerselle qu'elle nous donnera. Enfin cette grande Princesse nous ayant ainsi comblez de ses faueurs, nous pourrons espérer que Dieu nous comblera encore de ses grâces, et qu'après qu'il nous aura fait iouir icy bas de cette paix tant désirée, il nous fera iouir vn iour dans le Ciel d'vn repos éternel.

Catéchisme des courtisans de la cour de Mazarin [631].

(1649.)

Qu'est-ce que Dieu? — C'est l'autheur de la nature.

Qu'est-ce que le monde? — C'est le grand œuure de Dieu.

Qu'est-ce qu'vn homme de bien? — L'amour des Anges et la haine du Diable.

Qu'est-ce qu'vn pécheur? — L'hostellerie du Démon.

Qu'est-ce qu'vn impie? — Vn démon incarné.

Qu'est-ce qu'vn Prédicateur? — Vn homme dont on croit la parole sans suiure son conseil.

Qu'est-ce qu'vn Moine ? — L'épouuantail des enfans et le mirouer de déuotion.

Qu'est-ce qu'vn Iésuite ? — Vn sage politique qui se sert adroitement de la Religion.

Qu'est-ce qu'vn Roy ? — Vn homme qui est tousiours trompé ; vn maistre qui ne sçait iamais son mestier.

Qu'est-ce qu'vn Prince ? — Vn criminel que l'on n'ose punir.

Qu'est-ce qu'vn Président ? — Vn homme d'apparence graue, dont la parole fait quelquefois tort aux innocens et souuent peur aux coupables.

Qu'est-ce qu'vn ieune Conseiller ? — Vn homme qui chastie en autruy ce qu'il commet luy mesme, et qui parle plus de bouche que d'effet.

Qu'est-ce qu'vn Aduocat ? — Vn hardy Orateur qui pour raisons plastrées persuade ce qui ne fut iamais.

Qu'est-ce qu'vn Procureur ? — Vn homme qui auec sa langue sçait vuider la bourse de sa partie sans y toucher.

Qu'est-ce que la Chicane ? — C'est vn Art qui par moyens subtils enseigne à mesler le bien d'autruy avec le sien.

Qu'est-ce qu'vn Huissier ? — C'est vn homme qui se réiouit du mal d'autruy et que l'on peut enrichir à coups de poing.

Qu'est-ce qu'vn Bourreau ? — Vn meurtrier sans crime.

Qu'est-ce qu'vn soldat ? — Vn homme qui sans estre criminel ny philosophe, s'expose librement à la mort.

Qu'est-ce qu'vn homme riche ? — Celuy que la fortune flatte pour le perdre.

Qu'est-ce qu'vn Capitaine ? — Vn désespéré volontaire.

Qu'est-ce qu'vn pauure ? — Celuy qui n'a nulle obligation à la fortune.

Qu'est-ce qu'vn Financier ? — C'est vn voleur Royal.

Qu'est-ce qu'vn Partisan ? — Vne sangsue du Peuple, vn larron Priuilégié.

Qu'est-ce qu'vn amoureux ? — Vn misérable qui attire la mocquerie, s'il ne réussit pas ; la médisance, s'il réussit.

Qu'est-ce qu'vne femme ? — Vn singe raisonnable.

Qu'est-ce qu'vne putain ? — C'est vn escueil dont les sages se retirent, et où les sots font naufrage.

Qu'est-ce qu'vn cornard ? — Vn homme dont vn chacun dit du bien et que personne n'enuie.

Qu'est-ce qu'vn Valet ? — Vn mal nécessaire.

Qu'est-ce qu'vn Page ? — Vn seruiteur qui est d'aussi bonne maison que son maistre.

Qu'est-ce qu'vn Pédant ? — Vn animal indécrotable.

Qu'est-ce qu'vn Poëte ? — Vn suppost de folie.

Qu'est-ce qu'vn Comédien ? — Vn homme que l'on paye pour mentir.

Qu'est-ce qu'vne déuote ? — Vne idolle viuante ou bien vn démon déchaisné.

Qu'est-ce que l'argent ? — C'est ce que l'on pert quand on est ieune, que l'on cherche quand on vieillit, et le premier mobile de toutes choses.

Qu'est-ce que les habits ? — C'est ce qui couure nostre honte et descouure nostre vanité.

Qu'est-ce que la mort ? — L'esgalité de toutes choses.

Qu'est-ce qu'vn tombeau ? — Le lict des mortels.

Qu'est-ce qu'vne cloche ? — Le tambour des prestres.

Qu'est-ce qu'vn Médecin ? — Vn honorable bourreau.

Qu'est-ce que les Courtisans ? — Rien de ce que tu en voids.

Qu'est-ce qu'vn Fauory ? — Le bastiment de la fortune.

Qu'est-ce qu'vn premier Ministre ? — L'idole de la Cour.

Qu'est-ce que les charges ? — Honorable gueuserie.

Qu'est-ce que la Cour ? — L'attrait de la ieunesse et le désespoir de la vieillesse.

Qu'est-ce qu'vn déuot ? — Vn hermite mondain.

Qu'est-ce que le mariage ? — Le martirologe des viuans.

Qu'est-ce qu'vn Abbé ? — Vn réformateur intéressé du temporel des Moynes.

Qu'est-ce que vieillesse ? — L'ouurage du temps.

Qu'est-ce que ieunesse ? — Passage à la sagesse.

Qu'est-ce que beauté ? — La damnation des hommes et la complaisance des femmes.

Qu'est-ce que des mouches ? — Les balles des mousquets du Démon.

Qu'est-ce que Paris ? — Le paradis des femmes, le purgatoire des hommes et l'enfer des cheuaux.

*Discours au Parlement sur la détention
des Princes* [1102] ¹.

(18 janvier 1650.)

Messieurs,

Quand ie considère que ie dois parler de l'emprisonnement de trois Princes, dont il y en a deux du sang de France, et qu'il me faut examiner deuant la première Compagnie du Royaume le suiet et les conséquences de leur détention, i'appréhende auec beaucoup de raison que mon esprit ne responde pas à la grandeur et à l'importance de cette affaire où il s'agit du salut et de la liberté de trois Princes, du repos de l'Estat et de la fortune de tous les François; car puisqu'au lieu de finir vne guerre estrangère par vne bonne et honorable paix, la France par ce malheureux accident est précipitée dans les fureurs d'vne guerre ciuile, qui peut douter que de ces emprisonnemens ne dépende pas absolument la fortune publique et particulière de tout le monde ?

C'est cette raison, Messieurs, c'est l'amour que ie porte à la patrie qui m'engage d'entreprendre au-dessus de mes forces, espérant que cette illustre assemblée ne reconnoistra pas tant de foiblesse dans mon discours que de générosité dans mon dessein et de pureté dans mes intentions.

---

¹ Il a été réimprimé en 1651 sous le titre de *Relation de tout ce qui s'est fait et passé de Messieurs les Princes.... iusqu'à présent* [3142]. P. Coste en parle dans son *Histoire du prince de Condé*, page 127 de l'édition de 1695.

Ie commence donc par l'asseurance que ie reçois des mouuemens de ma conscience, et par la connoissance que i'ay de vostre zèle au bien public, duquel vous auez de tout temps esté les deffenseurs légitimes, aussi bien que de l'innocence des particuliers, par la iustice que vous rendez auec tant de suffisance et d'intégrité.

Et considérant en premier lieu la naissance de deux Princes de la maison de Bourbon, ce qui est deu à la dignité et à la qualité sacrée des Princes du Sang, à cause de la proximité qu'ils ont auec le Roy, ie ne puis m'empescher de dire d'abord de deux choses l'vne : « Qu'vne entreprise si téméraire ne peut auoir esté conceue ni conseillée que par le plus audacieux de tous les hommes ; ou bien que ces Princes sont conuaincus par des preuues inuincibles et plus claires que le iour, d'auoir conspiré la ruyne de la Monarchie, depuis l'establissement de laquelle nous n'auons point d'exemples pendant douze siècles que sous vne minorité, ny mesme sous les règnes des Roys les plus absolus et des Ministres les plus entreprenans, il aye esté rien fait de semblable, si l'on adiouste au nombre et à la qualité des prisonniers les formes de cette résolution et la circonstance des temps. »

Mais qu'importe, dira quelqu'vn, d'auoir des exemples, si la raison et la nécessité de l'Estat qui iustifient toutes choses, ont exigé ce conseil ? Si les temps passez ne se sont point trouuez dans des extrémitez si dangereuses que nous estions, si les Ministres de soixante et trois Roys n'ont pas esté si sages ni si vigoureux que le nostre, et si les conionctures n'ont point esté si fauorables qu'à présent, vn bon Politique doit il pour cela manquer de faire de grandes choses parce qu'elles sont nouuelles ?

Certainement, si quand toutes ces suppositions seroient aussi indubitables qu'elles sont constamment fausses, il y auroit néantmoins beaucoup à redire à la présomption de celuy qui hazarderoit le gouuernement d'vn si grand Royaume par des moyens si nouueaux, si violens et si dangereux pendant vne Régence et pendant la guerre. Que dira-t-on s'il se trouue que ces Princes soient innocens, et que la Reyne aye esté surprise par les artifices du C. M. dans l'ordre qu'elle a donné pour cet emprisonnement? Que fera Monseigneur le Duc d'Orléans, ce prince incomparable pour sa générosité, pour sa iustice et pour sa douceur, aussi bien que pour sa sagesse, quand il connoistra que ce fauory luy a pour son intérest particulier et sans considération de la réputation de l'Estat ny du gouuernement, dont il est Lieutenant général, ny de la qualité de Prince du Sang, suggéré de si mauuais conseils qui font qu'il n'y a plus rien d'inuiolable? Que penseront tous les peuples qui se croyoient à la veille de la paix, après laquelle ils soupirent depuis tant d'années, lorsqu'ils s'en verront plus esloignez que iamais, et qu'au lieu d'esteindre vne guerre estrangère qui leur couste tant de larmes, tant de sang et tant d'argent, ce malheureux en vient d'allumer vne nouuelle? Et vous, Messieurs, qui composez ce grand Sénat, qui estes les Anges Tutélaires qui gardez ce Royaume, et dont le rare esprit est à nos affaires ce que les esprits administrateurs sont aux Sphères qui leur sont commises, qui, par vostre prudence lorsque nous auons esté à l'extrémité des conseils et de l'espérance et dans la dernière confusion des affaires, auez releué l'Estat penchant, qui l'auez raffermy, qui auez tant réparé de ruines et de naufrages que ce Pilote qui conduit nostre

vaisseau, auoit faits, quel iugement ferez vous de celuy
que vous auez desià condamné, à qui vous auez pardonné
tant de crimes et d'attentats, quand pour le respect
de l'authorité du Roy qui nous donnoit la paix,
vous en ordonnastes la publication, et que l'on oublieroit
toutes les iniures passées et tous les outrages qu'il
nous auoit faits, afin de réconcilier vne fois pour iamais
la France auec la France, afin qu'il nous rendist nostre
Roy qu'il nous auoit enleué, et nos Princes qui auoient
suiuy le Roy par deuoir ? Quel iugement ferez vous,
Messieurs, quand vous verrez ce mesme homme, par les
mesmes enchantemens dont il s'est desià seruy tant de
fois, qui diuise encore nos Princes, qui met le Sang de
France contre le Sang de France, qui enfin va acheuer
la ruyne de l'Estat, si vous n'y mettez la main vne autre
fois, si vous ne rompez les charmes dont il abuse son Altesse
Royale qui ne respire que le calme et la tranquillité
publique, qui veut la paix que nous voulons tous, mais
que nous ne sçaurions iamais auoir pendant que ce
furieux se meslera de nos affaires, qu'il nous diuisera
les vns d'auec les autres, qu'il portera le flambeau de
Prouince en Prouince, et qu'il retiendra ces trois Princes
dans la captiuité, dont le premier est vn conquérant
fameux par les batailles qu'il a gagnées, et par les villes
qu'il a prises, qui est la terreur des ennemis, qui a esté
l'amour de la France et qui le seroit encore si par vne
obéyssance aueugle il n'eust esté le protecteur de celuy
qui lors nous persécutoit, et dont les deux autres frères
furent en mesme temps les deffenseurs de nos biens et
de nos fortunes ?

I'ai donc à faire connoistre l'innocence de ces trois
Princes, qui paroistra clairement si l'on examine les

faux prétextes dont le C. s'est seruy, les véritables motifs qui l'ont porté à ces emprisonnemens, et la foiblesse de cette accusation.

I'ay considéré auec soin, Messieurs, la lettre du 19 ianuier dernier[1] qui vous a esté enuoyée sur le suiet de la détention de ces Princes, et laquelle sans doute n'a rien oublié de ce qui se pouuoit imaginer contre eux, puisque le Ministre qui l'a composée, est le plus hardy calomniateur qui fut iamais.

Ie ne vous en rapporteray, Messieurs, que trois ou quatre exemples, qui certes sont estranges pour son impudence ou pour ses intrigues. Vous sauez la peine que vous eustes à démesler la première accusation qu'il forma contre M. de Beaufort, et combien ce Héros et sa vertu sont demeurez en peine et en soupçon par ses artifices, et lesquels n'ont pu estre confondus que par le iugement de Dieu et le vostre.

La violence faite à MM. de Broussel et de Blancmesnil en l'absence de M. le Prince, et qui fut suiuie des Barricades de Paris, et la résolution de chasser huit autres officiers du Parlement, pour ne rien dire de plus fascheux, fut prise sur les sinistres impressions qu'il donna de leur conduite, encore en l'absence de M. le Prince.

Le conseil d'assiéger Paris et d'enleuer le Roy fut formé sur les impostures qu'il allégua. Il fit voir tant de monstres à l'esprit de la Reyne, il sçut par tant de terreurs persuader les Princes de la ruyne de l'Estat et du péril où se trouuoit la personne du Roy, qu'il leur sembla toucher le moment de sa perte et d'estre sur les

---

[1] *Lettre du Roy sur la détention des Princes de Condé, de Conty et Duc de Longueuille enuoyée au Parlement le 20 ianuier* 1650 [2197].

bords du précipice, et qu'enfin ils n'osèrent y contredire. Il asseuroit qu'il sçauoit infailliblement que le lendemain quelques-vns d'entre vous se deuoient rendre Maistres de la personne du Roy pour le liurer aux ennemis; et en mesme temps pour se couurir de cet attentat et de toutes les faussetez qu'il auoit employées pour y paruenir, il eut le crédit de faire escrire au Parlement par M. le Duc d'Orléans et par M. le Prince[1], que c'estoient eux qui auoient donné ce conseil, quoy que le Mazarin seul l'eust proposé et persuadé.

En dernier lieu, l'entreprise prétendue contre la personne de M. le Prince, dans les informations de laquelle M. de Beaufort, M. le Coadjuteur et M. de Bruxelles[2] ont été compris, n'estoit ce pas vne pièce de l'inuention de M. qui auoit composé ce stratagesme dans son cabinet, afin de diuiser l'esprit des grands du Royaume, et de se deffaire par ce moyen des vns et des autres, s'il pouuoit, ou pour le moins, des vns après les autres.

Voilà des eschantillons, Messieurs, de ce que sçait faire l'ennemy de ces Princes, qui a composé ce grand libelle de leur accusation que i'examineray très-exactement après vous auoir supplié de considérer deux ou trois choses. La première que ce monstre est vn estranger, qui par vostre arrest de l'année 1617 rendu sur le suiet du Mareschal d'Ancre[3], nommé Conchiny, Italien

---

[1] *Lettres du Roy, de Son Altesse Royale et de M. le Prince au Duc de Montbazon, au Préuost des Marchands*, etc. [2279].

[2] *Lettre du Roy à la Cour de Parlement de Paris tant sur ce qui s'est passé à Paris le 11 décembre dernier*, etc. [2138]; *Requeste de Messieurs le Duc de Beaufort, le Coadiuteur et Broussel à Nosseigneurs du Parlement* [3479], et autres.

[3] *Arrest de la Cour de Parlement du 8 iuillet 1617 donné contre le défunct marquis d'Ancre et sa femme* [204].

de nation aussi bien que Mazarini, ne peut tenir la place qu'il fait, et que c'est celuy que vous auez déclaré perturbateur du repos public, ennemy du Roy et de l'Estat[1]. En second lieu, que l'emprisonnement de ces Princes est sans exemple pendant la minorité d'vn Roy, qu'il est contre toute sorte de Iustice et particulièrement contre les dernières Déclarations[2], dont l'obseruation a esté tant de fois promise et si solemnellement violée en la personne de ces Princes, d'vn Chancelier de France, d'vn Président de la Chambre des Comptes[3], d'vne Duchesse[4], de deux Princesses[5], sans parler de tant d'autres particuliers, et qu'enfin il est iuste de leur produire vn autre accusateur et des témoins, et ne les pas oprimer sans qu'ils ayent droit de se deffendre; et que vous, Messieurs, deuez estre les iuges de leur innocence, tous les autres iuges du Royaume en estant incompétans, d'autant que le Parlement seul est le siége des Roys et la Cour des Pairs, et que les Princes du Sang de France ont dès longtemps ce droit acquis de ne pouuoir estre iugez, en ce qui touche leur honneur, que par le Roy, leur Souuerain et chef de leur maison, dans le Parlement, qui est le vrai Temple de la iustice françoise et le plus célèbre théâtre du monde.

Le Mazarin désirant couurir la violence de cette action, parle beaucoup de la modération de son gouuernement dans le commencement de cette lettre, et prend pour prétexte qu'il veut restablir vn ferme repos dans

---

[1] Par les arrêts des 8, 13, 25 janvier et 16 février 1649.
[2] D'octobre 1648.
[3] Le président Perraut, intendant du prince de Condé.
[4] La duchesse de Longueville.
[5] Charlotte de Montmorency, princesse douairière de Condé, et Claire-Eugénie de Maillé, princesse de Condé.

l'Estat, parce que les ennemis ne se rendoient difficiles à la conclusion de la paix qu'à cause de nos dissensions.

Ces prétextes sont fort spécieux ; mais sont-ils véritables ? quelles diuisions auons nous vues dans l'Estat, que celles qu'il y a fait naistre pour s'y maintenir contre le vœu de tous les gens de bien ? N'est il pas l'autheur de tous les désordres de Paris, des troubles de Bourdeaux et de Prouence ? N'est il pas coupable de toutes les voleries qui ont esté faites dans les Finances pour l'enrichir ? Quelle multitude d'Édicts de toute nature ! Quelle violence dans l'exécution d'iceux iusques à prendre les gages de tous les Officiers du Royaume pendant quatre années, leuer sur dix sept Généralitez plus de cinquante millions par an, faire des taxes sans fin, sans raison et sans mesure sur tous les Officiers et sur les misérables que l'on nommoit Aisez ; cependant, ne payer ny gages, ny rentes, ny la table, ny la maison du Roy, ny les gens de guerre ! S'il appelle cela la modération de son Ministère, s'il nomme tout ce que nous auons veu, qui sera incroyable aux siècles à venir, la douceur de ses conseils, ô Dieux, où en sommes nous ? Et quoy, après que le Mazarin nous a fait manger du pain de son, il a l'audace de se promettre que le souuenir qu'aura toute la Chrestienté de la modération et de la douceur de ses conseils, qui a esté telle (dit-il) que souuent mesme on a imputé à foiblesse dans le gouuernement ce qui ne partoit que de sa bonté et de sa prudence, persuadera aisément qu'il a eu regret d'en venir aux derniers remèdes ! Non, non, ny les Chrestiens ny les Barbares mesmes qui regardent de toutes parts les profondes playes que nous auons receues de luy, qui verront les

Campagnes désertes, les Villes ruinées, les Prouinces désolées, qui considéreront les emprisonnemens du président Barillon, du Duc de Beaufort, du Maréchal de la Mothe et de ces trois Princes, qui feront réflexion sur les proscriptions de tant de Magistrats, et qui escouteront les clameurs de tout le monde, ne prendront point le Mazarin pour vn monstre qui aye ny douceur, ny modération, ny bonté, mais pour le plus abominable des hommes, et que nous eussions exterminé si la Reyne, M. et M. le Prince ne l'eussent arraché des mains de la Iustice et ne l'eussent protégé contre le ressentiment général du Royaume. O mon Ieune Prince, qui estes le fruict de bénédiction, l'attente et le désiré des peuples, Prince donné de Dieu pour la grandeur et pour la félicité de la France, que les gens de bien et que les sages ont de regret de voir que l'Intendant de vostre éducation soit celuy qui a esté condamné par la voix de tous les Peuples et par l'authorité de tous les Parlemens, et que celuy qui a les malédictions de toute l'Europe, gouuerne ses plus belles espérances.

Mais parlons (cette réflexion est trop douloureuse) et ne cherchons pas plus longtemps en luy ny bonté, ny modération, puisqu'il n'y en a point; continuons cette lettre qui dit qu'il a de bonnes intentions, et que c'est pour faire la paix, qu'il a fait emprisonner ces Princes.

Icy, Messieurs, i'appelle à tesmoing toute l'Europe. Que disent les Hollandois de son dessein, sinon que le Cardinal Mazarin a tousiours voulu continuer la guerre afin de se rendre nécessaire, qu'ils l'ont pressé, qu'ils l'ont attendu, et bien que leur alliance ne fust pas de petite considération, néantmoins qu'il l'a méprisée, de peur d'estre obligé de faire la paix conioinctement auec eux? Que disent les Nonces du Pape, sinon que le C. Mazarin n'a iamais voulu la paix? Qu'a dit M. de Longueuille à son retour de Munster, où il auoit esté enuoyé pour vne négociation si importante, sinon que le Cardinal Mazarin auoit empesché que la paix ne fust signée, que M. Seruien, qui seul auoit son secret, s'y estoit opposé formellement, et que M. Davau[1], ce grand Plénipotentiaire qui auoit pris tant de peine à conduire les choses au point de leur perfection où enfin il les auoit mises lorsqu'il en vit la rupture, en auoit eu des desplaisirs infinis[2]?

Le Cardinal Mazarin peut il contredire tant de tesmoignages? Se peut il contredire luy mesme, qui a publié tant de fois en ce temps là qu'il estoit le maistre de la paix? Non, ces preuues sont trop constantes. On en sçait trop les particularitez et que la paix non-seulement n'a pas esté faite par le Cardinal Mazarin, mais qu'il l'a formellement empeschée, et que ne sçachant plus de moyen de s'opposer aux vœux de tous les François qui la demandoient, il a par vn artifice bien surprenant empesché les Espagnols d'y consentir, et ainsi nous a réduits à désirer vne chose impossible puisque la paix ne despend plus de nous en l'estat où nous sommes.

Il nous reste après les faux prétextes de cette accusation descouuerte, de faire voir àtout le monde l'intérest

[1] Claude de Mesmes, comte d'Avaux, plénipotentiaire de France à Munster. *Mausolée de la politique et de la iustice dressé à la mémoire de deux frères illustres, M. le Comte d'Auaux et M. le président de Mesme*, etc. [2421].

[2] On peut consulter sur ce sujet les neuf pièces indiquées dans la *Liste chronologique des Mazarinades* sous la rubrique de *Anniuersaire de la naissance du Roy*, à la fin depuis la *Lettre de M. Seruien à MM. les médiateurs* [2039] jusqu'au *Traité de paix entre sa Maiesté Catholique et les sieurs Estats Généraux des Pays-Bas* [3798].

véritable du Cardinal Mazarin et de quels motifs il a esté porté pour faire emprisonner ces Princes ; ce qui ne sera pas difficile, tout le monde pouuant conclure que puisque constamment ce n'est pas le bien du Royaume, il faut nécessairement que ce soit son aduantage particulier. Aussi y trouue-t-il non seulement la seureté de sa personne et l'establissement inébranlable de sa fortune, mais encore sa vengeance, son ambition, son auarice et toutes ses espérances satisfaites. Et si quelqu'vn en France se laisse persuader d'y auoir part et de profiter de cette disgrace, il se trompe asseurément. En voicy les effets véritables : l'Estat y perd le repos ; le peuple y perd la paix ; les Princes y perdent leur seureté et, quittant leurs prérogatiues sacrées, deuiennent comme les particuliers ; les Parlemens y voyent la Iustice et la Déclaration violée ; et les Grands du Royaume se voyent sousmis à la domination de cet estranger furieux, téméraire et vindicatif qui les perdra, quoy qu'ils se flattent, les vns après les autres, et fera gémir tous les gens de bien sous sa tyrannie, à l'establissement de laquelle nous trauaillons nous-mesmes, au lieu de nous y opposer conioinctement et de l'exterminer.

Désire-t-on que ie vérifie que c'est vne vengeance de longtemps préméditée ? Qui ne sçait pas qu'à Lens et à Lérida, le Cardinal de Mazarin fit tout ce qu'il put pour perdre M. le Prince ? Tous ses amis ne l'ont-ils pas aduerty bien des fois de ne plus s'engager dans les Armées, ou qu'autrement il périroit comme auoit fait le Comte de Soissons ? On voyoit bien que ce Ministre craignoit que la valeur de ce Prince ne fust fatale à sa fortune ; et c'est pourquoy il s'en voulut défaire, et haïssoit celuy qu'il craignoit. Depuis ces premiers temps sa haine auoit esté augmentée par les obligations qu'il auoit auec M. le Prince : c'est le naturel des âmes lasches de haïr ceux ausquels ils sont infiniment redeuables. Et par là encore, combien de gens d'esprit ont-ils préueu que celuy qui luy deuoit la vie, luy osteroit la liberté ? Mais depuis ce qui arriua pour le Pont de Larche [1], depuis que M. le Prince l'eust menacé, et qu'il eust la faiblesse (il me pardonnera si i'en parle ainsi) de se raccommoder auec son Italien, qui n'a pas publié tout haut que M. le Prince estoit perdu ? Les Grands sont si malheureux qu'ils ne croyent personne, qu'ils s'asseurent trop sur leur grandeur ; et pourtant il y a tant d'exemples funestes de leur ruyne, qu'il est incompréhensible à ceux qui ont le sens commun, qu'ils soyent et qu'ils veulent tousiours estre les dupes des Fauoris. Il n'y a rien de si saint que nous n'ayons veu prophaner par leur insolence ; ce qui a esté de plus cher dans les Estats, a esté de tout temps consacré à leurs intérests. C'est le premier tesmoignage qu'ils donnent de leur puissance ; et il y en a fort peu qui n'aye eu quelque victime de la Maison Royale. Monstre abominable, que tu deurois estre en horreur à tous les Princes, puisque tu te repais ordinairement du plus précieux sang des Estats !

Après cela y a-t-il encore quelqu'vn qui doute de la ioie qu'il a receue de sa vengeance, parce que dans cette lettre il a fait l'affligé et a voulu persuader qu'il auoit eu vne répugnance extresme à consentir à cette résolu-

---

[1] Le prince de Condé disait que le cardinal Mazarin lui avait promis le gouvernement de Pont-de-l'Arche pour le duc de Longueville lors de la paix de Saint-Germain ; et il lui reprochait aigrement sa mauvaise foi. C'est après une explication vive sur ce sujet qu'un jour il le quitta en lui disant : « Adieu, Mars. »

tion ? Mais sa vengeance n'est que le moindre de ses intérests. L'asseurance de sa fortune et l'establissement de sa grandeur luy en ont donné d'autres satisfactions ; car au lieu qu'il voyoit que son Ministère alloit deuenir inutile, puisque la Reyne, Monsieur et M. le Prince vouloient la paix, que le Parlement la demandoit auec instance à cause de l'extresme nécessité des peuples, et que les Espagnols de leur costé la vouloient autant que nous, et qu'ainsi il ne seroit plus cette fameuse Idole qui reçoit depuis si longtemps des offrandes de toutes sortes de mains, sa perte et sa cheute sembloient infaillibles. Il s'est rendu, par le moyen de ces emprisonnemens, le Maistre absolu de tout, parce que la guerre ny les voleries, ny sa puissance ne finiront point, que tous les iours il faudra faire de nouuelles impositions, qu'il aura vn prétexte perpétuel de retranchement des gages des Officiers et de mal payer les rentes de l'Hostel de Ville, et que non seulement il disposera des charges et des Gouuernemens qui vaqueront doresnauant, sans contradiction de personne, mais dès à présent il a donné tous ceux que possédoient ces Princes, à ses créatures et à ceux qui sont dans ses intérests ; de sorte qu'il s'est trouué en vn moment par leurs despouilles plus puissant qu'ils n'ont iamais esté, sans parler de l'espérance qu'il a d'estre bien tost par la délicatesse et par le peu de santé du Prince de Conty et par la rigueur de sa prison l'héritier de tous ses grands bénéfices. Voilà les véritables motifs de l'emprisonnement de ces Princes. Le reste de l'accusation n'est que pour amuser le peuple, et pour tromper les simples qui croient tout ce qui est imprimé, et qui se laissent piper par les apparences, lesquelles, comme des Phantômes, achèueront de s'esuanouir à mesure que nous irons plus auant dans cette grande accusation qui a esté l'effort des artifices du Cardinal Mazarin et de l'éloquence de ceux qui le seruent.

Il a dépeint M. le Prince comme vn Géant qui vouloit empiéter le trosne de leurs Maiestez et qui se vouloit seruir contre eux des biens et de la puissance qu'il tenoit de leurs graces. Pour ruiner ce Prince en effet, il l'a fait riche en apparence; et pour l'abbattre entièrement, il a esleué sa puissance sur des faux fondemens et son ambition sur de vaines imaginations. Les trois moyens de son accusation sont : il est trop riche; il est trop puissant; il est trop ambitieux. Sa défense seroit aisée en trois parolles; que c'est à la vérité vn des Princes du monde le plus riche de gloire, de Conquestes et de Victoires; le plus puissant pour défendre nos frontières, la grandeur de l'Estat et l'authorité du Roy; et le plus ambitieux de fidélité pour son Prince, pour sa parolle et pour ses amis.

Mais comme l'inuectiue faite contre M. le Prince est fort estendue, il la faut examiner plus amplement. Il l'accuse d'estre le plus riche suiet qui soit dans la Chrestienté. C'est le crime dont les Tyrans accusoient autrefois les hommes quand ils vouloient prendre leurs biens; mais si d'estre riche, c'est vn crime, que le Cardinal a fait d'innocens pour deuenir criminel! Il a plus d'or en Italie qu'il ne nous en reste en France; et l'on a vérifié, à ce qu'on dit, par les Registres des Banquiers qui ont négotié ses affaires, plus de cent soixante et dix-huict millions de liures qui ont esté enuoyez de son ordre et sous son nom en Italie. Ie veux croire qu'il y a de la faute en ce calcul; mais il n'y en a point en celuy-cy : que le Chapeau de Cardinal qu'eut son frère le Iacobin [1], couste à la France plus de douze millions de liures. Il est certain que le Cardinal M. a pris des sommes immenses pour la marine, dont il a disposé sans en rendre compte. Il est constant que les Vénitiens soustiennent en partie la guerre du Turc par le moyen de l'argent content que le Cardinal a dans leurs banques. Il est publié qu'il n'y a quasi plus d'or ny de bonne monnoye en France. Qu'est-elle deuenue ? Tout le monde le sçait. Ce superbe Palais de Rome où il a fait conduire plus de trois cens ballots de meubles des plus précieux de toute l'Europe, et son Palais de Paris le publient assez hautement. Nous auons beaucoup de Princes qui n'ont point vaillant ses Statues, ses Meubles, sa Bibliothecque et ses Escuries, sans y comprendre ses pierreries. Après cela, quelque Eloquence que puisse auoir vostre Orateur, il ne persuadera pourtant à personne que vous ayez eu raison d'accuser M. le Prince d'estre le plus riche suiet qui soit dans la Chrestienté, et pour cela de le faire emprisonner; et quelque soin au contraire que vous ayez pris à vous faire pauure, quelque artifice que vous ayez employé pour tromper la Reyne et Monsieur sur ce suiet, i'ose me promettre que si iamais ils iettent les yeux sur ce discours, ils ne croiront pas que vous soyez sans trésors, ny que M. le Prince en aye. Ce n'est pas néantmoins que ce partage ne fut bien iuste. Il y a bien de la différence du petit-fils d'vn chapelier à vn Prince du Sang de France, et qui a l'honneur d'estre de la Maison du Roy qui est la plus Illustre race du monde et la mieux marquée, puisque les sources d'or et les mines qui portent les plus précieuses pierreries, ne

[1] Pietro Mazarini, de l'ordre des Jacobins, cardinal de Sainte-Cécile.

sont pas si riches ny si renommées. Auec cela, M. le Prince n'a point de biens que ceux que Monsieur son Père luy a laissez et qu'il a méritez par des seruices de soixante années; et vous n'auez que ceux que vous auez volez à l'Estat depuis six ou sept ans; et cependant vous estes assez imprudent pour luy reprocher de médiocres biens sans considérer que vous en auez d'infinis.

Peut-estre vous aurez plus de raison dans la suite de cette lettre, où vous accusez M. le Prince des grands establissemens qui sont dans sa maison, soit en charges, en gouuernemens ou en biens d'Eglise. A la vérité, le ramas que vous en auez fait, donne de l'éblouissement; et comme il vous a donné de l'ennui, vous auez cru qu'il pourroit causer de la ialousie contre luy. Ie veux croire que vous auez réussi et que vous auez surpris d'abord beaucoup de personnes; mais sans doute tout le monde se destrompera, quand ils considèreront qu'il y a bien de la différence entre auoir des charges et des gouuernemens et estre criminel, puisque au contraire ce sont les récompenses de la vertu et des seruices, et les marques de l'estime et de la confiance que l'on a eu de la fidélité de ce Prince, et que ses charges et ses gouuernemens l'engageoient plus nécessairement et l'vnissoient plus inséparablement au seruice du Roy, duquel il ne s'est iamais destaché, comme nous le sçauons tous. Comment voudriez-vous condamner ce que la Reyne a fait par vostre aduis, et ce que le défunt Roy, le plus sage de tous les Roys, auoit fait auparauant elle? De son règne feu M. le Prince n'auoit-il pas la charge de grand Maistre? et les mesmes gouuernemens, les establissemens de sa maison estoient-ils moins considérables qu'ils ne sont à présent? Non sans doute, puisqu'il s'en faut l'Admirauté qui estoit dans sa famille, les gouuernemens de Broüage, des Iles de Ré et d'Oléron, et M. de Brezé, son beau-frère, qui valoit mieux tout seul que Broüage et l'Admirauté, et qui mourut d'vn coup de canon dans le seruice[1].

Mais M. le Prince n'a-t-il rien mérité de son chef? Ne comptez vous à rien les batailles qu'il a gagnées, les villes qu'il a prises, les merueilles qu'il a faites en Flandre et en Allemagne, les hazards qu'il a courus mille et mille fois, et le sang qu'il a respandu pendant que vous estiez à la Comédie et à résoudre icy l'emprisonnement et la mort de Messieurs de Bruxelles, de Blancmesnil et de beaucoup d'autres? Comment après tant de preuues de sa valeur et de sa fidélité trouuez-vous à redire qu'il y aye moins d'auantage dans sa maison qu'il n'y en auoit du viuant du feu Roy et du défunct M. le Prince? O le grand crime, Messieurs! le moyen de s'en défendre! le fils possède le bien de son père; et le Roy luy a continué les mesmes grâces.

Mais il ne se contentoit pas, dites-vous; il vouloit traiter de Charleuille et acheter de ses deniers le mont Olympe; voilà des crimes bien nouueaux! Il auoit demandé des troupes pour conquérir la Franche Comté et la posséder après en Souueraineté, ou les conquestes qui auoient esté faites en Flandres du costé de la mer. Il auoit demandé vn corps de caualerie pour aller du costé du Liége appuyer le dessein qu'auoit le Prince de Conty, son frère, pour la coadiutorerie de cet Euesché. Il auoit demandé l'espée de Connestable. Il auoit demandé plusieurs fois l'Admirauté et plusieurs autres choses. Voilà

[1] Armand de Maillé, duc de Brézé, tué au combat naval d'Orbitello.

bien des demandes; mais voilà bien des refus. Voilà
bien des pensées inutiles (si ce n'est à vostre Réthorique)
et lesquelles, ie m'asseure, ne viennent pas toutes de
M. le Prince. Sans doute le C. M. luy en a fait proposer
la meilleure partie, afin de l'amuser de vaines espérances,
comme il a bien sceu entretenir beaucoup d'autres personnes d'imaginations creuses et qui n'ont produit que
du vent et des resueries. Si nous sçauions, Messieurs,
combien il a fait en promesses de Prélats et de Cardinaux; combien de fois il a marié l'Empereur en France
et le Roy de Portugal; combien il a fait de Ducs et de
Pairs, de Mareschaux de France, de Cheualiers de
l'Ordre, de Généraux d'armée, de Gouuerneurs de
places et de Prouinces; combien il a fait de Secrétaires
d'Estat, de Surintendans et de Garde des Sceaux; bref
combien de fois il a marié ses niepces; combien de fortunes il a fait, nous admirerions ce grand Ministre, qui
seul a plus fait de bien que tous les Roys n'en ont fait
depuis l'establissement de la Monarchie. L'Admirauté,
l'espée de Connétable, les conquestes de Flandres et
les autres aduantages qu'il veut que M. le Prince aye dési-
rés, sont asseurément des imaginations Mazarines; mais
si nous sçauions combien, après tant de piperies, il y a
encore de propositions de sa part de cette mesme nature, combien ce négotiateur éternel a sous luy de né-
gotians, nous aurions honte de la foiblesse du siècle qui
ne se peut désabuser de ce charlatan.

Toutes fois sans nous arrester aux pensées dont il accuse M. le Prince, ny aux imaginations dont il trompe
encore tant de personnes, examinons quels establissemens redoutables M. le Prince auoit en sa maison, et si
par la comparaison des gouuernemens, cette accusation

ne sera pas aussi iniuste que celle des richessses qu'il a reprochées à M. le Prince.

Les gouuernemens de Bourgogne, Bresse et Berry sont les moins considérables du Royaume, tant à cause du peu d'étendue qu'ont ces Prouinces, que de leur situation; outre qu'il n'y a aucune place forte, Bellegarde excepté. M. le Prince, à la vérité, auoit en Champagne Stenay et Clermont; mais qu'est-ce pour vn Prince du Sang? car de vouloir mettre en compte le Gouuernement de Champagne qu'auoit le Prince de Conty, et la place de Dampuilliers, il n'y a point d'apparence; non plus que du Gouuernement de Normandie qu'auoit le Duc de Longueuille. Et quand M. le Prince seul eust possédé tous ces Gouuernemens, ce n'estoit pas de quoy balancer l'authorité du Roy, ny pour deuenir redoutable à la France, puisque l'Empire et l'Espagne ne luy sont pas comparables.

Venons maintenant aux establissemens du C. M.; et en faisant la paralelle avec ceux de M. le Prince seul et mesme de toute sa famille, l'on verra quelle disproportion il y aura entre les vns et les autres.

I. Le C. M. a le plus puissant et le plus précieux gouvernement du monde. Il est gouuerneur de la personne du Roy, qui est le maistre de tous les Gouuerneurs. La Reyne, outre cela, l'a fait premier Ministre et luy a donné sa principale confiance; et ainsi il a le gouuernement de ces deux importants Estats, c'est-à-dire du Roy et de la France. Il donne des bénéfices; il dispose des Finances et tient l'authorité absolue dans le Conseil; bref il commande dans la Cour, dans les armées et dans le Royaume, parce que le bien et le ma sont en ses mains et qu'il est le maistre de la bonne et de la mauuaise fortune. Il ordonne de la paix et de la guerre comme il lui plaist. Voicy comme il en vse : la guerre d'Italie pour Portolongone et Piombino a esté entreprise pour son seul intérest, et pour luy en faire vne principauté; ses confidens en ont les gouuernemens. Pignerol, Suze et Casal sont en sa dépendance.

Ainsi il est maistre de tous les aduantages que la France a dans la Sauoye et dans l'Italie. Pour la Catalogne et le Roussillon, il en est aussi en possession : La Fare[1] et Noailles[2] qui ont esté capitaines de ses gardes, lui conseruent Rose, Perpignan et Salses; le frère de La Fare est gouuerneur de Balaguier; et Launoy luy garde Tortose. L'Estrade[3], qui a esté aussi son capitaine des gardes, est pour luy dans Dunquerque. Enfin il y a peu de places considérables dont il ne soit asseuré par le moyen des personnes qui se sont entièrement déuouées à son seruice. La Claucire est dans Philisbourg; il a donné à Tilladet[4], beau-frère du Thellier[5], Brissac, qui est vn gouuernement de deux à trois cent mille liures de rente. Lanoy est dans Ardres; Chastelnau[6] est à

---

[1] Charles-Auguste, marquis de La Fare.

[2] Anne, comte et depuis duc de Noailles.

[3] Geoffroy, comte d'Estrades, depuis maréchal de France et ambassadeur. *Relation contenant le secours ietté dans la ville de Grauelines par les soins du sieur d'Estrades*, etc. [3098].

[4] Le marquis de Tilladet. On peut consulter sur sa nomination au gouuernement de Brissac le *Manifeste du sieur de Charleuois sur sa détention*, etc. [2395]; l'*Eslection du Comte d'Harcourt au gouuernement de l'Alsace*, etc. [1273].

[5] Michel Le Tellier, alors ministre de la guerre et depuis chancelier de France.

[6] Jacques, marquis de Castelnau Mauvissière, depuis maréchal de France. Il est mort en 1658, des suites des blessures qu'il avoit reçues à la bataille des Dunes.

Brest; le Comte de Broglie[1] est dans la Bassée; Nauailles[2] est dans Bapaulme; et si ie ne craignois pas d'estre trop long dans le desnombrement des autres, il ne seroit pas mal aisé de faire connoistre que toutes les récompenses sont pour ses domestiques et pour ses créatures, et que ceux qui seruent les Princes, n'ont iamais rien. Paluau pour cette raison a eu Courtray et Ipres qu'il a perdus, et fut préféré à M. de Chastillon[3]. Considérez s'il y a quelqu'vn, ie ne dis pas chez M. le Prince, mais chez M. le Duc d'Orléans, où il y a tant de personnes de Naissance, de mérite et de seruice, qui aye esté gratifié d'vn Gouuernement semblable à Perpignan, Rose, Dunquerque ou Brissac. Y a-t-il vn des seruiteurs de Monsieur qui aye eu vn Bénéfice de dix mille liures de rente ? A-t-on donné beaucoup d'esuéchez à sa recommandation ? Et M. le Prince à qui on reproche tant, qu'a-t-il fait pour les siens, sinon qu'il a aydé à la promotion de l'Éuesque d'Angoulesme[4] et de l'Archeuesque de Bourges[5] seulement, et qu'il a serui à Gassion pour le baston de Mareschal de France, et à Messieurs de Chastillon pour obtenir le Breuet de Duc ? Mais les vns et les autres ne méritoient ils pas ces récompenses ? Et

[1] N., comte de Broglie, un des favoris de Mazarin. Il y a sur lui des anecdotes dans les *Véritables motifs de la retraite de M. le Comte d'Harcourt*, etc. [3970], et dans l'*Histoire véritable d'vn accident tragique arriué à Pontoise*, etc. [1651].

[2] Philippe de Montaut de Benac, comte et puis duc de Navailles. Il a été maréchal de France. On a de lui des *Mémoires* estimés. Il est parlé de lui dans la *Marche de l'armée de Monseigneur le Prince au-deuant du Cardinal Mazarin* [2408].

[3] Gaspard IV de Coligny, duc de Châtillon, tué devant Charenton le 8 février 1649.

[4] François de Péricard.

[5] Anne de Levis Ventadour.

quand on a fait vn crime à M. le Prince d'auoir intercédé pour ceux qui ont eu recours à sa protection, n'est ce pas faire entendre aux Grands qu'ils n'en doiuent pas vser de mesme? Tout le monde trouuera ce crime bien léger, et cette accusation bien artificieuse et bien déraisonnable; et pour retourner à nostre paralelle, quand on voudra faire comparaison du crédit qu'auoit M. le Prince, auec l'authorité du Cardinal et le grand establissement qu'il s'est fait par le moyen de ses créatures, quelle différence y trouuerons nous? Le premier Prince du Sang qui sert, qui combat, qui expose sa vie, qui a conquis tant de places de conséquence, ne peut posséder sans crime les bienfaits qu'il a trouuez dans sa maison; car il est vray qu'il n'en auoit point d'autres, si ce n'estoit Clermont et Stenay qui lui auoient esté donnez pour récompense de l'Admirauté; et le Mazarin qui n'auoit rien quand il est venu en France, qui n'a seruy qu'à iouer au Hoc et à faire des Comédies, à empescher la paix et à ruiner la France, a luy seul, plus de puissance que M. le Duc d'Orléans et ces trois Princes ensemble, desquels il a si bien sceu charmer l'esprit iusques à présent qu'ils ont combattu pour luy, pour eux mesmes et leur propre destruction, comme vous voyez, et continueront encore, si Dieu ne leur ouure les yeux, afin de connoistre le précipice dans lequel ils se iettent et où ils nous entraisnent auec eux.

Auec cela, toutes ses créatures ne sont pas dans les Gouuernemens des places; il en a d'autres pour le Gouuernement des Princes. Les vaillants sont pour la guerre; les fourbes, les traistres et les habiles sont pour la Cour et pour les intrigues dans les maisons des Princes. Ce sont ceux-là qui sèment la diuision parmy eux, qui inspirent les défiances, qui proposent et font réussir les grands desseins, qui surprennent, qui corrompent et qui font toutes les passe-passe de la Cour. Ce sont ces gens là qui ont fait prendre contre Paris et contre toute la France le party du Cardinal par M. et par M. le Prince, qui proposèrent (il y a quelque temps) le changement de tant de Gouuernemens pour amuser la Cour, qui ont affronté tant de monde, qui ont fait attenter au carrosse de M. le Prince[1], qui l'ont animé d'en descouurir la vérité et qui l'ont enfin emprisonné, qui font que le Cardinal dit qu'il n'est plus Mazarin et qu'il s'appelle Frondeur, qui luy font prendre autant de formes, de couleurs et de visages que les Fables en donnent à Prothée, qui ont réuny M. de Beaufort et M. le Coadiuteur auec le C., comme ils auoient raccommodé M. le Prince et le M. après l'affaire du Pont de Larche; car il y en a qui rassemblent et qui raccommodent, à tout le moins en apparence et pour quelque temps. Il y a des Oublieurs aussi bien que des Frondeurs. Bref il a des Légions de ces meschants Esprits de l'vn et de l'autre sexe dans sa dépendance, qui ont tant d'adresse et tant d'artifices, tant de filets et tant de pièges qu'il y en a qui pour y auoir esté attrapez, ne laisseront pas de s'y reprendre. Tous ces gens là sont de la Cabale du M. et trauaillent à ses fins, et pour l'esléuation de sa grandeur et de sa fortune et pour le mariage de ses Niepces qui achèueront l'establissement tout ouuert de sa tyrannie, d'où s'en suiuera infailliblement l'anéantissement des Parlemens, de cette belle Déclaration, et la consommation des calamitez publiques.

[1] Dans la journée du 11 décembre 1649.

Iugez à présent, Messieurs, de la comparaison des forces qu'auoit M. le Prince, auec les grands establissemens du C. qui, sans compter la puissance de ses fourbes, sans parler du gouuernement du Roy, de celuy de l'Estat, des Princes et de la Cour, a quasi tous les Gouuerneurs des Prouinces à luy et toutes les places de Sauoye et d'Italie, du Roussillon et de Catalogne, de la Lorraine, de Flandres et de l'Alsace, au lieu que M. le Prince, qui mérite tout, puisqu'il conserue tout, et qui a gagné plus de cent villes à la France, n'auoit qu'à peine ce que M. son père possédoit du viuant du feu Roy.

Voilà l'inuentaire général et véritable des richesses et des establissemens de M. le Prince, dans lequel il ne se trouuera rien qui ne fust dans celui de M. son père. En pourroit on dire de mesme du C.? Tout ce qu'il possède, estoit il dans sa famille? Non, Messieurs; sa naissance ne luy a rien donné; sa vertu ne lui a rien acquis; la fortune seule luy a laissé prendre tout ce qu'il a, et qui deuroit estre plustost partagé entre les vaillans et les bons seruiteurs du Roy et de Monsieur qu'entre les suiuans, les domestiques, les flatteurs, les courtisans de cet Estranger.

Pour deffendre M. le Prince de l'ambition dont il est accusé, c'est où il y a plus de peine, parce que tout le monde n'est pas bon Iuge en cette occasion, où il est très aisé de se laisser surprendre et de se tromper soymesme.

La valeur et l'ambition ont tant de ressemblance qu'il est bien difficile de les distinguer. A la vérité, ceux qui considéreront M. le Prince dans les batailles de Rocroy, de Norlingue et de Lens et qui l'aperceuront au trauers des esclairs et de la fumée des canons, tout couuert de feu et de sang, ceux qui le verront ensuite chargé de tous ces fameux et superbes trophées, le prendront aisément pour vn Ambitieux, aussi bien que pour vn Victorieux ; mais ie m'asseure que les gens de bien et les bons François ne le voudront pas condamner, puisque les Espagnols et les Allemands en parlent si laborieusement. Il n'y a que la poltronnerie et la subtilité d'vn Italien qui y puissent trouuer à redire, quand il accuse M. le P. de leur donner des batailles auec ce beau raisonnement (que s'il les gagne, il a droit de demander quelque récompense ; et s'il les perd, il est plus nécessaire). A moins que d'auoir perdu le sens, personne ne pouuoit faire vn crime de cela, si ce n'est celuy qui fait des crimes de lèze maiesté à M. de Bouqueual de porter des glands à son rabbat[1]. Voilà de dignes pensées d'vn si grand ministre ! Voilà cet homme surnaturel, qui est le Surintendant de l'éducation et l'instructeur du plus grand des Roys ! Il a vne autre preuue de l'ambition de M. le Prince qui le rend aussi criminel que la première. Il a dit : il refuse le commandement de l'Armée, cette dernière campagne. C'est vn péché d'obmission tout au plus, mais non d'ambition. Certainement c'est examiner de bien près la conduite de M. le Prince, si en sept ans de trauail, il n'a pas pu mériter vne excuse de trois mois sans deuenir coupable.

Est ce abuser de sa gloire que de n'aller pas tous les ans à la guerre ? Est ce abuser de ses emplois que d'auoir apporté aux pieds du Roy toutes les campagnes qu'il a faites, tant d'Estendars et de Clefs de villes et de places considérables ? Si M. le Prince n'est pas assez

---

[1] Voyez dans le premier volume la *Lettre à Monsieur le Cardinal, burlesque.*

vaillant, s'il n'en a pas assez fait pour vous et pour l'Estat, vous estes bien difficile à contenter. Il a sacrifié pour vous plaire, contre son sens et contre son cœur, aussi bien que contre le nostre, le prix de tant de seruices qu'il auoit rendus, qui estoit l'estime et l'affection générale de tout le monde ; enfin il vous a sauué ; et vous le perdez pour récompense.

Que ceux qui se fient en vous, sont aueuglez ! et que ie préuoy de grands malheurs pour eux si vous ne cessez en effet aussi bien que de nom d'estre M., c'est-à-dire, le plus perfide et le plus ingrat de tous les hommes ! Vous ne ressemblez pas à ce Lion reconnaissant que l'ancienne Rome vit combattre pour vn gladiateur qui lui auoit tiré vne espine du pied, puisqu'en ayant autant dans le cœur et dans la teste que d'imaginations, et en ayant esté déliuré par sa valeur, vous le déchirez à présent et luy ostez la liberté qu'il vous a donnée, et luy voulez rauir l'honneur qu'il vous a conserué. Est ce parce qu'il n'a pas esté d'auis du mariage de votre Niepce, dont il auoit, dites-vous, trouué l'alliance si fort utile à la France, ou bien parce qu'il auoit eu l'audace de consentir au mariage de M. de Richelieu ? N'y a-t-il que vous qui ayez droit de marier vos parentes ? Iugez qui vous estes et qui sont vos Niepces ; et regardez s'il y a rien de plus grand dans le Royaume que M. de Mercœur, à qui vous en destiniez vne ; ie n'ose penser aux autres, puisque vostre premier vol va si loing. Que ne ferez-vous point quand vous aurez l'aisle plus forte ? et après, voyez si le premier Prince du Sang est moins que vous, si Mme de Pont ne vaut pas mieux que toutes vos Niepces, et si tous les Fauoris peuuent entrer en comparaison auec M. de Mercœur.

C'est cela que l'on peut nommer ambition déréglée; c'est abuser de vostre emploi que d'emprisonner les Princes; c'est abuser de l'esprit de la Reyne et de celuy de Monsieur que de leur imposer tant de faussetez pour leur donner de la colère contre M. le Prince. L'Estat où estoit la Normandie, le Berry et la Bourgogne et Bellegarde, auec cent quarante mousquets, sans poudre et sans boulets, sont les preuues conuaincantes de vostre calomnie et de leur innocence; et ie m'asseure, Messieurs, que s'il vous plaist de faire réflexion sur le passé, et sur ce que M. le Prince a pu, s'il l'auoit voulu, et comme aux derniers temps, il se contentoit à Saint Maur de s'amuser et de se diuertir auec ses domestiques, vous iugerez sans doute que ce Prince n'auoit pas tant d'ambition qu'on luy en donne, et que des défauts de la ieunesse, il n'auoit que la simplicité et la crédulité qui le menèrent à Saint Germain (pour ne point quitter le Roy) et qui l'ont conduit dans le Bois de Vincennes, où les charmes et la puissance qu'exerce le M. sur l'esprit de la Reyne et de Monsieur, le retiennent, et non pas le bien de l'Estat et de la justice, comme il le veut faire croire, qui demandent au contraire sa liberté, laquelle ne peut estre contredite que par de lasches ennemis, ou par ceux qui ayment mieux partager auec luy la tyrannie que de l'abbattre et de la destruire entièrement, ou qui préfèrent leur colère particulière à leur bien propre et à la paix générale, qui est pourtant si nécessaire au peuple qu'ils trompent et qu'ils achèuent de ruyner en faisant semblant de le venger; et cependant ces gens là se font appeler les pères du peuple.

Vous voyez, Messieurs, que tous les crimes que l'on impute à Messieurs les Princes, ressemblent aux pourtraits dont les songes nous font des peintures sans matière et sans couleur, qui ne peuuent estre veus que dans l'obscurité et qui percez des premiers traicts de la lumière, disparoissent incontinent.

C'est à vous, Messieurs, qui estes Protecteurs des Loix et de l'innocence, les dépositaires sacrez de l'authorité Royale, les seuls Iuges des Princes du Sang qui sont auec vous les principales Colonnes de la Monarchie, de ne pas souffrir que cette belle Déclaration que vous auez faite pour réprimer l'insolence de M. et des mauuais ministres, luy soit violée dans le plus précieux de ses articles, qui est celuy de la liberté et de la seureté publique, pour la conseruation de laquelle vous auez veu Paris prendre les armes. Il n'y aura iamais d'occasion plus glorieuse pour le Parlement, ny plus vtile pour l'Estat, puisque, en maintenant dans ce rencontre si notable vne partie de la loy, vous luy donnerez vne vigueur nouuelle et vous asseurerez pour iamais l'exécution entière de tout ce qu'elle contient, qui est si important pour le soulagement de tous les peuples; ou au contraire, si vous permettez que l'on y donne vne atteinte de si grande conséquence, la ruine de tout vostre ouurage, et quand et quand celle du public, est infaillible.

Ie frémis d'horreur quand ie me représente l'image de cette fatale iournée que l'on enleua Messieurs de Broussel et de Blanc-Mesnil dont on auoit résolu de faire vn sacrifice sanglant, aussi bien que de plusieurs autres du Parlement; quand ie pense à la mort tragique du Président Barillon, aux proscriptions que nous auons veues, aux Emprisonnemens du Duc de Beaufort et de M. de Chauigny et de tant d'autres, parce que ie préuois bien que nous retombons dans les mesmes malheurs desquels nous pensions estre sortis pour iamais et qui seront d'autant plus grands que l'emprisonnement de ces trois Princes ne laisse plus rien d'inuiolable à l'audace de la fortune, qu'elle entraisne auec soy la ruine des peuples et l'impossibilité de faire la paix, et qu'elle donne la puissance à M. de se vanger de Paris et du Parlement, qu'il a voulu mettre à feu et à sang auant qu'il luy eust fait aucune iniure.

Préuenez, Messieurs, s'il vous plaict, par vostre prudence, tant de maux dont nous sommes menacez. Souuenez vous que le M. est de Sicile, et des cruautez qui s'exercent à Naples. Ne considérez pas l'imprudence des premiers mouuemens qui font assez souuent, aussi bien que le menu peuple, des iours de Festes des iours de leur ruine. Faites Iustice à ces Princes; conseruez le Sang Royal qui fait subsister le Corps de l'Estat. Repensez aux seruices véritables que ces Princes ont rendus, et aux auantages que la France a receus de tant de Victoires remportées sur les ennemis; dissipez les faux soubçons que l'on a voulu malicieusement faire prendre de la fidélité incorruptible de ces Princes; destrompez l'esprit de M.; faites luy connoistre que la protection de M. (*Mazarin*) blesse sa réputation, que cela seul fait tout le crime de M. le P. Faites-le souuenir des persécutions qu'il a souffertes d'vn autre Fauory qui a instruit celuy cy de ses maximes, de ses artifices et de ses exemples. Dites luy que M. le P. est le reieston illustre, le greffe d'honneur et de vertu de cette noble Souche de Montmorency, qu'il est le neueu de cet Héros incomparable qui combatit et qui mourut pour luy. Faites-luy voir Madame la Princesse tout en larmes qui luy demande ses enfans; excitez sa gratitude, et que s'il ne peut redonner la vie à l'oncle, il est en quelque sorte obligé de procurer à la sœur et aux neueux la liberté. Enfin, Messieurs, faites luy entendre qu'il y a deux Princes de la maison de Bourbon qui ont l'honneur d'estre de son Sang, que la Nature auec vous luy demande Iustice pour eux ; et s'il n'y a point d'arbre qui ne plie et qui ne se plaigne, quelque sauuage qu'il puisse estre, quand vne branche luy est arrachée par la tempeste, ne doutez pas que le meilleur Prince du monde ne soit sensiblement touché de leur malheur. Pour moi, qui considère cette grande Compagnie comme le zèle et le refuge des Innocens, comme le temple de la Iustice, où les choses sont pesées au poids du sanctuaire, ie sais bien que ces Princes ne sçauroient manquer d'auoir de puissans protecteurs, et qu'après que tant de sages Sénateurs auront remonstré à son Altesse Royale que M. le P. est son bras droit, que le bien de l'Estat le luy demande, que c'est le moyen d'auoir la paix, ie me promets et ie m'asseure que M. obtiendra du Roy cette grâce et s'y portera d'autant plus volontiers que de toutes les vertus qui le rendront célèbre à tous les siècles, celle de sauuer M. le P. luy sera la plus glorieuse et la plus honorable, la plus vtile à la France et à tous les peuples, et dont le Parlement luy puisse demeurer plus redeuable.

Factum pour Messieurs les Princes [1367][1].

(18 janvier 1650.)

Les suiets d'vne République ou Monarchie sont heureux quand ils viuent selon les lois et qu'ils ne craignent pas que l'on les recherche, ny que l'on entreprenne contre leurs biens et personnes que par les voyes ordinaires de la iustice. Lors vn homme est sans inquiétude qui est sans crime ; et celuy là se peut dire au milieu de ses ennemis asseuré dans ses biens et sa vie, qui est innocent. Anciennement la France se gouuernoit dans cet ordre et par ces maximes. Il n'y auoit point de prisons légitimes que les Conciergeries des Parlemens et celles des Iuges ordinaires ; et si quelquefois les Roys s'en sont seruis d'autres, ç'a esté fort rarement, comme ès Ducs de Nemours, d'Alençon et Connestable de Saint Paul ; et encore leurs Maiestez en ont tousiours laissé l'entière disposition à leurs Iuges ; sinon depuis quelque temps que la flatterie a fait croire aux Ministres qu'ils auoient puissance de tout faire impunément, et que non seulement sur vn soupçon, mais mesmes que sur l'appréhension de la resuerie d'vn songe, ils pouuoient emprisonner les plus gens de bien ; de sorte que nous auons veu principalement depuis la Régence, Pignerol, la Bastille, le Bois de Vincennes et la pluspart des Chasteaux et Citadelles du Royaume remplies

---

[1] Cette pièce répète souvent les arguments du *Discours* qui précède ; mais comme elle les développe et les complète aussi quelquefois, j'ai cru qu'il était à propos d'en donner des extraits.

de personnes de toutes conditions et sans en sçauoir la raison ; et lorsque l'on a voulu en faire paroistre les motifs à la Iustice pour les Ducs de Beaufort et de La Mothe, les Parlemens les ont trouuez si foibles que les Ministres n'en ont receu que de la honte et de la confusion ; ce qui n'a pas néantmoins empesché que ces Innocens n'ayent pasty.

Les clameurs et les plaintes d'vn si grand nombre d'affligez esmeurent et obligèrent, l'année dernière, le Parlement à faire des Remontrances au Roy, à ce que pour la seureté des personnes, aucun de quelque qualité et condition qu'il peust estre, ne seroit traisté à l'auenir criminellement que selon les formes prescrites par les loix du Royaume ; ce qui fut accordé par sa Maiesté au quinzième article de sa Déclaration du 22 octobre 1648. Mais vne si sainte Ordonnance n'a pas diuerty les Ministres de continuer leurs désordres. Ils ont tenu vn an prisonnier le Mareschal de Rantzau [1] sans que le Parlement ny les Iuges ordinaires ayent eu connoissance des causes de son emprisonnement, n'y ayant pas eu de plainte sur la contrauention de cette ordonnance en la personne d'vn Officier de la Couronne. Ils ont cru pouuoir entreprendre la mesme chose contre deux Princes du Sang et vn autre Prince des plus considérables qui soient en France, ayant fait arrester prisonnier au Bois de Vincennes Messieurs les Princes de Condé et de Conty, auec M. le Duc de Longueuille leur beau-frère ; et d'autant que cette action est sans exemple dans la Minorité des Roys, ils ont voulu la colorer par vne let-

---

[1] Le maréchal de Rantzau fut arrêté en 1649 à Saint-Germain pendant le siége de Paris, peut-être à cause de la *Lettre de M. le maréchal de Rantzau.... à Monseigneur le Duc d'Orléans* [2024].

tre [1] que l'on a publiée au nom de sa Maiesté, dans laquelle ils ont establi beaucoup de foibles prétextes pour maintenir vne entreprise si extraordinaire, qui oste au Roy le plus fort soustien qu'il ait dans sa minorité, et désarme le plus triomphant ennemy qu'ait l'Espagne. Et comme véritablement il falloit que les motifs de cette détention fussent bien puissans pour faire approuuer la iustice d'vne telle action, aussi peut on dire sans blesser le respect deu aux Ministres que le sieur de Guénégaud auroit mieux fait pour leur gloire de taire la légèreté de ceux qui sont escrits, que de les publier, si on ne luy auoit pas donné charge de faire paroistre innocens ceux que l'on rendoit malheureux sans estre coupables.

. . . .

Les premiers vsurpateurs et conquérans de Monarchies, comme ont esté les Césars dans l'Empire Romain, les Frédéric et Gustaue dans les Royaumes de Danemark et de Suède, captiuoient la bienueillance des peuples, s'intéressoient dans leurs misères, flattoient leurs mouuemens, prenoient leur party et protection dans les rencontres où ils cherchoient à se déliurer de leurs oppressions. Au contraire il semble que ce Prince se soit estudié à s'attirer l'auersion des peuples pour oster tout ombrage à son Roy. Il sçauoit bien qu'il falloit peu de choses auec sa réputation et sa gloire pour donner ialousie à son maistre. La protection qu'il donna l'an passé au Cardinal Mazarin durant les troubles de Paris contre tous les vœux de la France, en est vne preuue éuidente et funeste. On peut dire qu'il n'est maintenant prison-

[1] Du 19 janvier 1650.

nier que pour auoir empesché Mazarin de l'estre, et qu'il a perdu la liberté pour l'auoir conseruée à celuy cy, qui l'a payé de sa monnoye ordinaire enuers tous ses bienfaiteurs qu'il fait gloire de destruire. C'est luy qui a vuidé la question si longtemps débattue entre les Philosophes, qui est le plus grand bénéfice, celuy de la création ou conseruation; car il les a logez et réduits à mesme point : sçauoir au Bois de Vincennes, Chauigny[1] et ce Prince.

. . . .

Paris tendoit les bras à ce Prince et tout le Royaume lui ouuroit le cœur, s'il eust voulu conspirer à la ruyne de Mazarin, en laquelle néantmoins le temps luy a fait veoir et à nous qu'il auoit plus d'intérest qu'aucun autre. Il auroit donc profité d'vne si belle occasion et se seroit fait aimer dans sa liberté, s'il eust eu dessein de monter à la Souueraineté, puisqu'il n'y a pas de voyes plus courtes et de marches plus faciles aux Couronnes et aux Sceptres que la bienueillance des peuples, et auroit esté plaint et regretté dans sa disgrâce.

Chacun sçait la consternation que toute la France eut en la mort de Messieurs de Guyse à Blois, accusez d'aspirer à la Souueraineté. L'amour et la créance qu'ils auoient des peuples, donna au Roy de iustes défiances de leurs desseins. Le deuil général du Royaume pour cette perte qui causa vn embrasement vniuersel parmy les peuples, pouuoit confirmer le Roy dans ses ombrages. Mais où sont les acclamations du monde pour la personne de ce Prince dans les derniers temps et depuis qu'il a maintenu le Cardinal? Qui a veu tomber des

---

[1] Léon le Bouthilier, comte de Chavigny, ministre secrétaire d'État.

larmes ou ietter des soupirs et des regrets aux peuples en sa disgrâce et détention ? Ce seroient là des marques bien plus vraysemblables de ses proiets et de son ambition que tous les foibles moyens qu'on employe pour attaquer vne fidélité incomparable. Il est donc vray de dire par toutes les maximes politiques que la conduite qu'a eue M. le Prince iusques icy, le iustifie assez nettement de la prétention dont on l'accuse de Souueraineté.

Car pour auoir désiré des places dans les gouuernemens, premièrement il n'y en a pas vne qui ne vienne de feu Monsieur son Père. De plus cela est dans l'ordre accoustumé èt sans enuie. Il n'y a point de Gouuerneur qui ne possède et ne désire des places dans la Prouince qu'il commande, pour y maintenir l'authorité du Roy et la sienne. M. le Duc d'Orléans a dans le Languedoc, Montpellier, le Pont Sainct Esprit et Brescou. M. le Duc de Bellegarde, Gouuerneur de la Bourgogne auant feu M. le Prince, auoit le Chasteau de Dijon, Verdun, Sainct Iean de Laune et Bellegarde, que l'on enuie tant auiourd'huy à M. le Prince. Le Connétable [1] auoit dans la Picardie, Amiens, Calais, et Boulogne ; M. de Lesdiguières, dans le Dauphiné, le Chasteau de Grenoble et le Fort de Barrau. Le Duc de Montbazon a dans celuy de l'Isle de France Chauny, Soissons et Noyon ; M. de La Meilleraye en Bretagne, Blauet, Nantes et Guerrande. Et l'on n'a iamais pour cela accusé aucun de ces Messieurs d'aspirer à la Souueraineté. Pourquoy donc sur de pareils fondemens bastir contre celuy cy seul de si différentes consé-

---

[1] De Luynes.

quences? Après, l'estat auquel se sont trouuées en sa détention toutes ses places, tant en Bourgogne, Champagne que Normandie, dépourueues de munitions, de soldats et d'argent, fait bien remarquer l'iniustice de ce soupçon et l'innocence des desseins du Prince plus tost que son ambition.

. . . .

C'est bien parler légèrement et inutilement de dire qu'il est le plus riche suiet qui soit au monde. Tous les biens qu'il possède, ne sont ils pas encore au dessous de sa naissance et hors d'enuie? Qui auroit droit légitime aux richesses et aduantages d'vne maison et Royaume que ceux du Sang et de la famille? Mais au contraire où on trouue à redire, c'est que le Cardinal estant le plus pauure suiet du Roy d'Espagne par sa naissance, est deuenu auiourdhuy le plus riche Banquier et Marchand de France; c'est que tout luy estant interdit à cause de son extraction par les loix du Royaume, il tient néantmoins et vsurpe tout par sa faueur et violence.

De plus il n'y a pas de nation où il n'y ait de plus riches suiets que M. le Prince, comme en Espagne le Marquis de Cosmar; en Allemagne le moindre petit Prince suiet de l'Empire; en Irlande le Comte d'Ormont; en Pologne le Prince de Razeuille; en Italie les Connestables de Colonne; en France M. de Guyse, sans parler de la maison de Vendosme.

Et quant aux Bénéfices, il y en auoit deux fois plus entre les mains de M. de Guyse d'auiourd'huy qu'en celles de Monsieur son frère. Mais sans chercher d'autres exemples que le Cardinal Mazarin, celuy-cy ne possède-t-il pas à la honte de la France plus d'Abbayes et de Bénéfices que le Prince de Conty, que M. de Metz[1] et tous les autres Éclésiastiques ensemble ?

On diroit à entendre cette lettre que tous les Éueschez et Gouuernemens ne soient remplis que de ses créatures et domestiques ; et cependant nous n'auons veu que deux personnes paruenir aux Eueschez par sa recommandation, qui s'y fussent bien esleuez d'ailleurs par leur mérite ou naissance, sçauoir l'Evesque d'Angoulesme d'auiourd'huy, Gentilhomme de condition, Nepueu de feu M. d'Eureux[2] et duquel deux frères auoient esté tuez pour le seruice du Roy dans vn mesme iour et combat. L'autre est le sieur de Memac de la maison de Ventadour, nommé à l'Archeuesché de Bourges. Où sont ses autres amis, créatures et domestiques qui ayent eu aucune Abbaye ou Bénéfice ? Mais pour le Cardinal Mazarin, il retient tout pour luy ; et le reste qu'il ne peut réseruer, il le met en commerce et le trocque. Y a-t-il vn seul Bénéficier auprès de luy, soit Italien, soit François, qui ne soit aussitost remply ? N'a-t-il pas fait vn Aumosnier de son frère, aux dépens du Roy, éuesque d'Orange[3], et vn maistre de Chambre, fils d'vn linger, Euesque de Coutances ? Les Cardinaux d'Amboise, de Tournon et Richelieu tenoient vn homme dix ans auprès d'eux auparauant de l'aduancer en l'Episcopat ; mais celuy cy les pousse en vn moment. Il est vray que la gloire de seruir de si grands hommes que les premiers, pouuoit seruir de récompense à ceux qui estoient attachez à eux ; mais la honte de seruir celuy cy ne peut

---

[1] Henri de Bourbon, évêque de Metz et abbé de Saint-Germain des Prés.
[2] Éloy Boutault.
[3] Hyacinthe Serroni.

estre excusée ny adoucie que par l'espérance des Bénéfices et bienfaits, desquels il a l'entière disposition.

Quand aux Gouuernemens qu'on reproche luy auoir esté accordez ou à ses créatures, excepté Clermont et Stenay que la lettre nomme, tous les autres sont oubliez, d'autant qu'il n'y en a pas eu dauantage. Quoy on plaindra deux Gouuernemens de Places à vn Prince qui en a conquis tant à la France, entre lesquels sont Dunkerque, Thionuille et Philipsbourg, les meilleures places de l'Europe ; qui a estendu ses limites iusques à l'Océan ; qui a subiugué l'Allemagne et fait trembler et périr tant de fois toutes les forces d'Espagne ?

. . . .

La créance qu'il auoit dans les trouppes doit-elle estre la cause de sa perte ? Elle est fondée sur sa valeur et bonne fortune, qui sont deux choses fauorables à vn Estat. Sa Maiesté se plaint elle du crédit qu'il auoit dans les troupes Allemandes ? L'a il offensé pour l'auoir employé l'an passé à désarmer en vn moment le Mareschal de Turenne qui amenoit toutes ses forces au secours de Paris, si elles ne luy eussent échappé par les seuls moyens et pratiques du Prince de Condé, qui escriuit aux Colonels Allemands pour les engager et retenir au seruice du Roy.

N'est ce pas vne des plus recommandables parties d'vn Capitaine de s'insinuer dans l'esprit des soldats et de gagner leur créance ? L'histoire de toutes les nations nous apprend qu'vne armée est demy défaite qui est conduite par vn Général qu'elle n'estime pas. Au contraire, ce ne sont que présages de victoires, que bons augures et espérances d'heureux succez parmi les soldats qui se voient commandez par vn Chef de réputation. Et c'est pourquoy lorsque les armées du Roy auoient à leur teste M. le Prince, on pouuoit dire auec vérité et sans vanité ce qu'autrefois disoit Rome d'Alexandre Séuère : *que la France ne deuoit rien craindre puisqu'elle auoit le Prince de Condé*. Si les gens de guerre s'adressoient à lui plus souuent qu'à nul autre pour obtenir des charges, pouuoit-il en conscience et auec honneur s'empescher de les secourir et espargner enuers sa Maiesté ses recommandations pour ceux qui n'auoient pas auec lui espargné leur sang pour son seruice?

C'est vn prince si plein de gloire dans les armes qu'vn homme se sentoit autant obligé de ses sollicitations comme des bienfaicts des autres. Voires on peut dire de luy ce que plusieurs disoient d'Auguste selon le rapport de Crispus Passienus : *qu'on prisoit dauantage l'estime qu'apportoient ses bienfaits ou recommandations que le don, pour ce que le faisant auec connoissance de cause, il donnoit de l'honneur à celuy auquel il procuroit du bien*. Il luy appartenoit à bon titre de discerner le poids et le prix de la valeur et mérite des soldats et Capitaines; et son approbation pouuoit estre vne iuste mesure à sa Maiesté pour le choix et la distribution des grâces et faueurs de la guerre. En vn mot, s'il eust esté question de sçauoir qui estoit le meilleur ioueur de *Hoc*, le Prince ne deuoit pas estre escouté contre les aduis du Cardinal, qui raffine en tous les ieux *de passe-passe*. Mais pour les charges de la guerre qui se donnent à la valeur, qui s'acquièrent à la pointe de l'espée et au péril de la vie, il n'y auoit point de suffrages dans le Conseil plus considérables que ceux d'vn grand Capitaine comme luy, qui estoit tesmoin de toutes les belles actions qui s'estoient faites dans les armées, et qui auoit esté si souuent triomphant de l'Espagne qu'il pouuoit dire ce que Maximin escriuoit au Sénat de Rome : *qu'il auoit fait tant de prisonniers qu'à peine l'estendue de l'Empire estoit-elle capable de les contenir.*

Les insolences et désordres des troupes ne sçauroient lui estre imputez, mais au Cardinal qui a rongé les entrailles de l'Estat, sucé le sang du peuple et espuisé tout le Royaume de finances; estant infaillible que c'est le manquement d'argent qui empesche la discipline des armées et qui ouure la porte à toutes les violences qu'vn Général est forcé de dissimuler, quand on n'a aucune solde à lui donner.

Le Prince de Condé n'estoit pas l'an passé dans la Champagne[1], où l'on exerçoit toutes sortes d'hostilité et de cruauté contre la religion et païsans de la prouince. Ces plaintes sont uniuerselles en tous les endroits, lieux et païs où la nécessité de la guerre appelle des troupes sans finances. Si la voix des peuples qui languissent dans le Royaume, n'est pas assez forte pour se faire entendre sur ce suiet à sa Maiesté, combien a-t-elle veu d'Ambassadeurs et de plaintes de la part de la Duchesse de Sauoye[2] et de la Catalogne[3] pour y remédier? Dira-t-on que M. le Prince est la cause des malheurs qui affligent et accablent les Prouinces et nations où il n'a pas esté? Certes la cause de tous nos maux est en France, qui est le Cardinal; et le remède qui est l'argent, pour ceux qui y font ses troupes, est en Italie, d'où il ne le fera

[1] *La Champagne désolée par l'armée d'Erlach* [677].
[2] *L'Ambassadeur de Sauoie enuoyé du mandement de son Altesse..., à la Reine Régente,* etc. [70].
[3] *L'Ambassadeur des États de Catalogne.... enuoyé à la Reine Régente.... touchant les affaires de cette Prouince,* etc. [71].

pas retourner. C'est la puissante raison qui diuertit ce Prince de s'engager au commandement de l'armée, l'esté passé. Les triomphes et les lauriers cessoient de luy plaire, qui coustoient tant de larmes et de soupirs au peuple. Il aimoit mieux que l'on ne comptast pas ses victoires durant cette campagne que de veoir et entendre raconter les désordres que sont contraintes de causer des troupes qui ne sont pas payées. Et puis certes vn Prince qui a trauaillé continuellement durant sept années de la Régence et qui auoit fatigué et esté tout l'hyuer précédent sous les armes, pouuoit bien se reposer trois ou quatre mois d'vne campagne suiuante, ny ayant pas d'homme qui à la fin ne se lasse au trauail et à la peine. C'est néantmoins vn des crimes qu'on luy obiecte, duquel on n'auroit maintenant aucune peine à le iustifier, s'il auoit passé l'hiuer précédent comme l'esté.

Les différentes partialitez qu'il a témoignées auoir pour le Gouuerneur de Prouence contre son Parlement, et pour le Parlement de Bordeaux contre son Gouuerneur, ne sont pas si estranges. L'vn est son Cousin germain, qui a esté fait prisonnier et fort mal traisté du Parlement de Prouence; et l'autre Gouuerneur ne l'est pas, et d'ailleurs auoit resueillé sans cause et renouuellé tous les troubles de la Guyenne. Il y a desià en ce point la mesme raison pour laquelle nous remarquons que le Cardinal protége contre l'Eglise et la Prouince de Guyenne M. d'Espernon plus que les autres Gouuerneurs, à cause de l'espérance qu'il a de luy donner vne de ses niepces pour M. de Candalle; outre que par vn public consentement on trouue que Messieurs de Guyenne auoient plus de iustice et de raison de se plaindre des outrages et entreprises du Duc d'Espernon que non pas ceux de Prouence du Comte d'Alets ; et partant sans auoir esgard à la parenté ou amitié, il pouuoit soustenir le mérite de la cause d'vn Parlement et estre contraire à l'autre.

. . . .

Les propositions qui sont mises en auant, qu'il demandoit vne armée pour réduire la Franche-Comté et la posséder en Souueraineté, aussi bien que nos autres prises de Flandres, sont de la nature des crimes qui sont aisez à inuenter contre vn prisonnier, mais difficiles à prouuer. Son ambition en cela auroit esté louable ; et il n'y a pas lieu d'excuse où il n'y a pas de faute. Ce ne seroit pas le premier Prince du Sang et suiet de la Couronne qui auroit esté aydé par nos Roys à la conqueste d'vn pays Souuerain. Charles huictième n'assista-t-il pas en pareilles entreprises le Duc d'Orléans son frère[1] à conquérir le Milanais ? La maison de France n'a-t-elle pas souuent employé ses forces et sa puissance pour ayder les Ducs d'Aniou à se rendre Maistres et Souuerains de Naples ? Henry troisième ne donna-t-il pas des forces et du secours au Duc d'Alençon son frère pour la conqueste de Flandre ? N'auons-nous pas veu mesme en nos iours le feu Roy Louys treiziesme dompter les rigueurs de l'hiuer et passer les Alpes pour affermir et maintenir le Duc de Neuers son suiet en la Duché et pays de Mantoue ? Quel crime donc est ce à vn suiet François de souhaiter d'estre Souuerain aux despens du Roy d'Espagne ? Quel préiudice cela feroit il à la Couronne de France ? N'y auroit il pas eu moins de péril et plus d'aduantage d'auoir vn si foible voisin pour Souuerain,

---

[1] Son cousin ; le duc d'Orléans, depuis Louis XII.

qu'vn si grand Monarque comme est le Roy d'Espagne?

Mais comment ne taire pas ce qui est si fort à sa gloire, d'auoir esté d'aduis l'esté passé de destacher partie de notre armée de Flandre pour secourir le Liége et empescher l'oppression d'vne Ville alliée, de laquelle nous auions receu tant de secours dans les guerres présentes? N'y auoit il pas plus d'honneur et d'vtilité pour nos armes de les employer à empescher la seruitude de nos voisins que de les occuper à piller et brusler quelques villages de la campagne du Haynaut?

Et pour la Coadiutorerie de Liége, quand vn si glorieux Conseil en auroit esté le motif, l'effect n'en auroit il pas esté profitable et honorable à la France? Ce ne seroit pas d'ailleurs le premier de la maison de Bourbon qui en auroit esté Euesque. Et on demanderoit volontiers le iugement du Lecteur pour sçauoir s'il est plus à propos pour le bien de nos affaires que ce soit l'Euesque d'Osnabruc d'auiourd'hui que M. le Prince de Conty? Il y alloit donc de l'honneur de la France d'escouter la voix du Liége qui imploroit sa protection? et on impute à crime à vn Prince d'en auoir donné le Conseil!

. . . .

D'exalter aussi le don de Chantilly et de Dampmartin comme vn des plus beaux présents qui s'est iamais fait à vne seule personne, cela est ridicule, puisqu'on s'est moins estonné du retour de ces terres en la maison d'vn premier Prince du Sang, beau-frère de M. de Montmorency, que de la réserue qu'en auoit fait le feu Roy; et que chacun sçait que les Roys en France, à l'imitation de l'Empereur Adrien, ne profitent pas des biens confisquez et ne veulent pas qu'ils entrent dans leur Espargne et qu'ils soient appliquez à leur fisc, mais les donnent à d'autres, ou les rendent ordinairement aux héritiers, comme nous en voyons la pratique dans la mort du Connestable de Saint Paul, Mareschal de Biron, de MM. le Grand et de Tou, les biens desquels sont retournez aux parens.

Pour ce qui est du Duc de Richelieu et des prétentions du Prince sur le Haure en son mariage, c'est interpréter à plaisir les pensées et intentions. Quel crime a-t-il commis d'ayder à l'aduancement d'vne dame confidente et amie particulière de sa sœur, auparauant cette rencontre la fauorite et mignonne mesme de la Duchesse d'Aiguillon qui addressoit et enuoyoit incessamment son Nepueu à l'eschole de ladite Dame pour se former par ses entretiens la grâce et gentillesse qu'il deuoit auoir? Ce Prince a conseillé au Duc de Richelieu de posséder ce que sa Tante vouloit seulement lui faire imiter. L'aduis qu'il eut que la Duchesse d'Aiguillon affligée de ce mariage vouloit trauerser le voyage de cette Dame vers son mary, luy fit dépescher quelques Courriers pour l'aduertir de ses desseins et la faire tenir sur ses gardes. L'escorte qu'il luy a donnée pour aller trouuer le Duc au Haure, n'estoit que pour empescher l'insulte qu'il luy pouuoit estre fait sur les chemins par la dite Dame d'Aiguillon; pour cela est ce agir contre les lois de l'Estat que de déplaire à ladite Duchesse d'Aiguillon auec laquelle il estoit en procez[1]? Ses intérests sont ils tellement vnis à la Couronne, qu'on ne puisse blesser les vns sans offenser les autres? Où est

---

[1] *Procès burlesque entre Monsieur le Prince et Madame la Duchesse d'Aiguillon*, etc. [2284].

son crime? Le Duc de Richelieu n'a pu se marier sans le consentement du Roy et de la Reyne ; cela est vray, s'il eust fait quelque alliance hors du Royaume, mais non pas pour celles qui se contractent en France. Pourquoy maintenant le Duc de Richelieu luy auroit-il promis le Haure? Ne payoit-il pas bien ce bon office sur le champ, sans luy donner encore de retour la place?

Le sieur de Guénégaud fait fort bien de passer sous silence les promotions aux Breuets de Ducs et Mareschaux de France qui ont esté accordez à la recommandation de M. le Prince. Nous n'auons pour l'vn que le Mareschal de Gassion. Chacun a connu par les seruices qu'il a rendus en cette qualité, qu'il méritoit cet honneur. La bataille de Rocroy où il seruit si dignement, fut le motif de la recommandation de M. le Prince. Où est en cela la faute et le suiet de ce reproche? Pour le Breuet de Duc, on ne peut remarquer que feu M. de Chastillon, lequel sans appuy de M. le Prince pouuoit bien se promettre de la Reyne vn traitement pareil à celuy de Messieurs de Liancourt et de Tresmes. La mort, les seruices de son père et les siens en tant de batailles et de rencontres, n'étoient ce pas de beaux dégrez pour monter à la gloire et luy faire espérer la continuation des honneurs qui auoient esté accordez pour récompense à son père?

Ne seroit il pas à souhaiter à la Reyne pour la gloire de sa Régence et l'aduantage de cette Couronne, qu'elle eust souuent les mesmes occasions de distribuer ses grâces? L'enuie ne règnera pas tant dans la cour quand elle appliquera si iustement ses bienfaits, qui n'auront iamais aucune suite ny conséquence à craindre.

Quant à sa prétention à l'Admirauté, elle semble assez

iuste et excusable, puisqu'elle vaquoit par la mort de son beau-frère et qu'il eust esté maintenant très glorieux à la France de le veoir aussi heureusement commander sur mer, comme il faisoit sur terre. Et certes n'auoit il pas vn fondement bien légitime de croire auec tout le monde que cette charge passoit par les mains de la Reyne pour tomber plus doucement en celles du Cardinal, qui l'a tousiours depuis maniée et en a retiré tous les reuenus et aduantages? Mais pendant que le Prince triomphoit continuellement sur la terre par le succès de ses armes, le Cardinal faisoit triompher l'Espagnol sur mer, la France n'ayant eu que malheurs et disgrâces dans les armées nauales depuis qu'il en a pris la direction. Ce n'ont esté que sorties de port à contre temps, que brisemens de vaisseaux et escueils de galères. Les meilleures nouuelles qui venoient de là, estoient les moindres pertes; et chacun sçait ce que ses chimères du costé d'Italie ont cousté à la couronne et combien la dernière descente aux Costes de Naples sur ses ordres fut iudicieuse. Tandis que toute cette grande Ville estoit aux feux et aux armes, l'armée nauale cherchoit vn chapeau pour son frère, au lieu de prendre vn Royaume pour la France, ou de le faire perdre à l'Espagne. Mais quand l'Espagnol en eut calmé les mouuemens et l'eut réduite à son obéissance, pour lors le Cardinal qui auoit des intelligences secrètes dans le païs, y enuoya eschouer notre armée et descharger plusieurs pièces de canon sur ses riuages, que nous y laissâmes pour marque de notre belle entreprise. Sans nous arrester aux éuenemens, qui ne louera la Politique et générosité du Cardinal d'auoir trouué plus à propos et plus glorieux pour la France d'attaquer l'Espagnol à Naples dans ses prospéritez que de se ioindre, l'année de deuant, aux troubles qu'il y auoit pour l'accabler?

Il eust été donc plus aduantageux à la France que M. le Prince eust esté Sur-Intendant des Mers, que Mazarin le Directeur. Toulon et Marseille ne pleureroient pas le triste débris de la puissance qui nous rendoit auparauant qu'il s'en fust meslé, redoutables ; et nous aurions plus de réputation sur mer, plus de vaisseaux et de galères dans nos ports que nous n'auons pas, et plus d'argent dans l'Espargne; les vaisseaux et galères ne s'étant ruinées et perdues que pour en auoir trop peu receu et retenu pour soy, et trop transporté pour luy.

Que si on a donné à ce Prince les Domaines de Clermont et de Stenay, ç'a esté pour luy adoucir les amertumes d'vne si belle despouille qu'il méritoit bien et pouuoit obtenir par tant de titres : par la qualité de beau frère, par celle de sa naissance et par celle de la iustice publique. Vn Prince mérite tout qui conserue tout, et qui venoit tout fraischement, auant ces bienfaits, d'emporter Dunkerque et estendre les limites du Royaume et sa gloire.

Quant aux gratifications qui ont esté faites de Danuilliers au Prince de Conty, la pension de cent mil liures et la place dans le Conseil, ça esté vne suite du traisté de Paris[1] auec Sa Maiesté ; et tandis que les deux frères estoient d'vn parti contraire, où estoit lors l'intelligence entre eux pour rapporter et imputer à l'vn ce qui est accordé à l'autre? Pour l'entrée au Conseil durant la minorité elle ne peut estre estimée vne grâce à vn Prince du Sang, qui y a droit fondamental par sa naissance et

---

[1] *Les Articles de la paix conclue et arrêtée à Ruel*, etc. [413].

par la condition du temps, ainsi que nous avons veu cy dessus.

La permission qu'on donna à feu M. le Prince d'acheter Bellegarde de M. le Duc de Bellegarde, ne méritoit pas d'estre exagérée entre les bienfaits. Car le commerce est libre en France d'achepter des terres; iusques là qu'on y a veu des roturiers acquérir des Duchez, tesmoin Charlot le Duché de Fronssac. C'est vne faueur qui ne se refuse à personne et qu'il n'est pas mesme nécessaire de demander au Prince, auquel il suffit de payer les droicts Seigneuriaux, selon la coutume du pays où les terres sont situées.

Que si cette grâce s'entend du gouuernement de Bellegarde, les Finances n'en ont point esté espuisées; il a peu cousté à la Reyne. I'ay ouy dire qu'il a esté payé au Mareschal de la Motte par sa prison, et que c'est la seule récompense qu'il en a eue, si on ne veut lui mettre Pierre en Cize[1] en ligne de compte pour eschange; de sorte que l'on peut soustenir auec vérité que la seule faueur que M. le Prince possède personnellement depuis la Régence, est le don, qui n'est pas trop certain, des Domaines de Stenay et Clermont qui n'esgalent pas la perte qu'il a faite dans sa maison de la Sur-Intendance de la Marine qui luy estoit due par bienséance, à cause de la mort de son beau-frère, tué dans le seruice à Orbitel.

. . . .

Pour le Prince de Condé, on voit par ces remarques la querelle d'Allemand qu'on luy a faite, et les foibles raisons qu'on a eues de l'arrester auec les autres Princes

---

[1] Où il fut enfermé.

qui ont esté entraînez dans sa disgrâce. Ce sont tous prétextes inuentez pour siller les yeux et amuser le monde; car la vérité de l'histoire est que les motifs contenus en la lettre n'en sont pas la cause. C'est pourquoy pour toucher au but, en laissant au Cardinal les souplesses de son mestier et les destours, il faut remarquer que depuis sa Régence, la Reyne se reposant entièrement des affaires sur le Cardinal Mazarin, il a gouuerné comme en Souuerain, iusques à ce que la hayne des peuples et des parlemens esclatast, l'année dernière, contre son mauuais gouuernement. Mais après que la protection de M. le Prince l'eut conserué, voulant gouuerner comme auparauant, il trouua que les seruices et la puissance de ce Prince luy partageoient en quelque façon sa première authorité; ce qui parut principalement lorsqu'il empescha le mariage de M. de Mercœur auec sa niepce Mancini et que la Sur-Intendance de la Marine, par mesme moyen, ne fust donnée à M. de Vendosme, comme il estoit stipulé dans les conditions du sacrifice de son fils auec ladite Niepce.

Mescontentement qui a tellement touché le Cardinal qu'il n'a pas eu la force ou discrétion de le dissimuler dans cette lettre, Dieu l'ayant volontiers permis, afin qu'il descouurist luy mesme les véritables motifs de la détention du Prince, parmy tant de déguisemens dont il l'ombrage.

Mais à vray dire pour cette action, le Prince mérite d'estre loué de tout le monde, et non pas excusé. Aussi sa conduite fut elle autant uniuersellement approuuée comme cette alliance estoit méprisée, laquelle il n'y a pas d'apparence qu'il ayt iugée fort utile six mois auparauant comme porte ladite lettre, s'il n'auoit lors les sentimens aussi corrompus, en ce rencontre, comme il les eut mauuais en la protection qu'il a donnée audit Cardinal.

La seconde chose qui a beaucoup piqué le Cardinal, a esté les trauerses que ce Prince luy a données au gouuernement de Picardie et aux places de Péronne[1] et de la Citadelle d'Amiens, desquelles il vouloit traitter et se rendre maistre ; ce qui contraignit les Gouuerneurs de se retirer dans leurs Villes et implorer son assistance contre la violence dudit Cardinal qu'ils arrestèrent par ce moyen.

Mais ce qui, en dernier lieu, luy a esté extresmement sensible, est le Mariage du Duc de Richelieu auec Madame du Pont que ce Prince auoit fauorisée. Ce coup lui rauissoit ses espérances et le fruit du proiet qu'il auoit fait depuis tant de temps, d'attirer le Duc de Richelieu dans son alliance et par vn mariage de se rendre maistre de la fortune, maison et places du feu Cardinal. C'est pourquoy voyant qu'il trouuoit tousiours M. le Prince depuis peu pour obstacle aux grandeurs de sa maison et qu'il rompoit toutes ses mesures, son intérest animant son ressentiment, et non pas celuy de l'Estat, il a porté la Reyne à cette violence de l'arrester.

Cette action est si hardie pendant la minorité d'vn Roy que la postérité s'estonnera de la foiblesse des François de l'auoir endurée pour la considération d'vn estranger. Mais comme il n'y a qu'impétuosité et point de règle certaine parmy les peuples qui souffrent le froid et le chaud à mesme temps, il est de la dignité du Parlement, et l'on peut dire du maintien de son authorité,

---

[1] *Discours sur l'entreuue du Cardinal Mazarin et de M. d'Hocquincourt, gouuerneur de Péronne* [1145].

de se resueiller à ce coup et d'apporter remède à cette entreprise, après laquelle ses autheurs sont capables de tout faire, non seulement de casser les dernières Déclarations, mais aussi de se venger de luy; tout ce qu'il en peut espérer, estant la faueur que promettoit le Cyclope à Vlysse, d'estre mangé le dernier. A luy seul appartient par priuilége et prérogatiue spéciale de pouuoir connoistre de l'iniure faite à des Princes de cette qualité; et son deuoir l'oblige, pour affermir la seureté publique, d'examiner les causes de leur emprisonnement et de les chastier s'ils sont coupables; mais aussi s'ils sont innocens, de faire vne punition exemplaire de ceux qui, abusant de la minorité du Roy, ont, contre l'ordre de la iustice, exécuté leur passion sur des suiets si considérables. Il y a d'autant plus de raison en cette occurrence que cette détention est contre les formes et les loix du Royaume, lesquelles en temps de minorité doiuent estre obseruées sans qu'vne Régente en vertu de son pouuoir puisse s'en départir et les violer. Durant icelle, l'emprisonnement des Princes du Sang est sans exemple, ainsi que nous auons remarqué; combien à plus forte raison doit toucher celuy cy, qui n'est fondé que sur des intrigues de cour, sur des intérests de la famille de Mancini et sur des prétextes imaginaires qui peuuent pareillement enuelopper quelque innocent que ce soit, contre la nécessité du temps qui obligeroit mesme à dissimuler ou à excuser les défauts du Prince de Condé, s'il en auoit aucun, pour s'arrester sur sa valeur, ses grands seruices et sa haute réputation, qui a conseruéjusques icy la Régence et l'Estat par ses prospéritez.

Ce prince tient le premier rang entre les hommes au salut desquels dans ces temps difficiles de la guerre la

République est intéressée. Il est de ces Soleils et de ces lumières qu'on ne doit point esteindre ny éclipser parmy les ténèbres qui couurent la France; c'est vn trésor caché inestimable dans les conionctures qui nous pressent. Nous sommes enuironnez des ennemis de toute part; et nous cachons notre libérateur! Nous craignons les Espagnols; et nous renfermons leur vainqueur!

La lettre rencontre mieux qu'elle ne veut qu'on pense, que le suiet de l'auersion que tesmoignent les Espagnols à la conclusion de la paix, procède de ce qu'ils vouloient veoir à quoy aboutiroit la conduite du Prince de Condé; ils sçauoient bien, connoissans l'infidélité, les fourbes et artifices du Cardinal, qu'oubliant les bienfaits qu'il en auoit receus, et préférant son intérest particulier au bien public de l'Estat, il entreroit en ombrage de sa grandeur et puissance et qu'il abuseroit de celle de sa Maiesté pour abaisser celle-cy, qui estoit si vtile et nécessaire à la couronne. Iamais suiet d'Espagne n'a seruy si aduantageusement son Roy qu'a fait Mazarin en donnant ce conseil, qui, enfermant dans la mesme prison le bonheur et la valeur de notre nation, ouure en mesme temps aux ennemis tous les passages du Royaume pour le ruiner. C'est certes le coup qu'attendoit l'Espagne pour ne faire iamais la paix, ou nous contraindre à vne honteuse pour la couronne; à quoy elle court risque d'estre réduite par la priuation d'vn si grand chef et la ruyne en suite des meilleures troupes qui fussent en France, lesquelles pour porter son nom, n'auoient iamais combattu qu'elles n'eussent vaincu. Il seroit honteux au Parlement en cette occurrence de veoir, les bras croisez, pâtir de si grands Princes, sans vouloir escouter leurs plaintes, luy dont l'establissement est le soustien des innocens contre l'insulte des puissances.

Que l'on ne dise pas que la qualité de Prince du Sang est au dessus des loix, que la chose est extraordinaire, et par ainsi que cette affaire n'est pas de sa connoissance. I'aduoue que la qualité des Princes du Sang est plus releuée que celle des autres suiets du Roy; mais, pour cela ce relief ne doit pas empirer leur condition. Au contraire, il doit adoucir pour eux la peine et la rigueur des loix et leur donner par préférence la meilleure part à ses indulgences, grâces et faueurs. Ils sont compris dans la Déclaration du Roy qui s'étend à tous ses suiets, puis que leur rang ne les exempte pas de ce nombre; et sa Maiesté dans cette mesme lettre faisant sçauoir au Parlement que son intention est qu'il ne soit point desrogé aux précédentes Déclarations, elle lui permet et enseigne d'en appliquer l'effet à ces Princes; autrement ses pensées et volontez seroient formellement contraires à ses paroles. Aussi cette doctrine seroit elle vne nouuelle iurisprudence, démentie par toutes nos Annales et les Registres de la Cour qui nous apprennent que les Régens mesmes ne sont pas au dessus des loix.

. . . .

L'Vnion ou Association des Princes, sur l'iniuste détention des princes de Condé, Conty et duc de Longueuille [3914] [1].

(18 janvier 1650.)

Novs soussignez, considérant l'estat déplorable auquel est auiourd'huy réduit le Royaume, et la confusion qui le menace d'vne dissipation inéuitable, non sans iuste crainte que les ennemis d'iceluy, tant domestiques qu'estrangers, ne veulent faire leur profit et se préualoir de sa ruyne, s'il n'y est bientôt pourueu, auons estimé durant le bas âge du Roy et la détention des Princes du Sang, n'y auoir plus conuenable remède pour préuenir et arrester vn si grand mal que nous vnir estroitement ensemble sous les articles qui s'ensuiuent :

Premièrement, nous protestons de demeurer fermes et de ne nous départir iamais de la très fidéle obéissance et très humble soumission que nous deuons, comme vrais et naturels suiets de cette Couronne, au Roy, nostre Prince et souuerain Seigneur.

Et pour ce que notoirement le Cardinal et ses fauteurs se sont saisis et emparez de la personne du Roy et de l'entière administration et absolu gouuernement du Royaume qu'ils occupent iniustement et exercent auec vne extresme tyrannie et oppression, et que l'iniuste et

[1] Ce pamphlet eut tant de succès, qu'on le réimprima en 1652, avec la permission expresse du duc d'Orléans, sous le titre de : *Les Articles de la dernière délibération de Messieurs les Princes auec les Bourgeois de la ville de Paris*, etc. [411].

violente détention de MM. les Princes, sans crime et cause légitime, contre la foy conclue et arrestée à Bordeaux, fait assez paroistre qu'ils n'ont autre but que la ruyne de la Maison de Bourbon qui reste seule de la Maison Royalle, la mort de nos Princes et en icelle la mutuation et subuersion de l'Estat,

Nous promettons employer vnanimement tout nostre pouuoir, nos vies et nos biens pour la conseruation d'iceux, et empescher les misérables effets de si pernicieux desseins, faire oster l'authorité publique des mains de ces vsurpateurs, rendre au Roy la dignité de sa Couronne, la garder et maintenir en son entier, tirer sa personne de leurs mains, déliurer et mettre en pleine liberté Messieurs les Princes, réparer l'offense qui leur a esté faite, en faisant chastier les autheurs de cette violence et réuoquer toutes les charges et dignitez données depuis la détention à ceux qui y ont participé;

Et pour remettre l'Estat en sa première forme, establir sous l'authorité soueueraine du Roy le Conseil légitime des Princes du Sang, des autres Princes et officiers de la Couronne et des anciens conseillers d'Estat qui ont passé par les grandes charges, et ceux qui sont extraits des grandes Maisons et des familles anciennes, qui par affection naturelle et intérest particulier sont portez à la conseruation de l'Estat, à qui de droit, durant le bas aage de nos Roys et pour leur indisposition, l'administration, gouuernement et direction des affaires publiques sont déférez par les lois anciennes et fondamentales du Royaume, qui excluent les femmes et les Estrangers. Et que si tant estoit (ce que Dieu par sa bonté veuille destourner) que le Roy vienne à décéder, déclarons que nous entendons recognoistre après son décez pour nostre

Roy et souuerain Seigneur Monseigneur le Duc d'Aniou, vray et naturel héritier et successeur de la Couronne; et durant sa minorité, Monsieur le Duc d'Orléans légitime Régent et gardien du Royaume, à qui, comme premier Prince du Sang, cette prééminence appartient auec le Conseil ci dessus pour la commune direction et administration des affaires du Royaume, sans souffrir qu'autre soit admis à la Régence du Royaume, ny mesme la Reyne mère du Roy, au préiudice des lois de l'Estat.

Que s'il arriuoit que ces vsurpateurs qui sont très-experts à limiter le terme de la vie et comploter la mort de ceux qui seruent d'obstacles à leurs desseins et entreprises, qui ont accoustumé d'employer le cousteau et le poison pour en aduancer les effets, vinssent à attenter par ces moyens abominables à la vie du Roy et de Monsieur le Duc d'Aniou, nous iurons deuant Dieu d'en rechercher la iuste vengeance par toutes voyes de droit et de fait à nous possibles tant sur eux que sur leurs adhérens domestiques et estrangers, afin de laisser en leurs personnes vn exemple mémorable à la postérité tant de la fidèle affection de vrais suiets que de la iuste punition d'vne perfidie et impiété si détestables; et à cette fin employer nos moyens et nostre vie iusques à la dernière goutte de nostre sang, adiurer nostre postérité d'en faire le semblable après nous.

Et afin de pouruoir à vn tel accident et à la seureté du Royaume contre les desseins du Cardinal, et aux gouuernement et administration d'iceluy au deffaut des Princes du Sang, ferons assembler les Estats Généraux du Royaume en lieu libre et seur afin d'y apporter l'ordre conuenable et nécessaire.

Promettons aussi de faire exactement exécuter et inuiolablement obseruer les loix du Royaume et particulièrement le traité de Bordeaux[1] pour le bien commun de tous les Ordres de l'Estat et la seureté de tous les bons et fidelles suiets du Roy.

Ferons maintenir et entretenir les anciennes alliances, traictez et confédérations renouuellez par le feu Roy auec les Princes, Potentats et Républiques estrangères, amis, alliez et confédérez qui sont en la protection de la Couronne, et restablir pour cet effect et remettre en la conduite des affaires de l'Estat les anciennes maximes du feu Roy, dont il s'est si heureusement serui durant son règne pour la seureté de son Estat et la paix publique de la Chrestienté, desquelles l'on s'est départy depuis sa mort.

Promettons en outre de nous opposer sous l'authorité du Roy par tous moyens à nous possibles, mesme par nos iustes armes et assistance des bons alliez et confédérez de cette Couronne, à tous ceux qui voudroient empescher l'effect de cette vnion, en laquelle nous n'auons autre but que de conseruer au Roy l'authorité et dignité de sa Couronne, affermir son sceptre en ses mains et de ses légitimes successeurs, et sous la commune liberté des François maintenir nos vies, biens, honneurs et dignitez contre la desloyauté et perfidie de ceux qui ont coniuré nostre ruyne auec celle de la Maison royalle et de tout le Royaume.

Et afin que nous puissions mieux et plus seurement conduire vn si louable et nécessaire dessein pour la commune destinée de l'Estat, l'obseruation des loix publiques et priuées d'iceluy et la ruyne des ennemis du Roy et du Royaume par les nostres, et par vne ferme liaison entretenir vne ferme et perdurable concorde et viure ensem-

---

[1] Du 26 décembre 1649. *Articles accordez par le Roy et la Reyne régente, sa mère, sur les présens mouuemens de la ville de Bourdeaux* [404].

blement comme vrais membres d'vn mesme corps, soubz le Chef qui sera choisi par nous, et suyuant les règlemens qui seront (*arrêtés*) par nous cy après, nous promettons et donnons la main les vns aux autres, dont Dieu est tesmoin entre nous, de garder fidellement cette vnion et tout ce qui en dépendra, par commun conseil et concorde les vns des autres, et par vne mutuelle correspondance et communication nous maintenir, supporter et secourir envers et contre tous; et à cette fin renonçons à tous intérests, respects, périls et considérations particuliers qui nous pourroient estre proposez au contraire, pour conioinctement courir au secours de celuy ou ceux qui seront assaillis et attaquez en haine de ladite vnion où en conséquence d'icelle, directement ou indirectement, par quelque voye et par qui que ce soit, en faire nostre propre fait et contribuer de bonne foy, à nostre commune deffense et de chacun de nous en particulier, tout ce que Dieu nous donne de pouuoir, sans excuse, remise ou tergiuersation, et sans nous pouuoir départir de la présente vnion et association, ny poser les armes qu'il ne soit pourueu aux choses dessus dictes; ny entendre à aucun accord ny traité de paix, sinon d'vn commun consentement.

Sera la présente vnion et association tant pour nous que pour nos enfans et descendans d'eux que nous entendons y estre compris et auxquels, arriuant le décez d'aucun de nous ou que pour cause nécessaire il fust obligé de partir du Royaume, nous promettons en ce cas rendre le mesme secours et assistance que dessus.

Et pour éuiter toute diuision et malentendu qui pourroient suruenir de nos associez ou de la pluspart d'iceux en iuste nombre ausquels nous serons tenus d'acquiescer, sans pour ce prendre prétexte de se refroidir en ce qui sera de cette présente association,

Demeurera le présent escrit serré entre nous sans venir en éuidence, sinon lorsque par vn commun aduis il sera iugé vtile.

Et pour la fin protestons deuant Dieu de garder inuiolablement les articles cy dessus, le prions de nous en faire la grâce, et qu'il luy plaise tenir nos bonnes intentions, les conduire et faire réussir à l'affermissement de la Couronne et au bien et à la conseruation de nostre patrie.

Le Courrier burlesque de la guerre de Paris, enuoyé à monseigneur le prince de Condé pour diuertir Son Altesse durant sa prison : ensemble tout ce qui se passa iusqu'au retour de leurs Maiestez [814][1].

(18 janvier 1650.)

Vous la terreur de l'uniuers,
Moy courier, suis parti d'Anuers,
Pour entretenir Vostre Altesse,
Et pour diuertir sa tristesse.
Prince, si mon dessein est grand,

[1] C'est une seconde édition corrigée du *Courrier françois*, en vers. — Revue en 1650 pendant la prison du prince de Condé et dédiée au marquis d'Alluye, qui était de la cabale du duc de Beaufort, on comprend sans peine le sens des corrections nombreuses que l'auteur y a faites. Je crois qu'on ne sera pas fâché de trouver en regard de ce nouveau texte les passages du texte primitif qui s'en éloignent le plus.

L'auteur s'appelait Saint-Julien. Il était de Paris, né sur la paroisse de Saint-Paul.

Il existe du *Courrier burlesque de la guerre de Paris* une édition de format in-12, dont les exemplaires sont aujourd'hui assez rares.

Ie prends vostre cœur pour garand,
Et dans vn malheur si funeste
Ie luy laisse à faire le reste.
C'est luy qui vous consolera,
Qui mieux que moy diuertira
L'ennuy mortel qui vous accable.
C'est luy qui combattra le diable,
S'il vous tentoit de désespoir,
Et c'est luy qui doit faire voir
Que vous, le vainqueur d'Allemagne,
La terreur de Flandre et d'Espagne,
Riez du sort et de ses coups
Qui sont grands, mais bien moins que vous.
A donc sur cette confiance
Que ie prends de vostre constance
Et de vostre religion
(Car contre la tentation,
En prenant vn peu d'eau beniste
Vous la ferez courir bien viste),
Ie viens pour charmer vos douleurs,
Iustes dans de si grands malheurs;
Et connoissant que la lecture
En peut seule faire la cure,
Ie viens avec ce lénitif
Très propre à guérir vn captif,
Et pour commencer vne histoire
Toute fraîche en vostre mémoire
Par la mort du grand Chastillon;
Voilà vos dames, tous de bon;
C'est fait. Dego s'en va. Silence!
Paix là! Monseigneur, ie commence.
 L'an estoit encore tout neuf
De mil six cens quarante-neuf.
C'estoit la cinquième iournée   5 janv.
De l'aisné des mois de l'année,

Quand le Roy vint dans le faubourg
A l'hostel iadis Luxembourg,
Et qu'vne grammaire nouuelle
Le palais d'Orléans appelle.
Là, dans la chambre où s'alictoit
Madame, qui fébricitoit ;
« Comment vous portez-vous, ma tante ? »
Disoit le Roy. — Vostre seruante,
Respondit Madame, assez mal. »
Mais la Reine et le Cardinal
S'entretenoient dans vne salle
Auec son Altesse Royalle.
Ce qu'ils dirent, ie ne sçays pas ;
Car ils causèrent assez bas ;
Mais dans tout ce qu'ils purent dire,
Ie n'y vois point le mot pour rire.
Ils parloient de nous assiéger,
(Fi pour ceux qui veulent manger!),
En quel terme ? il ne m'importe ;
Soit qu'vn d'eux parla de la sorte :
« Il faut affamer ces ingrats,
Ces baricadeurs scélérats ;
— Foin de vous, repartit la Reine.
Où courrons-nous la pretantaine
Auec vn peigne en vn chausson ? »
Monsieur répéta la chanson :
« Ce qu'on peut prendre, est bon à rendre. »
Et le succez a fait comprendre
Que tous trois conclurent sans moy
Qu'il falloit emmener le Roy.
    Ce soir, Prince, tu fis ripaille
Chez vn fameux pour la bataille
Qu'il perdit deuant Honnecour [1],

---

[1] Les pamphlétaires de la Fronde font souvent allusion à cette malheureuse bataille d'Honnecourt. Par exemple, dans le *Testament véritable*

Grammont, le poli de la Cour.
Là changeant d'habit et de linge,
Comme l'on voit sauter vn singe
Pour la Reine ou le Cardinal,
Presto, vous voilà sur cheual;
Et tous deux qui ne voyant goutte
De Saint Germain prenez la routte.

Unze heures de nuict enuiron,
Vray temps d'amant ou de larron,
Monsieur arriua chez Madame,
Et luy dit : « Dormez-vous, ma femme?
— Ouy, respondit-elle, ie dors.
— Prenez, luy dit-il, vostre corps;
Venez à Saint-Germain en Laye.
— A Saint-Germain, luy dit-elle, aye!
(Repettant trois fois Saint-Germain),
Mon cœur, ie partiray demain. »
A quoy Monsieur fit repartie :
« A demain donc, soit, la partie; »
Et vint dans le Palais Royal
Auec son confident loyal,
L'abbé, digne de la rivière;
Palais où l'aube la première
Ne treuuant plus leurs Maiestez,
Ains seulement des chatz restez,
Les vit prés Saint-Germain en Laye
Auec Messieurs la Mesleraye [1],
Le Cardinal, le Chancelier,

---

du cardinal Iules Mazarin [3767], le cardinal lègue au maréchal de Gramont son meilleur cheval « pour s'enfuir auecque furie. »

[1] La Porte, Mareschal goutteux,
   Et l'homme que l'Hostel de Luyne
   Mit à couuert de sa ruyne.
   Pour le reste de leur party
   Il estoit deuant eux party.

Dont le dernier ne peut nier
Qu'vn peu deuant l'Hostel de Luyne
Le garantit de sa ruine.
Harcourt, Longueuille, Conty,
Et tout le reste estoit party ;
Vne nuict que l'excez de boire
Nous donna presque à tous la foire.
(Car pour en parler franchement,
Tout eut depuis le déuoyement),
Nuict des Rois, mais sans Roy passée,
Nuict fatale, qui commencée
Par l'abondance d'vn festin,
Nous laissa la faim sur sa fin.
  Ces nouuelles ne furent sceues
Qu'après les sept heures venues ;
Mais sept heures ayant sonné
Tout Paris fut bien estonné.
La Bourgeoise estoit soucieuse ;
La boulangère estoit ioyeuse ;
Tous les artisans détestoient ;
Les Escholiers se promettoient
D'auoir campo durant le siége,
Et qu'on fermeroit leur collége ;
Les moines disoient chapelets ;
L'habitant courroit au Palais ;
Le plus zellé courroit aux armes ;
Le maltotier versoit des larmes ;
Et tout regardoit à son pain,
Le soupesant avec la main.

6 janv C'estoit de Ianuier le sixiesme ;
Si ce n'est assez du quantiesme,
C'estoit vn triste Mercredy
Que fut fait vn coup si hardy,
Et que du Parlement les membres
Dispersez par toutes les chambres,

Dirent qu'il estoit à propos
D'en faire vn seul qui fust plus gros,
Où les Escheuins de la Ville
Eurent audience ciuille;
Les gens du Roy pareillement.
En suite on fit vn règlement
Qu'on feroit garde à chaque porte
Nuict et iour de la mesme sorte.
A cela nul ne contredit;
Et de plus il fut interdit
A tous de tout sexe et tout âge
D'emporter armes ny bagage [1].
Le reste de ce règlement
Est au iournal du Parlement [2].
Ce mesme iour vne charette
Où fut treuuée vne cassette
Que réclama Monsieur Bonneau,
Trop pleine d'argent bon et beau,
Parut au peuple trop chargée,
Dont elle fut fort soulagée.
Et l'on traita pareillement
Quelque autre charitablement [3].

[1] Que commandement seroit fait
   Aux Gens du Roy du Chastelet
   De prendre garde à la police;
   Que les gouuerneurs sans malice
   Laisseroient passer les marchands
   Par les villes et par les champs;
   Qu'il leur seroit faite deffense
   De loger soldatesque engeance
   Ny d'héberger en leurs maisons
   Ce qu'on appelle garnisons.

[2] *Journal contenant tout ce qui s'est fait et passé en la Cour de parlement de Paris*, etc. [1741]. Le règlement a été publié sous le titre d'*Arrêt de la Cour de parlement... pour la sûreté et police de la ville de Paris* [216].

[3] On peut citer le secrétaire d'État Guénégaud, qui fit publier une

Du depuis les belles cohortes
De nos habitans fiers aux portes
N'ont laissé passer vn festu
Sans luy demander, où vas-tu [1]?
Lors fut vne lettre restée
Au préuost des marchands portée,
Qui s'adressoit à tout son corps ;
Lettre, où malgré de vains efforts,
On ne trouua raison aucune
Pour ce trou qu'on fit à la Lune,
Portant sur l'aduertissement
Qu'aucuns de nostre Parlement
Ont eu secrette intelligence
Auec les ennemis de France
On a cru que Sa Maiesté
N'estoit pas trop en seureté,
Et que bien que cela déroge
De faire ainsi Iacques Desloge,
Retraitte faite comme il faut
Valoit bien vn meschant assaut.

7 janv.
Le Ieudy, la Cour tout entière
Résoudoit sur cette matière ;
Mais comme elle estoit au parquet,
Il luy vint vn autre pacquet,
Dont elle ne fit point lecture,

Monition de l'official de Paris obtenue... le 14 auril 1649 [2488], et le marquis de Bonelle, gendre du surintendant Bullion.

[1] Dès ce mesme iour sont venues
De cette ville aux aduenues
Gardes de nobles habitans
Qui se sont montrés très constans
A la deffense de nos portes,
Et dont les nombreuses cohortes
Ne laissent passer sans le mot
Cheual, carrosse ou chariot.

Non pas seulement l'ouuerture,
Et dont Messieurs les gens du Roy
Furent creus sur leur bonne foy,
Disans, que par icelle lettre
On vouloit le Parlement mettre
Et transférer à Montargis;
Mais, Messieurs, qui de leur logis
N'auoient point acheué le terme,
Dirent qu'il falloit tenir ferme,
Et qu'on iroit le Roy prier
De vouloir les noms enuoyer
De ceux dont la correspondance
Estoit dommageable à la France,
Afin que l'ombre d'vn gibet
Punist l'ombre de leur forfait.
Et lors les gens du Roy partirent;
Et selon qu'il fut dit, ils firent;
Mais ils reuindrent non ouïs
De Saint-Germain peu réioüis.
Le Vendredy, premier iour maigre,   8 janv.
Messieurs sur le traittement aigre
Qu'on auoit fait aux gens du Roy,
Ordonnèrent suiuant la loy
Que la Reine auroit remonstrance
Sur le plus fin papier de France;
Et parceque le Cardinal [1]
Leur sembloit l'autheur de ce mal,
Qui depuis par son ministère
Leur a bien prouué le contraire,
Ils iugèrent mal à propos
Qu'il troubloit le commun repos,

---

[1] Et que veu que le Cardinal
 Est seul autheur de tout le mal
 Et de la misère présente
 Dont on a preuue suffisante.

Qu'il emplissoit sa tirelire,
Qu'il haïssoit nostre bon sire;
Luy mandèrent que dans ce iour
Il se retirast de la Cour,
Et dans huict de France il fist gille;
Sinon, enioint à bourg, à ville
De luy courir sus comme au loup
A qui chacun donne son coup,
Taloche, coupanne, gringuenaude,
Et de luy ietter de l'eau chaude;
Indulgence à qui l'occiroit;
Cependant que l'on armeroit
Pour la seureté des entrées,
Et pour l'escorte des denrées;
Ce mesme iour vinrent icy
Messieurs les bouchers de Poissy [1],
Disant que par vne ordonnance
Le Roy leur a donné vacance,
Et deffendu de trafiquer
Tant qu'il cessast de nous bloquer.

9 janv.   Le Samedy neuf, fut choisie [2]

[1] Disans que sortis à leur guise
Pour auoir de la marchandise,
On leur a fait signifier
Vn arresté du Chancelier
Qui porte vne deffense expresse
D'achepter des bestes à graisse,
Deffend à tous marchands forains
D'en déliurer entre leurs mains;
Nonobstant laquelle deffence
La ville en eut sa suffisance,
Et ce iour, vescut à gogo
Plus que monsieur de Gainego (*Guénégaud*).
Quoiqu'à la Reine on veuille dire
Que nous n'auons pas de quoi frire.

[2] Le samedy neuf dudit mois,
Sortit force vaillans bourgeois

De la plus leste bourgeoisie,
Que l'on pensoit faire sortir;
Mais elle n'y put consentir.
Néantmoins c'estoit la plus leste;
Iugez donc par elle du reste;
Et dès ce iour l'on connut bien
Que la meilleure n'en vaut rien.
Or ce iour, de quelque village
Il vint du pain et du fromage;
Mais que nous causa de tourmens,
Et plus qu'aux plus parfaits amans
L'esloignement d'vne maîtresse,
L'absence des pains de Gonesse!
Que quinze cens colintampons
Assurèrent estre fort bons,
Comme des Gardes quelque bande
La pinte de Saint Denis grande,
Gardes qui parurent très fiers
Aux pauures choux d'Auberuillers[1].

Ce même iour, fut restablie
La taxe du temps de Corbie[2],
Auec ordre à chaque habitant
De payer vne fois autant;
Que pour ioüyr des bénéfices
Attachez aux premiers offices,
Les conseillers mal-agréez,
En six cens trente cinq créez,
Payeront trois cens mille liures,

    Pour faciliter les passages
    Aux hommes des prochains villages
    Qui, trouuant libre le chemin,
    Fournirent les marchés de pain
    Qu'on reçut auec allégresse.

[1] Le *Siége d'Auberuilliers, en vers burlesques* [3669].
[2] *Arrêt de la Cour de parlement concernant la leuée des deniers pour le payement des gens de guerre* [219].

Dont ils feront charger les liures¹.
 Ce iour il n'entra pas un bœuf²;
Mais les vaillans princes d'Elbœuf,
Et notamment le Duc leur père,
Fort touché de nostre misère,
Auec vn ioly compliment
Se vint offrir au Parlement
Pour estre le chef de l'armée;
Et sa valeur fut estimée.
Cette nuict, on fut aduerty
Que le grand Prince de Conty
Auec le Duc de Longueuille
Estoient receus dans nostre Ville.
Monsieur d'Elbœuf fit le serment
De général du Parlement,

10 janr.

Dimanche, du mois le dixiesme.
Monsieur de Conty, ce iour mesme,
Vint asseurer toute la Cour
De son zèle et de son amour;
Et Messieurs firent mine bonne

---

¹ Moyennant quoy, comme anciens,
 Ceux qui succèdent à leurs biens,
 Leurs enfants pourront et leurs veufues
 Disposer de leurs charges neufues,
 Ainsi que d'autres Conseillers;
 Veut la cour qu'emprunt de deniers
 Soit fait tant que la somme monte
 A cent mille escus de bon conte
 Et cent cinquante mille francs;
 Veut que Messieurs les Présidens
 Et Conseillers de toutes chambres,
 Enquestes, Requestes, ses membres,
 Bref chaque chambre paye autant,
 Afin que chacun soit content;
 Et que les Maistres des Requestes
 Tiennent cent mille liures prestes.

² Ce iour, il entra peu de bœuf.

A cet appuy de la couronne [1]
Qui sembloit courbé soubs le faix [2].
On fit en suitte deux arrests :
Le premier que son Eminence
Obeïroit sans résistance
A l'arrest que rendit la cour
Contre elle, le huictiesme iour;
Enioint qu'on prenne prisonnière [3]
Toute la nation guerrière,
Autant que nous en trouuerons
A dix postes aux enuirons;
Ordre aux villes, bourgs et villages,
D'en faire de cruels carnages;
Deffense de luy rien fournir
Que de bons coups à l'aduenir;
Qu'en toutes les places frontières
Les garnisons seroient entières,
Et de ceux qui contreuiendroient,
La vie et les biens respondroient.
Par l'autre Arrest on donnoit ordre [4]
Aux Escheuins de ne desmordre
Des nobles charges qu'ils auoient,
Et de faire comme ils deuoient;
Au Prévost des Marchands de mesme;
Et parce qu'il estoit fort blesme
Depuis que le peuple zélé
Avoit sur luy crié *Tolle*,
La cour donna des sauues gardes

---

[1] A ce fleuron de la couronne.

[2] Tout le monde sait que le prince de Conty était contrefait.

[3] *Arrêt de la Cour de parlement.... par lequel il est défendu à tous gouuerneurs des villes frontières ou autres places de laisser sortir aucuns canons*, etc. [221].

[4] *Arrêt de la Cour de parlement, toutes les chambres assemblées*, etc. [220].

Pour sa personne et pour ses hardes[1].
Le Lundy (si ie n'ay menty),
Monsieur le Prince de Conty
Fut receu Généralissime
D'vn consentement vnanime,
Ayant soubs luy trois Généraux[2],
Dont on feroit bien six Héros :
Sçauoir, le Mareschal La Mothe,
Dont la mine n'est point tant sotte ;
Bouillon, et le grand Duc d'Elbœuf,

[1] Ce iour, on enroolla soldats ;
Et des canons, gisants à bas
Dans l'Arsenal, furent de terre
Leués sur leurs affusts de guerre.

[2] Sçauoir le Duc d'Elbeuf pour vn,
Braue homme s'il en fut aucun ;
Le duc de Bouillon, dont l'estime
Vient fort à propos pour ma rime ;
Et le grand La Mothe Houdancourt
Deuant qui tout le monde court.
Pour Monseigneur de Longueuille,
Son humeur honneste et ciuile
Et son zèle à seruir le Roi
Lui fit refuser de l'emploi,
Soit qu'il craignist que ialousie
S'emparast de la fantaisie
(C'est comme en parle le *Courrier*)
Du Duc d'Elbeuf, fait le premier
Général des troupes Royales ;
Soit qu'il voulust fuir les scandales
De cette contestation.
Il fit vne belle action ;
Car ce Seigneur prudent et sage
Donna ses enfans en ostage
Auec Madame leur mamman
Qui n'est superbe comme vn pan,
Mais dont l'humeur douce et courtoise
Cause auec la moindre bourgeoise.
Le duc de Bouillon l'imitant
En a bien voulu faire autant.

Qui dans la guerre n'est pas neuf;
Mais quand au Duc de Longueuille,
Comme il est d'humeur fort ciuille,
Il refusa de prendre employ,
Et pour nous témoigner sa foy,
Laissa ses enfans pour ostages,
Auec sa femme pour les gages.
Et c'est tout ce qui nous resta
De tout ce qu'il nous protesta.

 Dès lors Mars du party contraire
De celuy de son petit frère
(Car si Mars estoit contre nous,
Prince, sans doute c'estoit vous)
Commandoit les trouppes Royalles,
Qui festèrent les Bacchanales,
Et qui respandirent du vin
Iusques sur l'autel de Caluin.
A Charenton, dis-ie, vos trouppes
S'enyurèrent comme des souppes;
A vostre barbe, à vostre nez,
Force pucelages glanez,
Où quelques ieunes blanchisseuses
Se trouuèrent assez heureuses.
Dans les enuirons vos soldats
Firent de notables dégats,
Des assassinats, des pillages,
Des rauages, des brigandages.
Le Comte d'Harcourt à Saint Clou
En fit moins, et tousiours beaucoup.
Nous n'y pouuions donner remède.

 Lors vn Président fut fait aide
De Monsieur des Landes Payen,
Qui n'a que le nom de Payen,
Homme vtile en paix comme en guerre,
Qui sçait ioüer du cimeterre,

Et s'escrimer dans vn combat,
Bon conseiller, et bon soldat;
Il auoit depuis ces vacarmes
Sur les bras tout le fait des armes,
Quand Broussel auec Menardeau
Prirent la moitié du fardeau[1].

  Le Mardy, le Conseil de Ville
Fit vn règlement fort utile;
Sçauoir que pour leuer soldats
Tant de pied comme sur dadas,
L'on taxeroit toutes les portes,
Petites, grandes, foibles, fortes;
Que la cochère fourniroit
Tant que le blocus dureroit,
Vn bon cheual auec vn homme,
Ou qu'elle donneroit la somme
De quinze pistolles de poids,
Payables pour la première fois;

[1]   Ce iour, vn arrest donné porte,
Pour rendre la ville plus forte,
Qu'on trauaillera tous les iours
Aux retranchements des faux bourgs,
Et qu'à cette fin sera prise
La terre qui sera de mise,
Sauf d'indemniser par après
Et de payer les intérests
A Messieurs les propriétaires
Quand on sera sorti d'affaires.
  L'on députa, ce mesme iour,
Quelques Conseillers de la Cour;
Les vns pour voir si la police
S'exerçoit auecque iustice,
Pour le commerce des marchands,
Pour le supplice des meschants;
Les autres pour d'autres affaires
Et pour les choses nécessaires
Tant au dedans comme au dehors;
Quelques-vns pour les passeports.

Les petites, vn Mousquetaire,
Ou trois pistolles pour en faire :
Hommes chez le marchand sortans
Et tous fins neufs, et tous battans.
　Ce iour, en leuant sa béquille
Le Gouuerneur de la Bastille,
Qu'on nommoit Monsieur de Tremblay,
Luy qui iamais n'auoit tremblé,
Viel soldat et viel gentilhomme,
A Monsieur d'Elbœuf qui le somme
De luy remettre ce Chasteau,
Respondit très-bien et très-beau
Qu'il ne luy plaisoit de le rendre,
Et qu'il prétendoit le deffendre;
Mais il ne fut pas si méchant
Que six canons dessus le champ
Ne nous ouurirent cette place [1]
Sans auoir touché la surface.
Ce n'est pas qu'il ne fissent pouf,
Que la garnison ne dist ouf,
Qu'elle ne parust sur la brèche,
Qu'elle n'employast poudre et mèche,
Que maint coup ne fust entendu;
Mais c'est qu'il estoit deffendu,
Que dans ce beau siége de balle
Aucun costé chargeast à balle
Qu'il n'eust crié : Retirez vous,

[1] Cette place bien deffendue
　Quoiqu'auancent certains messieurs,
　Vulgairement dits des rieurs,
　Qu'en nos mains elle estoit remise
　Trois iours auant qu'elle fust prise,
　Que par ieu ioua le canon
　Pour nous faire croire que non;
　Et disent plus, les meschants hommes,
　Qu'il n'estoit chargé que de pommes.

Autant pour eux comme pour nous,
Sur les mesme peines qu'on donne
Au meurtrier d'vne personne ;
Car quiconque eust fait autrement,
Auroit péché mortellement,
Tout autant qu'en vn homicide.
Vn homme moins vaillant qu'Alcide,
Mais certes plus homme d'honneur,
Broussel, en fut fait gouuerneur ;
Et son fils en cette occurrence
Fut pourueu de la Lieutenance[1].

13 janv.

    Le Mercredy, mis sur pied fut
Le premier Régiment qu'on eut ;
Sur pied, non, i'aperçois que i'erre,
Les pieds n'en touchoient point à terre ;
Nos guerriers estoient sur cheuaux[2]
Prêts à fuyr deuant les Royaux.

Arrivée du duc
de Beaufort.

    Ce fut cette mesme iournée
Qu'vne petite haquenée
Apporta de nostre costé
Alexandre ressuscité,
Ce grand Beaufort dont la présence
Nous rendit beaucoup d'asseurance,
Ce Héros, ce fils de Henry,
Ce braue, ce Prince aguerry,
Iusques chez Renard redoutable[3],
Ennemy iuré de la table,

---

[1] Il se nommait de La Louvière.

[2]   Ces troupes à cheual estoient
    Et de bons roussins les portoient.
    Ce fut de Ianuier le treiziesme,
    Qu'vn braue Marquis que tant i'aime,
    Nommé La Boulaye autrement,
    Leua le premier régiment.

[3] Voy. plus haut *le Branle Mazarin*, etc.

Ce fameux fléau des Ierzais
Quand ils causent comme des iais,
Ce Mars qui bat, qui rompt, qui frappe,
Et perce tout iusqu'à la nappe,
Ce prince plus blond qu'vn bassin
Et plus déuost qu'vn capucin,
Qui mit en rut toutes nos femmes
Les honnestes et les infâmes,
Baisa touiours et rebaisa;
Car iamais il ne refusa
Ny Harangère ny Marchande,
Ieune, vielle, laide, galande,
Qui luy cryoit à qui plus fort :
« Baisez my, Monsieur di Biaufort. »
L'vne tendoit vn vilain moufle;
L'autre rendoit vn vilain soufle.
L'vne estaloit ses cheueux blancs;
L'autre ne montroit que trois dents,
Dont l'ébenne estoit suffisante
Pour en faire plus de cinquante.
Il en baisa près de trois cens,
Toutes d'vn baiser innocent,
Fors vne ieune femme grosse
Qui descendit de son carrosse,
Disant, « Mon fruict seroit marqué ;
Car dans le baiser applicqué
Au milieu de sa belle bouche,
Il eut vn désir de sa couche,
Et luy demanda rendez-vous,
En la baisant deux autres coups;
Mais il fut depuis à confesse.
Enfin ayant baisé sans cesse,
Aux lieux publics, dans les Marchez,
Maint becs torchez et non torchez,
Il fut descendre chez sa mère

A l'Hostel de Monsieur son père[1].
  Ce mesme iour, quitta son lict
La Seine qui des siennes fit[2],
Et se rendit tellement fière,
La belle dame la Riuière
Qui s'estoit laissée engrosser
(Par qui ie vous donne à penser).
Ie ne sçay si la desbordée
En auoit receu quelque ondée
D'vn galland appelé le Temps
Qui fit le mauuais fort longtemps;
Mais enfin il est véritable
Que pour sa grossesse effroyable
Dès lors il luy conuint chercher
Vn autre lict pour accoucher.
Elle vsa force bois en couche,
Comme ie l'ay sçeu de la bouche
De ses marchands mal satisfaicts
Qui n'en tirèrent pas leurs frais.
Le pauure pont des Thuileries
Pour en auoir fait railleries,

[1] Dès ce iour arrest fut donné
  Par lequel il est ordonné
  Que les meubles cardinalistes
  Dont on a fait de grosses listes,
  Tous ses biens et ses reuenus
  Seront saisis et retenus;
  Que sera faite vne deffence
  Aux receueurs de sa finance
  Et ses fermiers de payer rien
  Que la Cour ne le veuille bien;
  Et le lendemain furent faire,
  Suiuant cet arrest, l'inuentaire
  Vn Conseiller et quelque Huissier
  De la caue iusqu'au grenier
  Des meubles trouuez dans la case
  Du Cardinal ce grand.....

[2] L'*Augure fauorable à la bonne ville de Paris*, etc. [433].

Fut par elle fort maltraitté;
Et quelque moulin mal monté
Eut proche du pont Nostre Dame
Le croc en iambe de la Dame
Qui le fit aller à vau l'eau,
Où firent aussi leur tombeau
Vingt et cinq tant mulets que mules,
Dont les recherches furent nulles;
Et dix sept malheureux mortels
Qui dans l'eau s'auouèrent tels.
Or cessa sa rage et sa haine
Et promit Madame la Seine
D'estre plus chaste vne autre fois,
Le dix huitième de ce mois
Qu'elle parut fort auallée,
Qui s'est du depuis escoullée.

 Le lendemain, au Parlement   14 janv.
Beaufort vint faire compliment,
Où haranguant sans artifice
Il demanda tout haut iustice [1]
D'vn crime noir et supposé
Dont ie suis, dit-il, accusé.

 Le iour d'après, il fut fait quitte   15 janv.
De l'accusation susdite.
Lors le trauail recommença;
Et le trafic que l'on laissa
Pour prendre la noble cuirasse,
Eut son tour et reprit sa place;
Le mousquet au croc fut remis [2].

 Le Samedy, les ennemis   16 janv.

[1] De l'impertinente malice
Dont Mazarin auoit usé
Et dont il l'auoit accusé.

[2] Ce iour, il nous est rapporté
Que Lhospital est arresté

Surprirent par supercherie
Lagny, riche ville de Brie ;
Car Persan, leur chef¹, arresta ²
Le Maire qui parlementa
Sur la parole de ce traistre,
Qui menaça de rauir l'estre
Au pauure Maire qu'il retint,
N'estoit que le Bourgeois atteint
De compassion pour son Maire,
Embrassant vn mal nécessaire
Pour sauuer ce viellard grison,
Receut enfin la garnison.
 Ce iour mesme, vn abbé très digne

  Par l'ordre de son Eminence,
  Sur ce que par sa remonstrance
  Il vouloit dessiller les yeux
  Afin que la Reyne vist mieux
  L'insolence et les fourberies,
  La malice et les volleries
  Qu'exerce ledit Cardinal
  Qui s'est saisi du Mareschal
  Et tient force gens de sa taille,
  C'est à dire de la canaille,
  Des mouchards qui vont assiégeans
  Sa bonne Altesse d'Orléans.
   Nostre armée est de beaucoup creue;
  Et la leuée est continue ;
  Si bien qu'on croit qu'en peu de iours
  D'hommes marchans sous les tambours
  De cette gent qu'on nomme drille,
  Nous aurons bien quatorze mille,
  Sans comprendre les caualiers
  Dont nous aurons bien six milliers.

¹ Le marquis de Persan, lieutenant général, l'un des partisans les plus dévoués du prince de Condé. C'est lui qui commandait dans le château de Mouron en 1652.

 ² Persan qui boite d'vne hanche,
  Et chef des Bandits mazarins,
  Ayant partout volé les grains.

Issu d'vne famille insigne
Et nostre Archeuesque futur,
Dont le iugement est très mur,
Et ce que ie trouue admirable,
C'est qu'estant sauant comme vn diable,
De plus comme quatre il se bat,
Quand il croit que c'est pour l'Estat,
Eut et l'aura pourueu qu'il viue
En cour voix délibératiue.
Il fit depuis vn Régiment.

 Le Dimanche, le compliment   17 janv.
Du Parlement de la Prouence
Qui demandoit nostre alliance[1],
Leu par Messieurs, leur plust bien fort.

 Le Lundy, le Duc de Beaufort,   18 janv.
Fut fait Pair en pleine audience,
Où comme tel, il prit séance.
En suitte lecture s'y fit
De la lettre qu'on escriuit[2]
A tous les Parlemens de France[3].

[1] Qui demande de faire ensemble
  Contre le Mazarin qui tremble.

[2] *Lettre de la Cour de Parlement de Paris enuoyée aux Parlemens du Royaume*, etc. [1936].

[3] Lettre qui portoit l'attentat
  De Mazarin, fameux Corsaire,
  Et qu'on appelloit Circulaire.
  Par icelle l'on remontroit
  Qu'vn Estranger contre tout droit
  S'efforçoit de trousser en malle
  Toute l'autorité Royale;
  Qu'il auoit menti puamment
  Pour opprimer le Parlement
  Auec la liberté publique;
  Que le Cardinal frénétique,
  Ce diable d'Enfer trauesty,
  Tenoit tout Paris inuesty,

Elle fut pliée en présence;
Et pour la cacheter après,
On fit venir chandelle exprez,
Ie pense de huict à la liure;
On mit dessus : port, vne liure.
Dans cette lettre l'on voyoit
Que le conseil d'vn mal adroit
Auoit pensé perdre à la Halle
Toute l'authorité Royalle,
Qu'on taschoit mal heureusement
D'anéantir le Parlement,
Ce que pour rendre plus facille
On avoit bloqué nostre Ville,
Que Paris embreliquoqué
De se treuuer ainsi bloqué,
Auoit besoin de l'assistance
De tout le reste de la France,
Veu qu'il se confessoit troublé
D'estre non pas comme en vn blé
Mais sans bled pris et sans farine,
Fort proche d'auoir la famine;
Et que s'il ne se repaissoit,
Tout le Royaume périssoit.
 Le soir, à cheual trouppes fortes
Sortirent par diuerses portes
Pour la seureté des Marchands
Qui portoient des viures des champs[1].
 Le Mardy, du costé de Brie

19 janv.

<blockquote>
Et que des troupes Polonoises
Faisoient aux marchands mille noises;
Que Paris craignant ces vautours
Demandoit humblement secours
Contre la fureur cardinale.
</blockquote>

[1] Dont on a tousiours eu de reste,
Grâces à la bonté céleste
Et les soins de nos Sénateurs

Sortit auec cauallerie
Le généreux prince d'Elbœuf;
Ce fut de Ianuier le dix neuf
Qu'ayant rencontré quelque bande
Des volleurs de nostre viande,
Notamment de cinq cens gorets,
Il prit en main leurs intérests,
Et battant ces oyseaux de proye,
Gagna les gorets avec ioye,
Que ces animaux par leurs cris
Firent connoistre à tout Paris.

 Le Mercredy, le vingt, nous sceusmes   20 janv.
Par deux lettres que nous receusmes,
Que le vaillant comte d'Harcourt
Deuant Rouen demeura court,
Bien qu'aux portes de cette ville
Il iurast comme tous les mille;

  Contre le dire des menteurs.
  Le mardy, vinrent quelques hommes
  Disans qu'au bas païs des pommes
  Monsieur de Matignon leuoit
  Toutes les troupes qu'il pouuoit
  Pour Monseigneur de Longueuille
  Et le secours de nostre ville,
  Dont la vertu doit faire peur
  Aux artisans de son malheur.
  Ce iour, toute la Cour arreste
  Que Meliand à sa requeste
  Chez les Comptables et Fermiers
  Saisira les publics deniers
  Qui de toutes parts feront gille
  Aux coffres de l'Hostel de Ville,
  Et non à ceux des créanciers,
  Auec deffence auxdits Fermiers,
  Receueurs, autres gens d'affaires,
  Comptables et reliquataires,
  De payer le moindre teston
  Que la Cour ne le trouue bon.

Cependant que ce Parlement
Ordonna d'vn consentement
Qu'on priroit la Reine Régente
D'estre si bonne et complaisante
De laisser Rouen tel qu'il est
Deffendre seul son intérest;
Et qu'ailleurs dresseroit sa marche
Harcourt, qui vint au Pont de l'Arche
Monté sur un cheual rouen,
Sans auoir entré dans Rouen.
 Dès ce iour, pour la Normandie
Terre belliqueuse et hardie,
Le grand Longueuille quitta
Paris qui fort le regretta.
La Cour fit deux arrests ensuitte,
Dont l'vn porte que sur la fuitte [1]
De beaucoup de particuliers
Sous des habits de Cordeliers,
Et d'autres personnes sorties
Que Scarron n'auroit trauesties,
On deffend à grands et petits
De prendre plus de faux habits,
Ny de changer leur Seigneurie,
Ne fust ce que par raillerie;
Et parceque les partisans
Fuyoient en habits de paysans,
Les Ieans se faisant nommer Pierres,
Les Pierres, Pauls, si qu'en ces guerres
Souuent nos portiers par ce dol
Prenoient S. Pierre pour S. Paul;
Parceque sous vertes mandilles
Et sous de traîtresses guenilles,

---

[1] *Arrêt de la Cour de Parlement portant défenses à toutes personnes... de changer leurs noms, etc.* [228].

Qui recéloient maint quart d'escu,
Les Maltotiers monstroient le cu
Sans qu'on le sceust, tant ces naquettes
Sur leur mesure sembloient faites,
Tant pour eux leur mine parloit
Et tant rien ne les décéloit,
Tant auoit de correspondance
Cet estat auec leur naissance,
La Cour dit qu'on traitteroit mal
Les masques de ce Carnaual
Portans momons hors de la ville ;
Permis seulement à Virgille
De sortir ainsi trauesty.
Par l'autre Arrest fut consenty [1]
Qu'on gardast la vielle ordonnance
Pour les soldats ; auec défense,
Aux gens de guerre, de voler,
De brusler ou de violer ;
Ains se contenter de l'estappe
Sans à leurs hostes donner tappe,
Et que les biens en patiroient
Des chefs qui leurs commanderoient.

Ce iour, les trouppes Polonoises
Qui ne cherchoient qu'à faire noises,
Au bourg de Sèure et de Meudon
(Dieu veuille leur faire pardon !),
Commirent sans les violences
Plus d'vn demi-cent d'insolences [2].

[1] *Arrêt de la Cour de Parlement portant défenses aux gens de guerre de commettre aucunes violences,* etc. [229].

[2] Ils pillèrent les sacrés lieux....
 Polluèrent plusieurs esglises,
 Laissant les Curés sans chemises,
 Et qui monstroient leurs nuditez,
 A leurs troupeaux espouuantez.

Dieu, qu'elles ont fait de cocus
Pendant ce malheureux blocus !
Que cette race Polonoise
En mettant Ville Iuif dans Ponthoise,
Nous a laissé d'enfans métis !
Qu'il nous en reste de petits
Depuis que les grands sont en voye !
Iamais le Grec ne fit dans Troye
Ce que dans Meudon elle a fait,
Où sans laisser vn seul buffet,
Elle rompit auec rage
Les reliques de ce naufrage,
Entr'autres plusieurs pleins tonneaux,
Tant de vins viels que de nouueaux ;
Action qui fut si vilaine
Que deux de leurs chefs pour leur peine
Par les habitants de ce lieu
Furent enuoyez devant Dieu,
Où ie croy qu'ils ne furent guère ;
Car Noë se mit en cholère,
Sachant qu'ils auoient mal traitté
Le ius du fruict par luy planté,
Qui le coucha par récompense.

24 janv.
    Ieudy, fut leue à l'audience
La lettre que l'on escriuoit [1]
Le plus humblement qu'on pouuoit,
A la Mamman de nostre Sire,
Où vous pouuez encore lire
Les raisons que le Parlement
Alléguoit de son armement [2]

---

[1] *Remontrance du Parlement enuoyée au Roi et à la Reine régente*, etc. [3319].

[2]   Le désordre et la tyrannie
  De son Ministre d'Italie ;

Qui sont assez considérables ¹.
Vendredy, contre les notables,   22 janv.
Et quelques Escheuins d'Amiens,
Arrest fut contre ces Chrestiens
Rendu sur la plainte ciuille
De l'habitant de cette ville
A la teste chaude et hardy.
L'arrest portoit, du Vendredy
Le vingt deux de cette année,
Que sur la requeste donnée
Sous l'aueu du grand Duc d'Elbœuf,
Ce iour là vestu tout de neuf,
L'vn de nos chefs, illustre prince,
Gouuerneur de cette Prouince,
Que le Picard s'assembleroit
Et d'autres Escheuins feroit ².

 L'insolence de ses supposts
 Ennemis de nostre repos ;
 Les ruines inéuitables
 Sous qui ces monstres détestables
 Auoient engagé tout l'Estat.
¹ On députa, le mesme iour,
 Quelques Conseillers de la Cour
 Pour faire exécuter eux-mêmes
 Vn arrest rendu le quinzième
 Qui portoit que seroient saisis,
 Et dans l'Hostel de Ville mis,
 Les deniers deus par les Comptables.
² Deffend aux présens l'exercice
 Comme par lettre subreptice
 Qu'on nomme Lettre de Cachet,
 Maintenus ; dit qu'on a mal fait
 De leur donner telles épistres
 Contre la ville et ses viels titres.
 L'Arrest estoit fort important
 Pour conseruer cet habitant
 En l'obéyssance royale
 Contre la ligue cardinale,

Ce iour, il arriva deux hommes
De la capitale des pommes,
Qui disoient que leur Parlement
Auoit enuoyé promptement
A leurs Maiestés très chrestiennes
Porter les très humbles Antiennes.
 Samedy, le bruict a couru
Que l'Archiduc auoit paru
Sur les asseurances receues
De nos frontières despourueues [1],
Dont on tiroit des garnisons

23 janv.

  Estant ces premiers Escheuins
  Accusez d'estre mazarins.
   Ce iour, mon cœur estoit en ioye;
  Et fist la Cour de la Monnoye
  Arrest que ses maistres batteurs,
  Monnoyeurs et fabricateurs
  Payeront toutes choses faites
  D'or massif, soit plats, soit assiettes,
  Bref tout marc d'or, quatre cens francs
  Ioincts à vingt et huict escus blancs;
  Pour les cuillers et les escuelles
  Et toutes les autres vaisselles
  Qu'ils trouueront de bon argent,
  Ils payeront le marc content
  Vingt et six liures et demies;
  Entend qu'elles soient conuerties
  En des espèces du païs,
  C'est à dire de beaux louis;
  Commandement au Contre garde
  De l'escrire et d'y prendre garde;
  Et les Monnoyeurs les rompront
  Deuant ceux qui les porteront,
  Sur peine de payer d'amende
  Cinq cens liures, somme assez grande :
  Sur mesme peine leur enioint
  D'en prendre et n'en refuser point,
  Et de cette taxe susdite
  Ne rabattre pas vne pite.

[1] Par les ordres du Cardinal.

Pour faire au blocus des cloisons[1].
Le Dimanche et le vingt quatre,
Sortirent tous prests à se battre
Force gens bien faits, gros et gras,
Les cheueux frisez, le poil ras,

<small>24 janv.
Journée de
Juvisy.</small>

[1] Monsieur le Féron, quand i'y pense,
Fit vne très-belle ordonnance,
Ce iour vingt et trois de Ianuier,
Commandant à tout Officier
Qui sera de garde à la porte,
De faire par ses soins en sorte
Que dans le Louure soit conduit
Le bled qui passe et n'est pas cuit,
Orge, Froment, Seigle, Farine,
Pour estre durant la famine
Deliurez par des Officiers
Aux boulangers et patissiers,
Afin qu'incessamment ils cuisent,
Et que, si lesdits grains leur duisent,
Ils viennent tous les acheter
Au Louure où l'on les fait porter,
Et ce que i'y trouue de drolle,
Sans auoir crédit d'vne obolle ;
Car l'Ordonnance dit exprès
Qu'ils porteront argent tout frais,
Outre qu'ils promettront de rendre
Autant de pain qu'il s'en doit vendre
Dans les ordinaires marchez ;
Deffenses d'auoir grains cachez,
Ny sous ombre d'humeur ciuille
En vendre aux habitants de ville ;
Que tel courtois sera pendu ;
Aux Bourgeois aussi deffendu
D'en achepter d'eux sur la peine
D'amender vne cinquantaine
De pistolles ou de louis
Dont ils seroient peu réiouis.
Aussi sçachez la conséquence
De cette prudente ordonnance :
Le marché suiuant de pain eut
Autant et plus qu'il n'en fallut.

II

En souliers noirs, en bas de soye,
Tels que ceux qui vont tirer l'oye.
Gageons, Prince, que tu m'attens
A nommer nos fiers habitans,
Qui contre la pluye et l'orage
N'auoient porté que leur courage,
Et dont ils auoient peu porté
Pour plus grande légèreté.
Ouy, ie veux chanter la iournée
La plus celèbre de l'année,
Depuis ditte de Iuuisy,
Alorsque le Bourgeois choisy,
La pluspart la plume à l'oreille,
Iurant Dieu qu'il feroit merueille,
Et portant la fureur dans l'œil,
Marchoit pour assiéger Corbeil,
Si la maison du sieur Des Roches
N'en eust empesché les approches.
Sotte et misérable maison,
Qu'on te maudit auec raison!
Iuuisy, malheureux village,
Où manqua si peu de courage
Qu'ils en auoient apporté tous,
Sans toy Corbeil estoit à nous.
Le Bourgeois alloit en furie,
Ioint qu'on auoit caualerie,
Des fantassins et du canon.
Et puis tu me diras que non!
Ah! maison de Monsieur Des Roches,
Que tu nous coustes de reproches!
Pourtant la sortie eut effet.
Le Pont de Sainct Maur fut deffait,
Tandis que nos gens en désordre
Assez bons chiens s'ils vouloient mordre,
Le lendemain sont reuenus

Ayant la pluspart les pieds nuds;
D'autres ayant perdu leurs armes;
Et tous pinté comme des Carmes.
Les vns admiroient le danger
Où l'on vouloit les engager;
Encor que de cette bataille
Se sentit la seule futaille
Qu'ils percèrent de mille trous,
Et dont enfin à plusieurs coups
Ils burent dans cette desroute
Le sang iusqu'à la moindre goutte.
Enfin plus mouillez qu'vn canard,
Les enfans criant au Renard,
Ils rentrèrent dans nostre ville
En faisant vne longue file;
Tantost formans vn entrechas,
Tantost vomissans sur leurs pas,
Dont le grand Beaufort dans son ire
Ne pouuoit s'empescher de rire.

 Le lundy ne doit estre obmis   25 janv.
Qu'on sceut qu'en Bretagne vn commis
De Monsieur de La Mesleraye [1]
N'auoit remporté qu'vne baye
Ayant demandé six milliers,
Tant Fantassins que Caualiers [2];
Que la cour n'auoit fait response
Sur la demande de ce Nonce;
Ains deffendu que Chef aucun
Leue soldats, ne fust ce qu'vn,
Pour Monsieur de La Mesleraye
Contre qui saigne encor la playe

---

[1] De ce Mareschal fier à bras.
[2] Pour seconder les sots desseins
 D'vn Cardinal plein de furie.

Et le trou qu'il fit au iabot
D'vn crocheteur; veut que Chabot [1]
Qui sous main leuoit gens de guerre
Ait à dénicher de la Terre,
Et cependant qu'aux droicts Royaux
Soit reioint le droict des Billots [2].

26 janv.
    Le Mardy, le sieur de Raillière
Fut pris en nouant sa iartière
Et mené comme vn espion.
L'on ne connoist que trop son nom.
Il est monopoleur en diable,

[1] Le duc de Rohan-Chabot.

[2] D'où l'on dit que le tueur d'homme,
Meilleraye, auoit tous les ans
Plus que quatre cens mille francs.
. . . .
Ce iour, nostre Cour fist Arrest
Dans lequel à Messieurs il plaist,
Pour faire vn réglement utile
Aux rentes de l'Hostel de Ville,
Que les rentiers qui sont présens,
A l'exclusion des absens,
Soient payez de leurs arrérages;
. . . .
  Le mardy, vinrent quelques bandes,
Tant Polonoises qu'Allemandes,
Au Bourg la Reine, près Paris.
Dieux! quels cruels chariuaris!
Que de mal, de bosse et de playe
Faisoient-ils, lorsque La Boulaye,
Braue Marquis, mit en morceaux
Plus de trente de ces pourceaux;
Outre que ce chef de courage
Ouurit vertement le passage
A cent quatre-vingt et dix-neuf
Charrettes de bled, sans le bœuf
Qu'au nombre de deux cent soixante
Ou de trois cens, que ie ne mente,
Il amena par son conuoy
Malgré les ennemis du Roy.

Autheur de la taxe effroyable
Par qui tant de Gens sont lésez
Dessous le faux tiltre d'aisez [1].
Il fut coffré dans la Bastille
Et fit pénitence à la Grille [2].

 Le Mercredy, l'on eut aduis   27 janv.
Que Messieurs de Lyon rauis
Faisans des accueils fauorables
A tous nos arrests équitables,
Retinrent les gens que pour vous
Amenoit vn Duc contre nous,
Le grand Schomberg qui prit Tortose
Et qui pourroit faire autre chose
Que de seruir la passion
D'vn Prodige d'ambition.

 Ce iour, nous eusmes asseurance
Qu'vn Mouchard de Son Eminence
Vint les Chartrains questionner
S'ils se vouloient Mazariner;
Que Chartres entrant en fredaines
Respondit : « Vos fiéures quartaines!
Allez, chien d'espion au grat. »
Iugez s'il retourna bien fat,

[1] Ame damnée, esprit malin,
 Vn voleur, bref vn Mazarin.

[2] Mercredy, vingt-sept de Ianuier,
 Nosseigneurs ont fait publier
 Vn Arrest du vingt-cinquiesme
 Qui sur la multitude extresme
 Des libelles et qu'aucuns d'eux
 Sont insolens et frauduleux,
 Porte qu'Imprimeurs et Libraires
 Suiuant leurs statuts ordinaires
 Ne feront point d'impression
 Sans y mettre premier leur nom
 Et de celuy que l'on imprime,
 Autant en prose comme en rime.

La ville en estat s'estant mise
De se garantir de surprise.
 Deslors vn Régiment botté
Qui n'en estoit pas moins crotté,
Sortit du costé de la Brie;
D'où vint à nostre Boucherie,
Le lendemain, mouton et bœuf,
Que ce beau Régiment d'Elbœuf,
Ensemble des bleds et farines,
Amena des villes voisines
En aussi grande quantité
Qu'à Paris il en ait esté [1].
 Ce mesme iour, chemin facile
Fut fait des faubourgs à la ville,
Comme de la ville aux faubourgs.
Les iours estoient encor très courts;
Mais cela ne fit point d'obstacle
Qu'vn second fils, second miracle,
Né, le iour précédent, du suc
De Monsieur son père le Duc
De la Duché de Longueuille,

[1] Que iamais il en ait esté
  Dans nostre ville auant le siége.
   On ne nous escrit rien de Liége;
  Mais de Sainct Germain on escrit
  Que Mazarin, meschant esprit,
  Pour rompre la correspondance
  De Paris auecque la France,
  A fait arrester les Courriers;
  A mis en morceaux leurs papiers,
  Deffendu de plus s'entremettre
  De porter ou reporter lettre;
  Ce qui n'empesche pas pourtant
  Qu'on n'en reçoiue presque autant
  Qu'on faisoit auant sa deffence,
  Et que ne courent par la France
  De très bons Aduertissemens
  De ses mauuais déportemens.

Né, dis-ie, dans l'Hostel de Ville,
Ne fut à Sainct Iean baptisé,
Autrement christianisé,
Ayant la ville pour Maraine,
Madame de Bouillon Paraine;
Car ie n'ose dire Parain
Puisque c'est vn mot masculin,
Et que ce fut Dame la Ville
Qui tint le ieune Longueuille,
Et qui le nomma Carolus
De Paris; et s'il en faut plus,
D'Orléans; s'il en faut encore,
Le comte de S. Paul que i'honore;
Pour la ville estant le Féron[1].

 La nuict deuant qu'il eust son nom,
Les cheuaux légers de Corinthe,
Gens à l'espreuue de la crainte,
Sur le chemin de Long-iumeau
Rencontrèrent sous vn ormeau
Cent deux hommes d'Infanterie
Et deux cens de cauallerie,
Hommes qui n'estoient pas pour nous,
Sur lesquels et boutte à grands coups
Donna nostre petite trouppe,
Qui pousse, qui bat et qui couppe,
Qu'on pousse, qu'on couppe, qu'on bat,
Qui rend et qui reçoit combat,
Et fait ioliment sa retraite,
La partie estant trop mal faite[2],
Séuigny commandant pour nous[3].

 Le Ieudy, nous apprismes tous   28 janv.
Que dans la terre Prouençale

---

[1] Le Préuost des Marchands.
[2] On appella cette affaire la *premiere aux Corinthiens*.
[3] Le chevalier de Sévigné, oncle de madame de Sévigné.

La procession générale
Que le peuple d'Aix, bon chrestien,
Fit le iour de Sainct Sébastien,
Fut interrompue en sa file
Par des soldats entrez en Ville
Sous l'ordre du Comte d'Alets,
Gouuerneur de la Ville d'Aix;
Surquoy la populace fière
Auec la croix et la bannière
Le bénestier et l'aspergès,
Battit ces gens, et prit d'Alets.

Nous sceumes aussi qu'à Marseille
L'on auoit ioué la pareille
Au ieune Duc de Richelieu,
Arresté par ceux de ce lieu,
Qui mesme auoient fait prisonnières
Plus des trois quarts de ses Gallères.

30 janv.

Le Samedy trentiesme iour,
De l'ordonnance de la Cour
Les Conseillers Doux et Viole,
Dont la vertu tient comme colle,
Prirent la poste en maniement;
La Cour leur fit commandement
Que passe-ports ils déliurassent
De toute sorte et les signassent
Tous deux, ou l'vn l'autre absent, *et*
(En latin) le Greffier Guyet[1].

[1] Ce iour, la Cour mit en allarmes
   Les clinquaillers et vendeurs d'armes;
   Car par Arrest fut deffendu
   Que dorénauant soit vendu
   Le mousquet et la bandouillère
   De Charleuille et de Mézière
   Ou du païs des Liégeois
   Plus de huict quarts d'escus de pois;
   Ny que plus de dix francs on vende

Ce iour, les trouppes d'Alexandre,
Venant à Bry pour le surprendre,
J'entends vos trouppes, grand Condé,
Il nous fut à Paris mandé;
Sur quoy nostre Cauallerie
Prenant la route de la Brie
Les ennemis fuirent tout net,
Et pas vn d'eux ne *remanet;*
Mais bien vne quantité grande
De bleds et de vive viande,
C'est à dire de bestial,
Qui pour renfort du Carnaual
Fut à Paris fort bien receue,
Et dont la Ville fut pourueue.
 Lors on tira des Fuzeliers
Des Colonelles des quartiers;
Et de la noble Bourgeoisie,
Il alla quelque Compagnie
Pour faire garde à Charenton,
Tandis qu'on menoit, ce dit-on,
La Garnison faire ses orges
Deuers Villeneufue S. Georges,
Et d'autre à Brieconterobert,
Qu'on craignoit qui fust pris sans vert.
 Le Dimanche, Monsieur Tancrède   31 janv.

  Ceux de Sédan et de Hollande;
  Ny plus de vingt et quatre sous
  Picques de fresne à communs bouts;
  Ny de fortes armes la paire,
  Ensemble le port, soit plus chère
  De douze francs; les pistolets
  Qui se montent par des rouets,
  Auec les fourreaux, seize liures;
  Ceux à fusil, dix-huit; les liures
  De la fine poudre à canon,
  Vingt-quatre sols; l'autre, vn teston.

Fut blessé d'vn coup sans remède [1],
Blessé, dis-ie, d'vn coup mortel,
L'issu du costé paternel
Du feu Duc de Rohan son père,
Si l'on en croit sa chaste mère;
Au reste vn enfant très bien né
Aussi vaillant qu'infortuné.
Il donnoit beaucoup d'espérance;
Mais le mauuais destin de France
Prit mal à propos le toupet
Contre vn ieune homme si bien fait
Qui portoit toupet sur sa teste,
Comme l'on voit dans sa requeste [2].
Voyons donc comme il a péry :
Il reuenoit avec Vitry,
Noirmoutier et d'autre Noblesse
Quand pour sa première prouesse,
Et pour acheuer son Romant,
Il rencontra quelque Allemand
De la garnison de Vincenne
Qu'il suiuit à perte d'haleine;
Mais il s'engagea trop auant.
Les ennemis estoient deuant,
Qui sans considérer son âge
Le traittèrent auecque rage,
Parce qu'il auoit presque occis
De leurs caualliers cinq ou six.
Ils le chargèrent, le blessèrent,
Et dans Vincennes le traisnèrent,
Où le lendemain son décedz

[1] *Lettre de consolation enuoyée à madame la duchesse de Rohan*, etc. [1922]; *Regrets de la mort glorieuse de M. Tancrède de Rohan*, etc. [3081].

[2] Madame de Rohan, en la requeste que elle présenta, dit que Tancrède estoit reconnu par le toupet qu'il auoit.

N. D. T.

Finit sa vie et son procez¹.
Lors on eut aduis véritable,
Qu'à S. Germain (chose effroyable!)
Monseigneur, vous auiez nuds mis
Tous les gens que vous auiez pris,
Et que sans balle et sans iaquette²
Ils estoient en grande disette,
Enfermez au tripot du lieu
N'ayant reconfort que de Dieu.

   Le Lundy première iournée³,   1ᵉʳ février.
Du second mois de cette année,
Vous fistes le déterminé,
Dont il prit mal à Fontenay,
A Sceaux, Palaiseau, belle terre⁴,
Où vos barbares gens de guerre,
Firent ès maisons et clochers
Pis que n'auroient fait des archers,
Ou les volleurs de S. Sulpice ;
Car ils prirent iusqu'au calice,
Pissèrent dans le benestier,
Assommèrent vn marguillier,

  ¹ Et lors dans la grande Escurie
     Le régiment d'infanterie
     Du puissant prince de Conty
     Dont le feu n'est point ralenty,
     Et qui nous promet la ruine
     De l'insolence mazarine,
     Dans le manége fit serment
     A deux Messieurs du Parlement.

  ² Et que la rage cardinale
     Les a sans iaquette et sans balle.

  ³ Et depuis pour fraische nouuelle
     Qu'il est venu de la gratelle
     Au Cardinal à beau museau.

⁴ C'est le sujet de la *Harangue à la Reyne par messieurs les curés des bourgs de Sceaux*, etc. [1539].

Des surplis firent chemisettes,
Et beurent le vin des burettes,
Prirent le liure d'Oremus
Qu'ils ne respectèrent pas plus.

2 février.   Le Mardy n'est pas remarquable.
4 février.   Ieudy quatre, sortant de table
Où l'on seruit force rosty,
Monsieur le Prince de Conty,
Suiuy d'vne grande cohue
Fut faire à ses gardes reuue,
Où se trouua Monsieur d'Elbœuf
Qui n'auoit pris qu'vn iaune d'œuf,
Tant son ardeur infatigable
Le laissoit peu dormir à table;
Iour que pour nous faire du mal,
Sçachant que force bestial
Nous venoit du costé de Brie,
Bled, farine, autre drollerie,
Qui sauuoit Paris de la faim,
Et qui rompoit vostre dessein,
Vous pensastes mourir de rage;
Et pour nous boucher ce passage,
Ayant en vain attaqué Bry,
Qui n'estoit vostre fauory
Depuis qu'à vos belles cohortes
Il auoit refusé les portes,
Vous tournastes vers Lésigny,
Chasteau iadis à Conchiny [1],
Où de la canaille rustique,
Ce iour, à vos gens fit la nique,
Et quelques soldats au milieu

[1] Que par Iustice on deuoit vendre
Et que Mazarin peut prétendre
Comme successeur du Marquis
Et quasi du mesme païs.

Venus de Bry, voisin du lieu,
Respondirent auec rudesse :
« Ie sons vallets de Son Altesse;
Ce sera pour vne autre fois. »
 Ce fut le cinquiesme du mois   5 février.
Que quelques trouppes ennemies [1]
Pour poursuiure leurs volleries
Et le dégat du plat pays,
Prirent leur vol de S. Denis.
Hélas! que tu deus estre en trance,
Pauure Mesnil Madame Rance!
Ce iour, c'estoit à toy le dez;
Tes murs n'estoient pas bien gardez.
Ils mirent au fil de leurs lames
Enfans, vieillards, hommes et femmes,
Et firent acte de larrons
Par tous les bourgs aux enuirons.
 C'est ce iour si ie ne me blouze,
Que l'Archeuesque de Thoulouze
Reuint icy de Sainct Germain;
Mais non, ce fut le lendemain.
Nenny, ce fut ce iour-là mesme
Qu'estant allé dès le troisiesme
Y faire prédication
De nostre bonne intention,
En guise d'vne remonstrance,
Il ne pust auoir audience;
Et sans qu'on l'oüist, il auint
Que le zélé prélat reuint.
 Ce iour mérite quelque notte,
Puisque le Mareschal la Motte
Et le vaillant Duc de Beaufort,
Qu'on appeloit frappe d'abort [2],

[1] Que quelques troupes mazarines
[2] Qui fait tout nostre reconfort.

Sortis auec Cavalerie
Pour purger les chemins de Brie
Des picoreurs de Sainct Denis,
Virent près les bois de Bondis
Vne forte trouppe et très grande
De Caualerie Allemande.
Demander si nos généraux
Furent aussitost à leur dos,
C'est péché mortel que ce doute.
L'Allemand fut mis en déroute
Après s'estre bien défendu,
Iusques là mesme, qu'vn pendu,
Le Capitaine de la trouppe,
(Quand i'y songe ma voix s'étoupe)
Vint tirer à brusle-pourpoint
Nostre Duc, qui ne bransla point ;
Mais d'vn revers de cimeterre
Renuersa ce Reistre par terre ;
Les vns disent de pistolet.
Enfin le coup ne fut pas laid.
Le drosle en est au cimetière,
Et mord fièrement la poussière.

7 février.
Siége de Charenton.

Le sept, par vous, braue Condé,
Le Duc d'Orléans secondé,
Ayant tiré des voisinages,
Des villes, bourgs, chasteaux, villages,
Autant de troupes qu'il en put,
Sans que Paris débloqué fut,
Il fit bien de caualerie
Trois mille, et cinq d'infanterie,
Qui filèrent, toute la nuict,
Vers Charenton à petit bruit ².

---

¹ Lieu dont il auoit connoissance
² Qu'vn chef de grande expérience

Lundy huit, l'aurore esueillée [1]   8 février.
Vous trouua dans vne vallée,
Que nous appelons tous Fécamp,
Où le volleur est très fréquent
Durant tous les mois de l'année ;
Mais où deuant cette iournée
Iamais tant il ne s'en compta
Que dans ce iour elle en porta.
Là vostre Gros prit la scéance,
Et se saisit de l'éminence,
Tandis que quelque Régiment
Détaché par commandement,
Alla pour donner l'escalade
A la malheureuse bourgade.
Auant qu'aucun fust assommé,
Chanleu par vos gens fut sommé [2]
De leur remettre cette place,
Qui ne leur fit pas cette grâce ;
Et sur l'heure les assiégeans
De cette brauade enrageans
Occupèrent les auenues
Que nos canons rendirent nues.
Sans mentir, le coup le premier
Les fist plus nettes qu'vn denier ;
Le second rompit quatre cuisses ;
Le troisiesme tua deux Suisses.
Nauarre, braue Régiment
Lascha le pied vilainement.
Vingt de ses officiers à terre

    Estoit le fidèle gardien,
    Et qu'il le défendroit bien.

[1] *Attaque et prise de Charenton*, etc. [431] ; *Prise de Charenton*, etc. 2870].

[2] Le marquis de Clanleu. *Louange de feu M. le marquis de Clanleu*, etc. 2325].

Maudirent mille fois la guerre
Qui les enuoyoit chez Pluton
Deuant vn chétif Charenton.
Vostre Altesse ayant sceu l'escarre
Qui s'estoit faite de Nauarre,
Pensa creuer dans son pourpoint ;
Pourtant elle ne creua point,
Sur l'espérance de combattre
Le badaud qu'on tenoit à quatre,
Qui comme vn Diable iuroit Dieu
Qu'il vouloit secourir ce lieu.
Il disoit d'elle peste et rage,
Cependant qu'auec aduantage
Elle attendoit ceux de Paris,
Comme le chat fait la souris.
Se fiant sur son éminence,
Elle auoit grande impatience
De taster le poux au Bourgeois
Qui ne sortit pas cette fois.
Il est prudent et craint la touche,
Ioint qu'il n'aime point la cartouche,
Et qu'elle en auoit fait charger.
Paris n'en vouloit point ronger,
Et certes auecques prudence
(Puis qu'on dit que cette éminence,
Se pouuoit aussi peu forcer
Que l'autre se pouuoit chasser),
Vostre Altesse faisant fanfare,
Commit pour soustenir Nauarre
Chastillon auec du renfort,
Ou plutost pour chercher la mort[1] ;

---

[1] On ne compte pas moins de dix pièces sur la mort du duc de Chatillon. *Regret de la France sur la mort de M. de Chatillon*, etc. [3080] ; *Lettre de consolation enuoyée à madame de Chatillon*, etc. [1921] ; *Dernières paroles de M. le duc de Chatillon*, etc. [1036], etc., etc.

Car, hélas! au bas de son ventre
Vne balle de mousquet entre,
Sans respecter ce Duc nouueau
Ieune, vaillant, adroit et beau [1].
Tost après vos troupes filèrent
Par des iardins qu'elles forcèrent,
Si qu'il conuint à nos soudarts,
Enuironnez de toutes parts,
De faire vne retraite honneste.
Ce ne fut pas sans casser teste,
Et percer maints et maints boyaux
De maints et maints et maints Royaux.
Chanleu deuant qu'il deuint ombre,
En tua de sa main grand nombre,
Tant que lardé de plusieurs coups
Ce braue prit congé de nous,
Et finit vaillamment sa vie
Par vne mort digne d'enuie;
Ayant deuant mis par quartier
Vn qui luy présentoit quartier.
Charenton se rendit en suite.
La Garnison se mit en fuite,
Qu'on taschoit de secourir, quand
Il fallut passer par Fécamp;

[1] Et qui deuint en moins d'vne heure
Grand prédicateur, ou ie meure,
Puis qu'au iour qu'il est décédé
Il prescha son cousin Condé;
Tesmoin ses paroles dernières
Qu'il accompagna de prières
Capables de fendre vn rocher.
Aussi ne put pas s'empescher
Condé de lui donner des larmes
Et trahir le Dieu des allarmes,
Ennemis de Dame Pitié;
Mais ce furent pleurs d'amitié
A cause de leur parentage.

Ce qui n'estoit pas fort facile
A nos petits Messieurs de Ville [1].
Le iour que fut pris Charenton,
Resuant en soy-mesme Gaston
Sur l'importance de la perte
Qu'à sa prise il auoit soufferte,
Sur la conqueste il raisonna,
Et par conseil l'abandonna,
Comme pour son trop d'estendue
Ne pouuant estre défendue.
Il sort; et seulement il rompt
Le passage qui mène au pont.
Ce fait, vos troupes défilées
Vers Nogent prirent leurs volées;
Nogent sur Marne, que vos gens
Plus impiteux que des sergens,
Surprirent, pillèrent, bruslèrent,
Et puis après se retirèrent.

10 février.

Le Mercredy, nostre support
Sortit de grand matin, Beaufort.
Il avoit la puce à l'oreille.

[1] Laissez lui prendre Charenton
Puisque le sang de Chastillon
Et de Saligny le carnage
N'a que trop payé ce village.
Ieunes seigneurs prostituez,
Parlez donc, vous autres tuez,
Braues officiers de Nauarre,
L'occasion estoit bien rare
Pour y perdre trente de vous?
Au nom de Dieu, reuenez tous;
Et que vos ombres vengeresses
S'attachent nuit et iour aux fesses
De celui qui vous hazarda
Et par nos mains vous poignarda;
C'est Mazarin que ie veux dire,
L'autheur seul de vostre martyre.

Aussi ce iour, fit-il merueille;
Car dès qu'à Charenton il fut,
L'ennemy soudain disparut,
Et luy présentant le derrière
Se retira sur la riuière
Dans les moulins proche du pont,
Où nostre prince actif et prompt,
Ayant mandé l'artillerie
Pour battre cette infanterie,
Au nombre de deux à trois cens,
Receut vn aduis plus pressant
Qui le fit dénicher bien viste;
Car il sçeut qu'auoit pris son giste
A Linas le fameux conuoy
Qu'Estampe enuoyoit par charroy.
Noirmoustier lui prestoit main forte;   Arriuée du
Mais pour vne plus seure escorte   conuoy d'Estam-
La Mothe-Houdancourt et Beaufort,   pes.
C'estoit à qui courroit plus fort,
Estoient désià dessus la voye,
Quand vn advis on leur enuoye
Que le Mareschal de Grammont [1]
S'auançoit en pas de Gascon [2],
Pour les couper sur leurs passages.
Nos Généraux prudens et sages
Vinrent en ordre martial
Receuoir ce grand Mareschal,
Qui monstra brauement la croupe
(Dit la chanson) auec sa troupe [5],
Bien qu'elle fust de cinq milliers,

---

[1] Ce n'est pas ainsi que le raconte la *Défaite d'vne partie du conuoy des Parisiens dans le village de Vitry*, etc. [963].

[2] Venoit faisant le rodomont.

[5] Avec sa mazarine troupe.

Tant fantassins que caualiers,
Laissans tesmoins de sa disgrace
Plusieurs Officiers sur la place,
Entre lesquels il dit adieu
Au braue colonel Noirlieu,
Qui sçauant au faict de la guerre
N'en fut pas moins porté par terre,
Quoy qu'armé comme vn Iacquemart,
Et malgré les ruses de l'art
S'abbatit en faisant vne esse
Dessous Beaufort, de qui l'adresse
Luy porta l'espée au gosier;
Coup qui l'empescha de crier [1]
Contre nostre guerre ciuille,
Et d'embrasser cet autre Achille,
Ce Beaufort dont l'illustre bras
Combloit de gloire son trépas;
Beaufort, dis-ie, qui teste nue,
Sans armes que celle qui tue,
N'ayant qu'vn bufle sur le corps,
Affronta, ce iour, mille morts,
Les poussa, leur dit pis que pendre,
Sans qu'elles osassent le prendre.
Ce fut lors que nostre Bourgeois
Fut aux champs la seconde fois,
Sur le bruit de cette rencontre.
Chacun d'eux fort zelé se montre.
Ils vont, ils vollent au secours;

[1] Ce qu'il tesmoignoit par ses yeux,
Qu'il rouloit tristement aux cieux.
Ah! qu'il eust fait belle harangue!
Mais il auoit en deux la langue.
Qu'il auroit maudit le party!
Qu'il s'en seroit bien repenty!
Qu'il auroit pesté contre Iule!
Qu'il auroit baisé nostre Hercule!

Et l'on n'entend dans leurs discours
Que Viue Beaufort et La Mothe !
Il n'en est pas vn qui ne trotte ;
Et se trouuent ainsi trottans
Plus de trente mille habitans,
Dont l'ardeur fut bien rengainée,
Trouuant la bataille gagnée
Et la victoire qui rioit
De nos Bourgeois, qu'elle voyoit
Pester et se gratter la teste
De n'auoir esté de la feste,
Iurans pour faire les meschants
Contre le Préuost des Marchands,
Soit que Madame la Victoire
Eust rappellé dans sa mémoire
Iuuisy, que ces bons soldats
Ont promis de ne passer pas,
Et dont ils estoient sur la route.
Bref, ils reuindrent sans voir goute,
Confondus auec les pourceaux,
Les moutons, les bœufs et les veaux [1] ;
Il faisoit beau voir en bataille
Cinq cens gorets de belle taille ;
Leur bataillon sage et discret
Laissoit vn estron à regret ;
Mais pour mieux obseruer son ordre
Chacun d'eux passoit sans le mordre [2].

[1] Qui toute la nuit défilèrent
Et dans vn si grand nombre entrèrent
Par Saint Iacques et Saint Marcel
Qu'il ne s'en vit iamais de tel.
L'on conte près de quatre mille
Qui furent receus dans la ville,
De ces nourrissans animaux.

[2] Ces six vers se trouvent textuellement dans les *Vers burlesques enuoyez*

En suite on voyoit les moutons
Qui faisoient mille plaisans bonds,
Et s'auançoient en criant baye,
Que receut S. Germain en Laye.
Nos chefs entrèrent les premiers
Auecques force prisonniers [1].

11 février.

    Le Ieudy, fut pris la Valette,
Fruict de l'Espernone brayette,
Mais de ces fruicts qui sont bastards.
Il fut pris semant des placards,
Placards qu'il croyoit pour récolte
Deuoir produire vne réuolte,
Et qui n'eurent aucun effet,
Si ce n'est que par eux fut fait
A cet homme pourpoint de pierre
Qu'il eut le reste de la guerre.

    Ce iour, certains du Parlement
Parlèrent d'accommodement;
Mais soit qu'ils n'eussent pas puissance,
Soit pour la raison de l'absence
De nos chefs, la cour fut d'auis
Qu'au lendemain tout fust remis.

12 février.
Refus du Héraut d'armes que la Reyne envoya.

    Le Vendredy, le Héraut d'armes
Me fit rire iusques aux larmes,
Lorsque ie le consideré
Vers la porte Sainct Honoré,
Au matin, qui faisoit maint cerne,
Comme pour inuoquer l'Auerne.

à *M. Scarron sur l'arriuée du conuoy*, etc. Saint-Julien n'a-t-il fait ici que reprendre son bien?

[1]   Le sieur de Ferracier Monbrun
    Et d'Alais, vn grand homme brun,
    Dont Noirmoutier auoit fait prise.
    L'vn et l'autre estoient gens de mise
    Et Mareschaux de Camp tous deux.

Je le vis qui faisoit trois tours,
A peu près comme font les Ours
Qu'on fait montrer à la ieunesse,
Et qu'vn bateleur meine en laisse.
Après auoir pyrouetté,
Il demanda d'estre escoutté;
Mais Messieurs sans faire response,
Laissèrent ce bizearre nonce,
Ordonnans qu'il falloit mander
Nos Généraux pour procéder,
Et que par vne tolérance
La Mothe auroit aussi séance.
Nos Généraux estant venus,
Il fut dit qu'on feroit refus
D'introduire cette toupie [1],
Qui ne manquoit pas de roupie,
Et que Messieurs les gens du Roy
Iroient luy citer vne loy
Qui deffendoit d'ouurir la porte
A pas vn homme de sa sorte,
Veu qu'ils n'estoient point ennemis,
Ny souuerains, mais très soumis
Aux volontez de leur Monarque
(Responce digne de remarque,
Et qui dut rendre bien camus
Le Héraut qui ne tournoit plus);
Les mesmes iroient vers la Reine
Dire que ce n'est pas par haine
Qu'on a fait geler son Héraut,
Que Messieurs ont fait comme il faut,
Que c'est marque de leur Science
Et non de désobéïssance.
Selon qu'il fut dit, il fut fait;

[1] *Judicieux refus du Parlement de donner audience aux deux héraults*, etc. [1766].

Et le Héraut mal satisfait
Mit son cheual à l'escurie
Dans la prochaine hostellerie.
Mais pour aller à Sainct Germain,
Monsieur Talon baisa la main.
Il repassoit en sa mémoire
Qu'il n'eut pas seulement à boire
La première fois qu'il y fut;
Ce qui fit qu'il se résolut
D'escrire pour son asseurance.
Cependant le Héraut de France
Qui fit vn médiocre escot,
Mais qui dormit comme vn sabot,
Ayant encor tourné de mesme

13 février. Partit le Samedy treiziesme
Et deuant plier son paquet,
Laissa sur la barre vn pacquet,
Qui demeura cette semaine
Entre les mains du Capitaine.

    Ce mesme iour, le fils puisné[1]
D'vn potentat infortuné
Fut receu dedans nostre ville,
Où sa mère avoit pris asile
Contre la fureur de l'Anglois,
Infame bourreau de ses Rois.

14 février.   Le quatorziesme, et le Dimanche,
Par vn Prélat à barbe blanche
Fut sacré Monsieur de Bayeux[2].
Tandis qu'vn édict rigoureux
Qui fut faict en l'Hostel de Ville,
Ordonna (chose très vtile)
Aux chefs et maistres des maisons,
Nonobstant toutes leurs raisons,

---

[1] Le duc d'York.
[2] N. Molé, fils du premier président.

De porter eux-mesmes en garde
Picque, Mousquet ou Hallebarde,
Et d'estre chez leurs officiers
Aux mandemens particuliers;
De venir quand on les appelle
En faction ou sentinelle,
Selon l'ordre du caporal
Qui bien souuent est vn brutal,
Tousiours ignorant, parfois yure;
Mais bien qu'il ne sçache pas viure,
Fit-il en commandant vn rot,
Il faut suiure sans dire mot,
Et là prendre mainte roupie
Si le caporal vous oublie,
S'il cause, s'il dort ou s'il boit,
Sans oser sortir de l'endroit
Où pour sentinelle il vous pose,
Tant qu'il boit, qu'il dort ou qu'il cause.

 Or le lundy quinziesme iour,   15 février.
Le vaillant la Mothe Houdancourt
Au Parlement prit la séance,
Et depuis en toute occurence
Fut conseiller, *ad honores*.

 On eut aduis le iour d'après,   16 février.
Que de Soissons l'Escheuinage [1]
Party pour vn pélerinage
Qu'il alloit faire à Sainct Germain,
Le Lieutenant, homme de main
S'estant mis très fort en cholère,
Auoit fait faire vn autre Maire,

[1] Qu'à Soissons la correspondance
 Qu'auoient auec son Éminence
 Le Maire et les Escheuins,
 Ayant induit ces mazarins
 De venir faire de leur ville
 A Sainct Germain offre ciuile.

Et créé nouueaux Escheuins.
Que ces premiers furent Ianins
Lorsque la gueule enfarinée
Par vne belle après dinée
Estans à Soissons retournez,
On leur ferma la porte au nez!
Quelqu'vn d'entre eux prit la parole;
Mais zeste comme il a pris Dole,
Les Portiers sont sourds à sa voix;
Et partout visage de bois.
 Ce fut cette mesme iournée
Qu'à sept heures la matinée,
Messieurs n'estans point assemblez,
Il vint de Chartres force bleds
Que fit apporter la Boulaye,
Que quelques vendeuses de raye,
Qui l'allèrent remercier,
Nommoient leur père nourricier.
De fait, ce controlleur des Halles,
Esquiuant les trouppes Royalles,
Alloit à la prouision
Plus souuent qu'à l'occasion.

17 février.

 Les gens du Roy, le dix-septiesme,
Sous vn passeport du seiziesme
S'estoient desia mis en chemin,
Et s'en alloient à Sainct Germain
Dire à la Reine en bonne amie
Que par mespris ce ne fut mie
Que son Héraut ne fut admis,
Et qu'il falloit bien qu'elle eust pris
Messieurs pour des niais de Sologne,
Quand de vers le bois de Boulogne
Nos gens virent venir d'amont
Le courtois Mareschal Grammont,
Qui leurs venoit offrir main forte,

Et qui leurs fit tousiours escorte.
 Ieudy, le Gouuerneur de Bry,   18 février.
Qui depuis le fut de Sainct Pry,
Connu sous le nom de Bourgogne,
Sur le Régiment de Bourgogne
Sortit auec peu de cheuaux,
Et fut vainqueur en peu de mots ;
Car si de toutes vos deffaittes
Vous me demandiez les Gazettes,
Il faudroit estre Renaudot,
Qui les donne à son fils en dot[1],
Auoir les mesmes auantages,
Ses lieux communs et tous ses gages.
 Ce iour mesme, il nous fut mandé
Que le beau frère de Condé,
Longueuille l'inesbranlable,
Refusoit d'estre Connestable.
Si cela fut en son pouuoir,
Ie ne sçay ; mais il dut sçauoir
Que tel qui refuse, après muse,
Si le prouerbe ne s'abuse.
 Ce iour, au Parlement on lut
La lettre qui surprise fut[2],
Et que par quelque manigance
Escriuoit à Son Éminence
Le grand homme Monsieur Cohon.

. . . .

Il fut dit qu'on l'obserueroit,
Et gardes on luy donneroit,
Comme à Monsieur l'Éuesque d'Aire,
Qu'on croyoit estre du mystère ;
Qu'en outre on prendroit au collet

---

[1] C'étoient les deux fils de Renaudot, Eusèbe et Isaac, qui rédigeoient à Paris, pendant le blocus, le *Courrier françois* en prose.

[2] *Lettre interceptée du sieur Cohon, cy deuant euesque de Dol*, etc. [2243].

Vn conseiller du Chastelet
Launé¹, qui gagnant la guérite
N'attendit pas cette visite².

Exemption du caresme.

Ce iour, l'Archeuesque régla
Et par son réglement sangla
Messieurs de ieusne et de caresme,

¹ Launay Gravé figure dans le *Catalogue des partisans*, etc. Voyez plus haut.

² Il eut le vent de cette affaire,
Tandis que quelque Commissaire
Suiuant cet Arrest prit son vol
Chez Cohon, Éuesque de Dol,
Pour apprendre ses monopoles;
Mais il n'en eut que deux paroles,
A sçauoir que les iuges lais
Pouuoient retourner au palais;
Qu'il ne connoissoit que le Pape;
Et, comme mordant à la grappe,
Il répétoit souuent cela,
Quand doctement le regoula
Le iuge qui l'alla confondre,
Si bien qu'il ne put rien répondre;
Car après auoir rapporté
Qu'aux faits de cette qualité,
Qui n'est qu'interroger vn homme,
On se passoit d'aller à Rome,
Et qu'il demandoit ce renuoy
Contre l'autorité du Roy
Qui sur les Éuesques de France
Garde tousiours pleine puissance,
Sans courir à Sa Sainteté,
Surtout en lèze Maiesté,
Il lui cita quelque Concile,
D'exemples plus de quatre mille,
Et trop, puisqu'il demeura sot
Sans pouuoir répondre vn seul mot,
Sinon : « Messieurs, au Pape! au Pape!
Ie vais disner; on met ma nappe.
Adieu, ne m'interrompez pas.
Laissez-moi prendre mon repas. »
Sur quoi ces Messieurs emportèrent

Qui s'en venoient à face blesme,
Victorieux du carnaual,
Seconder le party Royal [1],
En nous ostant la bonne chère ;
Mais la farine estoit trop chère,
Ce qui fit que nostre Pasteur
Vsant avec nous de douceur,
Par vne forme d'indulgence [2],
Et sans tirer à conséquence,
Nous accorda de manger œuf,
Mouton, goret, volaille, et bœuf,
Fromage, veaux, agneaux, esclanche,
Lundy, Mardy, Ieudy, Dimanche,
Et du poisson les Mercredis,
Les Vendredis et Samedis,
Et toute la Sainte Semaine,
Temps qu'il laissa soubs le domaine
D'vn Caresme très rigoureux,
Qui fut tout le reste aux Chartreux,
Ou qui du moins y deuoit estre ;
Mais il se vint camper, le traistre,
Chez quelques pauures habitans
Qui, disent-ils, deuant ce temps

  Certains papiers qu'ils rencontrèrent,
  Et quelqu'autre brinborion
  Au cabinet dudit Cohon,
  Et vinrent chez l'Euesque d'Aire
  Qui ne fit pas tant de mystère ;
  Mais après auoir protesté
  Pour ceux de cette qualité,
  Leur franchise et leur priuilége,
  Il respondit dessus vn siége.

[1] Pour seconder le Cardinal.

[2] *Réglement de Monseigneur l'Illustrissime et Révérendissime Archeuesque de Paris touchant ce qui doit se pratiquer durant ce saint temps de caresme* [196 des additions].

Iamais si long ne le trouuèrent,
Et dès les Roys le commencèrent ;
Si bien qu'en mangeant son harant,
Par vn effet bien différent,
Sans iours gras le gueux fit caresme.
Le riche n'en fit pas de mesme ;
Car ayant tousiours force plats,
Sans caresme il fit les iours gras.

19 février.

    Le Vendredy, dans l'assemblée
Les gens du Roy vinrent d'emblée.
Ils retournoient de Sainct Germain.
Lors ils dirent l'accueil humain
Qu'ils auoient reçeu de la Reine,
Qui sans leurs tesmoigner de haine,
Leurs auoit fait ciuilité
Et promis vne infinité
De faueurs et de bienueillance
Dès que par leur obéïssance
Messieurs du Palais prouueroient
Les respects dont ils l'asseuroient ;
Et que s'ils tenoient leur promesse,
Ils auroient du pain de Gonesse.

Arrivée de l'agent de l'archiduc.

    Cependant l'agent arriua [1]
Que l'Archiduc nous enuoya [2],
Et dont disoit la harangère :
« Il porte la paix, ma comère. »

[1] Or ce iour, fut bien ébahie
Son Éminence d'Italie
Quand elle apprit que son argent
N'auoit pu détourner l'agent,
Lequel l'Archiduc de Bruxelle
Enuoie à Monsieur de Brouxelle,
Comme au reste du Parlement.

[2] *Lettre écrite par l'Archiduc Léopold à Messieurs les Présidens*, etc. [2222] ; *Déclaration du duc Charles... en faueur de la France*, etc. [897] ; *Extrait des registres du Parlement... du 19 féurier* 1649 [1356].

Il venoit faire compliment
A nostre auguste Parlement.
Et ce fut ce iour que le drosle
Nous fit voir sa trogne Espagnolle,
Iour que recru de son trauail
Il ne prit qu'vne gousse d'ail,
Tant il auoit d'impatience
D'estre bien-tost à l'audience,
Où la main dessus le rognon,
Il laissa tomber vn oignon
Comme il tiroit de sa pochette
Vne missiue assez bien faitte,
Qu'auoit escritte l'Archiduc,
Dont ie vous donne tout le suc :
« Du dix Féurier à Bruxelle,
Ie l'Archiduc vous escrits celle
Que vous rend le présent porteur.
Ie suis le garant et l'autheur
De tout ce que dira cet homme. »
De ce qu'il dit, voicy la somme :
« L'Archiduc parle par ma voix.
Il m'enuoye offrir aux François
Vne paix qu'ils ont tant souhaittée,
Et qu'on a tousiours reiettée. »
Lors il se mit à dire mal
Contre Monsieur le Cardinal,
En accusant son ministère.
Et dès qu'il luy plût de se taire,
La Cour dit qu'il mettroit au net
Ce qu'il a dit; ce qu'il a fait;
Et cependant dans la semaine
Qu'on députeroit vers la Reine
Pour l'instruire de tout cela,
Et prier par ce moyen là
De ne faire pas la Normande,

Ains comme la Cour luy demande,
Et qu'à Messieurs les gens du Roy
Elle donna, Ieudy, sa foy,
Prendre des sentimens de mère
Pour vn peuple qui la réuère,
Et finir vn triste blocus
Qui ne fait rien que des cocus.

20 février.   Le Samedy, cent trois charettes
De bleds et de farines faittes
Renforcèrent nos magazins,
Malgré Messieurs les Mazarins.
Ce conuoy nous vint de la Brie
Au nez d'vne troupe ennemie,
Et fut conduit par Noirmoutier,
Homme sçauant dans le mestier,
Et qui dans cette conioncture
Garantit fort bien sa voiture
Des mains du Comte de Grancey,
Où le combat fut balancé;
Mais nous eusmes victoire entière,
Peu de nos gens au cimetière,
Encor que le choc fust très chaud;
Monsieur de La Roche-Foucaud
Et Monsieur de Duras le ieune
Blessez par mauuaise fortune.

Ce mesme iour, les ennemis
Traisnèrent canons plus de six,
Dont ils firent battre en ruyne
21 février.   Le chasteau de Monsieur de Luyne,
Lésigny, qui le lendemain
Fut pris et tout son Saint-Crespin.

22 février.   Le Lundy, la trouppe Royale
Fit Gribouillette générale
Aux enuirons de Monthléry.
I'en suis encor tout ahury.

Piller, brusler autour de Chastre,
Battre son hoste comme plastre
Ce sont ses péchez véniels.
Que seront ses péchez mortels?
Enfin ayant sçeu que les nostres
Qui viuoient comme des Apostres,
Venoient avec elle compter,
Elle voulut bien se haster;
Et la crainte de rendre compte
Luy fit faire retraitte prompte.
 Ce mesme iour, les Desputez
Du Parlement s'estant bottez
Allèrent par mer et par terre
Chercher la Reine d'Angleterre,
Pour mesler ensemble leurs pleurs
Et pour compatir aux douleurs
De cette Princesse affligée
Que les Anglois ont outragée,
Décollant le Roy son espoux.
 Bons Dieux, ces peuples sont-ils fous
Ensorcelez, mélancholiques,
Ypocondres ou frénétiques?
Ont-ils le Diable dans les reins
D'occire ainsi leurs souuerains,
Comme ils viennent de faire à Londre?
L'enfer les puisse-t-il confondre!
Mais consolez vous, grand Roy mort,
Et prenez quelque reconfort.
Vostre Maiesté n'est pas seulle;
La Reyne Stuart, vostre ayeulle,
Eut aussi le sifflet coupé.
L'on dit que sans auoir soupé,
Ce peuple en qui malice abonde,
L'enuoya dormir hors du monde.
Elle est encore à s'éueiller.

Pour vous qu'il a fait sommeiller,
Noble Prince, illustre victime
De subiets enhardis au crime,
Et qu'on a veu ioüer deux fois
A coupe-teste auec leurs Rois,
Daignez nous dire la lignée
Qu'à vostre femme si bien née
Et fille de Henry le Grand,
Vous laissastes lors quand et quand.
N'est-ce pas six, dont la plus grande
Se tient à la Haye en Hollande,
Le Prince de Galles l'aisné,
Qui dans l'Écosse est couronné,
Le Duc d'York et sa cadette,
Qui dans Paris font leur retraitte,
Deux autres qui chez les Anglois
Soûpirent depuis plusieurs mois.

23 février.

Le Mardy, pour leur asseurance
Nos Députez à l'audience
Receurent des passe-par-tous.

24 février.

Mercredy vingt et quatre, tous
Messieurs assemblez appelèrent
Les noms de ceux qu'ils députèrent.
Le premier président Molé,
Avec lequel fut appelé
Monsieur le Président de Mesme,
Viole de la Chambre mesme;
En suite de ces trois fut hoc
Menardeau, Catinat, le Coq,
Cumont, Palluau des Enquestes,
Avec le Féure des Requestes.
Dans le cours Monsieur de Saintot,
Vint au deuant d'eux au grand trot,
Auec ordre de les conduire,
Sans qu'il fust permis de leur nuire,

Iusques au Chasteau de Ruel;
Ordre qui pourtant ne fut tel
Qu'estrangère caualerie
N'eust l'audace et l'effronterie
De roder en monstrant les dens
Près du char de nos Présidens[1].
Enfin nostre ambassade arriue;
Et l'on la soula comme griue
A Ruel, d'où le lendemain
Elle partit pour Sainct Germain.
Ce mesme iour, sur l'asseurance
Que les Royaux en abondance
Par le pont de Gournay filoient,
Et que Bry siéger ils aloient,
(Lors pour le succez de nos armes
Nos chefs oyoient vespres aux Carmes),
Où sçachans que les ennemis
Deuant Bry le siège auoient mis,
Ils sortirent de nostre ville
Ayant à leur suite onze mille,
Tant caualiers que fantassins.
Si vous demandez leurs desseins,
Les voicy : L'armée ennemie
Estant ce iour là dans la Brie,
Ils alloient d'vn autre costé;
Et pour dire la vérité,
Nos chefs dans ces derniers bagarres
Ne firent que iouer aux barres.
Estiez vous deuers Charenton?
Nous vous cherchions deuers Meudon;
Et si des deux partis le nostre

[1] Et faire espèce d'insolence;
  Mais pour punir leur violence,
  Vn d'entr'eux fut fort bien occis;
  Et ses compagnons furent pris.

Rencontra quelque fois le vostre,
Où l'on fit de petits combats,
Ce fut qu'on ne s'entendit pas.
Ce fut par malheur ou béueue;
Ce fut par rencontre impréuue,
Par quelques soldats trop vaillans,
Par des espions vn peu lens.
Parfois dans quelque caracole,
Souuent contre vostre parole
Et tousiours contre nos desseins,
Nous en sommes venus aux mains;
Mais pour cette fois nostre armée
Ne fut iamais plus animée;
Et vous fistes bien d'estre ailleurs
Pour esuiter de grands malheurs.
Or tresue de la raillerie!
Tandis que vous fustes en Brie,
Nos généraux tenans les champs
Ce iour et les autres suiuans,
Donnèrent temps à tout le monde
D'aller et de courre à la ronde,
Chercher infinité de grains
Dont nos greniers furent si pleins
Que i'en sçay plusieurs qui créuèrent
Des quantitez qui s'y trouuèrent.

25 février.

Les iours suiuans, furent vendus,
Selon plusieurs arrêts rendus [1],
Les meubles de Son Éminence,
Qui bien que pleine d'innocence,
Et qu'elle eust protesté d'abus,
Il n'en resta pourtant rien plus.

26 février

Le Vendredy, l'on a nouuelle,
Qui pour nous n'est bonne ny belle,

---

[1] *Arrêt de la Cour de parlement portant que les meubles estant en la maison du cardinal Mazarin seront vendus,* etc. [246].

Que le sieur comte de Grancey,
Sans que nous l'eussions offensé,
Avoit mis vn siége funeste
Deuant Bry, le seul qui nous reste, *Siége de Bri-*
Et qu'à l'abord le gouuerneur *conte-Robert.*
Nommé Bourgogne, homme d'honneur,
Auoit fait iusqu'à l'impossible,
Percé l'ennemy comme vn crible,
Et bien rabattu son caquet
A coup de canon et mousquet;
Mais qu'en fin vne large bresche [1],
Le manque de poudre et de mesche,
Et le désespoir du secours,
(Qui ne pouuoit pas avoir cours
A cause des mauuais passages,
Des défilez et marescages
Que nous ne pouuions pas gauchir,
Et que nous pouuions moins franchir,
Praslin tenant les auenues.) [2]
Faisant sauter Bourgogne aux nuës,
Il auoit fait vn bon traitté;
Car tel il luy fut protesté.
Mais, las! ceux qui tenoient le siège [3]
Se seruirent du priuilège
Qui permet à tous les Normans
De ne tenir point leurs sermens,
Puisque contre la foy promise

[1] Mais qu'vne bresche large et grande
Que fist la mazarine bande.

[2] Le maréchal du Plessis-Praslin, qui avait le commandement de la rive droite de la Seine sous le prince de Condé.

[3] Mais cette mazarine bande
Monstra bien qu'elle estoit normande,
Et qu'elle fait profession
De n'auoir de religion.

Ils mirent tous nuds en chemise
La plus grand part de nos soldats,
Qui reuinrent les chausses bas [1].
 Ce fut au cul de la semaine
Que nos Deputez vers la Reine
Au Parlement sont reuenus,
Où deuant sénateurs chenus
Et tous nos chefs à l'audience
Ayant pris chacun leur scéance,
Là de leur Députation
Ils firent exposition,
Et rapportèrent que la Reine
Auoit dit : « Ie n'ay point de haine ;
Et si i'osois boire du vin,
Nous beurions ensemble demain.
Cependant nommez commissaires
Qui soient plénipotentiaires
Tant pour la générale paix,
Que pour décharger de son faix
Le pauure peuple de la France ;
Et pendant nostre conférence
Ceux qui vous portent à manger,
Pourront passer sans nul danger. »
Ce que la cour treuua très iuste ;
Et nostre Parlement auguste
Conclut qu'en vn certain endroit
Des Députez on enuoyroit [2],
Et mesme qu'auant leur sortie
La Reine en seroit aduertie.
Pour cet effet les gens du Roy

27 février.

[1] Voyez dans le premier volume, l'extrait de la *Lettre du Père Michel... à Monseigneur le duc d'Angoulesme ; Prise de la ville et du chasteau de Brie-Comte-Robert* [2873].
[2] *Arrêt de la Cour de parlement pour l'ouuerture de la conférence*, etc. [251].

S'y firent traisner par charroy.

 Le Dimanche, quelque canaille   28 février.
Dont le feu fut vn feu de paille,
Fit manière d'émotion
Qui tendoit à sédition.
Elle en vouloit à la soutanne,
Et prit, ie crois, pour vne canne
Monsieur le Président Thoré,
Qui fut à peine retiré
Des griffes de nostre fruictière
Qui le traisnoit à la riuière.

 Le Lundy premier iour de Mars,   1ᵉʳ mars.
Ie fus courre de toutes parts
Sans apprendre aucune nouuelle.

 Le Mardy, nous reçeusmes celle   2 mars.
Qu'escriuoit le Duc d'Orléans,
Laquelle ouuerte, on lut dedans
Que c'estoit chose très certaine
Que la volonté de la Reine
Estoit de fournir tous les iours
Que la conférence auroit cours,
De bleds vne quantité fixe
Ny plus courte, ny plus prolixe;
Tant par iour seulement. Sur quoy
La Cour voulut qu'aux gens du Roy
On eust à porter cette lettre,
Veu qu'ils estoient venu promettre
A leur retour de Sainct Germain
Bien plus de beurre que de pain,
Et des passages l'ouuerture,
Ce qui n'estoit qu'vne imposture;
Et qu'ils priroient leurs Maiestez [1]
De faire iour de tous costez,

[1] Adonc qu'ils prieront Reyne et Roy
 De vouloir mieux tenir leur foy.

Et de nous ouurir les passages,
Veu qu'ils sont de Dieu les images
Qui ne nous les boucha iamais,
Et qui se dit Dieu de la paix;
Bref, qu'ils rompent la conférence
Sur cet article, auec deffence
D'entrer en aucun pourparler;
Ains commandement d'enroller
Par les prouinces et les villes
Des soldats tant que tous les mille.

3 mars.

Ils reuinrent, le trois de Mars,
Moins gais que deuant des trois quarts,
N'ayant pu tirer de la Reine
Rien qu'vne mesure certaine
De muids de bled réduits à cent
Par chaque iour, pour nostre argent,
Dont seroit faite déliurance,
Moyennant que la conférence
Commençast dès le lendemain;
Sur quoy Messieurs amis du pain
Conclurent qu'vne paix de verre
Valloit mieux qu'vne forte guerre,
Qu'vn soupir valoit moins qu'vn rot,
Qu'vn casque valoit moins qu'vn pot,
Vne brette qu'vne lardoire,
Coup à donner que coup à boire,
Et que le corps d'vn trépassé
Valoit bien moins qu'vn pot cassé,
Vn cabaret mieux qu'vne garde,
Vne plume qu'vne hallebarde,
Mourir saoul que mourir de faim,
Voulans que dès le lendemain
Nos Députez fussent en voye.

Ce iour, nous eusmes de la ioye
D'apprendre qu'à la fin du temps

Nos soldats faisoient battre aux champs,
Eux que pour leur long domicile
On nommoit les soldats de ville.
Voyons où s'addressa leur pas.
Ce fut où vous ne fustes pas.
Ils campèrent près de la Seine
En toute bourgade prochaine [1],
Et se rasseurèrent vn peu,
Ayant de l'eau contre le feu,
Auec vn pont sur la riuière
Pour par deuant et par derrière,
De tous costez, à gauche à droit
S'enfuir quand l'ennemy viendroit;
Pont que pour garantir d'embusche,
Et d'estre bruslé comme busche,
Bref pour le sauuer de tout tort,
Aux deux bouts ils firent vn fort.
 Le Ieudy, se bottifièrent 4 mars.
Et pour faire accord s'en allèrent
Le premier Président Molé
Dont ie vous ay déià parlé,
Monsieur le Président de Mesme,
Dont ie vous ay parlé de mesme,
Les Nemonds et les Le Cogneux
Présidens au Mortier tous deux;
Deux Conseillers de la grand'Chambre
Dont la vertu sent meilleur qu'ambre :
Messieurs Longueil et Menardeau
Pour qui ie veux faire vn rondeau;
Des Enquestes Monsieur La Nauue,
Homme de bien, ou Dieu me sauue,
Monsieur Le Coq, Monsieur Biteau,

[1] A Villejuif. *Passe temps de Villejuif*, etc. [2731]; *Promenade des bourgeois de Paris au camp de Villejuif*, etc. [2900]; *Soldats sortis de Villejuiue sans congé*, etc. [3679].

Monsieur Violle et Palluau;
Monsieur Le Febure, des Enquestes;
Briçonnet, maistre des Requestes;
Ensuite vn homme très prudent
Des Comptes premier Président;
Paris et l'Escuyer, personnes
Très vertueuses et très bonnes;
Des Aydes, Monsieur Amelot,
Premier Président fort déuot;
Messieurs Bragelonne et Quatre-hommes
Qui pourtant ne font pas deux hommes;
Pour nostre ville et le dernier
Vn escheuin nommé Fournier [1];
Qui tous à Ruel s'arrestèrent.

 5 mars.

 Où le lendemain arriuèrent
Monseigneur le Duc d'Orléans,
Et vous qui n'estiez pas céans;
C'est vous Prince, qüe i'apostrophe,
Vous qui faisiez le Philosophe
Et l'homme d'Estat dans Ruel,
Vous qui traittiez de criminel
Vn corps qui sera vostre iuge,
(Disons plustost vostre refuge).

M. le Prince contesta contre l'article qui portoit que tout prisonnier sera interrogé dans les vingt-quatre heures.

Prince, avouez vous à présent,
Ce qui vous sembla malplaisant
Auant vostre métamorphose,
Que c'est vne agréable chose
De n'estre point pris sans décret,
Et que c'estoit là le secret
Qui pouuoit sauuer Vostre Altesse
D'vne captivité traîtraisse
Dont on ne se peut garantir,
Et qui vient sans vous aduertir?

[1] *Discours prononcé en présence du Roi par le sieur Fournier*, etc. [1139].

Vous voilà tombé dans le piége!
Qui l'eust dit que ce priuilége
Que vostre interprétation
A couuert de confusion,
Ce priuilége raisonnable,
Le seul recours d'vn misérable,
De n'estre qu'vn iour en prison
Par tyrannie et sans raison,
Et par vne prompte audience
Pouuoir monstrer son innocence;
Que ce priuilége si doux,
Qui ne sera meshuy pour vous,
Vous eust vn an après fait faute?
Vous comptiez bien lors sans vostre hoste.
Mais trefue de Moralitez.
Reuenons à nos Députez,
Qui dès que dans la conférence
Ils eurent veu Son Eminence [1],
La regardans à plusieurs fois,
Firent le signe de la croix,
Esbahis de reuoir vn homme
Qu'ils croyoient de retour à Rome,
Et dont les François quelque iour
Auroient regretté le retour.
Mais cependant pour la grimace
Et pour plaire à la Populace,
On le pria de s'en aller
Auant qu'on se mist à parler [2].

[1] Les mains humblement lui baisèrent
Et de ce pas le renuoyèrent.

[2] Samedy six, la Ville fit
Ordonnance qui déconfit
Messieurs de la boulangerie.
La farine désenchérie
Par les bleds que l'on apportoit,
Personne ne s'en ressentoit;

7 mars.

Le Dimanche, ie vis vn homme
Qui disoit que vers Bray sur Somme
L'Archiduc auoit desià beu,
Et que vers Guise on auoit veu
Voltiger les trouppes d'Espagne,
Que le Duc Charles en Champagne
Près d'Auennes se promenoit,
Et forces trouppes qu'il menoit.

8 mars.

Lundy qu'il estoit inutile,
Le Régiment de nostre ville,
Leué non sans beaucoup de frais
En vn temps qu'on faisoit la paix,
Ioignit l'armée à Ville-Iuifue,
Qui de loin luy criant, Qui viue?
Il creut qu'il estoit desià mort,
Et demanda quartier d'abord.

Monsieur le duc de Luynes, janséniste, en estoit Mestre de camp.

Il estoit fait de Iansénistes,
D'Illuminés et d'Arnaudistes,
Qui tous en cette occasion
Requéroient la confession
Dont ils auoient blasmé l'usage.
I'ouïs vn de ce badaudage
Qui demandoit à Dieu tout bas
La grâce qu'il ne croyoit pas.

Ce iour, la Cour tira de peine
Le Grand Mareschal de Turenne [1],

Si bien qu'il conuint faire vn ordre
Que les appresteurs de quoi mordre
Eussent à mettre sur leurs pains
Combien de liures et de grains
Pèsent ceux qu'ils mettent en vente,
Sans qu'aucun y manque ne mente,
Sur peine d'vn amendement
Et d'exemplaire chastiment.

[1] Qui n'a voulu seruir la haine
Et la passion de la Reine.

Tenu coupable à Sainct Germain
Pour n'auoir pas presté la main
A la ruine de la Fronde
(C'est comme parloit tout le monde
Du prétendu party Royal).
On disoit de ce Mareschal
Que pour nostre ville affamée
Il auoit offert son armée.
Nostre Parlement l'accepta,
Et dès ce iour mesme arresta [1]
Que Déclaration et bulle,
Toute Sentence seroit nulle,
Et tout Arrest fait contre luy;
Ordonnant que dès auiourd'huy
Il reuint s'il pouuoit en France;
Et de plus pour la subsistance
Que cent mille escus il prendroit
Ez receptes qu'il trouueroit [2].

 Le Mardy, la Cour estonnée   9 mars.
Sur la remonstrance donnée
Par le Procureur Général

---

[1] *Arrêt de la Cour de parlement donné... en faueur du mareschal de Turenne*, etc. [253].

[2] Ce iour, voulut la Cour entière
 Que de la vente iournalière
 Des meubles du sieur Cardinal
 Les deniers fussent à cheual
 Portez entre les mains des hommes
 Nommez pour receuoir les sommes,
 Nonobstant opposition,
 Saisie ou contestation
 Que créanciers de l'Eminence
 Auroient faite à la déliurance,
 Sauf à ces gens de se pouruoir
 Sur d'autres biens que peut auoir
 Et dont n'aura que trop cet homme
 Qu'on ne peut renuoyer à Rome.

Que quelqu'vn du party Royal [1]
Fist déliurer l'autre semaine
Sous l'authorité de la Reine
Des commissions à certains,
Aux Damillis, aux Lauerdins,
Aux Galerandes, aux Courcelles
De lever des trouppes nouuelles,
Ausquels et tous autres deffend [2]
Haute et puissante cour qui pend
Ceux qui sa volonté violent,
Que plus de soldats ils n'enrollent
Sans vn royal commandement,
Approuué par le Parlement;
Deffence à toute ame guerrière,
Gentilhomme ou bien roturière,
De prendre employ ny s'enroller,
Sous peine de dégringoler
Du haut de Noblesse en roture,
Ou de roture en sépulture;
Veut que les villes et les bourgs
Courent dessus eux comme à l'ours,
Qu'ils s'assemblent à son de cloche,
Qu'à pied, qu'à cheual, ou par coche
Ils courrent après tels soldats,
Et qu'ils leur rompent les deux bras.

10 mars.
  Le dix, on sceut qu'en Normandie,
Pour ioindre à l'armée ennemie,
Le Baron de Marre leuoit
Le plus de trouppes qu'il pouuoit :
Mais que Chamboy, guerrier habile,
Lieutenant du grand Longueuille,

---

[1] Qu'auoit Monsieur le Cardinal.

[2] *Arrêt de la Cour de parlement portant défense à tous gentilshommes et autres de faire aucunes leuées de gens de guerre*, etc. [254].

Avec cinq ou six cens cheuaux
Ayant poursuiuy ces Royaux [1],
Sceut que dans le Chasteau de Chesne
Ces gens qu'on faisoit pour la Reine,
Auoient esleu leur rendez vous:
Il y courut tout en courroux,
Et par vn plaisant artifice
Faisant faire halte à sa milice,
Luy trentiesme quittant le gros
Vint à Chesne tout à propos,
Où sans dire qu'il fust des nostres,
Il fut receu comme les autres,
Qui beuuoient tous comme des trous,
Et qu'on tua comme des poux;
Car Chamboy s'estant fait connoistre
Se rendit aisément le Maistre
Et les prit tous ou les tua
Comme vn second Gargantua [2].

[1] Poussant après les Cardinaux.

[2] Ieudy de mars onzième iour,
Le Parlement régla la taxe
Faite à Paris et non en Saxe
Pour entretenir le soudart,
Auec rabais aux vns d'vn quart;
Ordonnant pourtant que les droles
Qui seront compris sur les rooles
De cette diminution,
Faute de satisfaction,
Demeureront déchus d'icelle
Et par vente de leur vaisselle
Par bons exploits et bons recors
Ils seront contraints et par corps
A payer les premières sommes
Auxquelles on taxa les hommes;
Et qu'ainsi tous autres nommez
Sur les rooles seront sommez.
   Autre Arrest permission donne
A toute sorte de personne

11 mars

Le leudy, vint à l'audience
Auec des lettres de créance
Que dans sa poche il apporta,
Vn Députté que députta
Monsieur le Duc de La Trémouille
Qui voulant empescher la rouille
De son courage martial,
Monté dessus son grand cheual,
Pour le secours de nostre ville,
Auoit leué près de trois mille,
La moitié grimpez sur roussins,

D'apporter des grains à Paris
Et de les débiter aux prix
Qu'ils priseront leur marchandise ;
Ordre à tout boulanger qu'il cuise
Toute la farine qu'il a,
En pain bis, blanc qu'il pestrira,
Afin que chacun puisse viure,
L'vn de trois, l'autre d'vne liure ;
Permis d'en cuire iusqu'à six,
Mais passé ce poids, plus permis ;
Veut qu'à la Halle soit conduite
Toute la farine non cuite
Que Paris reçoit chaque iour,
Pour estre, chacun à son tour,
Livrée à diuerse mesure,
Sçauoir : aux hommes de roture
Auecque modération
Et selon leur condition ;
Pour messieurs de la Bluterie,
Gent qui fait fort la renchérie,
A qui chacun comme à Parquet
Crioit : « Ie suis vostre valet, »
Appelant, durant la famine,
Leur femme commère ou cousine,
Ces gros messieurs, dis-ie, en prendront
Autant de sepliers qu'ils voudront ;
Deffences à tout personnage
D'arrester ou mettre au pillage
Les farines ni leurs charrois ;
Commandement fait au bourgeois

L'autre moitié des fantassins¹.

La nuit, les trouppes ennemies
Que nous croyions estre endormies,
Vinrent voir ce que nous faisions
Et virent que nous acheuions
Nostre pont dessus la riuière,
Ouurage qui ne leur plut guère
Et qu'elles eussent bien aimé
De voir de loin bien allumé.
Ce fut du costé de la Brie
Que parut leur caualerie
Qui vint reconnoistre ce pont;
Mais son retour fut aussi prompt
Qu'auoit esté son arriuée;
Heureuse de s'estre sauuée,
Puisqu'elle eust bientost veu beau ieu;
Les nostres affligez fort peu
D'auoir manqué cette couronne,
Et de n'auoir tué personne,
Veu que c'est vn acte cruel
Et que l'on traittoit à Ruel.
D'où le lendemain ils retournèrent,
Et des articles apportèrent²   12 mars.

    D'empescher cette gribouillette
    Qui des charrettes seroit faite,
    De courir sus et d'estriller
    Ceux qui voudroient ainsi piller.

¹ Qu'il n'attend rien pour mettre en voye
Qu'vn ordre que la Cour enuoye,
Dont il demande l'vnion
Auecque vne commission
Pour arriuer en diligence;
Sur quoi la Cour à l'audience
Incorpore par son traité
Ce Duc de bonne volonté.

² *Procès verbal de la conférence faite à Ruel*, etc. [2892]; *Articles de la aix conclue et arrestée à Ruel*, etc. [413].

Tous nos Messieurs les Desputez
Assez tard, mais assez crottez;
Et dès ce iour les deux armées,
Se sont vniquement aimées.
Il n'est pas resté pour vn grain
De frondeur ny de Mazarin.

13 mars.

 Samedy, la Cour assemblée
Parut extresmement troublée
D'apprendre que nos Généraux
N'auoient esté qu'en certains mots
Compris au traitté pacifique,
Sans auoir fourny de réplique,
Veu que personne de leur part
N'auoit contesté pour leur part;
Si bien qu'en cette conioncture
Il fut dit qu'auant la lecture
De ce qu'on auoit arresté,
Derechef seroit député
Pour conférer des aduantages
De ces illustres personnages,
Et de tous les intéressez,
Tant qu'ils eussent dit : c'est assez,
Qu'on supplieroit le Roy de mettre
En vne seule et mesme lettre.

 Ce iour, on eut aduis certain
Que Monsieur du Plessis-Praslain
Auoit des trouppes ennemies
Fait vn amas des mieux choisies,
Pour s'opposer à l'Archiduc
Qui s'auançoit d'vn pas caduc,
Et de qui la desmarche lente
Ne donnoit pas moins d'espouuante.

14 mars.

 Le Dimanche, les Desputez
En carrosse estoient ià montez,
Quand lettre du Roy fut receue

En termes absolus conceue,
Portant vne interdiction
De faire députation,
Que les articles qu'apportèrent
Vendredy, ceux qui conférèrent,
N'eussent esté vérifiez.
Sur quoy Messieurs furent criez
Par l'insolente populace,
Qui les poussoit auec menace,
Disant tout haut : « Ie sons vendus.
Ie serons bien tost tous pendus
S'il plaist au bon Dieu, ma commère.
C'est grand pitié que la misère.
Ils auont signé nostre mort.
C'est fait de Monsieur de Biaufort.
Guerre et point de paix pour vn double! »
Mais en dépit de ce grand trouble,
Il fut par Messieurs résolu
Que le lendemain seroit lu
Le contenu desdits articles,
Et qu'auec paire de besicles
On examineroit de près
S'ils portoient vne bonne paix.
 Le Lundy, la teste affublée,
Nos chefs estant en l'assemblée,   15 mars
Lesdits articles furent leus;
Et la Cour n'en fit point refus;
Mais seulement pour la réforme
De quelqu'vn qui sembloit énorme,
Ordonna qu'on députeroit
Et qu'ensemble l'on parleroit
Pour nos chefs qui feroient escrire
Ce que chacun pour soy désire,
Pour estre au traicté de Paris
Tous les intéressez compris.

Ce Lundy, le courrier du Maine,
Mit nos esprits hors de la peine
Où longtemps ils auoient esté,
Si le Diable auoit emporté
Le sieur marquis de La Boullaye[1],
Qu'il asseura pour chose vraye
Auoir paru vers ces quartiers [2]
Auecque force caualliers
Qui sçauoient mener le carrosse
Et ne cherchoient que playe et bosse;
Que le Marquis de Lauerdin
Fuyant deuant luy comme vn din,
Toute la Mancelle contrée
Pour Paris s'estoit déclarée.

Le Mardy, tous nos Desputez
Sous des passe ports apportez,
Pour la troisiesme fois marchèrent,
Et comme il estoit dit, allèrent
Pour leurs Maiestez supplier
Que du mois d'Octobre dernier
La Déclaration receue
Après tant d'allée et venue
Pour le commun soulagement
Ne souffrist aucun détriment [3].

> La Boullaye, qui commandoit les cochers de Paris.

> 16 mars.

[1] L'effroy de Saint Germain en Laye.

[2] L'*Entrée de M. le marquis de La Boulaye dans la ville du Mans*, etc. [1224].

[3] Ce mesme iour, Messieurs de Ville
Firent vne deffence vtile
De laisser sortir désormais
De Paris poudre ny boulets,
Ny tout ce que la ville enserre
D'autres munitions de guerre,
Et, comme disoit la chanson,
Ny plomb, ny mesche, ny canon;
Mandement à la gent soldate

Le Mercredy, lettre ciuille
Vint de Monsieur de Longueuille,
Qu'il addressoit au Parlement,
Et qui n'estoit qu'vn compliment,
A qui fit aussitost responce
La Cour qui pèse tout à l'once.
Or ce iour, le Duc de Bouillon
Ayant pris congé du bouillon,
Des médecines, des clystères
Et des drogues d'apothiquaires,
N'estant debout que de ce iour,
Releua La Mothe-Houdancourt
A Ville Iuifue où nostre armée
S'estoit desià bien enrhumée.

C'est ce mesme iour qu'on a sceu
Qu'au Mans auoit esté receu
Nostre Marquis de La Boullaye [1],
Qui bien qu'il criast : Hollà! haye!

17 mars.

Le Duc de Bouillon fut tous-iours malade durant nostre guerre.

    De sortir de la ville en hâte
    Tant de pied comme de cheual,
    Tant celle pour le Cardinal
    Que pour nous; enioint que bien viste
    Ils aillent coucher à leur giste
    Dans leurs ordinaires quartiers
    Sur peine d'estre tous entiers,
    Et non d'vne seule partie,
    Hachez plus menu que charpie.

[1] Le grand Marquis de La Boulaye
    Et que c'estoit chose très vraye
    Qu'ayant fait fuir l'Abbé Costard,
    Deuenu soldat sur le tard,
    Et qui depuis peu dans le Maine
    Battoit le tambour pour la Reine,
    Ensemble l'Éuesque du Mans
    Qui contre son deuoir *armans*
    Troussa ses vénérables guestres
    Quand le Marquis auec cent Maistres
    Dedans le Mans mesme est entré.

Alte, Marquis de Lauerdin!
L'autre ne fut pas si badin
Que de tourner iamais *visage*,
Ains courut tousiours dauantage,
Qu'à la parfin nostre Marquis
Ayant force chappons conquis,
Les faisoit cuire en cette ville,
Et que ses gens estoient cinq mille.
    Vn autre aduis bien plus certain,
Fut que le Mareschal Praslain,
Qui d'vne desmarche guerrière
Estoit allé sur la frontière
Taster le poux à Léopol,
Auoit pris ses iambes au col,
Sans auoir dit ny quoy, ny qu'est-ce
(Ce qui n'est pas grande proüesse),
Et qu'estant icy de retour,
Dans leurs garnisons d'alentour
Ses trouppes estoient retournées;
Trouppes très mal moriginées,
Et qui contre l'accord passé
D'acte d'hostilité cessé,
Pillèrent toute la cheuance
De deux bourgs à leur bienséance,
Qu'ils treuuèrent sur leur chemin;
Chemin que tenant sans dessein,
Quelque Boullangère badine,
Blanche pour le moins de farine,
Qui venoit de vendre son pain,
Se sentit légère d'vn grain,
Sans argent et sans pucelage,
Hormis vne qui fut si sage
Que de le laisser à Paris,
Qui n'eut que son argent de pris.
    Le Ieudy, les chefs de nos bandes,

18 mars.

Ayant fait chacun des légendes
De tous leurs petits intérests [1],
Commirent à Ruel exprès
Pour porter leurs humbles prières,
Le Duc de Brissac et Barrières,
Le sieur de Bas et de Crécy [2].

Le Vendredy dix-neuf, icy   19 mars.
Nous sçeusmes que dans la Gascogne
La Reine auoit de la besogne,
Que le Parlement de Bordeaux
Tout prest à iouer des cousteaux
Auoit fait armer à nostre aide.
L'action n'en estoit pas laide [3];
Car le Normand et ce Gascon
Et le nostre faisoient tricon [4].

Ce mesme iour, par vne lettre
Thoulouse nous faisoit promettre
Que nous pouuions tenir pour hoc
Le Parlement de Languedoc [5],

[1] Voyez plus haut *Demandes des princes et seigneurs*, etc. [997].

[2] Mais touiours vnanimement
Avec Messieurs du Parlement.

[3] Ce ne sont point des gasconnades.
Il fit, l'autre iour, barricades,
Et par la Garonne iura
Que le Cardinal périra.

[4] *La Guyenne aux pieds du Roy*, etc. [1536]; *La Guyenne victorieuse contre ses tyrans*, etc. [1537], etc., etc.

[5] Et qu'il a fait vne ordonnance
Portant vne expresse deffence
De reuenir à nos guerriers,
Qui fort peu chargez de lauriers,
En trouuant la couronne chère
En ces beaux païs de lanlère,
Par vne horrible trahison
Abandonnoient leur garnison,

Qui se déclaroit pour le nostre
Tellement qu'auecque cet autre
C'estoit vn quatorze bienfait.

20 mars.

Le Samedy ny beau ny laid,
Ny chaud ny froid, à l'audience
Nos Généraux prirent séance,
Et là dirent tous d'vne voix,
Qu'ils auoient donné cette fois
Des propositions à faire [1],
Mais qu'ils l'auoient creu nécessaire,
Monsieur le Cardinal resté [2],
Pour n'auoir plus de seureté,
Sçachans bien qu'homme d'Italie
Iamais vne offense n'oublie;
Qu'au contraire ils estoient tous prests
D'abandonner leurs intérests
S'il luy plaisoit faire voyage,

Espérant pouuoir mieux en France
Faire monstre de leur vaillance,
Mieux qu'ils ne firent à Lérida.
Ces Catalans se trompent dà
S'ils pensent nous prendre sans mouffles.
Vrayment ce sont de bons marouffles.
Le Prince est assez empesché.
Parbleu! son cheual a bronché.
Samedy vingt, Messieurs de Ville,
Qui faisoient vne longue file,
Furent receus au Parlement
Pour receuoir l'ordre amplement
De la procession bannale
Qu'on fait tous les ans générale
A tel iour que le iour présent,
A cause du retour plaisant
De Paris en l'obéissance
De Henry quatre, Roy de France.

[1] *Déclaration faite en Parlement par Monseigneur le Prince de Conty*, etc. [954].

[2] Le Cardinal estant resté.

Sinon, que pour vn tesmoignage
Qu'ils seroient tousiours seruiteurs
De nos illustres sénateurs,
Ils s'en rapportoient à ces iuges,
Protestans que dans nos grabuges
Ils auoient armé seulement
Pour le public soulagement.

 Ce iour, ordonnance Royalle[1]
Dessus la plainte générale
Qu'auoient faite nos Escheuins,
Qui n'estoient pas des Quinze-vingts,
Voulut qu'on nous donnast de viures
Pain et vin, de quoy nous rendre yures,
Et boire en diable à la santé
De sa chrestienne Maiesté;
De toutes parts, par eau, par terre,
Librement comme auant la guerre,
Le commerce estant restably
Et le reste mis en oubly[2],
Bonne nouuelle pour la pance.

 Lundy, vingt et deux en l'absence   22 mars.
Du vaillant Prince de Conty
Que la fièure auoit inuesty[3],
Le Coadiuteur en sa place
Vint au Parlement, de sa grâce,

---

[1] *Ordonnance du Roy.... pour le rétablissement du commerce*, etc. [2617].

[2] Nonobstant laquelle Ordonnance
Nos ennemis font résistance;
Et nous n'auons iamais vn pain
Qu'ils n'en retiennent vn lopin.
Mais quoiqu'ils prennent tant de peines,
I'en auois pour trente semaines;
Et nous pouuons bien nous mocquer
Puisque nous n'en saurions manquer.

[3] Vint au Parlement l'âme sainte
De l'Archeuesque de Corinthe.

Dire que le iour précédent,
L'Archiduc, homme fort prudent,
Écriuit au Prince malade
Qu'ayant fait vne caualcade,
Et dit au Mareschal Praslain :
« Ie suis sur ta terre, vilain, »
Pour oster toute défiance
Qu'il voulust enuahir la France,
Il estoit prest de retourner
Si la Reine pour terminer
Les différends des deux couronnes
Vouloit nommer quelques personnes;
Et dit nostre frondant pasteur
Que Conty prenant fort à cœur
L'occasion aduantageuse
De conclure vne paix heureuse,
Auoit à Ruël député
Pour derechef estre insisté
Sur ce que l'archiduc propose [1],
Qui méritoit bien vne pose,
Et qu'il coniuroit nostre Cour
Par son zèle et par son amour
De peser vn peu cette affaire,
Et la paix qu'elle pouuoit faire;
Qu'il estoit tousiours prest, pour luy,
D'abandonner dès auiourd'huy
Tout ce qu'il auoit pu prétendre
Si Messieurs y vouloient entendre;
Qu'au contraire si Léopol
Par supercherie ou par dol
Venoit pour pescher en eau trouble
(Dont i'aurois parié le double)

[1] Sur cette chose proposée
Qu'on croit vne billeuesée.

Il déclaroit dès à present
Qu'il ne le trouuoit pas plaisant,
Que luy mesme sur les frontières
Iroit luy tailler des iartières,
Et l'accommodant de rosty,
Se monstrer Prince de Conty.
Sur quoy Messieurs firent escrire
Tout le contenu de son dire.

Ce iour, on sceut qu'à Saint Germain
On auoit fait accueil humain
Aux Desputez de Normandie,
Qui pour chasser la maladie
Dont nous estions tous menacez,
Y venoient comme intéressez
Pour délibérer du remède;
Que le bon Dieu leur soit en aide!

Le Mercredy, l'on sceut qu'Erlac [1]   24 mars.
Estoit clos et coy dans Brissac,
Quoy qu'on nous voulust faire entendre [2]

---

[1] Le comte d'Erlac, lieutenant général, commandait les Weymariens dans l'armée de Turenne. Le financier Hérard lui avait compté six cent mille livres pour payer ses troupes, et l'avait ainsi maintenu dans le parti du roi.

[2]   Quoique nous veuille faire entendre
      Vn sot Courrier qu'on deuroit pendre,
      Et qui prend le nom de la Cour *;
      Imposteur, homme sans amour
      Sinon pour le party contraire,
      Qui deuoit bien plustost se taire
      Que de mentir si puamment.
      Çà, Mazarin, traistre normand,
      Tu t'es seruy de cette fraude
      Pour nous donner l'allarme chaude.
      Le fin mathois, le bon ruzé,
      Prétends tu point t'estre excusé
      Si tu dis que c'estoit son monde?

* *Courrier de la Cour portant les nouuelles de Saint-Germain*, etc. [821].

Qu'il venoit nous réduire en cendre.
L'on sceust que Normands Desputez
S'estoient tous bien fort aheurtez
A l'enuoy de Son Eminence;
Et l'on nous donnoit asseurance
Qu'ils ne despliroient leur cahier
Qu'il n'eust le pied sur l'estrier.
Mais s'il est vray qu'ils le promirent,
Ces Normands après se desdirent,
Et certes autant à propos
Qu'il se pust pour nostre repos;

  Attends donc que ie te réponde.
  Sçais tu bien que Monsieur d'Erlac
  Iouait, ce iour, au triquetrac
  Quand tu le dépeignois en voye.
  I'aduoue auec toi qu'il enuoye
  Cinq ou six galeux de gouiats;
  Mais tout cela n'est pas grand cas;
  Outre qu'il faut que tu confesses
  D'auoir pris ton nez pour tes fesses,
  Quand tu nous dis que le Hessien
  Penche pour le Sicilien,
  Puisque Talmont, prince très braue,
  Et le gendre de la Landgraue,
  Est en marche auec tous ses gens
  Et nous promet en peu de temps
  Vne existence merueilleuse.
  Mais ta monture estant boiteuse,
  Courrier dépesché sans besoing,
  Tu ne puis pas aller si loing.
  Lecteur, si ie l'ai pris à tasche,
  Ne pense pas que ie me fasche.
  Ie ne veux rien que t'aduertir
  Que ie ne puis ouyr mentir
  Ny mesme lire de Gazettes
  Pour estre pleines de sornettes.
  Lecteur, pour vne bonne fois
  Ne croy que le *Courrier françois*.
  Les autres, abus, bagatelles!
  Mais pour le mien, bonnes nouuelles.

Car qu'on renuoyast pour leur plaire
Vn Ministre si nécessaire
Comme Monsieur le Cardinal,
Quelque sot se fust fait du mal ;
Et plus sot qui l'auroit pu croire,
Qu'vn Prince ialoux de la gloire
Eust deffait ce qu'il auoit fait
En vn fauory si parfait,
Pour quelque courtaut de boutique
Qui n'aimoit pas la Politique.
Aussi les Desputez Normands
S'ils auoient fait quelques sermens
De ne desplier point leur Rolle,
Ne gardèrent pas leur parolle,
Et cette fois manquant de foy
Seruirent la France et leur Roy.

Ce mesme iour, fut dit en ville
Que le grand Duc de Longueuille
Auoit, pour assiéger Harfleur,
Fait partir sous vn chef de cœur [1]
Des trouppes, dès le dix septiesme,
Et que ce chef, le dix-neufuiesme,
Par vn tambour nommé La Fleur
Fit sommer la ville d'Harfleur,
Qui luy dit : « Vostre fille Heleine ;
Ie suis seruante de la Reine. »
Mais quatre pièces de canon
Luy firent bien tost dire non ;
Car plus deffaitte qu'vn cadaure,
Ayant dépesché vers le Haure
Dont chacun sçait qu'elle dépend,
Pour venir estre son garand

---

[1] Le *Courrier françois* en prose l'appelle Bois-le-Fèure. *Relation véritable de ce qui s'est passé à la prise de la ville de Harfleur*, etc. [3214].

(C'estoit les termes de sa lettre),
Ce gouuerneur se voulut mettre
En deuoir de la secourir,
Et pour l'empescher de périr,
Détacha deux cens cinquante hommes
Qui venoient en mangeans des pommes,
Quand sur le chemin ces mangeans
Treuuent un party de nos gens.
La peur saisit ces misérables
Qui fuyrent comme des beaux diables,
Nul ne regardant après soy.
Enfin ils eurent tant d'effroy
Que quand dans le Haure ils entrèrent,
Les huict heures du soir frappèrent;
Bien que partis au chant du coq,
Et que Harfleur qui nous est hoc,
Du Haure fust à demi lieue;
Mais la peur qu'ils auoient en queue,
Leur fit oublier le chemin,
Tellement que le lendemain
Harfleur nous fit ouurir la porte.
La garnison, n'estant pas forte,
Se rendit à discrétion.
Après cette reddition
Nos gens furent faire godaille
Au chasteau de Pierre de taille
Du sieur de Fontaine Martel;
Chasteau très fort, mais non pas tel
Que les nostres ne le forcèrent
Et deux canons n'en rapportèrent;
Sans les meubles et le bestail,
Dont ie ne fais point de détail.

25 mars.
Le iour de
l'Annonciation.

    Le ieudy, iour que Nostre Dame
Sceut que de fille elle estoit femme,
Par vne annonciation,

Tout estoit en déuotion
Quand lettre de cachet venue
Fit que scéance fust tenue,
Où quand nos chefs furent venus
Tous les premiers propos tenus
Furent de sçauoir si la tresue,
Ennuyeuse aux gens de la Grèue,
Et qui finissoit ce iour là,
Passeroit encore au delà ;
Tresue qui receut anicroche
Iusques au Lundy le plus proche
Et compris inclusiuement
Par vn arrest du Parlement.

 Ce iour, à la Ferté sous Iouarre
Vn Mazarin qui disoit : « Garre,
Qu'on fasse place à mon cheual.
Ie viens pour le Party Royal [1]
Loger icy des gens de guerre, »
Fut accueilly à coups de pierre,
Et de quelques coups de fusil.
Ie pense que d'vn grain de mil
On eust lors bouché son derrière ;
Heureux de retourner arrière,
Maudissant tout cicatrisé
Le manant mal ciuilisé,
Qui depuis garda ses murailles,
Crainte du droict de représailles.

 Samedy du mois le vingt sept,   27 mars.
Vostre frère encore tout mal fait
Du reste de sa maladie,
Fit déclaration hardie,
Que celles que iusqu'à ce iour
Il auoit faites à la Cour

[1] Ie viens de par le Cardinal.

De ne faire aucune demande
Pour luy ny pour ceux de sa bande,
Le Cardinal estant sorty,
Que, foy de Prince de Conty,
Ces déclarations signées
Qu'on auoit iusqu'icy bernées,
Receuroient applaudissement
Pourueu qu'il pleust au Parlement
Rendre Arrest, que Son Eminence
Eust à dénicher de la France,
Parcequ'il ne pouuoit iamais
Autrement conclurre la paix ;
Que le feu partout s'alloit prendre
S'il n'estoit couuert de sa cendre ;
Qu'il prioit la Cour d'y resuer
Avant mesmes que se leuer [1] ;
Sur quoy la Cour à sa prière
Resua tant sur cette matière
Qu'après son resue elle a treuué
Qu'il auoit le premier resué.
Cependant pour faire grimace,
Et pour ne rompre pas en face
De ce prince qu'elle honoroit,
La Cour dit que l'on enuoiroit
Insister sur cette retraitte,

---

[1] Ce que la Cour voulut bien faire ;
  Et dit qu'il estoit nécessaire
  Que l'acte fust enregistré
  Tout entier sans estre chastré,
  Et qu'vne copie en fust faite
  Pour estre d'vne mesme traitte
  Enuoyée à nos desputez
  Qui sont derechef priez
  D'insister fort pour le voyage
  Du sicilien personnage.

DE MAZARINADES. 161

Qui ne s'est pas encore faitte [1].
Ce iour, nous sceusmes que Iergay [2],
Du party contraire engagé,
Partoit de Sainct Germain en Laye
Pour s'opposer à La Boullaye
Qui faisoit merueille en Aniou;
(Car il n'est pas tous les iours fou,
Comme il n'est pas tous les iours feste;
Et puis ce n'est que par la teste
Qu'il est fol, quand il l'est parfois,
Notamment les onze des mois.)
Or ce Marquis à teste seiche
Estoit entré dedans la Flèche.

   Le Dimanche, on sceut qu'à Bourdeaux
Les coups desià pleuuoient à seaux,
Le tout pour la cause commune.
L'habitant au clair de la Lune
Auoit pris le Chasteau du Hact,
Et depuis auoit fait vn pact
D'inuestir le Chasteau Trompette;
Cela n'est pas dans la Gazette [5].

Ce fut le 11 décembre qu'on dit que M. de La Boullaye cria aux armes.

28 mars.

[1] *Arrêt de la Cour de parlement sur la proposition faite par Monseigneur le Prince de Conty*, etc. [258].
[2] Le marquis de Gerzay.

    [5] Ce mesme iour, nous fut rendu
    Arrest en Bretagne rendu
    Dessus des Lettres cachetées
    Et du dix Féurier datées,
    Signé Louis à Saint Germain,
    Pour les donner en propre main,
    De ces Lettres vne adressante
    A Monsieur l'Éuesque de Nante,
    Les autres aux Communautez,
    Villes, Villages, Bourgs, Citez,
    Chasteaux de toute la Prouince,
    Pour, au nom de nostre bon Prince,
    Estre des desputez nommez

Ce iour mesme, il vint vn courrier,
Qui perdit cent fois l'étrier,
Et se pensa casser la teste,
Tant il pressa sa pauure beste.
On l'auoit fait partir exprès,
Parceque le grand duc de Retz
Auoit dit : « Nous sommes deux mille;
Bon iour, Monsieur de Longueuille.
Ie ne vous ay veu de cet an. »
Et cela fut dit dans Rouen.

29 mars.
Le iour d'après, en l'assemblée
De diuers soucis accablée
Sçauoir si l'on continueroit,
Comme la Reine desiroit,
Nostre trefue en son agonie,
Conclut toute la compagnie
Qu'elle auoit libéralement
Vingt et quatre heures seulement;
Après lesquelles nouueau trouble
Et plus de trefue pour vn double.

Ce mesme iour, fut deffendu
Par vn arrest qui fut rendu,

   Afin que comme ils sont sommez,
   Et que leurs Maiestés commandent,
   Dedans Orléans ils se rendent
   Soit à beau pied, soit sur cheuaux
   Pour estre aux Estats Généraux
   Qui s'y tiendront d'Auril le seize,
   Où de se trouuer il leur plaise;
   Mais hélas! il ne leur plaist pas.
   Ces Messieurs qui plaignent leurs pas,
   Ayant veu la Lettre Patente
   Donnée en l'an cinq cent soixante
   Pour mesme conuocation,
   Avec vérification
   Au Parlement de cette Lettre,
   Dirent tous qu'il falloit remettre

Qu'on n'imprimast plus aucun liure,
Dont le débit auoit fait viure
Quelque misérable imprimeur
Et quelque Burlesque rimeur,
Qui, comme vn second Mithridatte,
Estoit plus friand qu'vne chatte
Du poison qui le nourrissoit,
Dans l'instant qu'il le vomissoit.
Glorieux de la médisance
Qu'il faisoit de Son Eminence,
Il viuoit de son acconit;
Et c'estoit pour lors pain bénit
De parler mal du ministère,
De chanter Prince de Lanlère;
(Car on parloit presque aussi mal
De vous comme du Cardinal.)
On ne vit onc tant de satyres,
Ny de meilleures, ny de pires
Qu'on en fit de vous et de luy
Et de vous encor auiourd'huy.
La cour sans exprès congé d'elle,
Sous vne peine corporelle,

 Et qu'Estats ne seront tenus
 Que sur nouueaux ordres venus
 De nostre Sire et de la Reyne,
 Signez par leur Cour souueraine;
 Cependant que l'on escrira
 Le plus humblement qu'on pourra
 Pour faire vn refus agréable
 Et prier qu'ordre inuiolable
 Qu'on obseruoit anciennement,
 Ne reçoiue aucun détriment;
 Et deffence à toute personne,
 Fût il vn docteur en Sorbonne,
 De se trouuer à ces Estats
 Ni de s'assembler en vn tas
 Sous prétexte de tel voyage,
 Sur peine d'estre mise en cage.

Deffendit de rien imprimer [1];
Ce qui ne fit que ranimer
Cette criminelle manie
Que chacun croyoit assoupie;
Mais de qui la démangeaison
S'accroist depuis vostre prison.

30 mars.
Le Mardy, la nuict estoit close
(L'homme propose et Dieu dispose).
Lorsqu'on ne les attendoit plus
Nos Desputez sont reuenus.

31 mars.
Le Mercredy, dans l'audience
Le procez de la conférence
Leu qu'il fut haut de bout en bout,
Au lendemain on remit tout.

1er avril.
Et le premier d'Auril, fut leue
La Declaration receue [2]
Qui nous rendit nostre repos,
Dont voicy les poincts principaux :
Nos Arrests, escrits et libelles
Ne seront que des bagatelles
Depuis le sixiesme ianuier
Qu'il fut tant perdu de papier,
Sans que pour chose aucune faitte

---

[1] Arrest qui me déplaist si fort
  Que ie souhaite d'estre mort.
  Cet Arrest, Lecteur, est la cause
  Que tu n'as ny rime ny prose,
  Bref rien de moi qui soit entier.
  C'est lui qui chastre mon Courrier,
  Qui le met en triste équipage,
  En rayant tousiours quelque page
  Et m'ostant deux vers féminins,
  M'en laisse quatre masculins.
  De rechef cet arrest me tue.

[2] *Déclaration du Roy pour faire cesser les mouuemens et rétablir le repos et la tranquillité de son royaume*, etc. [944].

Personne en soit plus inquiette ;
Ce que pour nous rendre plus doux,
Le Roy voulut que contre nous
Tant de Lettres expédiées,
De Déclarations criées
Du costé de Sa Maiesté,
Tout fut cassé par sa bonté,
Qui prit la place de la haine.
On dit que sa Mamman la Reine,
Dès le premier beau iour d'Esté,
Enuoiroit au fleuue Lethé   Léthé est le
Quelqu'vn qui prist de cet eau forte,   fleuue de l'oubly.
Qui fist oublier toute sorte
D'vnions, ligues et traittez,
Dont ne seroient inquiétez
Ceux qui pour faire telle ligue,
Non contens de faire vne brigue,
Ont leué soldats, pris deniers,
Tant publics que particuliers [1],
Qu'on maintiendra dans leurs offices
Biens, honneurs, charges, bénéfices,
Au mesme estat qu'ils se treuuoient
Quand les Parisiens beuuoient,
La nuict des Rois, nuict qu'ils perdirent
Le vray pour mille faux qu'ils firent,
Pourueu qu'ils mettent armes bas,
Et ne s'opiniastrent pas
Aux ligues, s'ils en ont aucune,
Sous couleur de cause commune ;
Tous les prisonniers renuoyez ;
Tous nos soldats congédiez ;

[1] Mesme que Princes, Gentils hommes,
Seigneurs, Prélats, tous autres hommes,
Qu'on sçait auoir contribué
Ou quelque Mazarin tué.

Ce qui fut fait [1]. La Cour ioyeuse
D'vne fin de guerre ennuyeuse,
L'enregistra, la publia,
Vérifia, ratifia,
Et quand elle fut publiée,
Registrée et vérifiée,
Dit qu'on priroit leurs Maiestez
De rendre à Paris ses beautez,
Sa splendeur et Son Eminence
En l'honorant de leur présence ;
Ce qui ne se fit pas si tost
Qu'auroit désiré le courtaut ;
Car le Roy partit pour Compiègne,
Où trois mois il tint comme teigne,
Et ne reuint de très longtemps
Au grand deuil de nos habitans.
 Ainsi la paix nous fut donnée,
Et nostre guerre terminée.
Ainsi finit nostre blocus.
Ainsi ny vainqueurs ny vaincus,
Nous n'eusmes ny gloire ny honte.
Nul des partis n'y fit son compte.
Le vostre y souffrit moult ennuis,
Y passa de mauuaises nuicts
Dans vn si grand froid, qu'on présume
Qu'il y gagna beaucoup de rhume.
Le nostre en fut incommodé ;
Le Carnaual en a grondé.

[1] Enfin veux tu que ie te die ?
 Cher Lecteur, si ie ne poursuie,
 Ie suis malade et ne puis ;
 Et s'il m'est permis de tout dire,
 Il m'est impossible de rire,
 Que du bout des dents, d'vne paix
 Où deuient plus grand que iamais...
 Mais brisons là.

Le Caresme en a fait sa plainte.
Philis, Cloris, Siluie, Aminte
Y perdirent tous leurs galands.
Le Palais n'eut plus de chalands.
Le procureur fut sans pratique.
Le marchand ferma sa boutique.
L'*Arthamène* fut sans débit [1];
Et l'on pensa chanter l'obit
De *Lybrahim*, de *Polexandre*,
De *Cléopâtre* et de *Cassandre*,
Auec celuy de leurs autheurs,
Leurs libraires et leurs lecteurs.
Le sermon n'eut plus d'audience;
Le charlatan plus de créance.
L'hostel de Bourgogne ferma.
La trouppe du Marais s'arma.
Iodelet n'eut plus de farine
Dont il put barbouiller sa mine.
Les marchez n'eurent plus de pain;
Et chacun plus ou moins eut faim.
Mais sitost que par sa présence
La paix nous promit l'abondance
Que le Roy seul nous redonna,
Quant sa Maiesté retourna,
Aussitost disparut le trouble.
Plus de misère pour vn double.
Paris a repris sa beauté.
Tout est dans la Prospérité.
Le marchand est à sa boutique;
Le procureur à sa pratique;
Les hommes de robe au Palais;
Les comédiens au Marais;

---

[1] L'*Arthamène* et l'*Ibrahim* sont de Mlle de Scudéry, *Polexandre* de Gomberville, *Cléopâtre* et *Cassandre* de La Calprenède.

Les artisans à leur ouurage.
Les bourgeois sont à leur ménage;
Les bonnes femmes au sermon.
Cormier est à son Galbanon;
L'apothicaire à sa seringue;
Et vous, le vainqueur de Nortlingue,
De Rocroy, de Fribourg, de Lens,
L'effroy de tous les Castillans,
Estes dans le bois de Vincenne.
Dieu vous y conserue et maintienne
En santé.

Manifeste de madame la duchesse de Longueville [2363][1].

(9 mai 1650.)

Puisque la Paix de la France, la liberté des Princes, le maintien de l'authorité des loix et des dernières déclarations, le soulagement du peuple, la conseruation du royaume et le repos de la Chrestienté, à quoy le Cardinal Mazarin s'oppose et qui ne peuuent désormais s'obtenir que par les armes, m'ont obligée à les prendre, puisque i'ay esté portée par le conseil des gens de bien de repousser auec force la violence de la Tyrannie de ce Ministre, et qu'on a cru nécessaire d'arrester le cours de ses noires perfidies par la bonne foy d'vn traitté qui se propose pour sa fin des biens si grands et si souhaitables, ie seray fort aise de rendre compte au publicq de la con-

---

[1] Mme de Motteville ne doute pas que cette pièce ne soit de Mme de Longueville elle-même. Villefort se contente de dire que si la duchesse ne l'a pas faite, elle était bien capable de la faire.

duitte que i'ay tenue pour y arriuer, et de faire connoistre à tout le monde de quelle sorte, ayant tasché autant qu'il m'a esté possible, d'apporter de plus doux remèdes aux calamités de l'Estat et aux malheurs de nostre Maison, voyant mes efforts rebuttez, vne partie de la famille royale sur le bord du précipice et la France si proche de sa ruine, il a fallu par la grandeur de ce mal et par l'extrémité de la persécution qu'on fait souffrir à nostre Maison et ensemble au reste du Royaume, mettre le fer dans des blessures enuenimées afin de les guérir, et armer contre la domination illégitime d'vn ennemi public, l'équité des loix qui seules ne pouuoient protéger nostre innocence ny remédier à la perte de l'Estat; ne souhaittant rien d'auantage des personnes qui verront comme les choses se sont passées depuis la détention de Messieurs mes frères et de Monsieur mon Marry, jusques au temps où i'ay conclu auecques le Roy d'Espagne les desseins de leur liberté et de la paix des deux couronnes et où M. de Turenne est marché à la teste d'vne armée pour les faire réussir, sinon qu'examinant ces choses sans préoccupation, ils fassent généreusement ce que leur conscience et ce qu'ils doiuent à leur patrie leur conseillent.

La nuict mesme[1] que le Cardinal Mazarin, renuersant les loix fondamentales de nostre monarchie, commist son funeste attentat sur la personne du Prince, m'estant heureusement desrobée à sa fureur, comme elle estoit preste de m'arracher d'entre les bras de Madame ma Mère, ie me retirai dans le gouuernement de Monsieur mon Marry, résolue d'employer, pour remédier à nos misères, le seul

[1] Du 18 janvier 1650.

secours des loix et de la bonté de leurs Maiestez. Mais ny la députation du Parlement de Rouen à qui mes bonnes intentions estoient connues[1], ny les protestations réitérées d'obéissance que i'enuoyay faire à la Reyne, ny le calme que ie maintins dans la Normandie, ny la soummission de la Noblesse dont i'arrestay les ressentimens, ny tant de places que i'ai sacrifiées, sans les défendre, à l'ambition du Cardinal Mazarin, ne l'ayant pu empescher de faire marcher vne armée dans cette Prouince et d'y exposer le Roy au milieu de la peste[2], afin de nous en oster le gouuernement; et mon innocence, ny mon sexe, ny mon rang n'ayant pu me garantir chez moy dans la solitude d'vne maison de Campagne où ie m'estois retirée; la passion déréglée que ce Ministre apportoit à couronner sa vengeance par nostre entière ruine, le poussant aueuglement à me perdre ou à me bannir, je fus contrainte de quitter la France; et m'estant embarquée de nuict en vne rade difficile[3], pendant l'hyuer, par vn mauuais temps et auec vn péril extrême, je vins chez les Alliez de la Couronne chercher la tranquillité dont les crimes d'vn estranger m'empeschoient de jouir dans mon païs. Ainsi donc après auoir esté battue d'une furieuse tempeste, i'arriuay en Hollande; mais la persécution du Cardinal Mazarin m'y suiuit. La fureur et les caballes de ses Émissaires ne purent pas seulement souffrir qu'on me fît les ciuilitez qu'on deuoit à ma naissance, et obligèrent les Estats de manquer en ma personne au respect qu'on rend partout au sang de nos Roys. Vn pro-

[1] *Requeste de Mme la Duchesse de Longueuille au parlement de Rouen* [3473].
[2] Le Roi partit de Paris le 2 février.
[3] De Dieppe.

cédé si estrange m'ayant assez témoigné combien le séiour
de ces Prouinces me pouuoit estre suspect et dangereux,
estant de plus très-certaine de la résolution que le Cardinal Mazarin auoit faite de tout entreprendre plustost
que de m'y laisser en paix, et par conséquent voyant
bien que ie courois vn mesme danger dans les autres païs
de nostre alliance, ie iugeay qu'il ne me restoit aucun
lieu où ie pusse estre auec bienséance et en seureté, que
ceux de nostre Maison; et fis dessein de me rendre à
Stenay où M. de Turenne s'estoit retiré auec quelques
vns de nos amis, afin de se garantir de la haine de ce
Ministre qui le poursuiuoit comme vn coulpable parce
qu'il demeuroit dans nos intérests et qu'il désapprouuoit
ses crimes. La considération du Nonce que sa Sainteté
a destiné à l'ouurage de la paix, m'ayant obligée de me
détourner de mon chemin pour le voir à Aix où il demeuroit, m'obligea encore d'y faire vn séiour assez notable. Je voulus esprouuer si ie ne trouuerois point par
son moyen quelque soulagement à nos infortunes, et si
la main de cette personne choisie pour trauailler au repos
de toute l'Europe, ne me le donneroit point. Mais les
nouuelles qu'on receuoit de Paris, m'ayant fait connoistre
que la cruauté de nos ennemis qui croissoit de iour en
iour, m'en ostoit toute espérance, ie continuay ma route.
En passant par les Estats du Roy Catholique, les peuples
las de la guerre, haïssant le Cardinal Mazarin odieux à
tout le monde, et détestant ses malices qui causent leurs
troubles et les nostres, me demandoient partout la paix
et me coniuroient instamment de trauailler à la faire.
C'estoit le sentiment du Ministre d'Espagne et le souhait
des grands seigneurs des Païs-Bas; et i'auoue que ren-
contrant tant de bonnes dispositions à vn si grand bien,

ie conceuois des espérances d'en enuoyer des ouuertures à la Reyne et au Parlement dès que ie serois à Stenay, et que ie me flattois de la croyance que ie pourrais procurer par vn heureux accommodement l'vnion des deux couronnes et la liberté des Princes. Mais estant arriuée en ce lieu, bien loin de trouuer quelque conioncture fauorable pour vn si salutaire dessein, ie me suis vue inuestie par les troupes du Cardinal Mazarin; i'y ay appris que non content de la prison et de l'exil qu'il nous fait souffrir, et de la perte des biens que nous tenions du Roy, dont il nous a despouillez, et ne mettant point de bornes à sa vengeance, il employoit la force pour arracher encore Bellegarde qui est nostre patrimoine; i'y ay sceu que Madame ma Mère enuironnée de gens de guerre a esté forcée de se dérober de Chantilly le iour de Pasques, qu'on l'a encore chassée de Paris[1] où elle s'estoit venue jetter entre les bras de la Iustice, que Madame ma belle Sœur s'est retirée auec vn danger extresme[2], qu'vne mesme fuitte a sauué mon nepueu que son enfance n'eust pas garanty. I'y ay sceu que des gens de qualité sont menacez de l'exil, pour auoir déploré nostre infortune; que des femmes de condition pour la mesme cause courent le mesme danger; que pour ce mesme suiet on a banny des Religieux, on a fermé la bouche aux Euesques; que nostre amitié fait vn crime; que la pitié qu'on a de nos maux, est punie comme vne méchanceté; que les prisons sont pleines de nos domestiques, et qu'enfin la barbarie du Cardinal Mazarin se porte contre nous à vn tel excès

---

[1] *Requête de M*^{me} *la Princesse douairière de Condé pour sa seureté dans la ville de Paris*, etc. [3477].

[2] *Relation de ce qui s'est passé à l'arriuée de M*^{me} *la princesse de Condé.... en la ville de Bordeaux*, etc. [3111].

que ne se trouuant point dans les histoires d'exemple d'vne plus grande innocence que la nostre, il ne s'y en trouue point d'vne plus grande fureur que celle qu'il exerce en nostre endroit. En vn tel estat cognoissant que la douceur ne fait qu'irriter sa tyrannie, et voyant que nostre perte estoit inéuitable si je ne m'y opposois, considérant de plus que la Monarchie ne souffre pas moins que nostre Maison; que la foy publique des déclarations est violée; que l'on renuerse l'authorité des loix; que les charges de la Couronne et les gouuernemens des places et des Prouinces qu'on deuroit donner au seul mérite, deuiennent le prix de nostre Sang et la récompense du détestable forfait de ceux qui par l'espoir de ces récompenses, ayant renoncé à leur honneur et déuoué leur conscience aux lasches intérests de leur fortune, soutiennent l'attentat du Cardinal Mazarin; que l'argent et les biens qu'il falloit réseruer pour la deffense ou pour le rétablissement du Royaume, sont prodiguez et ne seruent qu'à étancher l'auarice des gens dont ce Ministre achepte et paye la fidélité et le seruice aux despens des peuples; que la partie la moins saine d'vne maison estrangère[1] dont la puissance autant de fois qu'elle a esté esleuée, a osé jetter les yeux sur la Couronne et l'ébranler par la réuolte et la guerre, empiète de nouueau vne authorité périlleuse; que cette inquisition d'Estat qui ne laisse ny de biens ny d'authorité à personne et contre laquelle on a desià eu recours aux armes, reprend de fortes racines; que le Clergé est mesprisé, la Noblesse persécutée, les Officiers misérables, les peuples ruinez, les gens de bien dans le danger et dans la crainte; que le Cardinal Mazarin se déclare en-

---

[1] Ceci s'adresse au comte d'Harcourt, de la maison de Lorraine.

nemi juré de la paix, n'ayant emprisonné les Princes qui le vouloient contraindre à la faire, et ne commettant tant de nouueaux crimes que pour en empescher la conclusion ; qu'ainsi il n'y a à espérer ny de salut pour l'Estat, ny de remède à nos infortunes si les choses demeurent plus longtemps dans un tel désordre ; ces considérations jointes aux remontrances que plusieurs personnes de condition m'ont enuoyées, que la bonté de la Reyne estant plus aueuglée que jamais des artifices de son Ministre, et la facilité de M. le Duc d'Orléans s'abandonnant à la conduite de ses faux Tribuns du peuple qui par de sordides prétentions d'ennemis déclarez du Cardinal Mazarin se sont rendus ses esclaues[1], j'estois la seule personne à qui il restoit des moyens de mettre vne borne à tant de malheurs, et que ma conscience, ma naissance et mon deuoir m'y obligeoient puissamment; et de plus me trouuant portée à entreprendre vn dessein si grand et si glorieux par les instances que m'en font les plus notables personnages de l'Église, de l'espée et de la robe, et par les supplications que i'en reçois des meilleurs habitans de Paris et des principales villes du Royaume, mais surtout me sentant fortifiée en cette occasion de l'affection, du conseil et de l'ayde de M. de Turenne dont le mérite et la valeur vont au pair auec les plus hautes entreprises, et qui est également passionné pour le seruice du Roy, pour le bien de la France et pour le restablissement de nostre maison ; après auoir examiné toutes choses, nous auons jugé que la liberté des Princes du Sang, lesquels pendant la minorité doiuent auoir soin de l'Estat, estoit le premier pas qu'il falloit faire pour préparer la guéri-

[1] Le duc de Beaufort et le Coadjuteur.

son aux maux de la France, et que la Paix ensuitte estoit le seul remède qu'il falloit apporter aux calamitez qui la détruisent; c'est pourquoi Sa Majesté Catholique m'ayant fait l'honneur de m'inuiter à la seconder dans le désir qu'elle a de donner à la Chrestienté cette paix *qu'elle ne veut point traitter auec le Cardinal Mazarin*, et qu'elle proteste de receuoir volontiers de la main de Messieurs les princes, nous auons, moy et M. de Turenne, conclu d'vn commun consentement auec les Ministres d'Espagne de joindre nos forces à celles de Sa Majesté Catholique et de ne point poser les armes que les Princes ne soient déliurez[1]. Comme aussi dès qu'il seront libres, le Roy d'Espagne s'est obligé de sa part de conclure incessamment cette paix et de se remettre des difficultez qui s'y pourront rencontrer, à l'arbitrage des Princes. Certes, s'il est permis par le droit des gens et si la nature nous enseigne de nous seruir [de] toutes choses pour nostre conseruation lorsqu'on nous opprime iniustement, il faut aduouer qu'il se trouue vne extresme satisfaction quand en nous garantissant d'vn malheur, nous en garantissons le public, et qu'il n'est rien si digne de louange, en nous déliurant, que de déliurer encore nostre patrie. Et puisque cela est ainsi, i'ay tout lieu de croire que m'estant trouuée contrainte d'employer la force légitime contre l'iniuste et l'ayant fait de sorte que ce que i'entreprends, va moins au salut de nostre maison qu'au seruice de mon Prince et à l'utilité de mon Païs, il n'y a personne qui aye de la conscience et du jugement, qui n'approuue ce iuste dessein, qui n'y concoure, qui ne l'appuie et qui en quelque façon

---

[1] *Article principal du traité que Mme de Longueuille et M. de Turenne ont fait auec Sa Maiesté catholique* [400].

ne m'estime heureuse dans mon malheur d'estre la cause du restablissement du Royaume.

Ce sont là les véritez dont i'ay estimé qu'il estoit nécessaire que le public fust instruit; après quoy il ne me reste rien à adiouter sinon que i'exhorte icy tous les gens d'honneur et principalement le Parlement et le peuple de Paris où il semble que la source et le plus solide fondement de la Monarchie résident, de ne pas perdre vne si illustre occasion d'ayder à conseruer au Roy son Estat, à déliurer d'vne prison iniuste. les Princes du Sang qui en sont l'appuy, à rendre la Paix à la France et à secouer le ioug insupportable de la Tyrannie estrangère; espérant que la diuine bonté qui pénètre les sentimens de mon cœur et qui sçait qu'ils sont acheminez à ces fins, bénira la justice des armes qu'on employe pour les faire réussir, que désillant les yeux de la Reyne, elle luy fera voir en quel abisme de malheurs le Cardinal Mazarin tasche à la précipiter, qu'elle détrompera M. le duc d'Orléans des mauuais conseils qu'on luy donne, et qu'elle fera enfin qu'vn party si vtile et si nécessaire que celuy de la liberté et de la Paix sera aussi généralement soutenu par les gens de bien que ie sçay qu'il en sera généralement approuué.

Apologie des Frondeurs [112]¹.

(9 mai 1650.)

Nous ne serions pas dignes du nom que l'on nous a donné par dérision et que nous auons rendu illustre par nostre vertu inesbranlable et par vne fermeté que la calomnie n'a peu terrasser, si nous ne le purgions auiourd'huy d'vne tache d'huile ou plustost d'vn poison lent et sucré qui menaceroit nostre réputation d'vne mort tragique et sans remède dans quelques iours. La quantité de personnes de Cour qui briguent auiourd'huy cette qualité de Frondeurs que la fortune a mise à la mode, nous donne vne iuste crainte que ces estrangers, prétendans à nostre adoption, n'ayent point d'autre dessein que de profiter de nostre succession seulement et d'hériter par adresse d'vn party qui ne s'est formé que pour la deffense de l'Estat et pour la protection des bons et véritables François.

Ce succès inespéré nous donne bien, à la vérité, quelque esclat; mais il est important que tout le monde sçache que si nous auons eu la force de résister à la tentation d'vne fortune ieune et pleine d'attraits, nous aurons le courage de mespriser celle d'vne vieille fardée, qui, faute d'vne beauté naturelle, ne doit auoir recours qu'aux enchantemens de Circé pour perdre malicieuse-

---

¹ C'est un des pamphlets du cardinal de Retz. « M. le Coadiuteur le faisoit voir à ses amis, dit Omer Talon. Il me l'apporta et dit qu'il étoit fait contre son parti. » Les Frondeurs, inquiets de la reddition de Saumur et de la prise de Bellegarde, vouloient se rapprocher du parti des princes prisonniers.

ment vne petite flotte si glorieusement eschappée des escueils des Syrènes et de la malice de nos mauuais amis et de tant de tempestes que nous auons souffertes. Nous ne sommes point capables, en général, d'vne si estrange métamorphose ; et si quelques-vns des nostres font naufrage dans les costes des Lotophages et d'Enarie, si les fruits et les breuuages de la Cour nous dérobent quelques-vns de nos compagnons, leur foiblesse renforcera nostre courage ; et nous fournirons la carrière pour mériter la paix qui nous a fait entrer en lice.

Nous n'auons pas veu sans vn extresme regret l'opiniastreté du Prince qui s'est opposé à nostre dessein. Le respect que sa condition exigeoit de nous, l'a rendu long-temps sans effet, nous obligeant à ne lui porter que des coups fauorables ; mais quand nous auons veu que son courage estoit inflexible et nostre perte asseurée, nous nous sommes à la vérité deffendus, de telle sorte toutefois que l'on a peu voir que nous désirions plustost de le lasser que de l'abattre. Enfin il est tombé ; mais il faut que tout le monde sçache que c'est d'vn coup qui luy est venu de dehors la barrière, et que nous ne nous vanterons iamais de cette victoire que nous n'auons point trauersée que parce qu'il nous en auoit osté la force.

Ce combat nous estoit de mauuais augure et ne luy pouuoit estre que funeste, puisque nous ne remarquions point à ses costés la Fortune de l'Estat preste à seconder sa valeur, ny cette belle Renommée, sa fidèle compagne dans les occasions mémorables de Rocroy, de Thionuille, de Fribourg, de Worms, de Mayence, de Philisbourg, de Nordlingue, de Dunquerque, de Lens et mille autres fameuses victoires ou conquestes de Villes et de Prouinces. Au contraire il n'y estoit animé que par le crouassement des Corbeaux et par les conseils pernicieux de ces âmes noires de la Cour qui se préparoient à cueillir les fruits d'vne double victoire sur l'vn et sur l'autre des deux partis. C'estoit vn arresté des destinées que ce Prince le plus glorieux de nostre âge succombast dans vne poursuite iniuste et dans l'oppression où il nous vouloit ietter, pour seruir d'exemple à luy-mesme et à la postérité de la Iustice de Dieu et de la protection des innocens contre la puissance des Grands.

Nous auons vne singulière obligation d'adorer les secrets de sa Prouidence, de le remercier de ce que son chastiment n'a point esté sanglant iusques à présent et de le supplier qu'il nous conserue ce Prince que nous eussions veu périr auec regret et auec plus de larmes qu'il n'a répandu du sang de nos ennemis. Nous ne pourrions pas estre François auec d'autres sentimens; et si nous n'auions esté contraints par vne urgente nécessité à souffrir et non à conseiller sa détention, qui nous a affligez par ses circonstances qui sont, à la vérité, terribles et qui pourront donner lieu à d'estranges entreprises au Ministre qui a si malheureusement, pour l'Estat, moissonné le froment d'vne terre où il auoit semé la zizanie, nous aurions esté aussi aises qu'vn amy commun nous eust séparez, que nous sommes inconsolables qu'il ait esté arresté par nostre ennemy commun et qui sans doute enuioit la victoire à l'un ou à l'autre des deux Champions.

Nous ne feignons point de publier hautement que ce Prince malheureux est seul cause de son infortune, et que nous auons iusques à l'extrémité tenu ferme contre les desseins que le Cardinal Mazarin auoit de le faire arrester pour sa querelle particulière trois mois auparauant, et que nous le protégions lorsqu'il entendoit aux moyens de nous perdre. Il n'y a eu sortes de promesses que l'on ne nous ait faites pour consentir à ce dessein insolent et téméraire, mais capable de gagner le cœur des personnes plus ambitieuses et plus curieuses de leur grandeur que de leur réputation; car toutes les hautes Charges et les dignitez plus éminentes eussent esté remplies des plus considérables des nostres. Tant s'en faut que le brillant de ces fausses amorces nous ait peu charmer la veue que nous auons eu horreur des ténèbres de cette perfidie et que nous auons eu plus de compassion pour l'aueuglement du Prince et de haine pour l'ingratitude de cet ennemy couuert qui luy auoit obligation de la vie comme de la durée de son Ministère.

Nous auons ioint à nostre intérest celuy de la maison Royalle et de l'Estat et insisté plus fortement que iamais pour luy faire connoistre le tort qu'il se faisoit, de préférer au party des gens de bien ceux du plus perfide des hommes. Mais si nous l'auons ébranlé, d'autres Puissances et quelques faux respects assez difficiles à vaincre l'ont raffermy; et s'estant inconsidérément laissé surprendre à vne infinité d'artifices que l'on a employez pour luy donner auersion de nous, il a donné dans le piége et a creu que l'on auoit attenté à sa personne. Il est très-certain que cela s'est publié pour véritable longtemps auparauant qu'il y ait voulu adiouster foy et que sa mauuaise fortune a voulu qu'il en ait esté persuadé par des tesmoins que la Cour a produits par vne voye si nouuelle et si inouye qu'il n'y a point d'épithètes ny pour ces Ministres ny pour celuy qui les a corrompus. Les flatteurs que l'on entretenoit auprès de luy, l'ont encore abusé. Ils l'ont eschauffé dans la poursuite de la descouuerte de cette entreprise et luy ont fait faire en public des contenances indignes de son Sang et de la mémoire de ses grandes actions, en le préoccupant des accidents tragiques qui enuironnent les grands hommes et qui se sont rencontrez si ordinairement en sa Maison. Enfin ils l'ont ietté dans la pensée de ce Tyran qui se plaignoit de la misérable condition des Princes dont on ne croit qu'à la mort seulement en matière de coniurations.

Si le mespris dont il nous a traitté, nous a donné suiet de désirer qu'il fust humilié, ce n'estoit point de la sorte ou du moins par le Cardinal Mazarin, qui ne peut estre que mauuais gardien d'vn dépost si cher à l'Estat et qu'il n'est pas permis d'abandonner à la discrétion de l'ennemy commun, mais d'vn ennemy timide et lasche qui ne peut auoir que de mauuaises nuits, des songes terribles et de fascheux réueils, tant qu'il aura dans l'esprit ce qu'vn Pape de sa nation mandoit à vn Roy de Sicile : *vita Caroli mors Conradini*. Nous frémissons d'horreur quand nous voyons le Prince de Condé tout prest d'estre la victime d'vn estranger nourry dans cette pernicieuse maxime, et quand nous le voyons en estat de préférer vne vie infasme à vne vie glorieuse et vn sang venimeux à celuy du plus illustre des Bourbons, et enfin quand nous entrons en comparaison d'vn Prince du sang Royal sorty de nos Maistres et qui peut estre vn iour l'ancestre de nos Roys, auec vn homme condamné par la voix de tous les François et de tout le monde et que nous ne pouuons absoudre sans nous déclarer responsables de la playe dangereuse que nous auons faite à l'Estat pour arracher de ses mains la Couronne du Roy dont il faisoit vn bouclier à sa fortune.

Les déportemens du Prince de Condé ne nous ont pas aliénez de telle sorte que nous ayons iuré sa perte. Nous ne faisons pas tant d'estat de la vie qu'il nous auroit peu faire perdre iniustement, que de nostre honneur qui est la seule chose que nous ayons en nostre pouuoir; et l'on ne nous peut faire de plus sensible iniure que de nous croire d'intelligence auec le Cardinal Mazarin contre luy et mesme de penser que nous soyons ses amis ny les participans de son crédit. Nous ne nous excuserions iamais de nous rendre irréconciliables à vn Prince de nostre nation pour des actions d'imprudence qui n'ont point réussi, et de nous vnir d'intérest et d'amitié auec vn Italien qui nous a entrepris ouuertement avec toutes les forces du Royaume et qui a mis en vsage toutes sortes de trahisons pour nous faire périr dans des prisons ou par des supplices infasmes dont il nous a menacez. Nous ne voulons pas mesmes douter qu'il nous eust perdus si la supposition du prétendu assassinat eust préualu sur nostre innocence [1], et qu'il luy estoit indifférent lequel fust péry le premier, ou du party de ce Prince contre lequel il coniuroit secrètement, ou de celuy du Parlement et des Frondeurs dont il estoit l'ennemy déclaré. Semblable à ce Romain incertain du succez de la guerre d'Auguste et d'Antoine, qui instruisoit diuersement deux perroquets pour le retour glorieux de l'vn ou de l'autre des deux prétendans à l'Empire. Il préparoit publiquement vn foudre pour les Frondeurs prests à succomber,

---

[1] Le prince de Condé avait accusé le duc de Beaufort, le Coadjuteur et le conseiller Broussel d'avoir formé un complot pour l'assassiner. *Causes de récusation contre M. le Premier Président*, etc. [656]. *Requête de MM. le Duc de Beaufort, le Coadiuteur et Broussel à Nos Seigneurs du Parlement* [3479].

et méditoit couuertement ce monument infasme de sa perfidie qui a éclaté le lendemain de la détention du Prince, et tout basty des ruines de ses trophées qu'il a démolis iniurieusement, pour nous faire perdre l'estime de ses conquestes qu'il se prépare d'exposer aux inuasions de l'ennemy pour l'occuper, tandis qu'il poursuiura la ruine de ce Prince infortuné et de toute sa Maison.

Nous déclarons hautement que nous n'auons aucune part en tous ses malheureux desseins et que nous sommes plus prests de nous y opposer que d'y applaudir, puisque ce seroit consentir à la ruine de l'Estat et commettre la fortune de tous les François auec celle de ce mauuais estranger. Nous y sommes d'autant plus obligez que nous voyons que le vulgaire ignorant suit aueuglément les intentions des ennemis du Prince de Condé et qu'il nous donne la gloire d'vne entreprise que les autres ont horreur de s'approprier et dont ils veulent estre en estat de la pouuoir vanger sur nous si leur politique eschouée aux portes de Bellegarde ou de Stenay[1] les oblige à se réconcilier avec luy. Nous ne sommes pas si peu prudens que nous ne sçachions bien que tout s'entreprend au nom de la Fronde et que l'on ose des choses peut-estre impossibles pour la rendre garante de tous les mauuais succez et pour profiter contre elle de tous les auantages qui en pourroient réussir, et enfin que la conduite du Cardinal Mazarin et de ses affidez tend à nous engager de sorte qu'il soit en mesme temps puissant sur la vie du Prince et sur nostre salut.

---

[1] La garnison de Bellegarde avait obtenu de sortir de la place avec armes et bagages; et son commandant, le comte de Montmorency-Boutteville, depuis maréchal de Luxembourg, avait rejoint la duchesse de Longueville à Stenay.

Il a fait semblant de fuir ¹, afin d'auoir suiet, à son retour, s'il est aussi heureux qu'il se promet, de rentrer en triomphe et de nous perdre publiquement en nous accusant de l'auoir poursuiuy; sinon, il nous chargera de l'auoir obligé à des résolutions extrauagantes et se plaindra de n'auoir esté que l'exécuteur de nos conseils; si bien que nostre vie, nostre honneur et nostre réputation seront en sa main et qu'il luy sera mesme facile d'engager contre nous à mesme temps ce mesme peuple qui chante si folement les victoires de la Fronde, et toutes les personnes de qualité qui gémissent et qui pastissent en leur honneur de la prison de Messieurs les Princes et de la honte de l'Estat, demeuré au pouuoir d'vn Ministre ridicule et deuenu enragé dans les embrassemens d'vne fortune qui tarde trop à l'estouffer.

Nous protestons que c'est auec vn extresme regret que nous voyons la légèreté du petit peuple ou des petits esprits de déclamer contre des personnes d'vne condition si recommandable et nous louer d'vn attentat et d'vne intelligence auec le Cardinal Mazarin contre les lois du Royaume et contre les respects que nous deuons au sang Royal, que nous abhorrons par toutes sortes de raisons et qui destruit la plus belle action du règne présent. C'est la Déclaration d'Octobre mil six cens quarante-huit, où nous tenons à si grand honneur d'auoir contribué qu'il n'y a que nos ennemis capitaux qui puissent dire que nous soyons si perdus d'esprit et de sens que de consentir qu'elle soit violée en son plus noble article, et

---

¹ Le cardinal Mazarin n'a quitté le ministère et Paris que le 6 février 1651. Je ne sais donc pas ce que veut dire ici le Coadjuteur, à moins qu'il ne prenne le voyage de Guienne pour une fuite; ce qui, en tout cas, reporterait le pamphlet après le 4 juillet 1650.

que nous ayons prostitué cette sainte Vierge, Patrone et
Protectrice de l'Estat, à son plus grand ennemy et à son
bourreau. N'importe que M. le Prince se soit opposé à
la naissance de cette nouuelle Thémis. C'est vne Déesse
aueugle qui ne considère point les personnes et qui doit
accourir à la voix et aux plaintes de tous les affligez; et
nous exhortons Messieurs du Parlement [1], ses Oracles
et ses membres, d'obéir généreusement aux courageuses
inspirations qu'elle leur redouble à tout moment, d'adiouter à la conseruation de l'Estat celle d'vn Prince qui
en a mérité sa part par tant de playes et de trauaux, et
de deux autres qui ne sont seconds qu'à luy seul de rang
et de seruices et qui n'ont de crime que la plus glorieuse
affinité du Royaume et la qualité qui leur deuroit estre
la plus fauorable.

C'est à cette Cour Auguste d'agir d'authorité et d'acheuer heureusement ce que nous ne pouuons que désirer après nous estre despouillez pour le bien de l'Estat
du cresdit que nos seruices nous auoient donné auprez
du public. Nous la coniurons d'user de sa puissance
qu'elle a recouurée, dans la plus notable occasion qu'elle
puisse iamais rencontrer pour l'employer si glorieusement
pour elle et si vtilement pour l'Estat, que l'on peut dire
qu'estant auiourd'huy l'Arbitre du Royaume elle s'enseuelira dans les ruines dont il est menacé, si elle ne se
fait Iustice malgré quelque ressentiment particulier qui
l'a trop long-temps retenue, et suspendu la ioye que l'on
espéroit de l'accomplissement de la Déclaration violée à
l'égard du Prince, outragée dans toutes les Prouinces

[1] La *Remontrance faite au Roi par M. le premier Président pour la liberté de Messieurs les Princes* [3328] est du 20 janvier 1651 ; mais l'idée en avait été proposée longtemps auparavant.

mais bourrelée dans le Lymosin particulièrement d'vne façon si estrange et par vne prescription si horrible, qu'il n'y a point d'exemples de réuolution que l'on ne doiue appréhender d'vn peuple si cruellement *Foulé* [1].

Le Frondeur désintéressé [1452] [2].

(15 novembre 1650).

. . . .
Quel estrange bouleuersement!
On nous mange diuersement
Par la Guerre et par la Maltoste.
Ce qui nous reste depuis dix ans
Du rauage des Partisans,
Tout d'vn coup la Fronde nous l'oste.

. . . .
Ne soyons plus, amis Frondeurs,
Ny demandeurs, ny deffendeurs.

[1] La Fronde a fait beaucoup de calembours. Ce n'est ici ni le meilleur, ni le plus mauvais. Foulé, maître des requêtes, était intendant du Limousin. On l'accusait de tyrannie et de cruauté dans la levée des tailles. Il y a, sous la date du 18 mars 1650, un *Arrêt de la Cour du parlement de Bordeaux portant cassation de ses iugements, condamnations et ordonnances*, etc. [177]; en 1652 il fut mis en prison par ordre du parlement de Bordeaux: *Relation de ce qui s'est fait et passé en l'emprisonnement du sieur Foulé, Maistre des Requestes*, etc. [3106].

[2] Ce pamphlet est d'Isaac de Laffemas. Il a été l'objet d'une violente polémique. Davenne a publié une *Réponse au* Frondeur désintéressé, etc. [3376] et *la Satyre ou Feu à l'épreuue de l'eau*, etc. [3592]. Du Châtelet est auteur de l'*Apologie pour Malefas*, etc. qui suit [124]. Le *Faux Frondeur conuerti*, etc. [1375]; la *Réponse des vrais Frondeurs*, etc. [3424] et la *Défense pour le* Frondeur désintéressé, etc. [989] sont anonymes. Laffemas a répondu au *Faux Frondeur conuerti* dans une seconde partie du *Frondeur désintéressé* qui ne vaut pas la première.

Renonçons à nos garanties ;
Et démeslons les différens
D'entre les petits et les grans,
Sans nous rendre iamais parties.

N'est ce pas vn enchantement
De chercher du soulagement
Dans le désordre et dans la guerre?
La Fronde désormais ne sert
Qu'à vous faire manger en vert
Tous les biens qui sont sur la terre.

Les pauures qui meurent de faim,
Demandent la paix ou du pain ;
Et ceux qui viuoient de leurs rentes,
Forcez par la nécessité,
Vendent ce qui leur est resté,
Et ne viuent que de leurs ventes.

. . . .
Ces gens qui faisoient les tribuns,
Ces pères du peuple importuns,
Ont bien engendré des misères.
Iamais les enfans de Paris
Ne se virent si mal nourris
Que lorsqu'ils eurent tant de pères.

Les soins de ces réformateurs
Qui veulent estre vos tuteurs,
Ne sont point du tout supportables.
Sortons de cet aueuglement ;
Car pour vn faux soulagement
Nous souffrons des maux véritables.

Grand Roy, des Roys le plus humain,
Le remède est en vostre main.

Il est digne de vos pensées.
Vous pouuez sans bruit, sans esclat
Terminer les maux de l'Estat
Par l'oubli des choses passées.

Réconciliez ces esprits
Qu'vn zèle indiscret a surpris.
Bannissez loin d'eux le diuorce.
La douceur fait par ses appas
Ce que la rigueur ne fait pas;
Et l'amour entraisne la force.

Frondeurs autrefois si puissans,
Ie vous voy desià languissans.
Vostre Fronde à demy destruite
Vous fait cognoistre que le fruit
Que vostre grand zèle a produit,
A bien trompé vostre conduite.

Il est permis de souhaiter
Vn règne doux à supporter;
Mais tel qu'il est, il le faut prendre;
Et s'il faut vn tempérament
A l'absolu gouuernement,
C'est de Dieu qu'il le faut attendre.

Que s'il arriue quelquefois
Que des Ministres de nos Roys
Le gouuernement soit trop rude,
Lorsqu'ils en seront recherchez,
Recherchons en nous les péchez
Qui causent cette seruitude.

Il est bien vray que les impos
Qui nous consommoient iusqu'aux os,

Les Tailles et la Subsistance,
L'Emprunt des maisons, les Toisez,
Les Estapes et les Aisez,
Ont déuoré nostre substance.

Mais le remêde à nos trauaux
Est plus violent que nos maux ;
Et cette frondeuse vermine
Qui deffendoit nos bastions,
Nous couste douze millions,
Sans la guerre et sans la famine.

Ces gens que nous auons armez,
Pires que des loups affamez,
Ont enchéri sur les pillages
De ces sergens irréguliers,
Mangeurs de peuple, Fuziliers,
Qui désertoient tous les villages.

Calculons les frais des conuois.
Que nous ont fait durant trois mois
Les soldats des Portes Cochères ;
Nous trouuerons que les Flamans,
Les Lorrains ni les Allemans
N'ont point eu de troupes si chères.
. . . .
Souuenez vous, amis Frondeurs,
Que ces mutins et ces grondeurs
Qui vouloient forcer vos suffrages,
Lorsqu'on trauailloit à la paix,
Vous assiégeoient dans le Palais
Et vous estouffoient aux passages.

Que ce douloureux souuenir
Vous détache pour l'aduenir

De cette iniuste populace
Qui, n'aymant au gouuernement
Que la nouueauté seulement,
Des meilleures choses se lasse.

Fuyez donc ces séditieux,
Ces mutins et ces factieux.
Laissez la Fronde à ces canailles;
Et pour esuiter tant de maux,
N'enfermez pas vos généraux
Vne autre fois dans vos murailles.

Pour vous dont les pieux desseins
Vous font réuérer comme des saints[1],
Ie n'entends pas bien vos mystères;
Mais sans pénétrer dans le fons,
Si les motifs en estoient bons,
Les effects estoient bien contraires.

Ie n'ose appeler attentat
Vostre grand zèle pour l'Estat.
Voulant nous tirer de souffrance,
Vous ne iugiez pas que ce vœu
Pourroit vn iour mettre le feu
Dans les quatre coins de la France.

. . . .

Nous respectons votre support;
Mais puisque vous estes au port
Où toutes les grâces arriuent,
Permettez nous de prier Dieu
Que ce port ne soit pas le lieu
D'où nos calamitez dériuent.

---

[1] Les jansénistes. On sait que leur chef, le duc de Luynes, commandait un régiment de l'armée parlementaire.

Que nous puissions voir désormais
Régner la Iustice et la Paix;
Que ces deux Grâces s'entrebaisent;
Et que, suiuant d'vn cœur loyal
La voix du Prophète Royal,
Toutes ces tempestes s'appaisent.

Qu'à l'aduenir mieux aduisez
Nous ne soyons plus diuisez;
Mais que, chassant de bonne sorte
Ce monstre de diuision,
L'Estat et la Religion
Pour iamais lui ferment la porte.

Que Dieu nous fasse moissonner
La Paix que lui seul peut donner,
Et qu'il la rappelle en ce monde;
Que pour comble de nos souhaits,
Nous puissions trouuer cette paix
Dedans le tombeau de la Fronde.

Qu'enfin cette sainte vnion
Bannisse la confusion
Qui fait les discordes ciuiles;
Que Paris soit comme autrefois
La bonne ville de nos Rois
Et la reine des bonnes villes.

Apologie pour Malefas [124].

(15 novembre 1650.)

Escoute, Malefas; il faut que ie te die
Que tu nous dois la farce après la Comédie,
Et que cette iument du coup qu'elle a tiré,
Vengera le cheual du Baron de Ciré,
Ce grand cheual de Mars qui donna tant de ioye
Aux peuples assemblez dans les places de Troye,
Et qui fut aux limons d'un sale tombereau
Pour conduire au marché la fiente et le bourreau.
Le sort encore vn coup te rappelle au Théâtre.
Ton visage blanchi de farine ou de plastre
Fera rire bientost le noble et le bourgeois.
Tes sangles, ton béguin et ta dague de bois,
Tes deux pouces passez dans ta double ceinture
Donneront du plaisir à toute la nature.
Que l'on trouuera bon de voir ton demi froc
Couuert d'vn bonnet rouge et de plumes de coq,
De voir ton corps de caute et ta fesse embourrée
Danser la Bergamasque et la vieille bourrée!
Tu seras la nourrice ou l'enfant au maillot.
Tu seras compagnon de ce braue Guillot;
Et ta voix ridicule auec ta grosse trogne
Fera doubler le prix à l'Hostel de Bourgogne.
Les desseins de Hardy, de Beys ou de Pichou
Ne peuuent près du tien valoir vn tronc de chou.
Le meilleur brodequin d'Aignan ou de La Porte
N'estoit qu'vne sauate; et leur muse estoit morte.

---

[1] Malefas est Isaac de Laffemas, l'auteur du *Frondeur désintéressé* qui précède. L'*Apologie* a été composée par Paul Hay, marquis du Châtelet.

Il n'est rien de pareil à tes doctes chansons.
Ie regrette desià le temps que nous passons
Priué de la douceur que nous promet la Scène
Quand ta muse voudra se redonner la peine
De te feindre amoureux de la vieille Alizon.
Qu'il t'en reste le mal ou bien la guérison,
Que tu passes pour laid ou bien pour agréable,
Tu nous seras tousiours également aymable.
Que tu fasses le ieune ou le vieillard tremblant,
On ne verra plus rien qui vaille Beausemblant[1].
Retirez vous d'icy, Fracasse et Belleroze;
Allez porter ailleurs vos vers et vostre proze.
Emmenez Turlupin et tous les Iodelets.
Vous n'aurez plus d'argent que des moindres valets.
Vous n'aurez plus besoin de parterres ou de loges.
Malefas ne va point Commissaire à Limoges.
Puisqu'vn si bon acteur se remet au mestier,
Il vauldra, luy tout seul, et Guillaume et Gaultier.
Ce n'est pas que iamais il ait quitté la farce.

. . . .

Quand le falot monta dessus les Fleurs de Lys,
Tantost il fust Roland et tantost Brandelys.
Il n'est iamais sans masque; et son humeur bouffonne
Contrefait aussi bien Momus que Tisiphone.
Dehors il est hautain, séuère et glorieux.
La morgue en est tragique et le front furieux.
Il remplit l'vniuers d'eschaffauts et de roues.
Son plaisir est d'abattre et de voir dans les boues
Tout ce que le destin a fait de plus puissant.
Le sacre est bien appris à voler l'innocent.
Le sang est son ragoust; et les yeux pleins de larmes
Pour d'autres que pour luy n'ont iamais eu de charmes.

[1] Beausemblant est la terre où Laffemas naquit en Dauphiné. Ses ennemis prétendaient qu'il avait joué sous ce nom à l'hôtel de Bourgogne.

Il a pris sa naissance au dommage public;
Et de tout ce qu'il voit, il est le Basilic.
O dieux! quel passe temps quand ce fou sanguinaire
Fait vn valet bourreau, l'autre questionnaire!
Qu'il dit en les parant de cet illustre employ :
« Nous serons compagnons; nous seruirons le Roy.
La moisson sera bonne; et i'ay sur mes tablettes
Pour vous faire gagner plus gros d'or que vous n'estes.
Mais gardez vous aussi qu'au lieu de bien agir,
Vostre incapacité ne me fasse rougir.
I'en voy de si lourdaux que l'on iroit à Rome
Tandis que ces coquins sont à me pendre vn homme.
L'autre se prend si mal à faire entrer les coins,
Que pour faire vn procès, il faut mille tesmoins;
Et faute d'vn bon mot, vn pauure commissaire
Ne pourra nettement acheuer vne affaire.
Or à n'en point mentir, ie sçay que ie l'entends
Mieux que les Lugolis et mieux que les Tristans;
Et sans que mon argent courust aucune risque,
Ie pourrois à tous deux leur donner quinze et bisque.
Le Roy m'a fait l'honneur de le dire en bon lieu;
Et ie sçay mon mestier par la grâce de Dieu.
Deuant moy les muets disent tout ce qu'ils sauent;
Et les plus innocens à grand peine se lauent.
Ie fais dire en vn iour plus qu'vn autre en vn mois;
Et ie ferois parler vne pièce de bois.
La farine et le son, tout passe quand ie blutte;
Et si ie veux trouuer de l'ordure à la fluste,
Addresse ny vertu ne m'en peut empescher.
Mes ruses tireroient de l'huile d'vn rocher.
Mais bien qu'en ce bel art mon industrie excelle,
On ne peut pas tousiours se rompre la ceruelle,
Et suer iusqu'au sang pour faire discourir
Vn meschant obstiné qui ne veut point mourir,
Et qui faisant le sainct à deux doigts du supplice,

Ne voudra réuéler ny crime ny complice,
Affin qu'vn peuple sot mette en pièces mon nom
Sous ombre qu'vn pendard aura tousiours dit non.
C'est alors que vos soins me doiuent de l'escorte
Et peuuent soulager vn homme de ma sorte.
Vn aiz, vn trait de corde, vn poids mis à propos
Me vaudroient quelquefois six heures de repos,
Et feront sur-le-champ treuuer le don des langues
A tel qui seroit sourd à toutes mes harangues.
Ha que ie suis troublé! que mes sens sont esmus
En me représentant combien ie fus camus
Quand pour ne sçauoir pas estendre la courroye,
Vn Richard se sauua de la fausse monnoye;
Et que pour me fier à l'ouurage d'autruy,
Nous ne pusmes iamais faire parler de luy!
Ie fis bien mes efforts sur cette âme ferrée
Qui iamais ne voulust me la mettre en curée;
Mais ie deuois moy mesme adiuster les ressorts,
Et pour tenter l'esprit, taster si bien le corps
Que i'apperceusse au moins qu'il gagnast son auoine
Et que l'on l'entendist du petit sainct Anthoine.
Dieux que i'eusse fermé d'vn merueilleux blocus
Le Palais enchanté de ce père aux escus!
Que i'eusse plumé l'oye et qu'il eust eu de peine
A sauuer ses moutons qui portent de grand' laine!
Ne songeons plus pourtant à ce maudit voleur
Contre qui mon addresse a ioué de malheur;
Et songeons seulement à vous rendre capables
De mettre à mesme point innocens et coupables.
Iamais homme entendu ne sera satisfait
Quand vous ne ferez rien que ce que chacun fait;
Et pour tirer vn mot d'vn qui veut bien le dire,
Ie prendrois à regret le soin de vous instruire.
Aprenez donc tous deux à faire de tels coups
Qu'aux grandes actions on ait besoin de vous.

Ie sçay qu'on n'estoit point quand on commença d'estre,
Et que du premier coup l'apprentif n'est pas maistre;
Mais sachez que ma main vous peut rendre excellens
Et vous faire en vn iour aussi bien qu'en mille ans.
Ne manquez à me voir ni Dimanche ni Feste
Quand ie ne feray pas de capture ou d'enqueste.
Il ne me faudra pas douze ou quinze leçons
Pour vous en enseigner de toutes les façons.
Si iamais vostre esprit est capable d'entendre,
En huict iours de loisir ie vous feray comprendre
La beurrière, les poids, la corde, le bandeau,
Le feu, les brodequins, le cheualet et l'eau.
Faisant de mon costé, faites aussi du vostre.
Ne vous quittez iamais. Exercez vous l'vn l'autre.
Et lorsque vous verrez que ie vous estandray
Sur l'ais, sur les tretteaux, sur la croix Saint-André,
Et qu'il ne sera point de morts ni de torture
De quoy ie ne vous donne vne ample tablature,
Soyez à m'obseruer actifs et diligens.
Aymez vostre mestier comme d'honnestes gens;
Et que vous puissiez dire en semblable mistère :
« C'est ainsi que Monsieur nous a dit qu'il faut faire. »
Rendez vous seulement dignes de ce bonheur;
Vous serez bien venu chez tous les gens d'honneur.
Et ie me voudrois mal si dans tout le Royaume
Quelqu'vn vous prisoit moins que Maistre Iean Guillaume[1].
N'en desplaise à Messieurs de ce beau Parlement
Dont les Arrests boiteux marchent si lentement
Que pour exécuter ce qui sort de leur cage,
Ils ne mériteroient qu'vn bourreau de village,
Et non pas ce héros de qui les bras pendans
Ne sont presque employez qu'à luy curer les dens.

[1] Le bourreau.

Pardieu, ie suis honteux de voir comme l'on frustre
De son droit légitime vne personne illustre
Qui dans les derniers temps mouroit de faim sans moy.
Cela rebute fort de bien seruir le Roy.
On n'en sçauroit auoir de prétextes plus amples;
Et ie me mets en quatre après de tels exemples.
Mais quoy? C'est que i'espère et que ie croy qu'vn iour
Les hommes de vertu régneront à leur tour,
Et qu'ayant bonne main à chercher playe et bosse,
Le plus gueux de nous trois aura double carrosse.
Alors, chers compagnons, tous vestus de velours,
Nous pendrons, nous rouerons cent hommes tous les iours.
Nous ferons renuerser toutes les loix de Rome.
Vn tesmoin suffira pour condamner vn homme. »
 Par ce graue discours, l'excrément du Palais
Se met en bonne odeur auprès de ses valets,
Tandis que le badaud se presse à voir la moue
D'vn que ce bon Chrestien fait damner sur la roue.
La potence a blessé l'esprit de ce vautour,
Et n'en guérira point s'il n'y perche à son tour.
Là tendent ses désirs; et quoy qu'il en marmotte,
Le malheureux qu'il est, n'a point d'autre marotte.
Quand vne heure de nuict luy ferme la prison,
Que le gibet garny le chasse à la maison,
Il fait venir à luy les enfans de la matte.
Le bourreau réparé d'vn habit d'escarlate
Que le roigneur laissa, mourant au carrefour,
Vient pour luy rendre compte et luy faire la cour.
L'espion, le tesmoin, le vendeur de complices
Et les donneurs d'aduis font toutes ses délices.
C'est là qu'enuironné de ce peuple inhumain,
Il met iacquette bas, et le verre à la main,
Entonne à haute voix vne chanson pour boire.
C'est là qu'en bégayant il rime quelque histoire
De ceux que son addresse a mis dans les hazards.

Il chante les frayeurs du cheualier de Iars [1],
Et iure à ses amis par le vin qu'il leur donne,
Que iamais son aduis n'eslargira personne.
Quand l'Hippocras l'a mis dessus ses grands cheuaux,
Il dit qu'il a fait pendre et Ducs et Mareschaux,
Qu'il ne pardonne à rien, que quelque temps qui vienne,
Il faudra tousiours bien que son art se maintienne,
Que les meilleurs François ne seront point contens
Que le bonheur public n'ait amené le temps
Où le sort fera voir au peuple misérable
Malefas chancelier, Hautdessens Connestable.
Il leur dit : « Si iamais ie viens à ce crédit,
I'anobliray vostre ordre; et par vn bel Edit
Ie purgeray bientost vos charges d'infamie,
Sçachant ce que l'on doit à vostre prudhommie.
Vous serez anoblis; et sans payer le sceau
Et tous les petits droits d'vn partisan nouueau,
Vous aurez sans finance et gages et salaires.
I'aboliray la loy du ban et des galères,
Et celle qui vouloit qu'on eust à tout le moins,
Pour faire pendre vn homme, vn couple de tesmoins.
Ie rempliray l'Estat de causes criminelles.
En chasque Parlement ie feray trois Tournelles.
Vous aurez la paulette et la beuuette aussi
Qui boira tout le vin de Beaune et d'Irancy.
Ce qui vient de Bayonne ou de Troye et de Vanure,
Sera le desieusner des officiers du Chanure. »
Il en embrasse l'vn; il baise l'autre au front.
Il leur demande : « Hé! bien m'a-t-on fait vn affront?
I'ay parlé, ce matin, comme eust fait Martillière.
Montauban [2] a iazé comme vne chambrière. »

[1] Le Chevalier, depuis commandeur de Jars, avait été compris dans le procès de Cinq-Mars.
[2] Montauban et Martillière, avocats célèbres au parlement de Paris.

Puis il boit dans leur verre; ils boiuent dans le sien.
Et puis chacun s'en va quand il se porte bien;
Sinon que ces Messieurs trop chargez de vendange
Se gistent quelquefois dans la première fange,
Quand ce noble troupeau s'eschauffe de santez,
Que leurs foibles esprits par la vigne enchantez
Oublient à la fin toute la différence
D'entre les Conseillers et les marauts de France.
Bacchus égale tout; et cet amy des Dieux
Mespriseroit vn Roy s'il ne beuuoit le mieux.
Dans les charmes plaisans de cette phrénésie,
Chacun d'eux fait et dit selon sa phantaisie.
La liberté rendue à leur profession
Fait voir le naturel de chaque passion.
Ils se prennent l'vn l'autre; ils s'entreueulent pendre.
L'vn se laisse lier; l'autre se veut deffendre.
L'vn croit estre le moine et l'autre le pendard.
Malefas couronné d'vne coine de lard
Tantost pense estre iuge et tantost Gros Guillaume[1];
Tantost il pense voir quelqu'horrible phantosme
D'vn homme que sa voix fait manger aux corbeaux,
Et hurle comme vn fou qui sous de vieux tombeaux
Du desmon ou du loup se croit estre l'image.
Quelque frayeur qu'il ait, il mord dans le fromage;
Il serre d'vne main son ample gobelet;
La vision dans l'autre a mis vn chapelet;
Et tout d'vn mesme temps cet insensé bourdonne
Vne farce, vn arrest, vn que Dieu me pardonne!
A la fin le sommeil les vient mettre d'accord.
L'vn se croit condamné; l'autre pense estre mort.
Et le maistre au matin sans colet et sans fraize
Se treuue entre les bras du bourreau qui le baise.

---

[1] Tallemant des Beaux dit que Laffemas jouait agréablement en société le personnage de Gros-Guillaume.

Il s'esueille en sursaut; et quand il est leué,
Il apporte au conseil tout ce qu'il a resué.
Plein de mesme fureur, cet yurogne déclame
Tout ce que peut vomir la gueule d'vn infâme.
Il tonne; il mord; il gronde; il menace; et pourtant
Il en a fait brancher qui n'en disoient pas tant.
Iamais il n'a fait voir qu'il ait eu la puissance
De dire son aduis pour aider l'innocence.
A ses yeux tout est crime et tout digne de mort.
Le suiet de rigueur est tousiours le plus fort.
Il pend d'vn mesme coup le iuste et le coupable.
Et si la cruauté du sort impitoiable
Eust commis d'autres gens aussi fascheux que luy,
Paris, vous n'auriez plus d'habitans auiourd'huy.
Il sait sonder la peur de celuy que l'on traine
Deuant son tribunal pour endurer la gesne,
Promet de le sauuer s'il daigne seulement
Accuser quelque riche au milieu du tourment.
Il déuore en esprit son argent et ses rentes.
Il adiouste aussitost des preuues apparentes.
L'espérance du bien flatte cet imposteur.
Vn mesme iour le voit et iuge et délateur.
Il marche; il trotte; il court; il inuente; il suppose;
Il forge à tous momens quelque nouuelle chose
Et veut que nous croyons, tant ce badin est fat,
Que l'ordure qu'il fait, a releué l'Estat.
Escoute encore vn mot : la torche, la potence
Vengeront tout le mal qu'a fait ton impudence.

Le Temple de la déesse Bourbonie [3759][1].

(20 janvier 1651.)

Madame,

Depuis que le Ciel consentit à vostre liberté pour fauoriser celle de nos Princes, et que cette prouince d'Argonne fut esclairée du flambeau de vos rares vertus, Vostre Altesse n'a cessé de nous faire naistre de iour en iour des suiets d'admirer vos Actions, toutes esclatantes d'vn nouueau lustre des vertus qui estoient enueloppées et cachées sous le voile de sa modestie naturelle, et qui se descouurent tousiours d'auantage à mesure que l'occasion se présente de rechercher et pratiquer les moyens nécessaires pour la liberté de nos Princes. Ie sçay très-bien, Madame, que toutes les belles vertus qui esclattent en vous, seront plutost ternies qu'illustrées par le vain effort de mon discours, qui est incapable de fournir des paroles releuées à l'égal de leur mérite; mais il m'est impossible de cacher à V. A. que tout le monde ne remarque rien dans son admirable conduitte qui ne soit au dessus de vostre sexe, puis qu'en toutes les expéditions de guerre vous agissez comme vn Alexandre ou vn César, tant pour les choses qui regardent les armées, que celles qui concernent les fortifications et restablissement des places frontières. Cette réparation de Villefranche,

---

[1] Cette pièce et l'*Apothéose de Mme la Duchesse de Longueuille* qui suit, sont assurément des plus originales. Il n'y a pas dans toute la Fronde un autre exemple d'imaginations pareilles. On y trouve d'ailleurs beaucoup de noms des principaux personnages du parti des princes.

MADAME, est encore vn effet de vostre brillante lumière d'esprit qui fait honte aux personnes les plus consommées dans l'aage et dans la cognoissance des choses les plus difficiles. Ce fut en 1545 que cette place fut bastie par François premier et nommée Villefranche pour les franchises, libertez et beaux priuilèges dont ce Monarque la décora. Mais comme les villes les plus fortes et les plus florissantes ne sont pas tousiours les plus asseurées, qu'il n'y a point de iour sans nuit ny de commencement sans fin, Louys treiziesme, de très-auguste mémoire, la fit desmolir l'an 1634. Et V. A., portée d'vn iuste et passionné désir de la liberté de deux frères et d'vn mary, trois Princes d'inestimable vertu, l'a restablie en l'année dernière 1650, année de réuolution, de liberté et de Iubilé; et dans huit iours de temps, par les soins et par les vigilances ordinaires de Monsieur de Varenne [1], cette place se trouue en deffense et en estat de receuoir V. A. Vous sçauez, MADAME, qu'ordinairement les villes et les forteresses portent le nom de leurs fondateurs, et qu'à ce suiet les Poëtes nous représentent le grand débat d'entre Minerue et Neptune pour le nom de la grande ville d'Athènes. Ce dieu Marin prétendoit luy donner son nom pour auoir, par ses grandes armées naualles, puissamment contribué à l'édification et accroissement d'vne ville si superbe; et la Déesse soustenoit qu'à cause de la Prudence et du Conseil qui donnent le succez aux armes, elle deuoit porter le nom de Minerue. C'est ce qui donna lieu à l'opinion de Platon, qui vouloit mettre les sceptres entre les mains des Philosophes; opinion pourtant assez mal

---

[1] Il servit dans toutes les campagnes de Turenne en qualité de lieutenant général.

receue en ce temps, puisque la Philosophie et tous les
discours les plus doctes que produisent les Sciences, sont
[de] foibles pilotis pour l'establissement d'vne haute entreprise s'ils ne sont secondez du bras de Mars. Mais en
ce rencontre, MADAME, puisque V. A. renferme en elle
et les forces de Neptune et la prudence de Minerue, et
que c'est par ses forces et par son industrie que Villefranche trouue auiourd'huy son restablissement et sa renaissance dans ses ruines, il me semble que le droict
et la raison veulent que d'oresnauant cette place tienne
lieu d'vn Temple dédié à vostre Générosité et à vostre
Sagesse. Et comme vn monument si prétieux doit estre
exactement gardé et deffendu contre les violences et les
surprises des ennemys, les clefs et la garde de ce Temple
se rencontrent heureusement desposées et confiées à la
valeur de Monsieur le Marquis de la Moussaie, qui en est
le Polémique Agaton souuerain Pontife, qui ne manquera pas ny de bonté pour régir ses habitans, ny de
générosité pour les défendre, et qui sans doute par vn
excez de piété qui est inséparablement attaché à la grauité
de cette Pontificature, s'efforcera de ne donner moins
d'esclat à vostre superbe Temple qu'il ne reçoit de luy de
lustre et d'honneur par vne charge si éminente. Et d'autant que par les Antiquitez de cette prouince, i'apprends
que la ville de Stenay tire son nom et son origine du
dieu Saturne, père de Iuppiter, Marseille du dieu Mars,
Luxembourg du Soleil, Arlon de la Lune, Dun de la
Déesse Dyane, la niche de laquelle ie vois encore auiour-
d'huy dans les ruines de sa superbe Tour, à l'exemple de
cette vénérable Antiquité, i'appelleray hardiment et nom-
meray ce Temple *Templum Deæ Borboniæ*, Temple de
la Déesse Borbonie, dans lequel, de l'aduis et par les

suffrages du Sénat Aréologue, Madamoiselle de Verpillier, vrayment Vertupillier, a mérité par ses rares vertus d'estre l'*Égérie Longueuillienne;* Madamoiselle de la Châtre la *Phrixine Auellide, Prestresse Vaticiniatrice;* et Madamoiselle de Chamilly, qui depuis quelques années embellit les bords de la Meuse, en sera la *Nayade Mosaïque.* Et pour la garde de la prétieuse personne de V. A., nous vous donnons Madamoiselle de Fermelis, digne Amazone *Leucociantine.* Mesdamoiselles Margueritte et Marie Bastiers seront les sœurs *Oblates.* Mesdames les Comtesses de Chamilly et de Chimereau (Chemerault) paroistront dans le culte de vostre diuinité, l'vne l'*Heronade Glocophile* et l'autre *Learine Vernique printanière.* Quant à la mignonne Madamoiselle de Gofecourt, elle remplira dignement et deslicatement la vocation de la *Nappé Eleutherine.* Et parce que ce iour est particulièrement destiné et consacré à la dédicace de ce Temple, i'en laisse les appareils et les cérémonies à Monsieur de Varenne *Fécial poyo Tetragonique.* La confection de l'Hymne est deue à la veine hétéroclyte de Monsieur Sarrazin [1] *hymnifique Tympanisateur Lyrique;* la charge des vœux et des prières publiques pour la liberté de nos Princes, au zèle sacrosainct de Monsieur de Sainct-Romain [2], en qualité de *Hyeronphoroprosefcandre.* Pouuoit-on confier en meilleures mains la Préfecture des *Argyraspides* auxiliaires qu'en celles

---

[1] Jean-François Sarrazin, secrétaire des commandements du prince de Conty. Il a composé plusieurs pamphlets et notamment le *Coq à l'asne*, etc., et la *Lettre d'vn Marguillier*, etc., qui font partie de ce recueil.

[2] L'abbé de Saint-Romain fut résident du roi en Allemagne et chargé d'une importante négociation en Portugal au printemps de 1666. Il était, à l'époque de la Fronde, attaché au prince de Condé.

de Monsieur *Behr?* Que ne dirons-nous pas de la présidence des Aspersions Lustrales que les *Aréologues* donnent à Monsieur de Chamilly [1]? O, MADAME, que Monsieur de la Pérère [2], honoré de l'office de *Flamen borbonial*, croniquera subtilement les antiquitez de ce Temple! Ie vois desià Monsieur Corber, encore tout esclatant du prix de la course de la bague disputée auec Monsieur le Comte de Chamilly (qui, sans son absence, seroit l'*Hyprodromique Iliac* sacré), s'enfoncer avec plus de vitesse dans les forests de Dyane, pour y prendre les victimes qui deuront estre immolées à la Déesse Bourbonie, bien heureuses de perdre la vie au pied de vos autels, et encore heureuses de ce qu'elles auront Monsieur de Rochefau pour *Stephanateur* et Monsieur de Sainct-Mars [3] pour *Sacrificateur*. Mais, MADAME, où eussions-nous peu rencontrer vne personne capable de remplir la charge de Brilardin, Flammifer, Phosphorin de ce Temple esclatant, si Monsieur le cheualier de Grammont [4] ne fust arriué heureusement pour occuper cette place, avec la pompe rayonnante de ses vestemens recamez, et Monsieur de la Roque celle de *Phenicoptaire?* La capacité scientifique et la melliflue faconde de Monsieur de Montigny nous ont obligez de luy distribuer la dignité de *Concionnateur;* comme les mérites emphatiques de Monsieur de Maressar à l'eslire pour *Prestre*

---

[1] Il devint lieutenant général et se rendit célèbre par le siége qu'il soutint dans la ville de Grave en 1674.

[2] Isaac de la Peyrère, l'auteur des *Préadamites*. Il a écrit la *Bataille de Lens* [577].

[3] Gentilhomme de la chambre du prince de Condé. Il était de ce fameux escadron de seigneurs et gentilshommes qui suivait partout le prince dans le combat du faubourg Saint-Antoine.

[4] Celui dont Hamilton a écrit les *Mémoires*.

fatidique rendant les oracles. Nous croyons, Madame, que V. A. approuuera le choix que nous auons fait de l'industrieuse personne de Monsieur du Faye pour estre le décorateur des *Pegmates* et *Othomates hyérogli-fiques* de vostre Temple, dans lequel, Madame, Monsieur de Vallignie sera l'*Anathématisateur* de la Gent Rubiconde, et Monsieur de Cheuigny [1] l'*Aueruncateur Malominiaire*. Que ferons-nous, Madame, de vostre Guygnard [2]? Qu'en ferons-nous? Ce que nous en ferons? Nous en ferons vostre *Turibulaire*. Personne ne peut disputer à l'adresse confite en grâce et parfumée de bon air de Monsieur de Villars [3] la prérogatiue de *Salien Lupercal* dans les salutations et *Pyriques* et *Lydiennes*. Les soins et les diligences de Monsieur Melon méritent bien, Madame, qu'il soit vostre petit *Editus*, et Monsieur Dosnay le *Roistelet sacrificule*. Mais pourquoy tardons-nous tant, Madame, à vous présenter le gentil Monsieur de Gofecour pour le *Sotoryographe* des Pancartes, et à régaler V. A. des fruits du Iardin mystique d'vn Temple si magnifique? Nous auons commis à cet effet Monsieur de Sainct-Martin, collecteur des *Mandragores Sibiliennes*, et Monsieur de Toully, *Puriste des Tymiames*. Et afin de préuenir les incursions hostiles et vous garantir de la sagette volante et du démon Incarnadin, nous auons constitué Monsieur de Bernon *Hypotoxète* de l'équestre garde, et Monsieur Douglas le *Stratego Caledonien* de la garde pédestre. Et pour ne

---

[1] Il est nommé parmi les combattants du faubourg Saint-Antoine. Il figurait, avec Saint-Mars, dans l'escadron du prince de Condé.

[2] Dans l'*Apothéose de Mme de Longueuille*, il est appelé Monguygnard.

[3] Encore un combattant du faubourg Saint-Antoine. C'est le marquis de Villars qui, dans le mois de juillet 1652, porta au duc de Beaufort l'appel du duc de Nemours. Il est d'ailleurs assez connu.

point attiédir Vostre Altesse par le prolixe récit de toutes les raisons qui nous ont portez à distribuer les autres petites charges, nous vous dirons laconiquement que Monsieur Dauid est l'*Eruscateur des Agappes;* Monsieur de la Bergerie, curateur des Offrandes; Monsieur de Bonne Garde l'*Architriclin;* Monsieur le Roy *Lambubage Balatron*, et Monsieur de Gouruille [1] le *Préconisateur* des merueilles de ce Temple sur les riues *Sequanoises, Lygeriques, Dordonniques, Garonniques* et *Gyrondiques;* et Sommerance [2], MADAME, quoy que subiet indigne, a esté choisi par le Sénat Aréologue pour vous en apostropher en syncopant le Paranymphe; et les peuples et les soldats feront les cris et les acclamations publiques, par le moyen desquelles l'air retentira de la ioye et de l'allégresse que leur causent le restablissement de leur ville et vostre heureuse arrivée en ce lieu, qui infailliblement leur sera tousiours fauorable, lorsque par des effets d'vne obéyssance et d'vne fidélité parfaite ils feront cognoistre à Vostre Altesse qu'ils sont ses très-humbles et très-fidelles seruiteurs.

[1] Jean Hérault, sieur de Gourville, l'auteur des *Mémoires.*

[2] Sommerance est-il l'auteur de cette pièce singulière? Je n'y vois pas de difficulté. N. de Sommerance était lieutenant général civil et criminel de Stenay. Il y a de lui une *Harangue faite à Mme la Duchesse de Longueuille sur la liberté des princes....* etc. [1568], sur le titre de laquelle il a pris le titre de député des Trois-Estats de la prouince d'Argonne.

*Apothéose de Mme la duchesse de Longueuille,
Princesse du Sang* [135][1].

(20 février 1651.)

Madame,

Plus grands et plus périlleux sont les obstacles qu'il conuient de surmonter pour l'exécution d'vn généreux dessein, plus riches et plus exquises paroissent les couronnes dues à la générosité de ceux qui en font l'entreprise. Cette vérité est si entière qu'elle est soustenue par vne infinité d'exemples de ces grands Héros de l'Antiquité, qui par la seule gloire de leurs hautes actions ont donné matière d'admiration à toute la terre, et rendu leurs noms immortels; entre lesquels le généreux Iason, Roy de Tessalie, et ces illustres Argonautes, l'eslite et la fleur de la Grèce, se sont tellement signalez par cette fameuse conqueste de la Toison d'or de Phryxe, qu'elle a esté l'Archétype et le modelle sur lequel Philippe, ce grand Duc de Bourgogne, forma ses hautes actions et luy donna subiet de porter au col la Toison d'or, dont il en institua l'ordre, que l'Espagne tient encor auiourd'huy de luy comme héritière de sa vertu aussi bien que de ses Estats. Cette conqueste, Madame, fut faite dans l'Isle de Colchos l'an 3000 de la création du monde et semble n'auoir esté que l'ombre et la figure de celle qui s'est faite le 13 Feburier 1651 aux yeux de toute la Chrestienté dans l'Isle

---

[1] Les princes avaient recouvré leur liberté. C'est donc par erreur que j'ai inscrit cette pièce sous le date du 20 janvier 1651, dans la *Liste chronologique des Mazarinades*. Il faut la reporter au 20 février.

de Limicaritos[1], Conqueste non pas d'vne Toison d'or ny d'vne matière chymérique et inanimée, mais de la liberté précieuse de prix inestimable de trois Princes du Sang de France, l'appuy et le support de l'Estat, d'vn Héros du Sang de Sainct Louis, qui par ses hauts faits d'armes a r'affermy et r'asseuré la Monarchie Françoise, chancellante et esbranlée par l'éclypse de son Roy, et mérité le tittre du plus grand Capitaine de l'Europe et du plus redoutable défenseur de la Couronne. L'histoire ou plustost la Fable marque que la Toison d'or estoit gardée dans l'Isle de Colchos par des Taureaux vomissant le feu et les flammes et par vn Dragon espouuantable, qui sacrifioit à sa colère et à sa rage tous ceux qui s'en approchoient. Et la vérité nous a fait voir que nos Princes, l'obiet de la rage du Cardinal Mazarin et à présent celuy de nostre allégresse, estoient gardez dans l'Isle de Limicaritos par vn Serpent qui ne les auoit cy-deuant embrassé que pour les estouffer, par vn Cocodrille qui ne les auoit flatté que pour les déuorer, qui pourtant ingénieux à sa ruine, poussé et emporté par le mouuement d'vne passion indiscrette et d'vne insolence sans seconde, auoit mis dans les fers et sous les barres l'inuincible Atlàs de la Monarchie Françoise. Pour paruenir à la conqueste de cette insigne Toison d'or, les poëtes ont feint que la Déesse Pallas auoit esté l'autrice de la grande Nef Argo dans laquelle Iason et ses illustres Conquérans s'embarquèrent pour le voyage de Colchos, dont on dit qu'Argus fut l'ouurier. Il y en a d'autres qui asseurent qu'elle tira son nom, non pas de cet Argus, mais du mot Grec *Argos*, qui signifie léger, à cause de la vitesse et

---

[1] Limicaritos, mot grec qui signifie Havre de Grâce.
N. D. T.

légèreté de ce long et grand vaisseau construit de chesnes d'vne excessiue longueur et d'vne qualité plus légère que les autres bois de cette mesme espèce; ce qui nous donne suiet de croire (nonobstant ce qu'en dit l'antiquité, que le mont Pélyon en a fourni le bois) que ces bois furent coupez dans la forest d'Argonne, qui est composée de cette sorte de bois léger, où il est constant que Iupiter rendoit ses oracles en faueur de la Vierge Érigonne, Dryade de ses plus fauorites et fille d'vn des plus illustres Druydes de son siècle, qui a donné le nom à la forest d'Argonne, et la forest au Nauire Argo, anciennement Argon; et par succession de temps la lettre finalle N ayant esté élidée, elle a esté simplement appellée Argo. Et la véritable histoire porte que Iason ayant dans l'esprit la haute entreprise de la conqueste de la Toison d'or, esmeu de la réputation des Druydes Gaulois, se transporta dans cette forest d'Argonne, où ayant admiré la structure du Temple superbe de la Déesse Érygonne, basti sur la cime d'vne montagne où est à présent la forteresse de Clermont en Argonne, que Monsieur le Prince tient auiourd'hui de la libéralité du Roy, il y consulta l'Oracle. Il luy respondit qu'il estoit absolument nécessaire que cette grande Nef qui deuoit estre l'instrument de sa conqueste, fût bastie et composée de ces beaux chesnes que produit cette illustre forest; et lesquels il feroit flotter à bois perdu par des torrens dans la Meuze, de la Meuze dans l'Océan et de l'Océan par les Colonnes d'Hercules, qui est le destroit Gaditan, maintenant dit Gibraltar, pour de là aller en Tessalie où se deuoit faire son embarquement; d'où il appert clair comme le iour que le Nauire Argo et ces fameux Argonautes ont pris leurs noms de la forest d'Argonne. Or Iason estant embarqué uec ses illustres Auanturiers et estant arriué en Colchos, par le grand esprit de la Princesse Médée, qui sinifie bon Conseil, et par l'incomparable vertu des Compagnons de sa fortune, dompta ces Taureaux iette-feu et défit l'horrible Dragon gardien de ce butin précieux de la Toison d'or. Et pour guarantir nos illustres personnages de la cruauté de nostre Buzir et rendre la liberté à Messieurs les Princes, voicy vne autre Pallas; voicy la Déesse Borbonie; voicy nostre Héroïne, Madame la Duchesse de Longueuille, Princesse du Sang de France, toute esclatante de vertu et d'honneur, qui après auoir partagé les misères et les souffrances de deux frères et d'vn mary, 'obiet de sa victoire, a esté réduite et nécessitée, pour se desrober à la fureur d'vn Faquin vestu de rouge, la honte de la France et le rebut de l'Italie, d'essuyer mille sortes de dangers pour aborder la mesme prouince d'Argonne, ainsi que nos illustres Argonautes, pour y former sa généreuse entreprise et bastir dans la forteresse de Stenay, située dans la mesme prouince, la machine si fatale au Monstre rouge du sang de toute la France, par le moyen du secours et de l'assistance des Princes Chrétiens qu'elle a esté contrainte d'implorer pour s'opposer vigoureusement aux torrents tumultueux d'vn lâche et perfide Ministre pendant le règne d'vn Roy mineur, et les inuiter à cette prétieuse conqueste de la liberté de Messieurs les Princes. C'est en cette rencontre, grande Princesse, que vous auez donné des preuues de la fermeté de vostre constance et du courage que vostre Altesse a fait esclater parmy ce torrent d'afflictions qui s'estoit esleué contre la Maison Royalle, et que vous auez fait voir que quelques obstacles que la fourberie et la malice du démon Incarnadin ait peu opposer à vostre vertu, vostre pru-

dence iointe à vostre valeur a touiours esté assez puissa[nt]
pour les surmonter. Le Monstre auoit porté la Fra[nce]
sur le penchant de sa ruine ; et nostre Héroïne, qui re[n]
ferme en elle les forces de Mars et la prudence [de]
Minerue, a terrassé l'ennemy irréconciliable de [la]
France et acquis à iuste titre la qualité de Restauratri[ce]
de la liberté mourante. Médée, par ses enchanteme[nts]
et par ses charmes, contribua puissamment à dompter [les]
monstres gardiens de la riche Toison d'or. Et vous, [gé]
néreuse Princesse, vous auez, par la prodigieuse force [de]
vostre esprit et par les charmes sans artifices que la n[a]
ture vous a si libérallement départis, obligé S. A. R. [et]
l'Auguste Parlement de Paris, la viuante image du Sé[nat]
Romain, à vous rendre iustice et de suitte abattre à v[os]
pieds le Désolateur de la France par les Arrests si célèbr[es]
des sept et neufième du présent mois de Féurier et an[s]
prononcés et exécutés par cet Auguste Parlement, qui [ne]
pouuant plus souffrir la valeur de Monsieur le Prin[ce de B]
oysiue, l'a rendu aux Régions et Légions Françoises [,]
qui sans doute les fera vaincre autant de fois qu'il [les]
fera combattre pour le seruice du Roy et la conseruati[on]
du Royaume. Le valeureux Hercule ne dompta que d[es]
serpens et des monstres terrestres et borna ses conquest[es]
des monts de Calpe et Abyla. Et V. A., Madame, p[ar]
des trauaux inconceuables, a détrosné et vaincu le dém[on]
Incarnadin, perturbateur de la France et l'ennemy mo[r]
tel du repos public. Et comme vostre victoire passe et o[u]
trepasse et les conquestes et les colomnes de Hercule[,]

[1] *Arrêt de Nos Seigneurs du Parlement portant l'esloignement du Cardi[nal] Mazarin*, etc. [233] ; *Arrêt de la Cour du Parlement, toutes les chamb[res] assemblées, portant que le Cardinal Mazarin, ses parens et domestiques [é]trangers vuideront le Royaume*, etc. [290].

l est bien raisonnable que vostre Triomphe et vostre Renommée volent pardessus les monts Caucase, Calpe et Abyla et qu'elle publie par tout l'Univers la défaite et a fuitte du démon Incarnadin, exorcisé par nostre incomparable Archypopontif Monsieur le Coadiuteur et anathematisé par la foudre des Arrests fulminez contre et excommunié par le grand Parlement de Paris, le premier mobile de la France. Mais, généreuse Princesse, l'équité veut que comme nos illustres Argonautes partagèrent auec le Roy Iason l'honneur et la gloire de leurs conquestes, aussi bien que les trauaux, la mesme Renommée qui publie vostre victoire auec vostre Triomphe, face cognoistre à la postérité la valeur et la magnanimité de ces grands Héros qui ont si généreusement appuyé vostre haute entreprise et si libérallement prodigué leurs vies et leur sang pour la liberté de Messieurs les Princes. C'est l'auis, ce sont les sentimens et les opinions de vostre Sénat Aréologue, duquel feu Monsieur le Marquis de la Moussaye estoit le chef et le Polémyque Agaton de vostre Temple, et à present Monsieur le Marquis de Sillery, sorti d'vn Chancelier de France, qui, après auoir contribué par sa vertu éminente à la liberté de Messieurs les Princes, et en avoir apporté le premier l'heureuse et tant désirée nouuelle, a par la gratification de V. A., fondée sur son mérite, si dignement remply ces deux charges vacantes; et comme vostre Sénat est soustenu et esclairé de cette brillante lumière d'esprit, de son aduis et de celuy de Messieurs de Sainct-Romain et Sarazin, personnages consommez en toute sorte de science et d'expérience des choses les plus difficiles, vos conseillers[1], et sur ce ouys Monsieur de la

[1] *Nicopompus vox græca est, in Argenide, quæ significat ut Barclai auctorem libri illud inseratur ubi auctoris nostri nomen inersum est.* N. D. T.

Perère, recommandable pour sa grande vertu et doctrine, vostre Procureur Général, et Ransommes, Aduocat Général du Sénat Aréologue, a esté arresté sous le bon plaisir de V. A., que la grandeur du courage, la naissance et les hauts faits d'armes de Monsieur le Mareschal de Turenne, général de vostre armée, vray héritier de la vertu et de la haute estime du grand Duc de Bouillon, son père, Prince souuerain de Sédan, luy ont acquis mesme tittre et qualité du généreux Roy Iason, puisqu'il a esté le chef et le premier mobile de ce dernier ouurage et de la périlieuse entreprise, qui de la captiuité, a fait si généreusement passer Messieurs les Princes à la liberté; et Monsieur le Comte de Ligniuille [1], général de l'armée de S. A. I. de Lorraine, issu de ces illustres Maisons de l'ancienne Cheuallerie du Royaume d'Austrasie et d'vn bisayeul décoré de l'Ordre du Sainct-Esprit, pareil honneur que Hercule, après s'estre signalé par tant de blessures mortelles en la bataille de Rhetelle [2] pour dompter comme vn autre Hercule, ce furieux Sanglier Derymanthe, si fatal à la France. Monsieur le Comte de Bouteuille [3] le pillier et la renaissance

---

[1] *Défaite de l'armée du Duc Charles*, commandée par le comte de Ligneville, etc. [966].

[2] Perdue par le maréchal de Turenne, le 18 décembre 1650. *Lettre de cachet du Roy.... contenant tout ce qui s'est fait et passé à la défaite de l'armée du vicomte de Turenne* [1909]; *Lettre du Roy enuoyée à Monseigneur le Mareschal de Lhospital.... contenant.... tout ce qui s'est fait et passé à Rethel* [2186].

[3] François-Henry de Montmorency, comte de Bouteville, depuis maréchal et duc de Luxembourg. C'est lui qui, l'année précédente, commandait dans Bellegarde pour le prince de Condé et avait été contraint de rendre cette place au Roy. Il avait obtenu, par la capitulation, de rejoindre Mme de Longueville à Stenay. La *Prise du Chasteau de Pagny par le sieur de Bouttueille, gouuerneur de Scurre* (Bellegarde), etc. [2878].

de la très-ancienne et illustre maison de Montmorency, que quelqu'vns font descendre de Lisbius de Montmorency, seigneur Gaulois, qui le premier des Gaules se conuertit en la prédication de Sainct-Denis Aréopagyte [1], et les autres de Lisoye de Mont-Remy, Cheualier qui le premier d'entre le peuple François, receut le baptesme à Rheims des mains de l'Archeuesque Sainct-Remy, présence du Roy Clouis l'an 499, a mérité par son sang espanché et par la prison qu'il a soufferte pour la liberté de Messieurs les Princes, de passer icy pour le vaillant Thésée, fils d'Ægée, Roy d'Athènes, qui par l'excez de sa valeur, se fit nommer et renommer vn autre Hercule (ce nom tiré de celuy de *Heroncleos*, qui veut dire gloire des héros), après auoir vaincu les Amazones et emmené leur Royne Hypolitte qu'il espousa, deffait Créon, Roy des Thébains, tué le Minotaure, monstre mi-homme né de l'accouplage de Paphaé, femme de Minos, auec vn Taureau, occis le Sanglier qui rauageoit les grains de Cremion, en faveur des Corinthiens; de mesme que cet Héros a fait en faueur du Royaume, en contribuant par ses hauts exploits à la destruction de celuy qui rauageoit non pas seulement les grains, mais les finances et les peuples de France. Messieurs les Comtes de Duras [2] et de Quintin, aisnés des deux célèbres maisons de Duras et de la Moussaye et nepueux de Monsieur le Mareschal de Turenne, représenteront icy Castor et Pollux, qui par leur prodigieuse vertu se sont rendus immortels, ce Pollux ayant tué en l'expédition de la Toison d'Or le Roy Amy-

---

[1] *Nec in secundis tertiisue consistere inhonestum.*
Illud Ciceronis de Oratore, ad conseruandam illorum dignitatem quibus priorem locum occupare non datum est. N. D. T.
[2] Henry de Durfort, duc de Duras, depuis maréchal de France.

que qui auoit accoustumé à tuer à coups de cestes les passans dans la forest Bébrycienne, puisque ce valeureux Comte de Duras, perçant les légions de l'armée opposée à son courage, poussa iusques au canon, cy-dessus représenté par le Roy Amyque. Messieurs les Cheualiers de Grammont, de la Rochefoucault, sortis des plus signalées maisons du Royaume, seront icy considérez comme Nauplius, père de Palamèdes, qui ayant appris la mort de son fils que les Grecs auoient occis par les artifices d'Ulysse et de Dyomèdes, afin de s'en venger, planta des feux sur la crouppe du mont Capharée, pour y attirer la flotte des Grecs, passant par cet endroit, et qu'en y prenant port elle fit naufrage et se fracassast, comme elle fit, aux escueils qui en sont voisins; et ces généreux Cheualiers ayant appris l'emprisonnement de Messieurs les Princes, ont fait paroistre hautement leur feu et leur courage pour leur liberté. Messieurs les comtes de Grand-Pré [1], Rosnay et Beauuau [2], descendus des anciennes maisons de Ioyeuse, Luxembourg et Beauuau; Messieurs de Fauge, Cheualier de Riuière, Daucour, Baron de Lanque [3], Chambois [4], la Rocque, Gou-

---

[1] Jean-Armand de Joyeuse, comte de Grandpré, depuis maréchal de Joyeuse. Il est assez curieux que, dans un *Avis aux Parisiens* [489], du commencement de 1652, on ait proposé de raser sa maison comme celle d'un ennemi du prince de Condé.

[2] Il servit comme aide de camp du prince de Condé au combat du faubourg Saint-Antoine, où il eut deux chevaux tués sous lui.

[3] Il commanda, avec Tavanne et Clinchamp, l'avant-garde de l'armée du prince de Condé, dans sa marche de Saint-Cloud sur Charenton, le jour du combat du faubourg Saint-Antoine.

[4] Le baron de Chamboy. C'était un serviteur de la maison de Longueville. En 1650, il était gouverneur du Pont de l'Arche; il fut, la même année, compris dans la capitulation de Montrond : *Relation véritable contenant les articles accordez à Mme la Princesse et M. le Duc d'Anguien*, etc. [3189]; en 1652, il porta à Paris et lut devant le duc d'Orléans et le

uille¹, Chambon², Chérizy, Dumesnil, Montreuil, Comtes de Chamilly et Chimereau tiendront icy le rang de Télamon, père d'Aiax, Roy de l'Isle de Salamanie, qui assista Hercule au fameux siége de Troie, qui pour récompense de ses seruices luy donna pour femme la fille de Léomedon ; et ces valeureux Héros ayant si fortement appuyé vos généreux desseins en l'expédition de la conqueste de la liberté de Messieurs les Princes dans l'Isle de Limicaritos, pourront espérer à bon droit la récompense deue à leurs mérites. Les généreux Dort, La Berge ³, Longpré, Montaulieu, du Faye, Phisica, Ricouse, Ayragny, Gagnac, Pertuis, Laisbordes, Bernon, Imecour, Marché, Briquemau, Bocasse, Clésia, Bigot, la Motte, Cinq-Mars, la Magdeleine, des Forges, et tous les Capitaines, Officiers et soldats qui ont si dignement seruy et versé leur sang pour la déliurance de Messieurs les Princes, ont mérité par leurs hautes actions la gloire de Zethes et Calais, qui ayant esté fauorablement receus par Phinée, fils d'Agénor, Roy de Phœnicie, en leur voyage de Colchos, ils le déliurèrent des Harpies qui désoloient son Empire et infectoient sa viande lorsqu'il estoit sur le point de manger ; ainsi qu'ont fait ces illustres Héros, qui ont si dignement contribué à la défaitte de la Harpie

---

prince de Condé, le *Manifeste de la Noblesse de Normandie par lequel elle déclare reconnoître Son Altesse Royale pour Lieutenant général pour le Roy*, etc. [2356]. Il ne paraît pas qu'il ait servi le prince de Condé chez les Espagnols ; car la Muse de la Cour nous le montre gouverneur de Caen, sous la date du 8 septembre 1657.

¹ Il était colonel du régiment de Condé cavalerie. Il servit en qualité de maréchal de camp au combat du faubourg Saint-Antoine ; et il y fut tué.

² Il fut gouverneur de Saintes pour la Fronde en 1652. Il est, à ce titre, très-vivement attaqué par l'*Éuangéliste de la Guyenne*, etc. [1310].

³ Capitaine des gardes du prince de Condé.

infâme qui a désolé et empesté de son venin de Lerme les Estats de nostre inuincible Monarque. La fidélité et la valeur de Messieurs de Méressart, Montigny, Villars et Monguignard, qui ont si heureusement conserué la prétieuse personne de V. A., comme la générosité et vigilance de Messieurs les Comtes de Chamilly, Varennes, Rochefau, Corber et Melon, la citadelle de Stenay en Argonne vostre asil, où sous leur garde aussy asseurée que la Targe inuincible d'Aiax, V. A. si tranquillement repose parmy l'orage de ses afflictions, mérite bien d'estre représentée par la valeur du mesme Aiax, l'vn des plus grands Capitaines de la Grèce, qui s'estant ioint, vn iour, en vn combat opiniastré auec Hercules, rien ne fut capable de les séparer qu'vne nuict obscure, qui auec le iour termina ce signalé combat; et ces illustres Héros après vne victoire si signalée, qui a affranchy la France de l'esclauage et des fers sous lesquels son Conseruateur gémissoit, pourront dire vn iour qu'ils n'auront esté séparez de la société si bien affermie qu'ils auoient contractée pour la liberté de nos Princes que par la nuict obscure, qui a voilé et terny pour iamais le lustre Mazarin. O fameux Appelles, glorieux nourrisson de l'Isle de Coo, qui seul iadis fus digne de tirer le portrait d'Alexandre le Grand, c'est en cet endroit que les armes et la plume me sont tombées des mains; et i'auoue que i'aurois besoin de la délicatesse de ton pinceau et de ta main pour représenter au vif l'éminente vertu et l'embarquement périlleux de nostre triomphante Princesse, suiuie de ses belles et guerrières Amazones, Mesdemoiselles de la Chastre, Verpillier, Fermelis et Gofecourt, de l'esclatante vertu et beauté desquelles Neptune ayant esté éblouy et touché, avoit desia dépesché les Tritons pour escorter le mesme Dauphin qui luy facilita iadis les moyens de posséder son Amphitritte, afin de luy attirer et liurer cette illustre flotte. Et c'en estoit fait si la valeur de Mars, qui sera icy représenté par Messieurs de Sainct-Ibal [1], Barière, Tracy, la Roque, Cheualier de Frequienne, Meressart, Sainct-Romain, Villars, Sarazin et Gauffecourt, suiuis des sieurs de la Pierre, Exempt des Gardes, et Barbier, ne s'y fût opposé, et recoigné le Dauphin et ses Tritons dans les flots et guidé nostre Héroïne et ses Amazones, qui toutes auec vn courage incroyable ont suiuy leur adorable Maistresse, en trauersant les mers, perçant les forests et franchissant les montagnes pour aborder cette heureuse Prouince d'Argonne, heureuse d'auoir admiré et soustenu l'esclat de tant de vertus; heureuse d'auoir fourny la matière de la liberté inestimable de Messieurs les Princes, comme elle fit autrefois celle de la fameuse conqueste de la Toison d'or. Puis donc que ie suis resté sans voix et sans paroles suffisantes et proportionnées à l'esgal d'vn si grand ouurage, et qu'il n'appartient qu'à vn autre Apelles d'en entreprendre le Tableau, i'en laisse la description à la docte et coulante veine de Monsieur Sarazin, digne seul de cet ouurage, ioint que

Pour le tirer au vif, qu'on lui ouure le sein,
Et d'vn si beau trauail on verra le dessein.

Ie me contenteray seullement d'admirer ces illustres Amazones, comme les Nayades et Nymphes de nostre

[1] Il fut, au combat du faubourg Saint-Antoine, de l'escadron du prince de Condé; et toute la journée, il signala son courage et sa conduite. C'est le témoignage que lui rend Marigny dans la *Relation véritable de ce qui se passa.... au combat donné au Faubourg Saint-Anthoine*, etc. [3232].

Meuse, et les Dryades et Hamadriades de nostre illustre forest d'Argonne; et dans l'attente de ce rare ouurage, pour estre inséparablement attaché à ce mien petit trauail, qui rendra éternellement au sien les foy et hommage qu'vn fidel vassal doit à son Seigneur dominant, il ne seroit pas raisonnable de différer dauantage à louer la fidélité, le grand zèle et l'affection des domestiques de V. A. pendant l'expédition de Limicaritos, qui pour la fermeté de leurs affections à vostre seruice, passeront icy pour des Damons et des Pythias, qui autrefois disputèrent deuant le Tyran de Syracuse à qui sacrifieroit le premier sa vie, pour sauuer celle de son amy. Et pendant que Messieurs de la Roche, Gouruille et la Coste seront occupez auec la Renommée à faire esclatter par toute la terre la fidélité et la valeur de nos Illustres Héros, ie reprendray le fil et la suitte de mon discours, et vous diray, Madame, que nos mesmes Poëtes ont dit qu'après ce fameux voyage de Colchos, la Déesse Pallas transporta dans les Cieux cette célèbre Nauire Argo et qu'elle la plaça près du Pôle Austral, qui se lèue avec la Lyre et la Vierge (qui est la mesme Vierge Erigonne tutélaire de la forest d'Argonne, d'où cette Nef a esté prise pour faire veoir que les choses retournent à leur principe) et qui se couche quant et quant le Sagitaire et l'Archer. Et V. A., Madame, sera désormais considérée comme vn nouuel Astre qui s'est esleué sur nostre Hémysphère pour esclairer à iamais toute la France du flambeau de vos rares vertus et faire découler ses douces et bénignes influences sur tous ceux qui ont pris part dans toutes vos afflictions, et fait teste comme des rochers inesbranlables à toutes les atteintes de la mauuaise fortune, et particulièrement sur les peuples de cette Prouince d'Argonne, qui ont si libérallement sacrifié leurs biens et leurs vies à la liberté de Messieurs les Princes, et sur la glorieuse ville de Stenay où l'instrument de la cheute du démon Incarnadin et celuy de vostre Triomphe a esté forgé. Il est temps, généreuse Altesse, il est temps de mettre fin aux trauaux inconceuables que vous auez supportez et de quitter la charette d'amertume de laquelle Votre Altesse fût obligée de se seruir en fuyant la persécution Incarnadine, et de monter sur le Char de vostre Triomphe pour iouir de la douceur des fruits de vostre victoire. Allez doncque, grande Princesse, allez receuoir les honnestes abords de deux Frères et d'vn Espoux, et les applaudissemens deubs à la Restauration de la liberté mourante. Allez acheuer cet ouurage de la Paix génerale que Monsieur le Duc de Longueuille auoit si heureusement arresté, et le Démon Incarnadin si malheureusement refusé à toute la Chrestienté. Ne frustrez pas plus long-temps nostre inuincible Monarque de son attente. La Reyne vous y conuie; le Parlement vous tend les bras; les peuples sont desia préparez aux cris et acclamations publiques qui sont deubs à vostre Triomphe; et les lieux où vous deuez passer, couchez de Rameaux d'Oliues, de Lauriers, d'OEillets et de Roses. La France n'attend plus que vostre présence pour consacrer au Temple de vostre mémoire vos Trophées et immoler la victime du sacrifice qui est deub à vostre Triomphe. Le buscher en est desia agencé; et ne reste plus que d'y porter la torche ardente du feu qui la doit consommer auec les fers et les barres qui auoient osté la liberté que V. A. a si heureusement redonnée à Messieurs les Princes. Tout le monde se meurt d'impatience de voir paroistre vostre adorable personne sur le Trosne magnifique que V. A. s'est érigé et basty de ses propres mains, dont vos vertus héroïques ont esté les dégrez aussi bien que les fondemens.

Ridendo dicere verum quis vetat?

Vale, egregie Sarazine; iam iam tuâ ope emersurus ab Illustrissimæ Borboniæ Historiarum perplexitate ex quâ tanquam è labyrintho Ariadne, id est tuo filo destitutus, nonquam potuissem euadere.

Remise de la bibliothèque de Monseigneur le Cardinal Mazarin par le Sieur Naudé entre les mains de Monsieur Tubeuf [3289] [1].

(13 février 1651.)

Auiourd'huy, 14 féurier 1651, le nommé Mathieu, seruant d'ordinaire au palais de Monseigneur l'Éminentissime Cardinal Mazarin, me vint dire en mon logis dans la cour de l'Abbaye S. Géneuiefue, que M. Tubeuf, président en la Chambre des Comptes, m'auoit demandé dès le soir auparauant et auoit commandé que l'on m'aduertist de le venir trouuer le plus matin qu'il me seroit possible; ce qui fut cause que ie me rendis chez mondit sieur Tubeuf, demeurant derrière le Palais-Royal proche la Butte de S. Roch, sur les huit heures; et ayant appris du portier que ledit sieur n'estoit encore leué, ie m'en

---

[1] La pièce n'a point de titre dans l'original. Celui que j'ai accepté, est emprunté au *Catalogue* de toutes les œuvres de Naudé, que le P. Louis Jacob a placé à la suite de son livre intitulé : *G. Naudæi Tumulus*. Naudé est encore auteur de l'*Avis à Nos Seigneurs du Parlement sur la vente de la bibliothèque de Monsieur le Cardinal Mazarin* [476], et de *Bibliotheca venalis seu Mazarinus proscriptus* [582].

vins au palais de M. le Cardinal Mazarin, mon maistre, où le nommé Annet, seruant à la garde-robe, m'ayant dit que M. Tubeuf s'estoit saisi dudit palais et de tout ce qui estoit en iceluy, pour la seureté de la somme de 680 000 liures[1] qui lui estoient deues par S. E., et qu'il m'auoit enuoyé quérir pour auoir les clefs de la bibliothèque, cela m'obligea d'aller au Palais-Royal sauoir de M. Euzenat, intendant de la maison de mondit seigneur, ce que ie deuois faire en cette occasion. Sur quoy ledit Sieur Euzenat me dit que M. Tubeuf estoit venu le iour auparauant luy parler dans sa chambre au Palais-Royal et l'auoit prié de trouuer bon que pour la seureté de son deu, il fist faire la saisie mentionnée ci-dessus. A quoy ledit sieur Euzenat luy ayant répondu qu'il sçauoit fort bien que S. E. ne feroit rien perdre à personne et moins à luy qu'à aucun autre, et qu'il pouuoit faire en cette occasion tout ce qu'il iugeroit vtile et nécessaire pour ses asseurances, mondit sieur Tubeuf le pria de vouloir bien venir receuoir l'exploit au palais de S. E.; de quoy le sieur Euzenat s'estoit excusé sur les affaires qu'il auoit auec M. de Massac, présent, et qui ne luy permettoient en aucune façon d'y pouuoir aller; aioutant qu'il y alloit enuoyer M. le Normand auquel on pourroit laisser ledit exploit. Il me dit aussi qu'il auoit d'autant plus volontiers consenti à cette saisie qu'elle estoit capable de mettre ledit palais et le peu qui restoit en iceluy, à couuert de la fureur et de la violence du peuple, si d'auenture il arriuoit quelqu'émotion au cas que le Roy

---

[1] Le président Tubeuf est colloqué pour 600 000 livres, valeur de ses maisons des rues des Petits-Champs, Richelieu et Vivien, dans l'*Arrêt de la Cour de parlement donné en faueur des créanciers du Cardinal Mazarin*, etc. (7 sept. 1651). [300]

partist de Paris, ou pour d'autres raisons qu'il estoit aussi difficile de préuoir que d'esuiter; et qu'au reste il ne voyoit pas que ie deusse refuser de faire le mesme de la bibliothèque qu'il auoit fait de tout le logis, puisqu'en tout cas mondit sieur Tubeuf s'en pouuoit saisir par iustice et que comme il estoit bon ami de nostre maistre, il estoit plus à propos de traiter auec luy ciuilement que par force et à toute rigueur. Après quoy estant retourné au palais Mazarin, ie trouuay M. Tubeuf qui y entroit, accompagné d'vn procureur, nommé le Blanc, d'vn huissier, nommé Darbault, qui faisoit inuentaire de tout ce qui estoit audit palais, appartenant à S. E., et de M. Petit, domestique ancien dudit sieur Tubeuf qui auoit bien soin de faire fermer toutes les chambres qu'on auoit visitées, et d'en prendre les clefs. Et m'ayant dit d'abord qu'il m'auoit fait appeler afin que ie luy donnâsse les clefs de la bibliothèque, à cause qu'il auoit fait saisir le palais et tout ce qui estoit dedans, ie luy répondis que ie le ferois plus volontiers à luy qu'à homme du monde, veu la bonne amitié qu'il auoit tousiours témoignée à Monseigneur le Cardinal auec lequel il s'accommoderoit bien, s'il plaisoit à Dieu de le ramener à Paris, et qu'en cas que de non, ie croyois néantmoins que la bonne correspondance continueroit tousiours entr'eux deux et qu'il ne se feroit rien en toutes ces affaires que de gré à gré.

Ensuite de quoy, l'ayant mené à la grande Salle du petit corps de logis qui ioint au grand, ie luy en fis l'ouuerture; et après luy auoir monstré comme elle estoit toute pleine, depuis le bas iusqu'au haut, de liures de Droit Ciuil et de Philosophie *in-folio* et de liures de Théologie *in-quarto*, ie la fermai à double tour et en consignai la clef par ordre de mondit sieur Tubeuf audit Sieur Petit.

Delà ie le menai dans le premier entresol des trois grands
qui sont sur la montée de la Garde-robe; et après luy
auoir fait remarquer comme il estoit entièrement plein
de liures en Médecine, Chimie et Histoire naturelle de
toutes sortes de volumes, voire mesme qu'il y en auoit
beaucoup qui estoient rangez à terre et sur le plancher,
faute de place sur les tablettes, ie fermai ledit Entresol
à double tour et en donnai la clef au mesme Sieur Petit.
Après quoy, ie menai ledit Sieur Tubeuf au second entresol plein de Bibles en toutes langues, sçauoir : Hébraï-
ques et autres Orientales, Grecques, Latines de vieille et
nouuelle édition, Françoises, Italiennes, Espagnoles, Allemandes, Flamandes, Angloises, Hollandoises, Polaques,
Hongroises, Suédoises, Finlandoises, Galoises, Hiber-
noises, Rhuténiques, iusqu'au nombre, auec les autres
mss. etc, d'enuiron deux cents, comme aussi de com-
mentateurs sur la Bible en toute sorte de volumes; et
l'ayant aussi fermé à double tour, ie donnai la clef au
mesme Sieur nommé cy-dessus. Ensuite ie luy montrai
le troisième Entresol plein de liures m.ss. Hébreux, Syriaques, Samaritains, Éthiopiens, Arabes, Grecs, Espagnols, Prouençaux, Italiens et Latins de toute sorte, tant
pour les matières que pour les volumes; et l'ayant fermé
et donné la clef comme dessus, ie le fis monter à la grande
Bibliothèque et luy ouuris la première Chambre haute
exhaussée et pleine, depuis le plancher d'en bas iusqu'à
celuy d'en haut, de liures en Droit Canon, Politique
et autres matières meslées en diuerses sciences. Et passant
de cette première Chambre à la seconde, ie luy fis entendre comme elle estoit pleine, à la façon de la précédente, de liures Luthériens, Caluinistes, Sociniens et
autres hérétiques en toutes langues, comme aussi de liures

Hébreux, Syriaques, Arabes, Éthiopiens et semblables Orientaux de toutes les sortes, auec beaucoup qui estoient à terre faute de place sur les tablettes et pupitres. Enfin ie le menai de ces deux Chambres dans la grande Gallerie longue d'enuiron neuf ou dix toises, où estoit toute l'Histoire tant ecclésiastique que profane, tant vniuerselle que particulière de toutes les nations auec les 350 vol. mss. *in-folio*, reliez en maroquin incarnat et recueillis par M. Loménie ; la Mathématique au nombre d'enuiron 3500 vol. ; les Pères, la Scholastique, la Controuerse, les Sermonaires, les liures de l'Imprimerie du Louure et quasi toutes les Humanitez, auec plus de liures couchez par terre qu'il n'en pourroit tenir dans trois chambres de iuste grandeur, et beaucoup de grands volumes de Chartes, Estampes, Voyages, Entrées, etc. Après quoy, ie luy fis voir comme la porte du costé de la terrasse estoit fermée à double tour et verrouillée haut et bas auec des clauettes abbatues derrière ; et l'ayant fait sortir de ladite Gallerie et des deux chambres cy-dessus nommées et ioignantes à icelle par la porte qui est sur la montée de la Garde-robe par laquelle il estoit entré, ie la fermai à double tour et en consignai la clef audit Sieur Petit pour la cinquième et dernière ; et ayant supplié mondit Sieur Tubeuf d'auoir soin et d'empescher autant que faire se pourroit, la dissipation de la plus belle et de la meilleure et plus nombreuse bibliothèque qui ait iamais esté au monde, puisque à mon auis elle passoit les 40 000 vol., dont il y en auoit plus de 12 000 *in-folio*, ie me retirai la larme à l'œil pour voir le public à la veille d'estre priué d'vn si grand trésor et les bonnes intentions de S. E. si mal reconnues qu'au lieu de luy donner des trophées pour tant de victoires gagnées et tant de villes prises par ses soins, pour auoir administré si heureusement la France parmy tant d'orages et de tempestes dont elle estoit menacée, pour auoir si fidèlement seruy et si rigoureusement défendu l'autorité du Roy et de la Reyne sa mère en qualité de Régente, on ne parle maintenant que de le bannir, de le proscrire et lapider, comme s'il estoit l'ennemi iuré de la France ; on le condamne sans aucune forme de procez ; et l'on excite les communes pour l'assommer ; on poursuit ses amis et domestiques estrangers comme ennemis de la patrie ; et l'on n'oublie aucune sorte d'iniure contre le meilleur homme du monde et contre le plus fidèle et le plus affectionné Ministre d'Estat qui ait iamais esté en France. Dieu sçait les causes de tous ces désordres, aussi bien que des factions qui brouillent maintenant ce Royaume ; et lorsque les ennemis du Cardinal auront comblé la mesure de leurs iniquitez, il sçaura bien iustifier l'innocent et punir les coupables. G. N.

La Iuliade ou Discours de l'Europe à monseigneur le Duc d'Orléans sur l'éloignement du cardinal Mazarin et le retour des Princes [1778].

(16 février 1651).

. . . .
... Il fourba dès sa naissance,
Il fut fourbe dans son enfance,
Plus fourbe dans sa puberté,
Très fourbe en sa virilité,
Mais plus que très fourbe en cet âge,

Fourbant tous les iours dauantage;
Fourbe dans son pays natal;
Fourbe à Rome; fourbe à Casal;
Fourbe en Espagne; fourbe en France;
Fourbe partout à toute outrance;
Fourbe lorsqu'il estoit Courrier;
Fourbe depuis fait Camérier;
Fourbe dans sa basse fortune;
Mais quand par grâce non commune
Pour Cardinal on l'eut choisy,
Il deuint fourbe en cramoisy;
Et depuis par vn sort sinistre
Plus fourbe estant fait grand Ministre;
Fourbe dedans; fourbe dehors;
Fourbe dans l'âme et par le corps;
Fourbe au cœur et sur le visage;
Fourbe chez luy dans son mesnage;
Fourbe à l'Église; fourbe en Cour;
Fourbe en tout temps et tout séiour;
Fourbe en effects; fourbe en parolles;
Fourbe en louis; fourbe en pistolles;
Fourbe aux plus fourbes financiers;
Fourbe à ses plus grands créanciers;
Fourbe dans toutes ses promesses;
Fourbe dans toutes ses caresses;
Fourbe aux bons et fourbe aux meschants;
Fourbe en la ville; fourbe aux champs;
Fourbe à Paris; fourbe aux prouinces;
Fourbe au Parlement; fourbe aux Princes;
Fourbe à la Reine; fourbe au Roy;
Fourbe à vous mesme et fourbe à moy;
A moy, pauure et dolente Europe
Que tousiours le malheur galope;
Ouy fourbe aux François, aux Flamans,
Aux Espagnols, aux Allemans;

Fourbe à ces bonnes gens de Suisses,
Après leurs fidelles seruices;
Fourbe aux belliqueux Suédois;
Fourbe aux fourbes des Hollandois;
Aux Transalpins fourbe supresme,
Aux Cardinaux, au Pape mesme;
Fourbe à Messieurs les Barberins;
Fourbe iusqu'à ses Mazarins;
Fourbe sur l'eau; fourbe sur terre;
Fourbe au Conseil; fourbe à la Guerre;
Mais surtout fourbe pour la Paix;
Car il ne la voulut iamais.
Et dans le mal qui me déuore,
Ie puis bien l'appeler encore
Fourbe en tous genres et tous cas;
Fourbe *per omnes regulas;*
Fourbe par art et par nature;
Fourbe fourbant outre mesure;
Mais à la fin fourbe fourbé
Qu'on a fait venir à iubé;
Car après tant de fourberies
Et tant de mazarineries
Il a délogé, Mazarin,
Sans trompette et sans tambourin.
Sans trompette? Non, ie me trompe;
Car on sçait bien qu'à son de trompe
De ce Royaume on l'a banny;
Dont Dieu soit à iamais bény.

*Requeste de la Noblesse pour l'Assemblée
des Estats généraux* [3472] [1].

(28 février 1651.)

SIRE,

Les grandes Monarchies sont suiettes à tomber de temps en temps en des désordres, auxquels toute la prudence des plus sensez a bien de la peine à trouuer des remèdes; soit que les esprits des Souuerains ne puissent pas tousiours reluire sur toutes les parties qui composent les grands Corps; soit que la foiblesse ou les intérests de leurs Ministres laissent décheoir ou diuiser leur authorité; soit enfin que la Prouidence éternelle dont les Décrets sont incompréhensibles, se plaise à changer les choses qui semblent les plus affermies. Il est constant que les Royaumes et les Empires les plus forts sont ceux qui souffrent en de certains temps les plus horribles secousses. Il n'est pas nécessaire de rechercher des preuues de cette vérité dans les histoires anciennes ou modernes des autres Estats. La constitution présente de la France ne nous la persuade que trop; et le déréglement qui va tousiours croissant depuis quelques années dans les principales et

[1] La noblesse s'assembla à Paris en 1651 dans le couvent des Cordeliers, d'abord pour travailler à la délivrance des princes, puis pour demander la convocation des états généraux. La première séance eut lieu le 25 février; la dernière, le 5 mars; mais à partir de cette dernière date jusqu'à la fin de juillet 1652, il y eut des associations et des réunions dans les provinces, sous l'influence des amis ou des agents du cardinal de Retz. C'est un des épisodes les moins connus de la Fronde. On en trouvera un exposé exact, sinon complet, dans la *Bibliographie des Mazarinades*, à l'article du *Journal de l'Assemblée de la Noblesse*, etc. [1750].

quasi dans toutes les parties de cette Monarchie, nous fait appréhender auec raison quelque décadence ou réuolution estrange.

Sire, on ne sçauroit penser à l'estat florissant de ce Royaume, lors de l'auènement de Vostre Maiesté à cette Couronne, qu'on ne déplore en mesme temps les confusions présentes. Le feu Roy Père de Vostre Maiesté luy laissa tous ses Estats paisibles au dedans et triomphans au dehors. L'authorité Royale estoit en vigueur; la Discipline dans les armées; l'Obéissance dans les Prouinces. Les Ministres de sa Maiesté estoient en estime; ses Esdits et Ordonnances exécutées; les Finances autant bien administrées que la condition des temps et des guerres le pouuoit permettre; car encor qu'elles se consommâssent pour la plus grande partie dans l'entretènement de nos armées tant Françoises qu'Estrangères, elles ne laissoient pas de reuenir à nous par vn commerce et vn reflus qui conseruoit l'abondance. La foy publique qui fournissoit tant de prompts secours aux nécessitez les plus pressantes de l'Estat, estoit religieusement gardée; la punition suiuoit les crimes; et la récompense les actions louables.

Auiourd'hui, par vn reuers aussi surprenant comme il est déplorable, toutes les choses se trouuent dans vne disposition entièrement contraire : l'authorité Royalle affoiblie et presque anéantie; les armées dans la licence qui est telle que les violences et les rauages des gens de guerre dans leurs routes et leurs garnisons n'espargnent pas mesme les maisons des Gentilshommes qui sont dans le seruice; les Prouinces réuoltées; les principaux Ministres de Vostre Maiesté dans le mespris et dans l'horreur; les Edicts du Prince sans exécution; les Finances ou dissipées ou diuerties : ce qui cause la misère et l'atténuation du général et des particuliers; le crédit et la foy publique tellement ruinez qu'il est impossible de trouuer le moindre secours dans les plus grandes nécessitez; en un mot, les démérites et les crimes récompensez, les seruices et les fidélitez punies.

Sire, ce n'est pas icy le lieu où l'on doiue accuser les causes prochaines de tous ces désordres; il suffit de représenter à Vostre Maiesté que l'estat présent de ses affaires semble vne manifeste préparation à quelque grand changement, et que, pour le préuenir, il est temps de penser sérieusement aux remèdes salutaires.

Toutes les fortunes des suiets de Vostre Maiesté, de quelque Ordre qu'ils soyent, estant comprises dans celle de l'Estat, ils sont tous obligez de parler en cette rencontre et de luy porter leurs remonstrances accompagnées de leurs très-humbles supplications; et sur tous, ceux qui composent la Noblesse de Vostre Royaume, ne peuuent demeurer dans le silence sans encourir le blasme d'vne lascheté aussi honteuse, comme elle est contraire à leur naissance et à leur profession.

Sire, on ne sçauroit présumer que ceux qui sont préposez à l'éducation de Vostre Maiesté, ne luy ayent souuent dit qu'Elle ne tient son Royaume que de Dieu et de l'espée de ses ancestres; qu'il a esté fondé et cimenté auec le sang des premiers Nobles de cet Estat, et que leurs descendants et ceux qui dans la suite des temps ont mérité par leurs belles actions d'estre distinguez du vulgaire, sont les véritables appuys de cette Monarchie, par conséquent les personnes les plus intéressées en sa conseruation.

Ce n'est pas que par cette prééminence de la Noblesse,

nous prétendions obscurcir le mérite des autres Ordres. Nous sçauons que les secours et les Contributions du Tiers Estat sont des conditions sans lesquelles tous les plus grands courages ne pourroyent rien produire, et que le Clergé attire par les prières et par le culte de la vraye Religion l'assistance et les bénédictions du Ciel.

Mais, Sire, la Noblesse de vostre Royaume se peut vanter que comme elle approche de plus près de la personne et des fonctions essentielles de Vostre Maiesté que aucun des autres Ordres, elle prend aussi plus de part en ce qui la touche. Elle reconnoit sa subsistance si estroitement liée à celle de la Monarchie que l'vne ne peut estre altérée sans que l'autre souffre, ny renuersée sans que l'autre périsse.

C'est sur ce fondement, Sire, qu'vne bonne partie de cet ordre, ioint à plusieurs Princes nez dans vos Estats et sous votre domination, ose se présenter à Vostre Maiesté pour la supplier de vouloir agréer ses Remonstrances et Requestes très-humbles.

Dans l'appréhension qu'ils ont tous d'vne réuolution qui les anéantiroit dans la ruine publique, ils ne peuuent plus différer de représenter à Vostre Maiesté que pour releuer l'authorité Royale au point d'où elle est déchue, restablir l'Ordre en toutes sortes de conditions et préseruer l'Estat de la subuersion dont il est menacé, il n'y a point de remède plus infaillible que celui qui a esté pratiqué par nos ancestres en des nécessitez pareilles et beaucoup plus moindres, qu'est l'Assemblée générale des trois Ordres du Royaume.

Sire, dans cette Assemblée, les Députez de toutes les Prouinces, conuoquez au nom de Vostre Maiesté, pourront auec sa permission luy proposer, suiuant leur conscience et leur honneur, les véritables moyens pour réduire les peuples à leur première obéissance et à la contribution nécessaire pour soustenir nos conquestes et la gloire de nos armes; faire rentrer les Officiers tant d'espée que de robe dans le iuste exercice de leur deuoir et de leurs charges; régler l'administration des Finances par des Ordonnances et formes nouuelles et inuiolables; trouuer de quoy acquitter les debtes de Vostre Maiesté et remettre la foy publique si essentielle à la dignité du Prince; faire vne exacte recherche de tous les crimes importans et dont la conséquence est pernicieuse à l'Estat. Enfin le consentement de tant de personnes choisies et aduouées des peuples apportera tout ce qui peut seruir à la réformation des désordres que la licence des guerres a introduits; et les secours que Vostre Maiesté peut désirer dans les nécessitez présentes de son Estat, seront d'autant plus exigibles qu'ils sembleront procéder de la bonne volonté et meure délibération des suiets.

Sire, Vostre Maiesté nous permettra, s'il luy plaist, de luy dire qu'il est temps de trauailler à toutes ces choses et que nous estimons qu'on ne sçauroit réussir plus efficacement que par cette Assemblée. Comme elle sera plus célèbre et plus authentique que nulle autre, nous croyons qu'elle trouuera plus de vénération et de déférence dans les esprits des peuples; que les Ordonnances qui émaneront de l'absolu pouuoir de Vostre Maiesté sur les cayers qui luy seront présentez, seront suiuies d'vne obseruation purement volontaire, et que Votre Maiesté, imitant en cette rencontre la prudence de ses prédécesseurs, n'en retirera pas moins d'auantages qu'ils ont fait dans des nécessitez moins extresmes.

Ce seroit vn dénombrement ennuyeux si nous rapportions icy toutes les Assemblées des Estats Généraux, pour authoriser les motifs de celle-cy. Il suffira d'en remarquer quelques exemples des plus conuenables à nostre temps et à l'estat présent des affaires, afin que Vostre Maiesté voye que nous ne lui proposons rien qui n'ayt esté pratiqué en de semblables désordres.

Après la iournée de Poitiers et la prison du Roy Iean, le Daufin son fils, depuis Roy, surnommé Charles le Sage, ne fust pas plustost à Paris qu'il y conuoqua les Estats Généraux pour conférer auec eux sur le gouuernement du Royaume et les moyens de déliurer le Roy son père. Il est vray que comme les grands remèdes n'opèrent point sans tourmenter ou débiliter quelque partie, les animositez de quelques particuliers de cette Assemblée causèrent les destitutions de trois ou quatre Officiers; mais au fonds elle conspira tousiours à la conseruation de l'Estat. Et lorsque le Roy d'Angleterre, abusant de l'auantage que luy donnoit la prison du Roy Iean, proposa des conditions de paix trop insolentes, l'Assemblée générale les reietta généreusement et se prépara incontinent à fournir toutes les choses nécessaires pour la continuation de la guerre.

Et nous remarquons encore qu'après le Traitté de Bretigny les diuerses infractions des Anglois ayant obligé le mesme Roy Charles à leur déclarer vne nouuelle guerre, ses Estats Généraux assemblez de nouueau à Paris l'assistèrent par des subsides très-considérables, dont ils entreprirent et exécutèrent entr'eux-mesmes les leuées.

Louis XI, Prince autant soupçonneux comme il estoit ialoux de son authorité, bien qu'après le Traitté de Conflans, il ne se trouuast pas encore trop assuré des Princes et des peuples de son Royaume, qui luy auoyent fait vne sanglante guerre sous le spécieux prétexte du bien public, et qu'il fust en de continuelles appréhensions des machines ouuertes et secrètes des Anglois qui estoyent alors les ennemis irréconciliables de cet Estat, si ne laissa-t-il pas parmy tous ces désordres et ses deffiances, de convoquer les Estats Généraux à Tours et de les faire Iuges des différens qu'il auoit tant auec le Duc de Normandie, son frère, qu'auec les Ducs de Bourgogne et de Bretagne qui avoyent diuisé tout le Royaume en factions contraires. En effet cette Assemblée fut si bien intentionnée pour le bien de l'Estat qu'elle se sépara auec cette prudente résolution : Que le Roy seroit très-humblement supplié d'octroyer à Charles, son frère, vn appanage conuenable à sa naissance et à sa dignité ; que Monsieur seroit prié de s'en contenter ; que le Duché de Normandie estant inaliénable et ne se pouuant démembrer de la Couronne, le Duc de Bretagne seroit sommé de rendre tout ce qu'il auoit pris dans cette Prouince ; et au cas qu'il en fist refus ou qu'il fust certifié au Roy qu'il eust contracté alliance auec l'Anglois, ancien ennemy de la France, que le Roy retireroit ses villes à main armée et luy feroit la guerre ; que pour cet effet les trois Estats promettoient de secourir et seruir Sa Maiesté : à sçauoir les Ecclésiastiques de leurs prières et de leurs biens temporels, les Nobles et le Tiers-Estat de leurs biens, de leurs personnes et de leurs vies ; enfin que le Duc de Bourgogne seroit admonesté de ne point fauoriser les ligues qui se faisoient contre Sa Maiesté et contre le repos de l'Estat, mais bien de contribuer comme Prince du Sang Royal et Pair de France à sa réformation par des voyes ciuiles.

Sire, le bon succès de cette Assemblée, dans vne conjoncture de temps et d'affaires si semblables aux nostres, ne doit-il pas nous faire espérer toute sorte de bien de celle que nous réquérons de Vostre Maiesté? Et si Louis XI, qui estoit vn Roy assez peu aimé de ses suiets, reçut tant de satisfaction et d'accroissement en son authorité de la résolution de ces Estats Généraux, se trouuera-t-il des personnes assez soupçonneuses pour appréhender que l'innocence de Vostre Maiesté, si chérie de tous les Peuples, n'inspire pas aux députez des Prouinces des intentions aussi fidelles et aussi généreuses qu'il conuient pour le salut de l'Estat et le rétablissement de l'authorité Royalle?

Nous abuserions de la bonne volonté de Vostre Maiesté, Sire, si nous lui racontions importunément tant d'autres Estats Généraux, dont les Roys vos prédecesseurs ont tiré de notables auantages :

Ceux qui furent encor tenus à Tours sous le mesme Roy Louis XI, par la résolution desquels, conformément à l'intention de sa Maiesté, le Duc de Bourgogne fut cité pour respondre au Parlement de Paris sur plusieurs faicts dont il estoit chargé;

Ceux qui furent conuoquez dans la mesme ville de Tours au commencement du règne de Charles VIII, sur le suiet de la Régence;

Ceux qui sous François Ier s'opposèrent vigoureusement à l'exécution du Traité de Madrid si désauantageux à cette Couronne;

Ceux qui sous Henry II luy fournirent le secours extraordinaire qu'il demanda après la perte de S. Quentin, pour soustenir la guerre que luy faisoient les Espagnols et les Anglois ioints ensemble;

Ceux qui durant le règne de François II furent ouuerts à Orléans, continuez depuis au mesme lieu dès le commencement de la minorité de Charles IX, et qui pourueurent au payement des debtes du Roy, qui montoient alors à plus de quarante millions de liures, somme qui estoit beaucoup plus excessiue, eu égard à la condition de ce temps-là, que tous les Emprunts qu'il a conuenu faire à Vostre Maiesté pour les dépenses extraordinaires de la présente guerre ;

Enfin ceux qui furent tenus à deux diuerses foys à Blois sous Henry III, lesquels bien que meslez de quelques partialitez et accidens tragiques, ne laissèrent pas de donner des interualles aux troubles d'Estat et de Religion qui affligeoient alors ce Royaume ; outre qu'ils nous ont valu cette belle Ordonnance de Blois, laquelle iointe à celle d'Orléans, nous fournit vn digeste admirable de toutes les Loys et Règlemens les plus authentiques de cet Estat.

Et nous ne pouuons oublier de représenter icy à Vostre Maiesté, Sire, qu'encore que l'Assemblée des Estats Généraux d'Orléans semblast, lorsqu'elle fut proposée, aller directement à la destruction du crédit et de l'authorité de Messieurs de Guise, qui gouuernoient sous le règne de François II, si est-ce qu'ils la trouuèrent si raisonnable et si nécessaire au bien de l'Estat, qu'ils n'osèrent s'y opposer ; et l'aduis de l'Admiral de Chastillon qui la demanda, fut généralement suiui de tous les Notables qu'on auoit assemblez à Fontainebleau, et qui opinèrent sur cette proposition.

Sire, tous ces exemples, ioints aux considérations particulières de l'estat présent des affaires, furent sans doute les véritables motifs qui portèrent le Conseil de Vostre

Maiesté à luy persuader, il y a plus de deux ans, cette conuocation des Estats Généraux; et les Lettres en ayant esté expédiées dès ce temps-là par toutes les Prouinces du Royaume, afin qu'on procédast à l'eslection des Députez et qu'ils se pussent trouuer au temps et lieu de l'Assemblée qu'on leur prescriuoit, nous ne pouuons pas comprendre ce qui peut auoir iusques icy empesché l'effet d'vne si sainte résolution; car tant s'en faut que les raisons et les nécessitez des Estats Généraux soyent cessées qu'au contraire elles sont deuenues et deuiennent tous les iours plus pressantes par le continuel accroissement de nos calamitez.

Nous supplions donc très-humblement Vostre Maiesté, SIRE, et la coniurons par l'intérest et le salut de son Estat, de ne différer pas d'auantage l'exécution de ce qui a esté si iudicieusement résolu en son Conseil, les années passées, touchant cette conuocation des Estats Généraux, et de commander de nouueau et très-expressément à tous les Baillifs, Sénéchaux et autres Magistrats des Prouinces de son Royaume d'eslire et enuoyer leurs Députez au lieu et dans le temps qui plaira à Vostre Maiesté de leur prescrire, afin que conspirant tous au bien et à la conseruation de l'Estat, ils proposent les moyens qu'ils iugeront les plus raisonnables et les plus vtiles pour le maintien de la Monarchie et le soulagement des peuples.

Déclaration des prétentions de la noblesse assemblée aux Cordeliers à Paris [892].

(28 février 1651.)

La Noblesse ne demande que le bien de l'Estat et du public, et rien pour son intérest particulier, remettant aux Estats généraux toutes les infractions qui ont esté faites contre leurs droicts, et les réduisant aux Ordonnances des Rois et arrestez des Estats généraux; et pour cet effect, elle demande qu'ils soient tenus au plustost dans la ville de Paris, qui est le principal lieu de la France, et le plus considérable pour y tenir vne si grande Assemblée. Ce dessein a esté trouué si iuste par Messieurs du Clergé qui est le premier Corps, qu'ils se sont ioints auec la Noblesse pour demander au plustost lesdits Estats; et l'on s'estonne que le tiers Estat, qui est le plus intéressé au désordre présent, tant par le retranchement, retardement et mauuais payement des rentes que par les violences que les gens de guerre font dans les Prouinces faute de payement, ne se ioigne auec les deux autres Corps pour demander ensemble lesdits Estats, qui sont vn remède innocent pour empescher la suitte des maux qu'a causez le ministère du Cardinal Mazarin et que ceux de sa cabale s'efforcent tous les iours de continuer[1].

[1] L'auteur de la *Réponse des bourgeois de Paris à la* Lettre *écrite des prouinces*, etc. [3415] dit : « Les Estats Généraux pourroient commencer par de la corruption et finir par de nouuelles surcharges. » N. Pasquier, conseiller et maître des requêtes ordinaire de l'Hôtel du Roi, a écrit dans les *Remontrances très-humbles à la Reyne mère.... pour la conseruation de l'Estat pendant la minorité du Roy, son fils* [3343] : « N'assemblez pas les Estats Généraux. Ils ne réduiroient pas vostre autorité, comme on le prétend ; au contraire. Mais ils pourroient estre vn instrument de diuision et de trouble. Les Grands s'y feroient des partisans qui agiteroient les Prouinces. »

La Mazarinade [2436] [1].

(11 mars 1651.)

Muse qui pinces et fais rire,
Vien à moy de grace et m'inspire
L'esprit qui Catulle inspira
Quand il entreprit Mamurra.
I'en veux aussi bien que Catulle
Au tyran qui s'appelle Iule ;
Mais mon Iule n'est pas Cæsar.
C'est vn caprice du hazard
Qui naquit Garçon et fut Garce,
Qui n'estoit né que pour la farce,
Pour les cartes et pour les dez,
Pour tous les plaisirs desbordez
Et pour la perte du Royaume,
Si quelque Maistre Iean Guillaume [2]
Ne nous en déliure à la fin.
Et vrayment il sera bien fin
S'il s'en sauue, le galant homme.
Haï dans Paris et dans Rome,
Où diable pourra t'il trouuer

[1] C'est le plus célèbre des pamphlets contre le cardinal Mazarin, mais non le meilleur. On y trouve si peu d'esprit et de gaieté, il est si plein de saletés et d'ordures que je ne l'aurais pas donné si je n'avais craint qu'un recueil de mazarinades sans la *Mazarinade* ne fût pas compris. J'aime à dire que l'auteur en est resté inconnu. Il n'y a, en effet, pas de bonnes raisons pour ne pas admettre le désaveu que Scarron en a fait dans les *Cent quatre vers*, etc. [675], et qu'il a renouvelé dans une lettre adressée à la reine mère après la Fronde.

[2] Maistre Jean Guillaume, c'est le bourreau. Le *Triomphe du faquinissime cardinal Mazarin*, etc. [3883] a lieu en place de Grève, sur l'échelle de M⁰ Jean Guillaume.

Vn lieu qui le puisse sauuer?
Bon! ie sens eschauffer ma verue.
Ça, ne disons rien qui ne serue,
Et que chaque vers ait son trait,
Pour bien acheuer le portrait
De ce prodige de fortune,
Sans en oublier chose aucune.
A toy donc, Calabrois Romain,
Bon pied, bon œil, et bonne main.
Pare le coup que ie te porte,
Ou que le grand Diable t'emporte.
Et toy, mon braue Marigni,
Qui plus qu'aucun sur le Zani
As décoché mainte balade [1],
Escoute ma Mazarinade.
A la malheure, Mazarin,
Du pays d'où vint Tabarin,
Es tu venu brouiller le nostre!
On te prenoit bien pour vn autre
Lorsqu'on te croyoit raffiné.
On t'auoit fort mal deuiné.
Et de science et de pratique,
Tu n'es pas vn grand politique.
Tous tes desseins prennent vn rat
Dans la moindre affaire d'estat.
Singe du Prélat de Sorbonne [2],
Ma foy, tu nous la bailles bonne.
Tu n'es à ce Cardinal Duc
Comparable qu'en aqueduc.
Illustre en ta partie honteuse,
Ta seule braguette est fameuse.
Outre cette vertu de Coc,

[1] *Ballade* [61]; les *Ballades seruant à l'histoire, reueues et augmentées* [570].
[2] Le cardinal de Richelieu.

On te tient inuenteur du Hoc,
Du beau ieu de trente et quarante,
De certaine chaize courante [1],
Autre cheual de Pacolet,
Et de plus de ce cher ballet,
Ce beau, mais malheureux Orphée [2],
Ou, pour mieux parler, ce Morphée
Puisque tant de monde y dormit.
Ma foy, ce beau chef d'œuure mit
En grand crédit ton Eminence;
Ou plustost ton Impertinence.
Tes Courtizannes, tes chastrez
Y furent les mieux chapitrez.
Pour auoir fermé tes bougettes
Aux gueux qu'on appelle Poëtes,
Si chers au feu rouge bonnet
Qui sçauoit le mal qu'vn sonnet
Qu'on a mal récompensé, cause
Et qui craignoit sur toute chose
Que par ces diuins affamez
Ses beaux faits fussent diffamez,
Pour auoir, dis ie, enuers Pégaze
Esté par trop raquedenaze,
N'en as tu pas bien dans le cu?
Au lieu qu'en donnant quelque escu,
Ton immortelle renommée
Par l'Europe eust esté semée,
Et ne passerois pas partout
Pour vn forfante, et haye au bout!

[1] Voyez, dans le 1ᵉʳ volume, l'*Inuentaire des merueilles du monde rencontrées dans le palais du cardinal Mazarin*.

[2] Opéra joué par la troupe italienne que Mazarin avait appelée à Paris. Je ne sais plus où un pamphlétaire a dit :

« Si vous n'êtes italien,
Vous ne verrez pas l'Orphée. »

Au lieu des vertus cardinales
Tu n'as rien que les animales,
Le Vain orgueil d'vn Pantalon ;
Et tu n'es qu'vn franc estalon,
Vn viel Bougre, anté sur bardache,
Et par dessus tout, vn Gauache.
Ton Esprit, Esprit de Coyon,
Pour quelque froide allusion
Que par hazard il a sceu faire,
Dont on a fait vn grand mistère,
T'a fait, mais ie ne sçay comment,
Succéder à feu Maistre Armant.
Ha, ne tranche plus du Ministre.
Tu n'estois né que pour le Cistre ;
Mais la fortune en bonne humeur
T'a fait prince de Parfumeur.
Casse ta garde de Soudrilles ;
Va t'en trauailler en Pastilles ;
Va t'en trauailler en Iasmin,
Digne employ de ta blanche main ;
Et que ta teste chauue et blonde
Se mette à couuert de la Fronde.
Fuy les Arrests du Parlement ;
Trousse bagage et vistement.
Que ton Altesse Mazarine
Craigne le destin de Conchine.
Va, va t'en dans Rome estaller
Les biens qu'on t'a laissé voller.
Va, va t'en, Gredin de Calabre,
Filocobron, ou Filocabre.
Va, va t'en ; repasse les monts ;
Va viste et fay rompre les Ponts ;
Car s'il faut que quelqu'vn te suiue,
Que l'on te demande, *Qui viue !*
Que tu répondes : *Mazarin !*

C'est fait de toy, cher Tabarin.
. . . .
De tes fautes dans la police,
De tes ordres dans la milice
Ie ne te reprocheray rien ;
Mais ie te veux, homme de bien,
Reprocher la cruelle guerre
Que tu fais viure en cette terre,
Où tu prétens malgré les dens
De tant et tant de braues gens
Tenir contre vent et marée.
Ton ignorance est auérée ;
Et tu n'es, pour trancher le mot,
Quoy qu'vn grand Prélat, qu'vn grand sot.
Te souuiens tu bien, Seigneur Iule,
Du raisonnement ridicule
Que tu fis, vn iour, sur les Glans [1] ?
Cela te mit en beaux draps blancs.
Depuis, la nation Françoise
A mesprisé la Calabroise.
Te souuient il bien d'Alcala
Quand Ganimède ou Quinola,
L'amour de certaine fruictière
Te causa maint coup d'estriuière ;
Quand le cardinal Colonna
De paroles te malmena,
Et qu'a beaux pieds comme vn Bricone
Tu te sauuas à Barcelonne ?
De Barcelonne, tu gaignas
Ton Pays, où tu besoignas
Si bien que tu deuins la Gouge
D'vn autre Bougre à bonnet rouge.
O que s'il t'eust abandonné,

---

[1] Voyez dans le 1ᵉʳ volume la *Lettre à M. le cardinal, burlesque.*

Ou bien s'il ne t'eust rien donné,
Ton incroyable destinée
Par ce très sortable Himenée
De toy, Prince des Maquignons,
Auec la vendeuse d'oignons,
Eust esté bornée en Espaigne
A reuendre quelque Chastaigne,
Sans nous faire vn Prince d'vn fou,
Et nous le mettre sur le cou !
Mais ton Altesse Mazarine
N'est qu'vne Altesse Triueline.
La fortune se changera,
Et son ouurage deffera
Par quelque rude coup de fronde,
Faisant raison à tout le monde.
O que l'aueugle resuoit bien
Quand au malheur des gens de bien
Elle fit du Val de Mazare
Sortir ce ministre si rare !
De Mazare, vient Mazarin,
Des Canaries, Canarin;
Comme on dit le Manceau du Maine,
Le Tourangeau de la Touraine,
Basque, Champagne ou le Picard,
Ou quelque autre nom d'autre part;
Comme en vsent en nostre France
Les faquins de basse naissance.
Tu nous as, par adresse ou non,
Escamoté quelque renom.
Moy, ie crois que c'est par fortune.
Ne m'en porte point de rancune.
Ie deffere à la verité
Plus qu'à la Cardinalité.
Va, va t'en donc où l'on t'enuoye;
Qu'icy iamais on ne te voye.

Va rendre compte au Vatican
De tes meubles mis à l'encan ;
Du vol de nos tapisseries ;
De celuy de nos Pierreries ;
Du sale trafic de Mondin [1],
Autre Gredin fils de Gredin ;
De tes deux cens robes de chambre ;
De tes excez de musque et d'ambre ;
De tes habits, vieux et nouueaux ;
Du beau palais de tes cheuaux [2] ;
D'estre cause que tout se perde ;
De tes caneçons pleins de merde ;
De tous tes manquemens de foy ;
De la nourriture du Roy ;
De l'impudente simonie
Que tu fais sans cérémonie ;
De tes conseils si violens ;
De tes procédez insolens ;
Du désordre de nos armées ;
De nos Prouinces affamées ;
De Courtray d'où par trahison
Tu fis sortir la garnison [3] ;
De Lérida deux fois manquée,
Quoy que deux fois bien attaquée [4] ;

[1] L'abbé Mondini, domestique du cardinal Mazarin. « Il (le cardinal) sait fort bien... composer des pâtes et des eaux luxurieuses, telles que celles qu'il donnoit à garder à son fidèle dépositaire, Mondini, et qui ayant esté trouuées à l'inuentaire de cet honneste ecclésiastique, causèrent vn estrange scandale à ceux qui eurent la curiosité d'en goûter. »
Réponse au libelle intitulé : Bons auis, etc. [3377].

[2] Voyez dans les *Diuerses pièces sur les colonnes et piliers des maltotiers* les vers *Sur les écuries du Sicilien*, 1er volume.

[3] En 1647, pendant que le prince de Condé faisait le siége d'Ypre. C'était Palluau, depuis maréchal de Clérambaut, qui commandait dans Courtray.

[4] Par le comte d'Harcourt en 1646, et en 1647 par le prince de Condé.

Du fruict du grand combat de Lens
Perdu par tes conseils trop lens;
De la Catalogne réduite
Au désespoir par ta conduite;
Du Duc de Guize mal logé
Dans Naples qu'on a négligé;
De la dizette des Prouinces;
Du péril que courent nos princes,
Qui sont à la guerre, tandis
Qu'en ton palais tu t'ébaudis;
Du Duc de Beaufort mis en cage,
Digne effect de ton grand courage;
D'vn Mareschal de France pris
Pour la récompense et le prix
D'auoir bien fait à Barcelonne [1];
Du vol du Duché de Cardonne;
D'auoir fait prendre vn faux bouillon
Au feu président Barillon;
De la Reyne persuadée
De ta sincérité fardée;
Des Anglois qui n'ont point de pain,
Que tu laisses mourir de faim [2];
Et de leur Reyne désolée
De ses bagues par toy volées;
Du Vénérable Parlement
Traitté par toy peu dignement;
Et de la pauure France Etique
Par ton auarice Hydropique;
De l'argent qu'on a destourné
Au nom de Portolongone;
D'auoir, courretier de Priape,

---

[1] Le maréchal de La Mothe Houdancourt, duc de Cardone.
[2] Les Anglais qui étaient venus à Paris avec Henriette de France, femme de Charles Ier.

Supprimé le Neueu du Pape [1],
Pour plaire à ce beau Cardinal
A qui tu seruois d'vrinal;
De la paix que tu pouuois faire,
A l'Europe si nécessaire,
Et qui fut par toy néantmoins
Refusée aux yeux de témoins
Qui comme ils sont tous gens notables,
Ne peuuent estre reprochables;
De nostre Monarque enleué,
En quoy ton Altesse a resué;
De la grande ville bloquée;
De toute la France attaquée,
Laquelle te l'a bien rendu,
Dont ie te tiens très confondu;
D'auoir appaisé la Guyenne
Selon ta méthode ancienne;
Et de Richon qui fut pendu,
Plaise à Dieu qu'il te soit rendu!
Comme aussi du pauure Canole,
Puisses tu perdre la parole
De la façon qu'il la perdit
Quand à Bourdeaux on le pendit [2]!
D'auoir perdu par ignorance
L'authorité des Rois de France;
D'auoir au soldat estranger
Offert la France à saccager;
Mais par grand bonheur Léopolde
S'est deffié d'vn manigolde,

[1] Francesco Pamphili, neveu d'Innocent X. Le *Tableau funeste des harpies de l'Estat*, etc. [3748].

Le chevalier de Canolle, lieutenant-colonel du régiment de Navailles, fait prisonnier dans l'île de Saint-Georges par les Bordelais, fut pendu en représailles de l'exécution de Richon, gouverneur du château de Vayres pour le parlement de Bordeaux.

Dont la parole et le cachet
Ne seruent que de trébuchet,
Et (deffendez-luy la caballe)
Qui n'est qu'vn Ministre de balle;
D'auoir fait éloigner Séguier,
Ce grand, ce digne Chancelier;
De Gondy dont tu prens ombrage
Pour son esprit et son courage
Et cent vertus que tu n'as point,
De toy différent en ce point,
Que la dignité Cardinale
D'vn Cardinal Sardanapale,
En tous ses plaisirs criminel,
Reçoit vn opprobre éternel,
Et que de ce Prélat illustre
La pourpre receuroit du lustre;
D'auoir osé choquer Gaston,
Prince en sagesse vn vray Caton,
En valeur vn autre Alexandre;
Estoit-ce à toy de l'entreprendre?
Pauure rat qu'on vit autrefois
En petit pourpoint de Chamois,
Quand, de Sachetti secrétaire,
Honorable employ pour vn hère,
Tu seruois aux plus débauchez
Au ministère des Péchez;
De Crémone, et de son sot siège;
De la principauté de Liège,
Dont eust esté Coadiuteur
Le frère de ton Protecteur[1],
Si par mille pratiques sourdes,
Ton esprit trop fertile en bourdes
N'eust traistreusement éludé

---

[1] Le prince de Conty.

Les desseins du vaillant Condé,
Qui depuis, ô le plus grand traistre
De ceux qui se meslent de l'estre,
Pour t'auoir si bien protégé,
Se voit dans le Haure logé,
Luy dont le bras fut ton Ægide,
Qui te tira comme vn Alcide
Des mains du peuple, vn autre **Hydra**,
Lequel enfin se préuaudra
Des fureurs dont il est capable;
Et lors, Ministre détestable,
Bougre, des Bougres le maieur,
Des politiques le mineur,
Par qui la France est décriée,
De ses amis désalliée,
Par qui le commerce est perdu,
Enfin tout l'Estat confondu,
Alors, dis-ie, le plus sot homme
Qui soit iamais sorti de Rome,
Reietton de feu Conchini,
Pour tout dire Mazarini,
Ta carcasse des-entraillée
Par la canaille tiraillée
Ensanglantera le paué;
Ton Priape haut esleué
A la perche sur vne gaule
Dans la capitale de la Gaule,
Sera le iouet des laquais,
L'objet de mille sobriquets,
De mille peintures grotesques,
Et mille Epitaphes burlesques.
Hé bien, ô Cardinal pelé!
N'est-ce pas à moy bien parlé?
Tu ne sçauras pas qui te tire
Par derrière cette satyre?

Iule, iadis l'omnipotent,
Tu voudrois bien m'en faire autant;
Et tu me voudrois bien pis faire,
Prince malgré toy débonnaire.
Pouuant bien faire à tous, dy-moy,
Pour quoy n'as-tu faict bien qu'à toy?
Sergent à verge de Sodome,
Exploittant par tout le Royaume,
Bougre bougrant, bougre bougré,
Et bougre au suprême degré,
Bougre au poil et bougre à la plume,
Bougre en grand et petit volume,
Bougre sodomisant l'Estat,
Et bougre du plus haut karat,
. . . .
Bougre à chèures, bougre à garçons,
Bougre de toutes les façons,
Bougre venant en droite ligne,
. . . .
Bougre Docteur *in vtroque*,
Pippeur, Magicien *quoque*,
Homme aux femmes et femme aux hommes
Pour des poires et pour des pommes,
Comme deffunt Iean Foutakin [1],
Fils et petit fils d'vn faquin
Qui diffames la Caze Vrsine
Par l'alliance Mazarine [2],
Qui de Maraux fais des Abbez,
Aux liures préfères les dez,
A tous les gens d'esprit est rogue,
Et pourtant d'vn Roy Pédagogue,
Ha! que ne puis-ie d'vn reuers

---

[1] *Lettre de la signora Foutakina à messer Iulio Mazarini*, etc. [1948].

[2] Le père du Cardinal avait épousé en secondes noces une dame de la maison des Ursins.

Accompagner ces petits vers,
Ou sur ta teste chauue et folle
Appliquer vne croquignolle !
Mais le temps tout amènera ;
Et la fronde t'acheuera.
Ministre à la teste de courges,
En fauteuil les armes de Bourges,
On te reuerra dans Paris ;
Et là comme au trébuchet pris,
Et de ta rapine publique,
Et de ta fausse Politique,
Et de ton sot gouuernement,
Au redoutable Parlement
Dont tu faisois si peu de conte,
Vltramontain, tu rendras compte ;
Puis après ton compte rendu,
Cher Iule, tu seras pendu
Au bout d'vne vielle potence,
Sans remors et sans repentance,
Sans le moindre mot d'examen,
Comme vn incorrigible ; *Amen !*

Deffense de l'ancienne et légitime fronde [984] [1].

(5 avril 1651.)

On ne peut mieux respondre à de mauuais discours que par de bonnes actions. La réputation de Monsieur le Coadiuteur est autant au-dessus de la calomnie et de l'imposture que son cœur est au-dessus de la crainte et son esprit au-dessus de l'intérest. Ie ne prétends point de respondre pour luy à ces infâmes libelles qui infectent le monde. Ie ne les lis qu'auec mépris quand ie les considère comme des Ouurages malheureux de ces mesmes mains qui nous ont voulu consacrer autrefois le Mazarin. Ie regarde comme des trophées éleuez à la gloire de Monsieur le Coadiuteur tous les traicts que tracent contre luy ceux qui ont assiégé Paris. Ie leur pardonne mesme en quelque manière le ressentiment qu'ils ont des obstacles qu'il a mis à leur fureur en tant d'occasions où ils ont essayé d'opprimer la liberté publique. Ie ne trouue pas estrange que les nouuelles obligations n'ayent pu effacer de leurs esprits la douleur qu'ils ont conceue de n'auoir pu ruiner la capitale du Royaume et de n'auoir pas eu la liberté tout entière de nager dans le sang de ses Citoyens. Ie leur fais assez de Iustice pour excuser ces trans-

---

[1] Le Cardinal de Retz avoue ce pamphlet dans ses *Mémoires* sous le titre inexact d'*Apologie de l'ancienne et légitime fronde*. C'est le premier qu'il ait fait paraître après sa fameuse retraite. Il le lança dans Paris par cinquante colporteurs que soutenaient des hommes apostés. On comprendra ce luxe de précautions si on fait attention que cet écrit, si violent et presque si menaçant, était dirigé contre la personne du prince de Condé.

ports; et au lieu de leur respondre par des inuectiues qui aussi bien n'adiousteroient rien à la connoissance publique que l'on a de leur noir et infidèle procédé, ou par des Apologies peu nécessaires, à mon sens, à vne conduite aussi nette que celle de Monsieur le Coadiuteur, ie me contenteray de faire présentement auec douceur pour sa deffense ce qu'vn des plus grands hommes de l'ancienne Rome fit autrefois auec approbation pour sa propre gloire. Après que ce Capitaine si glorieux par la conqueste de l'Afrique eut rendu Rome entièrement victorieuse dans ces fameuses guerres qui domptèrent l'orgueil de Carthage, il fut accusé par ses ennemis ; et il dispersa toutes ces calomnies par cette belle et fière parole : « Allons au Temple remercier les Dieux du bonheur que ie vous ay acquis par mes victoires. » Peuples, souffrez que i'anime auiourd'huy de ces mesmes paroles vne voix plus modeste, mais qui pourroit vous dire auec autant de iustice : « Allons au Temple rendre grâce au Ciel de la tyrannie renuersée, du Mazarin chassé, de vos rentes conseruées, de nos Princes en liberté, des taxes supprimées, de la liberté publique establie. » Ce sont des Ouurages auxquels toute la France auoue que M. le Coadiuteur n'a pas peu contribué sous les ordres de son Altesse Royale. Et vous, lasches imposteurs et infâmes bastards de la légitime Fronde, demeurez dans le silence, vous qui déchirez le nom de Mazarin après auoir tousiours respecté sa personne; qui l'attaquez mort après l'auoir adoré viuant; qui luy faisiez lâchement la cour dans son antichambre, cependant que nostre illustre Prélat s'opposoit généreusement à la naissance et au progrez de son pouuoir; qui combattiez sous ses ordres dans les Troupes qui assiégeoient Paris, cependant que ce généreux Protecteur de nostre liberté exposoit sa vie pour vous défendre ; qui vous cherchiez des grâces et des bienfaicts de ce Ministre au mesme moment que Monsieur le Coadiuteur refusoit les biens et les grandeurs qui luy estoient offertes auec abondance ; qui au préiudice des paroles données et Traitez signez auez conserué dans la Cour les restes et les créatures du Cardinal Mazarin, à l'instant que vous en chassiez ceux qui auoient eu le plus de part à son esloignement ; qui auez tousiours esté ses Esclaues tant qu'il a esté dans la puissance, et qui ne reconnoissez plus l'authorité Royalle depuis qu'elle est priuée d'vn Ministre foible et timide qui vous obligeoit de le souffrir à force des bienfaicts dont il contentoit vostre auarice ; vous enfin qui ne vous estes brouillez auec les amis du Mazarin que parce qu'il n'a pas esté en leur pouuoir d'assouuir vostre ambition, qui n'attaquez présentement son ombre que pour vous vnir peut-estre comme vous auez fait en de pareilles rencontres, plus estroitement à sa personne, et qui serez, quoy que vous puissiez dire, tousiours Mazarins, c'est-à-dire ennemis du public, Fauteurs des Partisans, obstacles de la Paix générale que vous empeschez par vos brouilleries. Ne prétendez plus d'abuser les esprits crédules par vos calomnies et par vos impostures ; nous abhorrons le Mazarin ; mais l'auersion que nous auons pour luy, passe iusques au poinct que nous ne voulons pas mesme le receuoir pour vn prétexte. C'est de quoy présentement vous le faites seruir. Vous l'appliquez à tout vsage ; vous traittez de fauteurs du Mazarin ceux qui se sont tousiours opposez auec le plus de vigueur à sa tyrannie, parce que leur naturel libre et courageux vous fait appréhender l'authorité légitime. Vostre aueuglement est estrange. Il est de la mesme nature de celuy qui vous persuada que vous prendriez Paris en trois iours[1]. Vous vous imaginez que vous porterez les yeux de tous les Peuples si vniquement sur le Cardinal Mazarin qu'ils ne s'aperceuront pas qu'il s'eslèue vn autre Tyran parmi eux. Nous haïssons celuy qui est à Cologne; nous exposerons nos biens, nos fortunes et nos vies pour nous opposer aux moindres apparences de son retour. Vostre conduite passée nous peut faire croire auec raison que ce sera peut-estre contre vous que nous prendrons les armes sur ce suiet. Mais toute sorte de tyrannie nous est odieuse. Nous n'auons point combattu pour le choix des Tyrans[2]; et quand la plus saine partie de la France s'est opposée aux desseins du Cardinal Mazarin et que vous auiez communs auec luy, ce n'a pas esté pour esleuer vostre puissance, mais au contraire pour sousmettre à nostre ieune Monarque celle que vous vsurpiez dans la foiblesse de son gouuernement, et par les moyens que vous en laissoit prendre ce Ministre foible et timide. Quelques apparences contraires que vous en donniez, on voit le regret que vous auez de sa perte par l'appréhension que vous témoignez que l'on en establisse de plus forts et de plus vigoureux dans le Conseil du Roy. Vous protestez de n'y entrer iamais tant qu'il y en aura auxquels vous n'aurez pas donné vostre consentement. On peut dire que cette Déclaration n'est pas respectueuse pour l'authorité Royalle. Les suiets de quelque condition qu'ils soient, ne parlent pas d'ordinaire auec cette hauteur; mais nostre estonnement augmente quand nous considérons qu'elle regarde la personne de Monsieur de Chasteauneuf. Son désintéressement si connu à toute la France laisse croire que ceux qui

---

[1] Le prince de Condé est assez clairement désigné dans ce passage.
[2] Et mieux encore dans celui-ci.

désaprouuent son establissement, veulent entretenir la confusion et le désordre dans les Finances et ne sont pas brouillez auec les Partisans; et sa fermeté et son expérience donnent suiet de craindre que ceux qui se déclarent contre luy, n'appréhendent la fin des désordres publics dans lesquels ils trouuent leurs auantages particuliers. On préfère à ce grand homme qui a vieilli dans le seruice des Rois et qui a tant de part à la défaite du Cardinal Mazarin, Monsieur le Chancelier que nous sçauons auoir tousiours esté esclaues de ses volontez. On luy préfère Monsieur de Chauigny que toute la France connoist pour auoir esté l'vn des plus violents et plus dangereux instrumens de la tyrannie du Cardinal de Richelieu. On luy préfère le Président de Maisons noircy par tant de voleries, par tant de trahisons; et par vne métamorphose estrange et faite, pour ainsi dire, contre tous les ordres de la nature, ces scélérats en vn moment deuiennent gens de bien; et au goust déprané de ces malades furieux, nos véritables amis, les anciens Protecteurs de la liberté publique, contre leur propre honneur, contre leur propre bien, contre leur propre seureté, en vn instant deuiennent Mazarins. Si toute la France estoit assemblée pour chercher des précautions contre le retour de ce Ministre, ie ne sçay si on en pourroit trouuer de plus grande que l'establissement des personnes qui ont le plus contribué à sa perte, parce que l'intérest particulier se ioignant en cette rencontre auec le public, seroit sans doute iugé capable de dissiper toutes les inquiétudes et de leuer tous les soupçons. Ie n'entends point parler en ce lieu de Monsieur le Coadiuteur. Quoy que ie n'aye pas l'honneur d'estre connu de luy et qu'il n'y ait que le party du bien public, auquel ie me suis tousiours attaché auec vigueur, qui m'oblige de dire mes sentimens en cette occasion, ie n'ignore pas ses sentimens au poinct de ne sçauoir pas que ce mesme esprit qui luy a fait refuser depuis trois ans deux fois le Chapeau de Cardinal, quatre-vingt mille liures de rentes en Bénéfices, soixante mille escus d'argent comptant, place dans les Conseils en deux différentes occasions, l'oblige à y renoncer encore en celle-cy. L'on verra par les suites des années que ses maximes sont fort éloignées de ces emplois, qu'il n'a esté engagé dans les affaires que par les [raisons] qu'il a eu d'entrer dans la défense de Paris, et que ses intérests ne feront iamais aucune part des affaires publiques.

Aduis désintéressé sur la conduite de Monseigneur le Coadiuteur [510][1].

(6 juillet 1651).

Comme Paris est diuisé en autant de partis que de familles, i'ay creu que pour réunir les esprits, il ne falloit

---

[1] Le cardinal de Retz n'avoue pas ce pamphlet dans ses *Mémoires*. Il ne me paraît pourtant pas douteux qu'il ne l'ait écrit. L'auteur de la *Lettre d'vn Bordelois*, etc. [1352] dit : « I'ai reçu vostre dernière qui m'estonna fort d'apprendre que les auis de M. le Coadiuteur se sont vendus publiquement. Ie n'admire pas tant leur bon marché que la nécessité où le bon prélat est réduit, d'auoir, à ce qu'on dit, trop dépensé. C'est sans doute pour se dédommager du refus qu'il dit auoir fait de bénéfices et d'argent pendant le blocus de Paris... » Puis il ajoute un peu plus bas : « Afin que vous conceuiez mieux ma pensée dans la suite de ce discours, ie m'adresserai à ce messire Iean, François ou Paul à ce *qu'on dit*. » Il y a eu d'autres réponses encore à l'*Aduis désintéressé*, par exemple la *Réponse d'vn véritable désintéressé*, etc. [3392], le *Bon frondeur qui fronde les mauuais frondeurs*, etc. [589], le *Frondeur bien intentionné*, etc. [1451]. La meilleure et la plus complète est sans contredit la *Lettre d'vn marguillier de Paris*, qu'on trouvera plus loin.

que faire réflexion sur les choses et l'estat présent des affaires. C'est ce qui doit régler les suffrages du peuple, qui se voit à présent l'arbitre de sa fortune et de celle de l'Estat.

Tout le monde est d'accord que la source et l'origine de nos maux est le Cardinal Mazarin. Il faut donc voir sans passion et sans intérest qui sont ceux qui ont vigoureusement attaqué le monstre et qui l'ont défait auec toutes ses forces et tout son venin, afin de reconnoistre nos Libérateurs et nos Héros et ne pas perdre la mémoire de leur vertu sur des soupçons imaginaires et malicieusement inuentez.

Ie ne prétends pas faire icy des Eloges et des Panégyriques. Ie n'ay esté, grâces à Dieu, iusques à présent qu'à moy mesme et à mon pays. Ie parleray seulement des choses conneues à toute la France : La vérité ne souffre point d'ombres ni de couleurs.

Ie prie tous les bons François de se ressouuenir auec moy de ceux qui ont les premiers rompu nos chaisnes. Ie laisse à part ce qui s'est passé dans le Parlement : La matière est trop grande pour n'en faire qu'vn petit Traitté. Mais de tous les particuliers qui ont assisté la cause publique, ie ne voy personne qui se soit exposé dauantage à l'orage et à la tempeste que Monsieur le Coadiuteur.

Quand on a veu la liberté opprimée par l'emprisonnement de Monsieur de Broussel et des autres Magistrats, l'intérest de sa fortune particulière ny la crainte de la disgrâce de la Cour ne l'empeschèrent pas de porter ses sentimens iusques dans le Palais Royal et d'y condamner à la face de la Reyne la mauuaise et pernicieuse conduite du Cardinal Mazarin. Il fut luy seul de tous les

Grands du Royaume qui n'eust point de lasche complaisance et qui décria les Conseils violens. Il se jetta dans les intérests du Peuple lorsqu'il estoit abandonné et qu'on faisoit passer pour vn crime la conseruation des Loix de l'Estat.

Il n'eust pas si tost découuert la conspiration qui se formoit contre Paris par toutes les puissances du Royaume, qu'il chercha les moyens de le défendre. Il demeura au milieu de nous pour courir la mesme fortune ; et l'on peut dire que sa vertu et sa générosité ne fortifièrent pas seulement nos esprits ; elles esbranlèrent mesme les plus résolus du party contraire et y iettèrent enfin la deffiance et le désespoir.

Quand les affaires furent accommodées, il rendit au Roy ses respects et ses obéyssances. Mais bien que toute la France eust dès lors retourné à l'idolâtrie et sacrifié comme auparauant au Cardinal Mazarin et à sa fortune, il reuint luy seul de la Cour auec sa pureté. On ne put iamais l'obliger de rendre à Compiègne, où il fust saluer leurs Maiestez, vne visite indifférente au Cardinal. Il ne put seulement souffrir son visage ; c'estoit l'ennemy de l'Estat.

Le Cardinal estant de retour dans Paris et les intérests de M. le Prince ne pouuant plus s'accommoder auec ceux de la Cour, tout le monde sçait auec quelle franchise M. le Coadiuteur s'engagea auec luy pour destruire cet infâme Ministre, et que si M. le Prince ne se fust pas réconcilié, il auroit luy mesme défait le corps et non pas l'ombre qu'il poursuit à présent auec tant de pompe et de parade.

Les Princes ayant esté emprisonnez, il n'y auoit plus que M. le Duc d'Orléans qui pouuoit défaire cet ennemy commun. La conioncture des affaires et ses intérests particuliers pouuoient balancer son esprit. Néantmoins, M. le Coadiuteur ayant eu l'honneur d'approcher son Altesse Royalle, il mesnagea si bien cet ouurage que M. le Prince y a trouué sa liberté, et toute la France la perte et la ruine de son ennemy.

Néantmoins, comme si ces illustres et glorieuses actions, qui ont eu tant de fois l'applaudissement du Peuple, estoient à présent des songes, il s'est esleué une nouuelle secte parmy nous, qui veut défigurer toutes ces belles véritez et qui sous les apparences d'vn bien que nous n'auons pas encore veu, nous veut faire oublier celuy qu'on nous a desià fait, et nous faire deschirer ceux qui méritent de nous vne vénération éternelle.

Parcequ'ils publient auoir changé d'inclination, ils veulent aussi que les autres ne soient plus ce qu'ils ont tousiours esté ; que leurs actions passées, qui ont esté tant de fois condamnées par toute la France, soient de fortes asseurances de leur bonne conduite à l'aduenir, et qu'vne suitte de tant de généreux desseins accomplis et acheuez ne puissent être la marque de la perséuérance et d'vne vertu inébranlable.

Enfin on veut que M. le Coadiuteur soit Mazarin, qu'il trauaille au restablissement de ce malheureux et perfide Ministre. On tasche de persuader qu'il veut monter par là aux honneurs et aux dignitez et y trouuer sa grandeur et sa fortune. Voylà le langage de certaines gens acheptez, qui a desià surpris tous ceux qui, sans faire réflexion, se sont effrayez du Mazarinisme.

Ie ne veux point deffendre M. le Coadiuteur par toutes les actions de sa vie. Elles ont assez découuert son inclination et fait connoistre à toute la France qu'il hait mortellement les Tyrans et la Tyrannie. On va rarement contre son propre génie. C'est comme l'eau qui ne remonte iamais contre sa source.

Ie me contenteray seulement de faire voir comme M. le Coadiuteur a vescu depuis les iniustes soupçons qu'on a voulu mettre dans l'esprit des Peuples.

Quand M. le Prince se retira de Paris et qu'il fist proposer dans le Parlement l'esloignement de ceux qui auoient tousiours esté contraires au bien public et dans les intérests du Cardinal[1], on sçait quel fust son aduis, et que la calomnie qu'on auoit dès lors préparée contre luy, se destruisit par le seul bruit de sa gloire et de sa réputation.

Lorsqu'on a délibéré sur le mariage de M. de Mercœur[2] et sur les intelligences sécrettes que plusieurs personnes auoient eues auec le Cardinal et auec ceux qui sont dans sa faction, il a tousiours suiui le plus fort aduis qui a esté ouuert dans le Parlement. Il n'a iamais manqué d'occasion d'acheuer vne victoire à laquelle il n'a pas la moindre part.

Cependant si l'on veut s'arrester à quelque Populace ramassée ou à ceux qui sont ialoux de sa gloire, c'est auiourd'huy le seul Mazarin du Royaume. Il abandonne son triomphe; il rend les armes à son ennemy défait et abbatu. De conquérant, il veut deuenir esclaue et captif. Bref, ce n'est plus M. le Coadiuteur.

Certes si ce langage se tenoit chez les estrangers qui

---

[1] Le Tellier, Servien et de Lyonne, *Lettre de M. le Prince à Messieurs du Parlement* [2028]; *Relation de tout ce qui s'est passé au Parlement le 8 iuillet* [3148].

[2] *Arrêt de la Cour de parlement donné en faueur de Monseigneur le Prince contre le cardinal Mazarin et ses adhérents* [297].

ont ouy parler de nos affaires, et de ceux qui se sont signalez en tant d'illustres rencontres, ils prendroient ce discours pour vne fable ; et de quelque légèreté dont nous soyons accusez, ils ne pourroient croire que dans vn mesme temps on reuérast la vertu et qu'on luy fist des iniures publiques.

Mais comme la calomnie ne manque point d'artifices pour défigurer les plus belles actions, on veut que les aduis généreux de M. le Coadiuteur qui paraissent à la face de la Iustice, ne soient que des dissimulations et des feintes. Quoy qu'il soit tousiours semblable à soy mesme, ce ne sont que des déguisemens et des perfidies. On prétend que c'est seulement pour entretenir son crédit et sa réputation parmy le Peuple. On veut renuerser par des imaginations inspirées par ses ennemis tout l'honneur et la gloire de sa vie.

Si cette sorte d'accusations estoit escoutée, la plus constante vertu seroit tousiours suspecte. Il n'y auroit plus de confiance, qui est l'âme de la société ciuile. Nous n'auons point de règle de l'homme de bien que ses actions. Son cœur est reserué à Dieu seul. Et si la charité nous apprend d'auoir tousiours bonne opinion de nostre prochain, nous deuons principalement cette iustice à vne personne qui est dans le Sacerdoce et dans les premières dignitez de l'Église.

Au reste, quand le peuple n'auroit point, comme il a, des gages asseurez de la fidélité de M. le Coadiuteur et qu'on mesureroit ses desseins, comme la plus part de ceux des Grands, par son interest particulier ou par l'esclat de sa gloire et de sa réputation, on ne voit pas qu'il puisse trouuer ny l'vn ny l'autre dans le restablissement du Cardinal Mazarin.

Il perdroit dans vn iour tout l'honneur qu'il a acquis depuis tant d'années et auec tant de péril.

Il ne peut pas aussi espérer son esléuation dans ce funeste retour. Le Cardinal n'a iamais peu souffrir de compagnon ni de Maistre.

Enfin M. le Coadiuteur n'y perderoit pas seulement sa grandeur et sa gloire; il y perdroit mesme sa seureté. Quelle confiance pourroit il prendre auec vn Italien qui a manqué de foy à toute la terre, qui s'est ioué de la parole Royalle comme de la sienne, et qui fait encore vanité de violer ce qu'il y a de plus sainct et de plus sacré parmy les hommes?

Comme on a donc veu que tous ces bruits se dissipoient par la moindre réflexion qu'on pouuoit faire sur la vertu de M. le Coadiuteur, et en considérant mesme ses intérests, on s'est aduisé de publier qu'il alloit au Palais Royal, qu'on parloit de le faire Ministre et de le mettre dans les Conseils du Roy.

Pour moy, ie ne suis pas encore si sçauant. Ce faict ne m'est pas connu.

Ie sçay bien qu'il a paru iusques à présent le plus désintéressé de tous les hommes du monde; qu'il refusa généreusement le Chapeau de Cardinal qu'on luy offrit plusieurs fois pendant le blocus de Paris, afin qu'il ne s'opposast pas si hautement qu'il faisoit aux intérests du Ministre et que la cause du Peuple ne luy fust pas du tout si chère.

On sçait aussi que dans le temps qu'il mesnagea la liberté de M. le Prince et l'exil du Mazarin auprès de son ALTESSE ROYALLE, on luy voulut encore donner le Chapeau et qu'à diuerses autres fois on luy a offert l'Abbaye d'Ourcan, vne pension de vingt mille liures et cinquante mil escus d'argent comptant.

Tout cela n'a iamais pu tenter son honneur et sa gloire; il a tousiours mieux aimé qu'on le connust par l'esclat de ses belles actions que par la grandeur de sa fortune.

Mais quand le bruit seroit véritable qu'on veut mettre M. le Coadiuteur dans le Ministère, bien qu'il ayt déclaré hautement plusieurs fois qu'il n'auroit iamais cette pensée, doit on croire pour cela que M. le Coadiuteur soit dans les intérests du Cardinal Mazarin?

La condition du Roy et celle de l'Estat seroit bien maheureuse si tous ceux qui pourront entrer doresnauant dans le Conseil du Roy, passoient pour Mazarins. Tout le monde fuiroit le seruice du Roy et de l'Estat, comme vne fatalité à sa fortune, parce qu'il n'y a personne qui se veuille charger volontairement de la haine publique.

Ie demanderois volontiers à ceux qui se laissent si facilement surprendre, si, quand le Cardinal a esté chassé, on auoit mis dès lors M. le Coadiuteur dans le Conseil, il y eust eu des personnes qui se fussent plaintes de ce digne choix. Au contraire, tout le Peuple auroit crié victoire et tesmoigné de la ioye dans le public.

D'où vient donc ce changement? Vaut il mieux que des Mazarins demeurent auprès du Roy et dans son Conseil pour fomenter leur vengeance et entretenir les esprits ulcérez, que ceux qui peuuent guérir la playe et qui ont tousiours esté dans les intérests du peuple? Nous n'auons combattu que pour cet aduantage; et à présent nous ne voulons pas nous en seruir. Nous voulons estouffer nostre triomphe. Nous ne connoissons pas que ce sont nos ennemis qui nous eslèuent contre nous mesmes.

Ouy; mais il y a vne autre crainte qui nous saisit. On dit que la Reyne est si fort engagée dans le restablissement du Cardinal qu'on ne peut s'approcher de la Cour sans entrer dans les mesmes intérests et dans ses pensées.

I'ay fait voir que M. le Coadiuteur ne pouuoit auoir part à ces engagemens; s'il y en auoit encore quelques vns, qu'il y perdroit sa gloire, sa grandeur et sa seureté, qui sont les principes de tous nos mouuemens et de toutes nos actions.

On aioute qu'encore que M. le Coadiuteur ne puisse estre dans ce dessein et qu'on le veuille attirer par des protestations contraires, néantmoins que la Reyne ayant restably l'authorité sous les apparences du bien et par vn changement agréable au public, il ne pourra résister à ce torrent; il y trouuera luy mesme sa perte et sa ruine.

Ie sçay bien qu'il n'y a pas trop de confiance dans la Cour. Les choses passées peuuent estre le fondement d'vne iuste et véritable crainte. Mais quoy que les Rois soient puissans, il y a néantmoins des choses qui leur sont impossibles, non pas seulement par cette impossibilité morale qui regarde toutes les choses qui sont contre la bonne foy, contre les bonnes mœurs et contre l'honnesteté publique, mais qu'ils veulent encore leur estre impossibles dans l'ordre de la puissance et de l'authorité.

Les Rois ne peuuent rien faire que par la force de leur peuple ou par l'aduis de leur Conseil. Le Peuple résistera tousiours à ce malheureux dessein et y doit tousiours résister. Pour le Conseil, il n'y aura personne qui veuille céder sa place au Cardinal et qui n'appréhende son retour, principalement n'estant plus composé de ses anciens et véritables amis.

L'on chassera, dit-on, ceux qui s'y opposeront; et leur sort sera sans doute funeste. Ce n'est donc plus pour l'intérest public que certaines gens s'eslèuent contre M. le Coadiuteur. On dit seulement que le chemin de la Cour est périlleux pour luy, que tout est à craindre, quelques asseurances qu'on luy donne de restablir les Lois et de faire iustice au peuple.

Quoy, sur des éuénemens incertains et sur de simples défiances, on ne doit point escouter des propositions salutaires! Ceux qui peuuent bien faire et qui ont tousiours bien fait, refuseront d'entrer dans les affaires pour empescher la ruyne de l'Estat! Il faut donc tout abandonner au sort de la fortune et demeurer tousiours dans la confusion et dans le désordre. On ne peut faire autre chose (ce me semble) pour contenter le peuple que de choisir ceux qui ont tousiours défendu ses intérests. C'est en cela que consiste toute sa seureté et son repos.

Enfin s'il estoit vray qu'on voulust approcher M. le Coadiuteur de la Cour et qu'il se iettast dans le péril dans lequel on dit qu'il s'engage, les plaintes qu'on fait faire contre luy, seroient encore plus iniustes. Quoy, dans vn temps qu'il se sacrifieroit pour le public et qu'il hazarderoit sa propre seureté pour inspirer de généreuses maximes et restablir le bonheur et la félicité des peuples, seroit il iuste d'attaquer dans ce temps là, comme on fait, sa réputation et sa gloire? Il deuroit receuoir plustost des bénédictions, des remerciemens et des éloges.

Ainsi c'est à nous auiourd'hui à ne point prendre le

change et à ne pas esleuer des hommes dont nous ne pourrions pas estre les maistres, comme nous le sommes de ceux qu'on veut nous faire abandonner. Ie ne veux accuser personne ny faire croire que ceux qui ont esté autrefois Mazarins, peuuent plustost le deuenir que ceux qui ne l'ont iamais esté. Ie ne prétends point non plus rappeller dans les esprits les entreprises faites contre nostre liberté. Ie souhaite de tout mon cœur (quelque grands qu'ayent esté nos maux) que la mémoire en soit à iamais enseuelie. Ie ne veux pas mesmes que ces nouuelles accusations, quoyque dictées par le Roy mesme[1], nous rendent suspect le party qu'on veut faire prendre au peuple auec tant de chaleur et d'artifice. Nous deuons suspendre nostre iugement là dessus, puisque le Parlement y délibère. Voyons seulement si dans les grandes maximes l'Estat y peut trouuer sa seureté et le peuple ses aduantages.

Il n'y a rien de plus constant dans la politique, que le crédit est tousiours plus dangereux dans la personne des Princes qu'en celle des particuliers. Comme ceux de ce rang là ont l'âme grande, cette maxime ne reçoit pas de distinction. On n'examine pas si les Princes ont de bonnes ou de mauuaises intentions. Leur naissance les eslèue assez sans les esleuer dauantage. C'est pour cela qu'autrefois on ne leur donnoit iamais de Gouuernemens ni de places fortes.

Mais ce qui nous doit encore empescher d'entrer si aueuglément dans les intérests de ceux qui nous recherchent auiourd'huy auec tant de caresses et de belles

---

[1] *Réponse que la Reine a donnée à Messieurs les gens du Roi.... après la lecture.... de la lettre de Monsieur le Prince* [3451].

protestations, c'est que nous n'y voyons pas la confiance entière. C'est vne vérité qui est tous les iours dans la bouche du peuple et qu'il connoist à ses despens, que les Princes font tousiours leurs affaires, et non celles du public.

On dit mesme que ceux qui nous promettent auiourd'huy de belles choses pour nous engager auec eux, les ont promises autrefois et qu'ils ne les ont pas tenues.

La renommée a publié que dès le commencement de nos affaires et auparauant le blocus de Paris, ils auoient promis à quelques vns qu'ils seroient nos protecteurs. Cependant on les vit incontinent après à la teste des troupes ennemies.

Leurs inclinations ou plustost leurs intérests ayant changé quatre ou cinq mois après la Paix faite, ils nous eschappèrent bientost et à grand nombre de personnes illustres qui s'estoient généreusement vnies au dessein qu'ils auoient fait paroistre auec beaucoup d'esclat. Pour auoir fraternisé quelque temps auec eux, ils ne nous furent pas dans la suite plus fauorables. Ils taschèrent de faire périr nos Libérateurs et nos Héros par des voyes toutes contraires à nos mœurs et à nostre franchise [1].

Depuis qu'ils sont sortis de prison, ils n'en ont pas fait meilleur visage à ceux qui auoient le plus trauaillé à leur liberté; au contraire, ils les ont persécutez. Ils n'ont pas craint de releuer en public les conseils qu'ils auoient demandez auec instance et qu'on leur auoit donnez auec la sincérité du cœur.

Ils ne semblent pas dénier absolument, dans la Res-

---

[1] C'est le procès du duc de Beaufort, du Coadiuteur et de Broussel. *Extrait des registres du Parlement* [1350].

ponse qu'ils ont faite à l'Escrit du Roy [1], n'auoir rien sceu du changement de Conseil qui fust fait à Pasques dernier, mais qu'ils n'y auoient pas entièrement résisté. Cependant ils n'en communiquèrent rien à son Altesse Royalle, à laquelle ils paraissoient ioints d'intérests et qui leur auoit fait tant de grâces et rendu de si bons offices. Au contraire, ils luy protestèrent auec serment estre eux mesmes surpris de ce changement et n'en auoir iamais eu aucune connoissance. Ainsi comparons les soupçons de part et d'autre; nous verrons que ceux qu'ils nous veulent donner de nos anciens amis, sont bien moindres que ceux que nous pouuons prendre de leur conduite. De confiance, nous n'en pouuons auoir du tout. C'est bastir sur vn sable mouuant et sur des espérances incertaines.

Que peut on donc faire dans ce combat d'esprits? A quoy peut on se résoudre? Cela n'est pas difficile : ils disent tous qu'ils veulent faire le bien ; M. le Prince n'a qu'à s'vnir pour cela. La diuision n'en est pas la marque. Il n'y a rien qui engendre l'amitié comme la conformité des inclinations et des sentimens.

Ouy, mais le bien ne peut se faire que dans les Conseils du Roy. C'est le centre de la fortune publique. M. le Prince n'y peut trouuer de seureté.

En peut on imaginer d'autres que celles qui lui ont esté desià baillées : la parole du Roy, de la Reyne, de M. le Duc d'Orléans, enregistrée au Parlement ; les Chambres assemblées [2] ?

---

[1] *Seconde lettre écrite à Messieurs du Parlement par M. le Prince de Condé*, etc. [3617].

[2] *Récit sommaire de ce qui s'est passé au Parlement sur le suiet de la retraite de M. le Prince*, etc. [2998].

Tout cela n'est rien, dit on. Combien de fois a-t-on manqué à des paroles plus solennelles? On se ioue tous les iours des Ordonnances des trois Estats et des Déclarations vérifiées.

Cependant le peuple ny le Parlement dont M. le Prince reconnoist mieux qu'il ne faisoit autrefois l'authorité, ne luy peuuent pas faire donner d'autres asseurances. Il ne demande pas pour ostages des places fortes et des Gouuernemens de Prouince; il en a desià assez. Si on manque à la parole, il peut attendre du Parlement et du Peuple le mesme secours qu'il en a desià receu.

Mais il vaut bien mieux ne tenter point la fortune. M. le Prince demande seulement qu'on le laisse en repos dans Paris. Il prétend qu'il y peut bien demeurer sans voir le Roy.

Pour moy, ie crois que cela est absolument contraire à l'authorité Royalle, au crédit et à la réputation de l'Estat.

Le Connestable de Montmorency s'estant retiré de la Cour, changea mesme la face de la maison qu'il choysit alors pour sa retraite, parce qu'elle estoit tournée du Costé de Paris, croyant qu'vn suiet ne pouuoit point soustenir le visage de son Prince irrité ny regarder seullement le lieu de son séiour et de sa demeure. Ce grand homme voulut que ses respects parussent mesme dans les choses inanimées et que la figure et la forme de son Palais fussent des témoignages publics et éternels de sa submission.

Outre cela, le crédit de l'Estat, qui en est toute la force, ne se peut conseruer dans cette diuision. Tous les Estrangers considéreront auec nous M. le Prince dans Paris, marcher dans les rues, faire rencontre du

Roy dans les lieux publics et à la face de toute la terre, sans pourtant aller à la Cour. Quelque innocent que soit M. le Prince, il n'y a pas vn de nos voisins qui, faisant réflexion sur cette démarche, ne se persuade aysément qu'il y a deux partis dans l'Estat ou vne extresme foiblesse dans l'authorité et le gouuernement, qui sont deux choses très périlleuses.

Il faut donc que M. le Prince sorte de Paris s'il ne peut surmonter ses défiances. Et cependant, s'il sort de Paris, il est à craindre, dit on, qu'il ne fasse la guerre ciuile.

C'est faire tort à M. le Prince de faire ce iugement de luy. Il ayme trop son païs, il ayme trop sa réputation et sa gloire pour nous armer contre nous mesmes et pour nous consommer entièrement par vne guerre ciuile. Ces pensées funestes sont bien esloignées d'vn grand Prince comme il est. Il ayme bien mieux défaire les ennemis de l'Estat que deschirer sa patrie et ses concitoyens.

Mais on ne sçait pas quelquefois où peut se porter vn Prince irrité. Les soupçons faux ou véritables font les mesmes impressions sur l'esprit. Chacun croit auoir la Iustice de son costé et se pouuoir seruir de toutes sortes de moyens pour la deffendre.

Si nous estions réduits à ces deux extresmitez, il seroit bien plus à craindre que le Roy estant mescontent de Paris qui maintiendroit vn subiet contre luy, qui luy doit encore plus de submission que personne, parce qu'il doit l'exemple aux autres, ne s'en retirast enfin luy mesme et que cette retraite ne fust plus dangereuse que la retraite de M. le Prince.

Il est vray, dira-t-on, que la volonté du Roy est

que tout e monde demeure sous la protection des Loix et de la Iustice. Nostre Monarchie est libre. La violence y a tousiours esté condamnée.

Ce n'est point aussi vne violence qu'on fait à M. le Prince de désirer de luy qu'il aille voir le Roy. Ce sont les Loix fondamentales de l'Estat qui l'y obligent. Le Parlement l'a mesme ordonné. Les Princes ne sont pas comme des particuliers. Il faut nécessairement qu'ils soyent à la Cour ou qu'ils en soyent esloignez à cause des soupçons et des ombrages.

Qu'auons nous donc à faire dans cette malheureuse conioncture? Nous n'auons qu'à suiure nostre pointe, à acheuer la perte du Cardinal, si l'on croit qu'elle ne soit pas tout entière. I'abhore le Mazarin plus que personne; et si i'en estois creu, on feroit sa figure comme celle des Monstres qui ont déserté des pays tous entiers et qu'on porte dans les prières publiques pour remercier Dieu de ce qu'il nous en a déliurez, et afin que l'horreur qu'on en doit auoir passe ainsi dans tous les siècles.

Mais ce n'est pas seulement où se doiuent porter nos pensées. Nous deuons redoubler nos efforts pour faire changer le Conseil du Roy, qui est la source féconde de nos biens ou de nos maux, et pour faire chasser ceux qui restent qui sont suspects au public, et que l'on maintient par des artifices secrets, pendant qu'on en chasse d'autres qui n'estoient pas plus meschans ny plus perfides.

Nous deuons aussi employer tous nos soins pour obtenir au commencement de la Maiorité vne chambre de Iustice, composée des plus séuères Magistrats du Royaume, et qu'on y confisque sans distinction le corps et les biens de ceux qui ont si insolemment volé le Roy et le public.

On dit que M. le Prince nous promet toutes ces belles choses.

Le secours de M. le Prince n'est point nécessaire pour cela. Il ne nous faut point tant de Chefs. Nous deuons nous ressouuenir que nous auons pensé périr dans le blocus de Paris pour auoir trop de Généraux. Les intérests des Grands sont bien différens de ceux du peuple.

Et de faict, ayant leu auec attention la Response de M. le Prince à l'Escrit du Roy, il semble qu'il demande tout autre chose. Il y a vn endroit qui peut iustement augmenter nos deffiances. Il proteste qu'il n'entrera point au Palais Royal, qu'il n'ira point à la Cour tant qu'on mettra des gens dans le Conseil sans son consentement.

Si ie ne sçauois que cet article a esté mis dans la Response de M. le Prince contre le sentiment d'vne personne d'érudition et de mérite, ie croirois que ce seroit vne augmentation de l'Imprimeur ou de celuy qui l'auroit descrite. *M. le Prince n'entrera point dans le Conseil tant qu'on y mettra des gens contre son consentement.* C'est donc tout de bon (comme a dit son premier Manifeste[1]) que M. le Prince veut estre auiourd'hui luy seul l'Arbitre et le Modérateur de l'Estat. Cette protestation est vne irréconciliation iurée auec la Cour ;

---

[1] C'est apparemment le *Manifeste de Monseigneur le Prince de Condé touchant les véritables raisons de sa sortie hors de Paris, faite le 6 juillet*, etc. [2372]. Le coadjuteur ne savait-il pas que ce pamphlet est de Mathieu du Bos? Le *Manifeste véritable des intentions de M. le Prince*, etc. [2404] est, je crois, postérieur de quelques jours à l'*Aduis désintéressé*.

tellement que si nous entrons dans ses intérests, quelque bon Conseil que le Roy choisisse à sa Maiorité, et quand il prendroit les plus gens de bien du Royaume, il nous faudra nous y opposer auec M. le Prince et nous priuer ainsi d'vn bien que nous attendons auec tant d'impatience et sans lequel l'authorité s'en va perdue et peut estre la Monarchie.

Peut il estre aduantageux pour nous d'authoriser les clameurs de certaines petites gens qui ne demandent que le désordre, d'applaudir à vne reuendeuse des Halles qu'on produit comme vne femme mystérieuse parce qu'elle est la plus hardie et la plus insolente de son quartier[1]? Voulons nous assister de nos forces vn nommé Pesche[2] et luy fournir les moyens d'acheuer l'attentat et le parricide qu'il commença, Lundy dernier, en la personne de nostre Prélat et de nostre Père.

Nous sçauons bien que M. le Prince déteste ces actions sacriléges et qu'il les a condamnées publiquement. Cependant comme son mécontentement augmente malgré luy l'audace et la témérité de ces perfides et de ces malheureux, les Loix seront bien encore plus impuissantes si nous escoutons fauorablement, comme on a fait depuis quelques iours, des fausses et ridicules impressions qu'ils veullent ietter dans le peuple. Ils feront périr incontinent nos plus illustres citoyens et passer pour Mazarins tous ceux qui seront contraires à leur

---

[1] Dame Anne.

[2] *Lettre écrite à son Altesse Royale par le sieur Peuche, de la Pesche*, etc. [2210]. Le *Journal contenant ce qui se passe de plus remarquable dans le Royaume*, etc. [1740] raconte que le 15 septembre 1652 le Coadjuteur fut insulté par Pesche dans le palais d'Orléans.

dessein ou qui n'auront pas l'honneur des bonnes grâces de M. le Prince.

Si le Peuple est sage, il ne doit point encore prendre party. S'il veut attendre, il sera par ce moyen maistre de sa fortune. Il suiuera ceux qui feront le bien et qui luy rendront Iustice. Mais il faut vn bien de durée et ne se laisser pas surprendre par vne fausse lueur. Voilà mon sentiment que i'ay voulu donner au Public pour le détromper. Il se peut faire que ie me trompe moy mesme. Si cela est, ie seray fort aise que quelqu'vn m'en aduertisse. Ie ne suis point ialoux de mes sentimens. Ie me rendray bientost aux leurs; i'en fais dès à présent ma déclaration solemnelle.

Lettre d'vn Marguiller de Paris à son Curé sur la conduite de Mgr le Coadiuteur [1885][1].

(6 juillet 1651.)

Monsieur,

I'ay leu l'*Aduis désintéressé sur la conduite de M. le Coadiuteur;* et suiuant ses ordres et le vostre, i'en ay fait part aux plus notables bourgeois de mon quartier. C'est vne chose bien fascheuse de voir ce Prélat réduit à composer des Apologies dans vn temps où il ne deuroit plus auoir d'autre pensée que de continuer ses intrigues, afin d'entrer dans le Ministère. Si les mouuemens qui nous agittent depuis quatre ans, ne doiuent

---

[1] Elle est de Jean François Sarrazin, alors secrétaire du prince de Conty. On sait que Patru a écrit la *Réponse du Curé*, etc. [3428].

cesser que lorsqu'il y aura part, pleust à Dieu pour son repos et pour le nostre qu'il y feust desià solidement estably! Sans mentir, il faut aduouer que c'est vn homme admirable; il est sçauant; il est ferme; et l'on voit dans toutes ses actions le caractère d'vn esprit poussé d'vne belle ambition. Il est éloquent; et il ne fit iamais mieux que de mettre luy mesme la main à la plume pour faire son Panégyrique. Estant nostre Archeuesque, il n'y a pas d'apparence qu'il voulust nous dire des choses qui ne sont pas; et puisqu'il publie que iusqu'icy il n'a point eu d'autre obiet que sa propre gloire et sa réputation (pensée digne d'vn grand prélat), i'estime qu'il est à propos de le croire.

Cependant, comme les sentimens des hommes ne sont pas tousiours semblables, lorsque i'ay fait la lecture de son escrit, il s'est trouué des personnes fort bien instruites des choses de ce monde qui ne sont pas demeurées d'accord de tout ce qu'il met en auant; et parce qu'il est important que vous sçachiez ce qui fust dit dans notre conuersation, i'ay cru que vous seriez bien aise que ie vous en fisse part, et puisqu'vne petite incommodité m'oblige de garder la chambre et m'empesche de pouuoir aller vous rendre visite, ie vous fisse sçauoir par escrit toutes les obseruations que l'on fit sur ce Manifeste de M. le Coadiuteur.

Toute la compagnie dit qu'il estoit vray que le iour de l'emprisonnement de M. de Broussel (qui fut, ce me semble, le iour que l'on chantoit le *Te Deum* pour la quatrième bataille que M. le Prince auoit gagnée), M. le Coadiuteur fit paroistre tout le zèle qu'vn prélat doit auoir pour la conseruation d'vn bon citoyen, qu'il dit ses sentimens à la Reyne auec générosité et qu'ayant esté traisté de tribun du peuple, il fit connoistre qu'il auoit du crédit dans Paris. Ie me souuiens fort bien encore de ce que le Mercredy au soir l'on me vint dire de sa part, et à tous nos quarteniers aussi, et des barricades qui le lendemain, estonnèrent le Ministre qui auoit donné vn si mauuais conseil à Sa Maiesté.

On dit qu'il estoit vray que le Roy s'estant retiré à Sainct Germain, M. le Coadiuteur voulut demeurer à Paris et que bien qu'il eust enuoyé vn Gentilhomme à la Reyne pour l'asseurer du contraire, il le fit arrester au bout de la rue de Nostre-Dame, et que ne craignant point d'exposer sa personne pour asseurer nos fortunes, lorsque nos troupes sortoient pour aller à quelque entreprise, il les haranguoit hardiment à la porte de la ville et les encourageoit auec ses bénédictions.

On demeura d'accord que les affaires ayant esté accommodées, M. le Coadiuteur alla à Compiègne saluer leurs Maiestez sans rendre visite au Cardinal Mazarin; mais on dit que c'estoit vne condition du traicté que M. Seruient[1] auoit fait auec luy, et que pour garder vn peu plus longtemps les dehors, il auoit esté résolu que

---

[1] Abel de Servien, marquis de Sablé, secrétaire d'État. Il serait difficile de dire quel rôle il a joué dans la Fronde. Dans une lettre qu'il a écrite à Bartet le 30 juin 1651, le cardinal Mazarin dit que de Lyonne, et particulièrement Servien, sont tous deux causes de toute la haine qu'on a eue contre lui; et l'auteur du *Mercure de la Cour*, etc. [2452], dans les statuts des chevaliers de la Paille, ordonne de croire

> « Que le coadiuteur qui lorgne
> Pour estre ministre d'Estat,
> Aussi bien que Seruien le borgne,
> Est de la fronde un apostat. »

Voyez plus loin le *Secret de la Cour*.

M. le Coadiuteur ne verroit le Mazarin que dans le Palais Royal; et en effet nous sçauons tous qu'il le vit plusieurs fois depuis son retour; et nous en fusmes scandalisez.

On dit qu'il estoit vray que M. le Prince ayant rompu auec le Cardinal Mazarin, M. le Coadiuteur luy fit offres de seruices et de barricades, mais que M. le Prince aima mieux remettre ses intérests entre les mains de son Altesse Royalle que de remettre les armes entre les mains du peuple, iugeant bien que cela seroit de trop grande conséquence pour le seruice du Roy et pour le repos public.

On demeura d'accord que les Princes ayant esté emprisonnez, M. le Coadiuteur mesnagea si bien l'esprit de M. le Duc d'Orléans qu'il le fit déclarer hautement contre le Cardinal Mazarin et pour la liberté de M. le Prince; mais après auoir longtemps agité si M. le Coadiuteur prit cette conduite pour rendre seruice au Prince ou pour ses intérests particuliers, toute la compagnie conclut que s'il eust pu chasser le Cardinal du Ministère sans faire sortir MM. les Princes de prison, il n'eust pas manqué de le faire; qu'en effet il fit tout son possible pour se rendre maistre de leurs personnes; que lorsque le Mareschal de Turenne approchoit de Paris, il vouloit qu'on les amenast dans la Bastille, et que lorsqu'il vit qu'on les conduisoit au Haure, désespérant de voir réussir son dessein et appréhendant le retour du Cardinal, après la bataille de Rethel, il se ioignit au party de MM. les Princes pour trouuer sa seureté, et que ce fut encore à des conditions si dures qu'il voulut plustost se faire connoistre le tyran que le libérateur de M. le Prince.

On ne demeura pas d'accord que la suite de tous les desseins de M. le Coadiuteur pust estre la marque d'vne vertu inébranlable et que toutes les actions passées de M. le Prince eussent esté condamnées par toute la France ; au contraire, on dit que l'on auoit veu souuent M. le Coadiuteur occupé à chanter des *Te Deum* pour les belles et glorieuses actions que M. le Prince auoit faites, mais que M. le Coadiuteur n'auoit point encore iusques ici obtenu de son chapitre vn seul *Te Deum* pour tout ce qu'il auoit fait.

On dit qu'il estoit vray que lorsque M. le Prince auoit demandé l'esloignement de ceux qui estoient dans les intérests du Cardinal, M. le Coadiuteur en auoit esté d'aduis, et que pour se faire encenser par le peuple, il auoit fait imprimer son opinion[1]; mais quelqu'vn adiousta qu'il auoit en cette occasion manqué à ce qu'il auoit promis à M. de Lyonne dans les secrettes conférences qu'il auoit eues auecque luy, et que dans la délibération qui se fit sur le mariage de M. de Mercœur, il auoit suiuy fièrement les conclusions de Messieurs les gens du Roy.

Dans l'endroit où il est dit que si M. le Coadiuteur consentoit au retour du Card. M. ou prenoit quelque secret engagement auec luy (comme il auoit desià fait autrefois, lorsqu'il l'auoit iugé nécessaire à ses intérests), il perdroit ce qu'il auoit acquis d'honneur et de crédit, on dit que malheureusement pour luy cela n'estoit desià que trop vray.

[1] *Avis de monseigneur le Coadiuteur... pour l'éloignement des créatures du cardinal Mazarin*, etc. [506]. Le cardinal convient en effet dans ses *Mémoires* que c'est lui qui le fit publier, après s'en être concerté avec la reine.

Sur ce que l'on dit que pour décrier M. le Coadiuteur, on s'est aduisé depuis peu de publier qu'il alloit au Palais Royal, qu'on parloit de le faire Ministre et de le mettre dans les Conseils du Roy, on demeura d'accord que la chose estoit vraye; que Mme de Cheureuse auoit négocié son accommodement; qu'il auoit esté introduit secrettement chez la Reyne par Courtois; qu'il auoit respondu à Sa Maiesté de M. le Duc d'Orléans, du Parlement et du peuple; et qu'il estoit facile de iuger qu'il y auoit longtemps qu'il aspiroit au Ministère, quelque protestation qu'il fist du contraire; que la retraite qu'il auoit faite du Luxembourg n'auoit pas esté longue; et que se piquant d'auoir pour les grandeurs vn mesme esprit que Dioclétien et Charles Quint, il estoit comme le premier, bientost ennuyé de la vie contemplatiue, et comme l'autre, repenti d'auoir quitté la Cour pour le cloistre.

On ne demeura pas d'accord que durant le blocus de Paris, il eust refusé plusieurs fois le chapeau de cardinal et préféré la cause du peuple à cette éminente dignité; mais, au contraire, on dit qu'vne des principales raisons qui le détacha des intérests de M. le Prince de Conty, fust que ce Prince consentit, pour l'accommodement des affaires, qu'on donnast à l'abbé de La Riuière le chapeau qu'il prétendoit gagner dans nostre party.

On ne demeura pas aussi d'accord qu'il eust tousiours mesprisé de se faire connoistre par l'éclat de sa fortune et que, lorsqu'il négocioit pour la liberté de MM. les Princes, il eust refusé le chapeau de cardinal; au contraire, on dit que, désirant d'vn costé de cacher son ambition et de l'autre d'y satisfaire, il tira vn escrit particulier de M. Arnault, par lequel ledit sieur Arnault s'obligeoit de faire en sorte que M. le Prince seconderoit la nomination qu'il espéroit que M. le Duc d'Orléans deuoit faire de sa personne pour le cardinalat.

Pour l'abbaye d'Orcan, on dit qu'il estoit vray qu'il l'auoit refusée; mais on expliqua cette affaire, en nous asseurant que dans l'accommodement qu'il auoit fait auec la cour, on luy auoit promis le premier bénéfice considérable qui vacqueroit; et ayant vacqué vne abbaye de beaucoup plus grande considération[1] que celle d'Orcan, le Cardinal, qui vouloit la retenir pour soy, quoy qu'il fust engagé à donner la première vacante audit sieur Coadiuteur, escriuit à MM. Le Tellier et Seruient pour faire en sorte que M. le Coadiuteur se contentast de celle d'Orcan; que M. Le Tellier ne voulust point se charger de cette négociation, que M. Seruient l'accepta, et que M. le Coadiuteur refusa l'abbaye d'Orcan, mais non pas l'autre, qui estoit d'vn plus grand reuenu.

Sur ce que M. le Coadiuteur demande s'il seroit dans les interests du Mazarin quand bien il entreroit présentement dans le Ministère, et si tout le monde n'eust pas esté bien aise qu'il y eust esté establý après l'expulsion du Cardinal, toute la compagnie conclut qu'il estoit impossible, dans l'estat présent des affaires, qu'il y entrast sans auoir traitté avec le Cardinal; que la Reyne conseruant tousiours beaucoup d'affection pour ce Ministre, tous ceux qui prétendoient receuoir quelque grâce de Sa Maiesté, commençoient l'establissement de leur fortune en luy promettant de contribuer leurs soins pour son retour; et que la Reyne, après la sortie du Mazarin, n'eust iamais consenti que M. le Coadiuteur

---

[1] Le *Bon Frondeur*, etc. [589] dit que c'était l'abbaye de Corbie.

eust entrée dans le Conseil du Roy, puisque Sa Maiesté eust approuué, par ce consentement, la conduite de ce Prélat, qu'elle a si souuent accusé d'ingratitude et de faction.

Quand à l'article où il est dit que M. le Coadiuteur est trop prudent pour entrer dans le Ministère par la voye du Mazarin, et encore qu'on le veuille attirer par des protestations contraires, il sçait bien qu'il n'y a pas trop de confiance à la Cour, et que les choses passées peuuent estre le fondement d'vne iuste et véritable crainte, chacun dit que M. le Coadiuteur n'auoit pas suiet de se plaindre de la Cour, puisque, outre la dignité auec laquelle il prétend estre à couuert de toute sorte de ressentiment, en ayant reçu tant d'autres grâces pour ceux de sa faction, il a tousiours manqué à ce qu'il auoit promis à la Reyne et à ses Ministres; qu'il estoit bien plus heureux que M. le Prince qui auroit tousiours fidèlement seruy Leurs Maiestez et qui cependant auoit esté récompensé de tant de seruices par vne prison de treize mois, reconneue iniuste par vne Déclaration du Roy, vérifiée dans le Parlement[1]; et que c'estoit à M. le Prince à dire que les choses passées peuuent estre le fondement d'vne iuste et véritable crainte.

On examina fortement l'article où il est dit qu'il ne faut point trop esleuer les hommes dont nous ne pourrions pas estre les maistres, et où il est parlé de ces nouuelles accusations enuoyées au Parlement contre M. le Prince, et des maximes de cette politique qui

---

[1] *Déclaration du Roy pour l'innocence de Monseigneur le Prince de Condé*, etc. [947].

asseure que le crédit est plus dangereux dans la personne des Princes que des particuliers, on iugea que tout ce raisonnement partoit d'vn esprit fort ambitieux et dont les proiets estoient espouuantables, puisqu'il auoit regret de ne pouuoir se rendre maistre du sang Royal. Ah! Monsieur le Curé, que veut dire cela? Sont-ce des sentimens qu'vn Prélat doiue insinuer dans l'esprit des peuples? Cet escrit anglois qu'on a fait brusler depuis peu par la main du bourreau, a-t-il quelque chose de plus pernicieux? Quand aux accusations, chacun dit que la Déclaration de son Altesse Royalle[1] les auoit détruites, à la confusion de ceux qui les ont calomnieusement inuentées; que tous les Ministres les désaduouoient; et que ces abominables monstres de sédition qui auoient donné ce pernicieux conseil à la Reyne, n'auoient garde de se nommer, de peur d'estre déchirez par les fidèles seruiteurs de la Maison Royalle; que M. le Prince demandoit iustice tous les iours; que l'on vouloit user sa patience par des délais; que l'on vouloit gagner la Maiorité du Roy par des continuelles remises; et que ceux qui donnent de tels conseils, ont vne politique que tous les suiets du Roy doiuent appréhender; qu'il n'y auoit point d'apparence qu'ils eussent dessein de leur faire iustice quand ils auroient l'authorité en main dans vne maiorité, puisqu'ils la refusoient au premier Prince du sang, iniustement calomnié dans les derniers iours de la Régence; qu'ils vouloient, par cette conduite, obliger M. le Prince à se retirer, de peur qu'il ne fust le témoin de leurs factions et l'obstacle de toutes leurs

---

[1] *Déclaration de Monseigneur le Duc d'Orléans... pour la iustification de la conduite de M. le Prince* [884].

intrigues; que les remonstrances du Parlement sur ce suiet auoient esté très rigoureuses; que M. le premier Président auoit dit que l'on ne pouuoit douter de la fidélité de M. le Prince, puis qu'il l'auoit si souuent scellée auec son sang Royal, et que si le papier qui a esté enuoyé au Parlement, n'eust porté le nom du Roy, on l'eust traitté comme vn escrit qui n'estoit point reuestu de toutes les formes nécessaires. Vous entendez bien que cela veut dire biffé et lacéré.

Sur l'article où il est dit que les Princes qui nous promettent auiourd'huy de belles choses, les ont autrefois promises et ne les ont pas tenues, et qu'auparauant le blocus ils auroient donné parole qu'ils seroient nos protecteurs, et cependant qu'on les vit incontinent après à la teste des troupes ennemies, on asseura qu'il estoit faux que M. le Prince se fust iamais engagé auec M. le Coadiuteur, et qu'après le retour du Roy en cette ville, M. le Prince demanda à M. le Coadiuteur, en présence de M. le Prince de Conty, de M. de Champlatreux et de trente autres personnes de qualité, s'il estoit vray qu'il luy eust iamais donné aucune parole d'engagement, et que M. le Coadiuteur demeura d'accord qu'il n'en auoit iamais reçu de M. le Prince; cela fut asseuré par cinq ou six qui assistoient à la lecture de l'escrit.

Aux reproches que l'on fait à M. le Prince d'auoir voulu faire périr M. le Coadiuteur par des voyes contraires à nos mœurs, quelqu'vn dit que ce malheureux procès auoit causé bien du désordre, mais qu'il estoit bien mal aisé de démesler toutes ces intrigues; qu'il estoit certain que M. le Cardinal s'en estoit seruy pour perdre M. le Prince, mais que ç'auoit esté de concert auec M. le Coadiuteur, qui, plus de quinze iours auparauant sa iustification, alloit tous les soirs au Palais Royal, déguisé avec des habits de couleur et des plumes; que c'estoit luy qui auoit pris soin de servir de parrain à Descoutures; qu'il l'auoit recommandé au Curé de Saint Iean de Grèue; qu'il le tint caché dans le clocher de son Église durant tout le procez; que c'estoit M. le Coadiuteur qui auoit sollicité l'amnistie de Descoutures, de Desmartinaux, Canto et Sociando[1]; enfin, que depuis ce temps là on auoit vu M. le Coadiuteur en parfaite intelligence auec les ennemis de M. le Prince.

Dans l'endroit où il est dit que M. le Prince a réuélé les conseils que M. le Coadiuteur luy auoit donné auec sincérité de cœur, et que par sa response il ne nie pas absolument de n'auoir rien sçeu du changement de conseil qui fust fait à Pasques dernier, chacun se récria que M. le Prince n'auoit rien dit que tout le monde ne sçeust desià; mais que M. le Coadiuteur auoit fort déguisé la vérité dans le Parlement, puisqu'il n'auoit pas dit, que sur la proposition qu'il auoit faite[2], M. le Prince auoit respondu qu'il n'entendoit point la guerre des tuiles et des pots qu'on iette par les fenestres; ce qui eust fait iuger que M. le Prince n'auoit rien aduancé qui ne fust vray, et que quant au changement de Conseil, on ne trouua que trop de iustification dans la response de M. le Prince.

Sur l'article où il est dit qu'on ne peut auoir du tout de confiance en M. le Prince, que c'est bastir sur vn

---

[1] Témoins dans le procès de Beaufort, Gondy et Broussel.
[2] D'enlever de vive force les sceaux au premier président Molé.

sable mouuant et sur des espérances incertaines, toute la Compagnie iugea que M. le Coadiuteur fait cette plainte pour quelques intérests particuliers, pour lesquels on ne crut pas qu'il fust à propos d'approuuer toutes les intrigues qu'il fait auec Mme de Cheureuse pour se venger; on adiousta que nous ne deuons auoir que le bien public deuant les yeux; et l'on demanda ensuite si l'on deuoit se fier à vn homme qui fait seruir la chaire de vérité à ses cabales, qui proteste mille fois le iour qu'il a renoncé aux affaires, qu'il ne se mêle pas de siffler les linottes, et qui cependant court le iour et la nuit pour cabaler[1], et veut auec témérité disputer dans Paris le paué au premier prince du sang à qui il doit toutes sortes de respects, et fait mille intrigues pour diuiser la maison Royalle dont la réunion est le seul moyen pour donner la paix à l'Estat.

[1] « Quand M. le coadiuteur voudra agir sincèrement, il ne se fera pas ieter vn manteau sur la tête à la sortie des assemblées ni enleuer par des affidez.... Pourquoi enuoie-t-il Matarel solliciter de sa part les libraires qui estoient sur le Pont-Neuf, pour les faire venir au Palais auec des armes à feu et des baïonnettes, leur promettant leur rétablissement sur ledit pont, de la part de la reyne? »
Le *Bon Froudeur*, etc. [589].

« Faut-il connoistre tous les déguisemens que le cardinal (de Retz) a pris pour se rendre méconnaissoble lorsqu'il intriguoit auec ceux de sa faction, tantost auec de grandes moustaches noires à l'espagnole, appliquées adroitement sur ses ioues, auec des manteaux d'écarlate et des grègues rouges de mesme couleur; tantost à la caualière auec grands buffles, auec des caudebecs furieusement retroussés à la mauuaise et de petites brettes traînantes soutenues de ces beaux baudriers de quinze ou vingt pistoles qui lui couuroient presque tout le corps?... Faut-il qu'on ait tenu compte de toutes les maisons bourgeoises que le cardinal de Retz a honorées de ses visites pour haranguer les pères de famille et les engager au parti qu'il embrassoit au préiudice de nostre repos? Faut-il qu'on n'ait pas ignoré vn seul festin de tous ceux qu'il a fait faire, pour y traiter, de sa part, les bons bourgeois qu'il vouloit gagner? »
Anatomie de la politique du Coadiuteur, etc. [83].

On demeura d'accord que M. le Prince deuoit prendre confiance à la parole Royale, pourueu que ses ennemis n'eussent pas assez de crédit dans le Conseil pour faire prendre des résolutions contraires aux bonnes et iustes intentions de Sa Maiesté.

On dit qu'il estoit vray que M. le Prince ne demandoit pas de place forte pour ostage, qu'il ne faisoit pas comme M. le Coadiuteur, qui vouloit auoir le Mont Olympe pour son ami[1] et pour la seureté de ceux de sa cabale lorsqu'il se réconcilia; mais quand on leut que si l'on manquoit de parole à M. le Prince, il deuoit attendre du Parlement et du Peuple le mesme secours qu'il en a desià receu, on s'escria que la raillerie estoit forte, puisque M. le Coadiuteur en auoit respondu depuis peu à la Cour.

Sur le reproche que l'on fait à M. le Prince qu'il ne va point au Palais Royal, que les loix fondamentales l'y obligent et que le Parlement l'a ordonné, chacun dit qu'il estoit iuste que M. le Prince rendist ses respects au Roy; que Son Altesse ne désiroit rien auec tant de chaleur; que si toutes les loix fondamentales de l'Estat estoient bien obseruées, les Princes du sang seroient autrement considérez dans le Conseil du Roy, puisqu'ils sont les légitimes administrateurs de l'Estat durant les minoritez de nos Roys; que le Cardinal Mazarin comme estranger n'auroit iamais esté admis dans le ministère; que MM. de Gondy comme estrangers n'auroient iamais eu entrée dans le Conseil de nos Roys; qu'ils n'auroient iamais esté pourueus des premiers bénéfices du Royaume; que M. le Coadiuteur ne seroit point auiourd'huy en estat de vouloir aller témérairement du pair avec nos

---

[1] Il l'obtint en effet pour le marquis de Laigue, tandis que le marquis de Noirmoutier, un autre de ses amis, était gouuerneur de Charleville.

Princes, et seroit trop heureux de faire paroistre son habileté dans la banque de Florence ; qu'au reste lorsque le Parlement auoit desiré de M. le Prince qu'il allast à la Cour, il auoit satisfait au désir de la Compagnie, et que si depuis ce temps là il n'y estoit point retourné, M. le Duc d'Orléans en auoit fait sçauoir la raison ; que cette alternatiue d'y aller nécessairement ou de se retirer touchoit fort au cœur des ennemys de M. le Prince, qui ne souhaitoient pas tant les auantages de Son Altesse qu'ils luy donnassent ce conseil sans auoir tramé quelque dessein contre sa personne, ou que sans doute ils auoient beaucoup d'impatience de le voir sortir afin de rendre sa conduite suspecte ; que l'on voyoit bien que ceux qui veulent gouuerner, ne regardent que leurs seuls intérests, puisqu'ils publient qu'il vaut mieux faire la guerre ciuille que de souffrir M. le Prince en repos dans Paris et de luy permettre de se iustifier des calomnies qu'on luy impose ; enfin chacun conclut que les ambitieux vouloient entrer dans le ministère, par la porte mesme de la sédition s'il est nécessaire.

On demeura d'accord qu'il falloit que M. le Prince contribuast à faire punir ceux qui ont volé le public ; et personne ne doutoit que ce ne fust son intention.

Sur l'article où il est dit que M. le Prince proteste de ne point aller à la Cour tant qu'on mettra dans le Conseil des gens contre son consentement, bien loin d'appeler cette déclaration vne irréconciliation iurée auec la Cour, on demeura d'accord que M. le Prince a iuste suiet de craindre que l'autorité du gouuernement ne soit entre les mains de ses ennemis irréconciliables ; et chacun dit que c'estoit vne chose déplorable de souffrir que l'intérest de deux ou trois particuliers mette l'Estat en confusion, et que les peuples estoient bien innocens de complaire à leurs passions; et ie vous demande en effet, Monsieur le Curé, si leur présence est plus nécessaire à Paris que celle de nos Princes.

Quand aux crieries de Dame Anne et de Pesche, tout le monde dit que c'estoit des enfans de chœur éleuez par M. le Coadiuteur; qu'il y a trois ans que l'vn et l'autre chantoit les leçons du bréuiaire qu'il leur auoit enseignées, et qu'il ne deuoit accuser de leur doctrine personne que luy mesme; mais en mesme temps toute la compagnie qui sçauoit l'histoire du Lundy[1], se mocqua du hasard qu'on prétend que M. le Coadiuteur y courut, puisque ce ne fut qu'vne terreur panique, et que depuis mesme il a fait faire des complimens aux amis de M. le Prince qui estoient incapables de ces actions.

Voilà ce qui fut dit à plus près, lorsque ie faisois la lecture de l'*Auis désintéressé*. Vous iugerez par là que nos bourgeois sont assez bien instruits et qu'ils sont bien las de toutes les intrigues que ces esprits brouillons qui n'ont fait autre chose que de cabaler toute leur vie, continuent de faire pour troubler l'Estat et la famille Royalle. Toute la Compagnie se leuant dit qu'il estoit facile de iuger que la confusion dans laquelle nous nous voyons, n'a point d'autre cause que le mécontentement de Mme de Cheureuse et de M. le Coadiuteur, et qu'on laissoit à iuger ce qu'il y a de gens d'honneur et de bons François dans le Royaume, s'il estoit iuste de persécuter vne branche de la Maison Royalle, d'exposer la fortune

---

[1] La séance fameuse du parlement dans laquelle le cardinal de Retz fut pris entre les deux portes de la grand'chambre par le duc de La Rochefoucauld, eut lieu le 21 août; il faut donc reporter la *Lettre* après cette date, mais avant celle de la majorité du roi, qui est le 7 septembre.

de tous les particuliers aux désordres d'vne guerre ciuile, enfin, d'allumer le feu par tout le Royaume parce que M. le Prince de Conty n'a point espousé Mlle de Cheureuse et que M. le Coadiuteur n'a point eu le chapeau de cardinal, quoique M. le Coadiuteur soit la cause qui par des empressemens trop intéressez, a empesché que le mariage n'ait esté exécuté, et que M. le Prince n'ait iamais formé d'obstacle à la promotion où M. le Coadiuteur aspire depuis le commencement de toutes les factions qu'il fomente dans le Royaume.

La Requeste des trois Estats touchant le lieu et les Personnes qu'on doit choisir pour l'Assemblée des Estats Généraux, conforme à la proposition que son Altesse Royale en a fait à leurs Maiestez, et aux sentimens de Messieurs les Princes dont les Conseils doiuent estre principalement suiuis et préférez à tous les autres [3495] [1].

(17 août 1651.)

Puisque ce n'est que par vne pure continuation des bontez de la Reyne que les Estats Généraux sont promis pour le mois prochain et que la passion héroïque de réformer les abus qui se sont glissez dans le Gouuerne-

[1] Les états généraux, convoqués d'abord pour le 15 mars 1649, oubliés après la paix de Saint-Germain, avaient été, sur les poursuites de l'assemblée de la noblesse tenue aux Cordeliers de Paris, appelés de nouveau à se réunir à Tours le 8 septembre 1651. L'*Ordonnance pour la conuocation des trois Estats de la ville*, etc. [2620], fut publiée le 22 août.

ment, la rendit, il y a quelque temps, complaisante à la iuste poursuite que la Noblesse faisoit ou pour en obtenir le consentement ou pour procéder à la modération de certains débordemens par lesquels l'ambition alloit désordonnant tout ce qu'il y auoit de mieux réglé dans la Monarchie, ie pense que sa Iustice ne se lassera point de se signaler généreusement par des coups de cette nature et qu'afin de ne captiuer point la liberté qu'on doit à ces Augustes Assemblées pour la décision Souueraine de tous les points importants qui peuuent tomber dans des controuerses d'Estat, elle leur donnera la disposition du lieu que les Politiques désintéressez trouueront le plus à propos, pour ne laisser point aucun doute de la sincérité de ses intentions dans le dessein qu'elle a de rappeler le calme après les secousses de tant de tempestes passées et d'ordonner ce déréglement général qui bouleuerse depuis tant de temps le plus bel ordre de nos affaires par la confusion de mille conionctures d'Estat.

Cette nécessité de ne ietter point indifféremment les yeux sur toute sorte de ville pour en faire le lieu de cette Assemblée, est auiourd'huy principalement si indispensable qu'il ne faut point estre que fort légèrement versé dans la politique pour ne voir pas que ce seul choix doit estre l'infaillible préiugé des bons ou mauuais succez qu'on peut espérer des Estats Généraux, et qu'il n'est que trop asseuré par les iustes soubçons que tant de défiances passées nous font conceuoir, que toutes nos plus fortes espérances auorteront malheureusement, à moins que le choix qu'on fera, pour en faire le lieu de cette Auguste Assemblée, ne rasseure plus probablement les esprits des peuples dans les iustes attentes de leurs premières prétentions.

Ie sçay bien que le iugement de ce choix n'a pas beaucoup exercé la Politique de nos Pères et que si le bien de cette Assemblée n'a point esté presque de tout temps regardé qu'auec vne entière indifférence, on a néantmoins iugé qu'il falloit en laisser la seule disposition toute Souueraine au caprice des Roys, et que c'estoit à leurs seules inclinations qu'il falloit régler en cela la nécessité que ie prétends auiourd'huy faire examiner auec toutes les raisons de la Politique ; mais les diuerses conionctures dont nos nouueaux intrigueurs ont pesle-meslé les affaires de la Monarchie, feront qu'on ne me condamnera pas si facilement dans le dessein que i'ay, de faire iuger auec réflexion ce qu'on n'a presque iamais regardé qu'auec indifférence ; et les schismes d'Estat fomentez auiourd'huy par la diuision de tout ce qu'il y a de plus grand dans la Monarchie, feront consentir auec moy les plus opiniastres qu'en effet on n'a point dessein de régler les désordres de l'Estat à moins qu'on ne se résolue de tenir les Estats Généraux à Paris.

Il semble premièrement qu'on ne pourroit s'opiniastrer de les tenir ailleurs sans donner vn iuste suiet de se défier du dessein qu'on a de brasser encore quelque mauuais party ; et cette résistance qu'on fait pour n'en honorer point la capitale de la Monarchie, n'appuye que trop probablement le soubçon de ceux qui n'ont iamais remarqué de sincérité dans le gouuernement, depuis que les soupplesses d'Italie s'y sont glissées par les détestables intrigues du Cardinal Mazarin ; car si le dessein de tenir les Estats Généraux est sincère, si la réforme des abus qui dérèglent auiourd'huy toute la conduitte des affaires, en est la principale fin, si les intelligences de cet Estat n'ont point de plus ferme dessein que celuy de remettre les affaires dans l'admirable posture du siècle d'or de Henry le Grand, si leurs intentions ne sont point contraires à celles qu'ils prétendent que nous considérions en leurs personnes, pourquoy n'ont-ils point cette complaisance pour la passion généralle de tous les peuples qui demandent vnanimement par les illustres bouches de son Altesse Royale et des Princes du Sang qu'on ne choisisse point d'autre lieu pour en faire celuy de cette Assemblée générale que la ville capitale de la Monarchie?

La principale raison qui fait que les moins cachez se deffient de cette opiniastreté, n'est empruntée que de la connoissance qu'on a que ce iugement de tenir ailleurs les Estats Généraux que dans Paris est directement contraire à celuy de toute la France, et qu'il n'est que les seuls intéressez pour le party du Cardinal Mazarin qui roidissent leurs Maiestez contre les instantes supplications que l'Estat leur fait, de ne vouloir pas frustrer la Iustice de ses espérances du plaisir qu'il aura de voir tenir cette Assemblée généralle dans leur bonne ville de Paris.

Afin que les Mazarins ne puissent que faussement m'accuser que ie procède contre eux auec trop d'animosité dans la créance que ie veux faire conceuoir aux peuples que c'est par leurs seules intrigues que leurs Maiestez reculent de complaire à cette inclination générale de tous les Estats, ie pense que ie n'ay qu'à leur faire voir que c'est par le motif de leurs intérests particuliers qu'ils opiniastrent leurs Maiestez à ce changement de lieu et qu'ils pressentent assez probablement qu'ils seroient trop foibles dans la plus forte ville de la Monarchie pour faire réussir les secrètes menées qu'ils continuent encore de brasser sous main pour le restablissement du Cardinal Mazarin.

Comme le dessein général et la dernière et première fin des Estats Généraux n'est autre que de pouruoir aux désordres qui se sont coulez dans le gouuernement par la mauuaise conduite du Ministre, et comme il est vray que toute la décadence de nos affaires ne doit estre imputée qu'à l'incapacité ou à la malice du Cardinal Mazarin qui en a presque souuerainement gouuerné le timon, il ne faut point douter que les Estats Généraux ne lancent derechef autant de foudres sur la teste de ce malheureux qu'ils trouueront à réformer de désordres causez par son imprudence, et qu'ils ne ietteront pas plus souuent les yeux sur la mauuaise posture de nos affaires qu'ils se sentiront obligez par vn généreux intérest de vengeance de renouueller contre luy toutes leurs premières indignations pour acheuer de luy rauir entièrement la ressource ou faire auorter l'espérance qu'il a de restablir encore vn iour sa fortune par les intrigues de ses créatures.

Ainsi tout le monde consent, autant que tous les bons François le désirent, que Mazarin doit infailliblement receuoir le coup de grâce dans l'Assemblée des Estats Généraux et que c'est à cette illustre occasion que les bons destins de la France se sont réseruez pour ne laisser plus de fondement à l'appréhension de son retour, lorsque la Iustice prononçant ses Oracles par la bouche de tous les demy-dieux de la Monarchie fera retentir vn Arrest sans appel contre ce proscrit, tant pour décrier à iamais sa mémoire dans les Annales que pour mettre mesme les Souuerains dans l'impuissance de le pouuoir restablir sans choquer les Loix fondamentales de cet Estat.

Les moins politiques conçoiuent bien que les créatures de ce proscrit qui n'ont point encore perdu l'espérance de son restablissement, ne donneroient point le loisir à cette Assemblée généralle de fulminer auec tant d'importunité sur la teste du Maistre si la petitesse du lieu leur faisoit espérer que leurs monopoles secondez de la vigueur auec laquelle ils les pousseront, et de l'authorité Souueraine qui les protégeroit, pourroient facilement triompher de toutes les plus iustes poursuites des sincères zélateurs du progrès des affaires d'Estat, sans crainte qu'ils peussent estre forcez par aucune puissance domestique à se soumettre aueuglément malgré leur résistance à toutes les décisions des Estats Généraux.

C'est pour cette raison principalement que ie soustiens que tous les peuples doiuent viuement intéresser leurs très-humbles supplications enuers leurs Maiestez pour les prier de n'exposer pas les belles espérances des Estats Généraux à l'éuidence des troubles qui doiuent s'en ensuiure, si ces brouillons aussy descriez par l'infamie de leur nom que par les fourbes de leurs déportemens se trouuent en estat de pouuoir faire triompher leur party par l'impuissance que la ville où les Estats se tiendront, aura de les ranger à leur deuoir, et par l'impunité qu'ils présenteront eux-mesmes dans les résistances criminelles qu'ils opposeront à toutes les décisions qui ne fauoriseroient pas le dessein de disposer les affaires au restablissement du Cardinal Mazarin.

N'est-il pas vray et n'auons-nous pas trop iuste fondement de craindre que ces brouillons abusant insolemment de l'authorité Souueraine de leurs Maiestez dont ils ont malicieusement surpris les bontez par les soupplesses de leurs artifices, captiueront à tel point la liberté des Estats Généraux par l'appréhension qu'ils leur feront auoir d'vne force ouuerte, que cette illustre Assemblée se verra tiranniquement réduite à la funeste nécessité de ne pouuoir rien résoudre que ce qui flattera leurs inclinations ou qui ne choquera pas du moins le dessein qu'ils ont de rebastir leur fortune sur les débris de la Monarchie?

S'il arrive néantmoins que les Députez de toutes les Prouinces ayent encore assez de fermeté parmy tant de menaces pour procéder en désintéressez à la réforme des abus de l'Estat, doit-on croire que les assassinats qui sont les plus ordinaires ressources des Mazarins, ne ramoliront pas cette vigueur des plus déterminez et que la liberté que ces tiranneaux auront d'interpréter des coups mesme de générosité pour des attentats manifestes sur les droits de l'authorité Royale, ne leur permette de tenir tousiours le fer brillant sur les reins de ceux qui seront pour s'opposer hardiment à l'iniustice de leurs prétentions?

S'il est vray, comme il n'est que trop constant par les authentiques Déclarations de leurs Maiestez et par les Arrests de toutes les Cours souueraines de la Monarchie [1], que la seule conduite du Cardinal Mazarin a porté la désolation dans l'Estat depuis qu'il en a eu le timon entre les mains, il est encore vray par mesme conséquence que ses créatures et ses Partizans en ont esté les complices et que c'est auec leurs mains qu'il a pillé toute

[1] Les arrêts des parlements de Rouen et de Bordeaux sont du 15 février 1651. Celui du parlement de Toulouse est du 20; celui du parlement d'Aix du 23; celui du parlement de Paris du 25; celui du parlement de Rennes, enfin, du 22 mars. Il n'y avait alors de Déclaration du roi que celle qui avait été rendue contre les cardinaux et qui est du 18 avril.

la France, qu'il a ruiné tous les Peuples, qu'il a mis le feu aux quatre coins de la Monarchie et qu'il a malheureusement commencé d'ébranler le trône sans espérance de le pouuoir iamais r'affermir comme il estoit auparauant, à moins que les Estats Généraux ne soient en liberté de retrancher vigoureusement tous les abus pour r'asseurer auec plus de fermeté les fondemens du trône François sur le bel ordre et la symmétrie Monarchique des affaires d'Estat.

Faut-il estre beaucoup préuoyant pour iuger que cette Assemblée généralle des Estats de la Monarchie se verra réduite à l'impuissance de réformer les désordres qui sont prouenus de ces fatales sources, par celle qu'elle aura de ne pouuoir pas résister aux monopoles de tout le Party, et que les Mazarins appuyez de l'authorité Souueraine renforceront si puissamment leur cabale de tout ce qui pourra la rendre inuincible dans la foiblesse du lieu, que les Estats Généraux ne prononceront peut estre pas d'autres Arrests que ceux qui leur seront dictez par les purs caprices de cet ennemy du repos public?

Les apparences n'en sont pour le moins que trop raisonnables; car qui est-ce qui pourra s'opposer à l'iniustice de leurs prétentions? Qui sera le hardy qui voudra heurter généreusement leur pouuoir pour opiner en désintéressé contre les abus que leur mauuaise conduite a fait glisser dans le gouuernement? Les plus déterminez ne seront-ils pas obligez de caler voile dans le dessein qu'ils auroient de fulminer généreusement sur les restes de la fortune du Cardinal Mazarin, lorsqu'ils remarqueront que ses créatures appuyées de l'authorité Souueraine seront incessamment aux escoutes, et qu'ils seroient pour s'irriter dangereusement de leurs suffrages s'ils ne fauorisoient du moins pas l'indifférence dans laquelle ils prétendent faire languir les espérances du restablissement de leur Maistre pour les faire puis après éclater dans les effets auec plus de triomfe? La Fronde ne sera-t-elle pas obligée de succomber honteusement à toutes les poursuites de ce malheureux Party lorsqu'estant destituée des secours de S. A. R. et des Princes du Sang qui ne s'y trouueront point, elle n'aura plus qu'vn reste de voix qui ne luy permettra pas seulement d'éclater auec assez de vigueur pour signaler vne pasmoison généreuse par vne sincère confession de sa Captiuité?

Politiques désintéressez, c'est de vos iugements que ie prétends authoriser la vérité de ces propositions : On s'en va tenir les Estats Généraux ou à Blois ou à Tours; leurs Maiestez y seront accompagnées de tout ce que le Party Mazarin a de plus fort et de plus vigoureux dans l'Estat; leurs bontez y seront malicieusement obsédées, comme elles ont esté malheureusement surprises par les artifices de ces imposteurs; Son A. R. ne s'y trouuera point, de peur que sa présence ne le rendist complice, dans la créance des peuples, de tous les désordres qu'il préuoit deuoir estre les infaillibles effets de cette Assemblée, et par les pressentimens desquels il a iugé que la qualité de Lieutenant Général de l'Estat l'obligeoit de n'y donner point son suffrage et de faire tous ses efforts pour en diuertir le conseil de Leurs Maiestez. Si les Princes de Condé et de Conty veulent s'exposer à la mercy de leurs ennemis, ils n'ont qu'à s'arracher d'entre les bras des Parisiens qui les considèrent comme les sincères Protecteurs de leur liberté, pour aller faire triompher les passions enragées des Mazarins par vne maudite vengeance qu'ils ont préméditée de longue main contre ceux qui ne sont coupables que de n'auoir point voulu seulement complaire au dessein que ces malheureux brassent secrètement pour le restablissement du Cardinal Mazarin.

Ie ne puis pas croire que le Duc de Beaufort, quelque généreux qu'il soit, doiue estre si prodigue de sa vie et de sa réputation que de se mettre au hazard ou d'espouser trop honteusement toutes les passions du Party qu'il a si constamment combattu, ou de s'exposer en les choquant de se voir égorgé par ceux qui se flatteront, dans l'absence des Parisiens, de l'espérance d'vne impunité. Si le Duc de Nemours ne s'en absente point, la créance publique sera bien frustrée ; et le généreux attachement que ses inclinations toutes héroïques luy ont donné et que la Iustice luy fera conseruer inuiolablement pour les intérêts de Monsieur le Prince, c'est-à-dire du Roy et de son Estat, ne luy permettra sans doute pas d'aller accroistre les suffrages des Mazarins par la nécessité des complaisances que les plus vigoureux seront obligez de donner à la violence de ces tyrans.

Si la prudence doit conseiller à tous les ennemis du Mazarin, c'est-à-dire à tous les bons François, de ne s'y trouuer point et s'il est vray toutefois que la iustice de l'Estat exige de cette Assemblée Génerálle que toute sorte de ressources soient entièrement ostées au restablissement de ce Proscrit, la France a-t-elle raison d'en espérer vn si fauorable succez ? Si les Protecteurs de la liberté des Peuples n'y sont point, qui brizera les fers qui nous captiuent depuis si longtemps soubs la tyrannie des Émissaires du Mazarin ? Si le Lieutenant Général de l'Estat iuge qu'il a raison d'en appréhender le succez, qui sera le déterminé qui ne le redoutera point ? Si la Politique oblige les Princes du Sang de s'en absenter, que doit-on pressentir du succez de cette Assemblée si ce n'est vne continuation des désordres qui seront d'autant plus mortels à la tranquillité des Peuples que plus leur accommodement semblera deuoir estre impossible après l'impuissance apparente des Estats Généraux? Qui parlera contre Mazarin et contre les Complices de ses déportemens s'il n'y doit auoir que des Mazarins ou si la liberté de ceux qui pourroient encore auoir assez de générosité pour en parler, se trouue captiuée par la tyrannie de ses partizans? Et n'est-il pas à présumer que les Mazarins réformeront l'Estat au gré de leurs caprices, que toutes les conclusions des Estats Généraux ne seront que des pures complaisances à l'iniustice de leurs desseins et qu'on y disposera si parfaitement les affaires qu'on n'en fera paroistre le visage que soubs vn nouueau masque artificieusement déguisé pour en amuser pendant quelque temps le désir insatiable de la passion des Peuples?

Toutes ces réflexions politiques ne laissent point douter de la nécessité que les besoins de l'Estat imposeroient à leurs Maiestez de faire le choix de la Ville Capitale pour y tenir l'Assemblée des Estats Généraux si leurs bontez ne se trouuoient méchamment surprises par les artifices de ces ennemis du repos public qui pressentent trop infailliblement que tous leurs monopoles seroient impuissants dans cette grande Cité et que les poursuittes de la Fronde venant à préualoir victorieusement sur toutes les iniustices de leur party, il seroit à craindre qu'il ne fust enfin réduit hors d'espérance de toute ressource par la nécessité que l'honneur imposeroit à tous les véritables zélateurs de la tranquillité de l'Estat de fulminer entièrement sur toutes les espérances que les Émissaires de ce Proscrit ne laissent pas encore de conseruer pour le restablissement de sa première fortune.

En effet les Mazarins auroient beau se passionner dans Paris pour la querelle de leur Cardinal, ils auroient beau produire ses déportemens sous les faux masques dont ils ont accoustumé de couurir ses plus peruerses intentions, les intelligences de l'Estat qui se trouueroient dans cette Assemblée Généralle, seroient trop éclairées pour n'en découurir entièrement toutes les fourbes, et leur Iustice trop puissamment secondée de la vigueur des peuples pour appréhender que la liberté de leurs iugemens deut en aucune façon estre captiuée par les violences tyranniques des Mazarins.

C'est dans cette puissante Ville que les suffrages des Députez seroient libres parce que les ennemis de leur liberté seroient en impuissance de les captiuer. C'est là mesme qu'on pourroit sans appréhension fermer toutes les portes par lesquelles le Cardinal Mazarin espère tousiours de rentrer dans le Gouuernement, parce que ses Émissaires n'oseroient seulement pas y former la moindre opposition et que la Politique mesme les obligeroit d'y donner leur propre consentement pour ne sembler point estre de contraire auis à la passion généralle de toute la France. C'est dans cet abrégé de la Monarchie que les dieux de la réforme pourroient impunément fulminer sur toute sorte d'abus parce que la passion des peuples seroit entièrement complaisante à tous leurs iugemens, comme ils ne manqueroient pas de s'éleuer vnanimement contre ceux qui voudroient en chaisner la liberté. C'est dans Paris, dis-ie, que cette illustre Assemblée n'auroit point d'autre subiect de craindre que de n'estre pas assez rigoureuse pour trancher vigoureusement tout ce que la mauuaise Politique des intéressez auroit fait glisser de mauuais esprit dans la conduite de l'Estat ; que ce mesme Consistoire des dieux mortels de cette Monarchie pourroit librement faire reuomir le sang des peuples dont les sangsues de cet Estat se sont criminellement engraissées depuis tant de temps ; que le mauuais maniement des finances pourroit librement estre réformé pour le soulagement des pauures Peuples qui gémissent depuis longtemps sous l'oppression tirannique de ces voleurs publics, parce que le Lieutenant Général de l'Estat ne manqueroit pas de se trouuer à toutes les Assemblées pour les animer par son exemple à retrancher généreusement toute sorte d'abus, parce que Monsieur le Prince, exempt de toutes les iustes appréhensions qui luy feroient regarder ailleurs cette troupe de voleurs auec trop de défiance après les calomnies qu'ils ont inspirées à leurs Maiestez, feroit triomfer librement cet Illustre Génie qui luy a tousiours fait espouser auec vne passion héroïque tous les intérests de l'Estat, parce que les Députez qui seroient encore ou directement ou par réflection attachez au party du Cardinal Mazarin, n'oseroient seulement pas ouurir la bouche que pour conclure auec tout le reste à l'achèuement de sa perte, de peur de se voir exposez au sifflement de tous les généreux, et parce que si les Mazarins auoient seulement entrepris de brasser quelque séditieux party pour attenter sur la liberté des Estats, ils ne tarderoient guères de se voir engloutis par vn soulèuement général que le peuple feroit pour en faire main basse et les sacrifier entièrement à l'indignation de toute la Monarchie.

Ces raisons ne laissent point douter de la nécessité qu'on a de n'assembler point ailleurs les Estats Généraux que dans Paris, à moins qu'on ne soit en dessein non pas de réformer tous les débordemens de l'Estat, mais de les establir encore plus puissamment que iamais, et de fortifier les peuples dans la créance qu'ils ont qu'on n'a point de plus véritable dessein, quelque apparence qu'on fasse voir du contraire, que celuy de restablir le Mazarin, puisqu'il n'est que ce seul moyen qui puisse entièrement ruiner toutes les espérances que ce Proscrit n'a pas manqué de conseruer iusques à présent pour la réparation de sa gloire et le restablissement de sa fortune.

Outre qu'il me semble qu'en disant qu'il n'y a que les seuls Mazarins qui respirent après ce changement de lieu, et que Son Altesse Royale, Messieurs les Princes et tous les peuples généralement souhaitent que la Ville Capitale de la Monarchie ne soit point frustrée de cet honneur, ie pense qu'on ne peut choquer cette iuste passion de ceux qui sont intéressez pour le bien de l'Estat, afin de fauoriser le party d'vn estranger proscrit, sans donner occasion de croire sans aucune témérité qu'on prétend tellement brider ailleurs l'authorité souueraine des Estats Généraux que l'appréhension de se voir mal traister ne leur laisse iamais porter d'autres iugemens que ceux qui seront au gré de l'ambition des Mazarins, puisque n'estant point de raison seulement apparente qui iustifie la nécessité de les tenir ailleurs, il n'en est point entièrement qui ne conclue que celle de les tenir dans Paris est indispensable, supposé qu'on ayt vne sincère intention de les assembler pour retrancher sans espargne tous les abus que le mauuais gouuernement a fait glisser dans l'Estat.

Puisqu'il est constant par la suite de toutes ces raisons inuincibles qu'il est absolument nécessaire, tant pour le repos de l'Estat que pour l'honneur de Leurs Maiestez, qu'on tienne les Estats dans Paris, ie pense qu'il ne me sera pas fort difficile de nommer les personnes desquelles on doit faire choix pour les y députer, et que mesme les nécessitez précédentes pourront seruir de préiugez à cette Eslection, si ceux qui sont destinez pour les choisir, veulent tant soit peu se désintéresser pour en examiner la valeur.

Pour cet effect il est à propos de considérer quelle est la fin des Estats Généraux, pour quel dessein estce qu'on les assemble et qu'estce qu'on se propose lorsque les soins de l'Estat font conclure ses intelligences à la nécessité de ces assemblées. S'il est vray, comme personne n'en doute point, que la réforme générale de tous les abus qui sont entrez dans le Gouuernement par la corruption des loix, est la seule et dernière fin des Estats, il est encore plus vray que le seul et l'infaillible moyen de paruenir à cette fin n'est autre que la résolution et bonne intelligence de ceux qui sont Députez, pour y porter les besoins des peuples et les nécessitez des Prouinces; car comme cette Assemblée générale de tout ce qu'il y a de plus choisi dans l'Estat, c'est vn corps à plusieurs testes, il est impossible absolument que les délibérations puissent estre bien concertées au soulagement des Peuples à moins que la concorde ne soit la présidente de leur conseil et que la discorde ne soit en impuissance d'y pouuoir semer aucune pomme de diuision pour en bannir le repos et la tranquillité de la paix.

Puisque ce n'est que la seule mésintelligence qui puisse faire auorter les espérances que les Peuples conçoiuent du succez des Estats Généraux, il me semble que pour obuier à cette funeste des-vnion, il seroit à propos de ne choisir point les personnes qui sont obligées de la fomenter par la nécessité qu'ils ont de s'intéresser pour la gloire de leur party, et que les Maisons de Ville et les assemblées des Prouinces particulières ne doiuent point auoir auiourd'huy de plus grand soin que celuy d'examiner sérieusement le génie et l'attachement des personnes qu'ils sont en dessein de nommer, pour en faire les entremetteurs et les Anges tutélaires des nécessitez publiques dans l'Assemblée des Estats Généraux. Et puisqu'il n'est que trop constant par la funeste expérience de toutes les calamitez passées, que les Mazarins sont les véritables Lutins de nostre repos et les Anges Apostats de la Monarchie, n'est-il pas vray que les Prouinces et les Maisons de Ville qui tireront leurs Députez de cette pépinière de brouillons, seront tombées ou dans l'aueuglement ou dans le sens réprouué, puisque les besoins de l'Estat exigeant nécessairement pour vn premier coup de Iustice qu'on restablisse les Loix que ces corrupteurs ont impunément débauchées, il n'est pas possible d'en espérer cet aduantageux succez si les Mazarins mesmes sont en estat de pouuoir empescher cette réforme en ne luy donnant seulement pas leurs suffrages.

Mais néantmoins ie soustiens que dans cette précaution nécessaire pour ne député point aucun Mazarin, il faudroit principalement ietter les yeux sur les Partisans vassaux et sur les Frondeurs peruertis afin de les regarder auec dédain comme estant marquez au caractère des réprouuez et de se garder bien de leur confier le sang des Peuples qu'ils mettroient infailliblement à l'enchère pour l'abandonner au plus offrant. Il peut estre arriué que la passion ou la considération innocente de l'intérest particulier aura fait grossir le party du Cardinal Mazarin lorsque ce voleur n'auoit encore succé nostre sang qu'auec ses souhaits et qu'il estoit en estat de continuer ses soins aussy généreusement qu'il auoit commencé pour les interests de la France; et ie pense que ceux qui se sont déuouez à luy depuis cette innocence de sa conduite, auroient du moins en apparence plus de raison de iustifier l'attachement qu'ils ont témoigné pour la deffense de son party.

Mais ceux qui cabalent pour luy, après auoir généreusement frondé, ceux qui veulent le receller lorsqu'ils le voyent chargé de toutes les plus riches dépouilles de l'Estat, ceux qui se rendent ses Apologistes lorsque tous les Parlemens de France concluent à sa condamnation, ceux qui le mettent à l'abry lorsque la iustice du Ciel et de la terre foudroye sur l'insolence de ses déportemens, et qui ne s'attachent à luy que par le lien honteux de l'intérest et sur l'espérance qu'ils ont d'esleuer leur fortune ou de la couurir du moins d'escarlate[1] par la faueur de son restablissement, ceux là, dis ie, doiuent estre censez parmy les plus redoutables; et les Prouinces ou les Maisons de Ville qui les députent, ont tousiours assez de raison pour en rétracter la parole, sans qu'on les puisse blasmer pour ce changement que de s'estre enfin reconnus.

Vn esprit qui n'a fait que voltiger par tous les partis, qui se donne à prix d'argent, qui se laisse gagner par l'espérance d'vn beau chapeau, qui met sa faueur à

---

[1] Ceci s'adresse évidemment au Coadjuteur, ainsi que le paragraphe suivant.

l'encan, qui est auiourd'huy Frondeur et demain Mazarin, qui fait tantost le passionné pour le seruice de S. A. R. et qui s'en éloigne puis après pour le choquer, qui s'engage par affection auec les Princes de la Fronde et qui s'en dégage par intérest, qui fulmine contre les iniustes emprisonnemens et qui les pratique puis après, celuy là, dis ie, ne doit estre choisi que pour aller présider dans l'assemblée des intrigueurs et pour aller semer les schismes de la diuision mesme dans la plus forte tranquillité de la paix. Et si le malheur vouloit que quelque Prouince ou quelque Maison de Ville se fust assez oubliée pour député des esprits de cette nature, ie ne doute pas que les Estats Généraux ne deussent commencer leurs scéances par les iustes oppositions qu'ils formeroient à ce choix.

Ainsi ie conclus que si leurs Maiestez condescendent à la proposition que S. A. R. a fait de tenir les Estats Généraux dans Paris, et si les Prouinces prennent garde de n'enuoyer que des Députez qui soient reconnus pour leur constance et leur générosité, toute la France a iuste suiet de considérer les Estats Généraux comme la seule et dernière ressource de ses malheurs; comme au contraire il ne faut point douter que ce dernier remède des maladies mortelles de l'Estat ne soit entièrement affoibly par les iniustes et tyranniques cabales des Mazarins si la petitesse du lieu secondée de l'alliance criminelle de certains Députez les met en estat d'en pouuoir tellement brider les suffrages par l'appréhension des assassinats, qu'on n'y puisse rien déterminer qu'au gré de leur ambition.

Les Particularitez des cérémonies obseruées en la maiorité du Roy, auec ce qui s'est fait et passé au Parlement, le roy séant en son Lict de Iustice [2714].

(7 septembre 1651.)

Vn ancien Autheur rapporte que l'Empereur Constance, après auoir fait son entrée solennelle dans la ville de Rome et auoir magnifiquement considéré ses superbes Palais, ses Temples, ses Emphithéâtres et tout ce qui s'y voyoit de plus remarquable, fut saisi d'vn tel rauissement qu'il ne put s'empescher de se plaindre de la Renommée, d'autant que sa coustume estant d'exagérer toutes choses et de les porter beaucoup au delà de leur iuste grandeur, elle s'estoit montrée à l'endroit de Rome ou foible, ne pouuant exprimer par la force de ses paroles les merueilles et les beautez qu'elle enfermoit, ou malicieuse, en les rabaissant à dessein afin d'obscurcir l'esclat de sa gloire. Certes la crainte que tout Paris ne formast contre moy la mesme plainte que ce grand Empereur fit contre la Renommée, m'empescheroit de parler de la magnificence qui le tient encore dedans l'estonnement, si ie ne m'y sentois forcé par le désir de faire part à toute la France de la ioye dont nous auons esté comblez, et de l'instruire de l'ordre tenu dans cette belle pompe dont voicy le récit :

Le Ieudy septième de Septembre ayant esté choisi par Sa Maiesté pour aller au Palais y tenir son Lict de Iustice et entrer en maiorité, les Régimens des Gardes

Françoises et Suisses furent commandés dès les quatre heures du matin pour la garde des portes du Palais et des auenues depuis le Palais Cardinal, sçauoir le long de la rue Sainct-Honoré, de la Ferronnerie, de Sainct-Denys depuis les Saincts-Innocens iusques à la porte de Paris, de Sainct-Iacques de la Boucherie, du pont Nostre-Dame, du Marché-Neuf, de la rue Neufue-Sainct-Louis et de Saincte-Anne, qui estoit le chemin que deuoit tenir Sa Maiesté. Les boutiques, chambres et toits qui sont dans cet espace, furent remplis d'vn si grand nombre d'échafauts et de peuple, que depuis les quatre heures du matin iusques à onze, tout Paris sembloit estre contenu dans quelques-vnes de ses rues, si bien que l'on pouuoit dire alors que la meilleure partie de cette grande et populeuse ville estoit comme déserte.

Sur les neuf heures et demie commença la marche du Cortège de Sa Maiesté, sçauoir : d'vn grand nombre de caualerie se suiuant à la file et se rangeant dans la cour du Palais.

Après eux marchoit la Compagnie des Cheuaux Légers de la Reyne, conduits par le Marquis de Sainct-Maigrin, paroissant auec sa grâce ordinaire, augmentée par la beauté de son équipage. Cette Compagnie, leste à merueille, estoit suiuie de celle de Sa Maiesté, qui ne luy cédoit en rien.

Le grand Préuost de l'Hostel superbement vestu et monté sur vn cheual barbe, couuert d'vne housse de brocart, alloit après à la teste de la Compagnie de ses Gardes.

Ensuite marchoient les Cent Suisses de la Garde du Roy, conduits par vn de leurs Officiers, aussy vestu à l'auantage, son cheual caparassonné et couuert d'vne housse de satin incarnat, garnie d'vne broderie et dentelle d'or.

Après les Cent Suisses, marchoit vn grand nombre de Seigneurs que l'on appelle la Noblesse dorée, dans l'équipage le plus pompeux qu'il se puisse imaginer, tel ayant au seul harnois de son cheual pour quatre mille escus de broderie.

Après cette Noblesse qui sembloit emporter sur ses habits toute la dépouille des Indes et du Pérou, marchoient à pied les Gardes du Corps de sa Maiesté qui estoient suiuis de six Hérauts d'armes, reuestus de leurs cottes de velours violet parsemées de Fleurs de lys d'or.

Marchoient ensuite les Mareschaux de France qui ne cédoient en rien aux premiers, tant en la richesse de leurs habits qu'en la beauté et parure de leurs cheuaux.

Entre les Mareschaux de France et les Valets de pied de Sa Maiesté, paroissoit le Comte d'Harcourt, seul à cheual, tenant en main l'espée de grand Escuyer.

Après vne troupe de Valets de pied paroissoit le Roy à cheual, auec vne grâce et vne maiesté qui tiroient des larmes de ioye des yeux de tous les spectateurs et des cris de *Vive le Roy* de toutes les bouches.

Autour de Sa Maiesté marchoient les Princes, Ducs et Pairs de France.

Venoient après les Gardes de la Reyne qui parut dans son carrosse, dans lequel estoient Monsieur le Duc d'Aniou en vne portière et Monseigneur le Duc d'Orléans à l'autre.

Derrière le carrosse, estoient les Officiers de la Reyne,

et ensuite d'iceux les Compagnies des Gens d'armes de Leurs Maiestez.

Auec ce beau Cortège, le Roy alla descendre au bas des dégrez de la Saincte Chappelle, où il monta pour entendre la Messe, ayant esté auparauant reçu par Messieurs du Parlement.

La Messe acheuée, Sa Maiesté alla se seoir dans son Lict de Iustice, où après les cérémonies accoutumées et les remerciemens faits à la Reyne sa Mère, le Roy demanda que les Déclarations cy deuant faites en faueur de Monsieur le Prince de Condé fussent leues et couchées sur les registres de la Cour. Et ainsi ce grand Prince a commencé à nous donner des preuues de sa Iustice et prudence et des arrhes asseurez du bonheur dont toute la France doit iouir tant qu'elle sera soumise à la conduite d'vn si sage Monarque.

Sur les douze heures et demie, toutes les cérémonies estant acheuées, Sa Maiesté s'en retourna au Palais Royal dans le carrosse de la Reyne dans lequel estoient Monsieur le Duc d'Aniou, Frère vnique du Roy, et Son Altesse Royale, auec la mesme suite qui l'auoit accompagné. Et ce fut alors que l'on entendit le tonnerre des boettes et canons tirez de la Grèue, de l'Arsenal et de la Bastille qui firent leur deuoir d'imiter par leurs bouches enflammées les cris d'allégresse que le peuple poussoit dans l'air en réiouissance d'vne action si célèbre et désirée depuis si longtemps.

Les Sentimens d'vn fidelle subiet du Roy sur l'Arrest du Parlement du 29ᵉ *déc.* 1651 [3648][1].

(1ᵉʳ janvier 1652.)

De mettre à prix la teste et la vie des hommes, en sorte que celuy qui se voit sousmis à vn iugement si rigoureux, ne considère plus tous les autres hommes que comme autant de furies et de bourreaux qui pensent auoir droit de le massacrer, et regarde toute la terre deuenue comme le théâtre de son supplice, c'est sans doute vn suiet capable de toucher de compassion les âmes les plus dures et les plus insensibles ; mais que ce genre de condamnation, ou inouy en tant de lieux du monde, ou reserué à la punition des plus scélérats d'entre tous les Corsaires et les brigands publics, soit pratiqué nouuellement et où? dans vn païs estimé iusques à cette heure l'asyle général des malheureux, et par qui ? par vn peuple renommé sur tous les autres aussy bien pour la douceur que pour la grandeur de son courage, et contre qui ? contre vn Chef des Conseils du Roy, contre vn premier Ministre d'Estat, d'autant moins digne d'vn si rude traitement que ses plus cruels ennemis ne l'osent

[1] Cette pièce a été attribuée à Martineau, évêque de Bazas; à Cohon, évêque de Dol, à Servien et à Silhon. Je pencherais plus volontiers pour l'un des deux prélats. Toujours est-il que les *Sentimens d'vn fidelle subiet du Roy* eurent une sorte de caractère officiel puisqu'ils furent d'abord imprimés au Louvre. Cette édition là ne se vendait pas. Celle qui fut livrée au commerce, ne parut que le jeudi saint. Elle se distingue de la première en ce qu'elle contient un passage où il est parlé de l'arrêt contre l'amiral de Coligny, et qu'elle n'a que quarante-huit pages.

accuser de la moindre cruauté, contre vn cardinal de la
Maistresse auguste de toutes les Églises et contre vn Prince
de la Ville capitale du Royaume de Iésus-Christ, ie dis
hardiment que c'est vn prodige d'inhumanité qui doit
attirer l'horreur de tous les siècles et couurir d'vn opprobre éternel et ineffaçable ceux qui se glorifient d'en
estre les autheurs.

On sçait assez que Monseigneur le Duc d'Orléans, par
vn malheur déplorable en vn si grand Prince, n'a pas
eu peu de part à vne entreprise si estonnante ; mais aussy
ceux qui sçauent quelle est la bonté et la tendresse de son
naturel, tout humain et tout royal, ne doutent point
qu'en cette occasion il n'ait agi par des impressions
estrangères, que l'on n'ait séduit son esprit pour abuser
de la sincérité de ses intentions, et qu'il n'ait souffert
violence auant que de la faire ou de l'authoriser par
son suffrage.

I'en dis de même du puissant Sénat qui a prononcé
cet arrest funeste tumultuairement et à l'impourueu, se
laissant aller au torrent d'vne cabale née de l'animosité
de peu de personnes offencées et intéressées, n'estant
pas croyable qu'vne Compagnie qui a receu du Roy tout
ce qu'elle a d'authorité, et qui pour l'ordinaire a paru
ne point auoir de sentiment plus vif ny plus pressant
que pour la défense de son Prince, ait esté capable d'elle-
mesme et par son propre mouuement d'vne résolution
de cette qualité.

Mais quant à ceux qui ont esté les principaux et les
véritables instrumens de cette action toute extraordinaire, à quoy pensoient-ils? et de quel esprit, de quel
génie auoient-ils l'âme poussée et transportée? Qu'a de
commun la France auec vn dessein, ie ne dis pas si per-

nicieux, mais si bas et si sanglant, ou si contraire à l'humanité et à la générosité Françoise? pour satisfaire la haine et la passion de peu d'auares, d'ambitieux et de brouillons contre vn Ministre qui s'est opposé à leurs factions et à leurs cabales, de tout ce qu'il y a de François, falloit-il en faire des bourreaux par vn arrest public et solemnel de la première des Cours souueraines de l'Estat; abandonner à l'audace et à la rage du dernier des hommes vne teste couronnée de la pourpre Romaine; la proposer pour rançon des criminels qui l'auroient coupée; promettre ou vendre aux voleurs et aux meurtriers l'impunité de leurs excès pour vn assassinat et pour vn parricide; et signaler l'essay d'vne procédure si peu chrestienne sur vne personne honorée de la plus éminente des dignitez sacrées, après celle du très-sainct et du très-heureux Père de tous les fidelles?

Et en effet, représentons-nous que quelque furieux, sous couleur d'exécuter le iugement d'vne Compagnie souueraine, vinst à plonger ses mains dans le sein et dans le sang de ce Prélat infortuné; qui ne frémiroit d'horreur à la nouuelle d'vne violence si tragique? Qui de tous ceux qui ont souhaité et coniuré le plus ardemment sa perte, ne changeroit sa haine et sa vengeance en effroy et en pitié? Et qui ne seroit saisi de douleur voyant ou le nom François malheureusement flétry par l'infamie et par l'atrocité d'vn attentat qui paroistroit d'autant plus iniuste qu'on auroit voulu l'appuyer de l'authorité des Loix et de la Iustice; ou le plus vénérable de tous les ordres du Royaume outragé et rendu méprisable par vne blessure et par vne infraction si insupportable de ses immunitez et de ses priuiléges, que les Souuerains mesmes qui ont eu quelque teinture de la piété chrestienne, ont tousiours réuérez ; ou enfin la maiesté du Siège Apostolique violée presque au premier chef par le massacre et par la mort de l'vn de ses membres principaux qui forment et composent selon les Canons et le sentiment commun des Docteurs le corps inuiolable de Iésus-Christ en terre ? Dieu par sa saincte grace nous veuille préseruer d'vn accident si horrible et si détestable ! . . . .

Et pour examiner le premier de ces trois chefs qui prouuent en cette rencontre l'innocence du Cardinal Mazarin et le mettent à couuert également de la puissance des Magistrats et de la violence des particuliers, y a-t-il homme si ignorant et si peu versé dans les coustumes et dans les loix de ce Royaume qui ne sçache que les Euesques, et par conséquent ceux à qui la France donne vn rang d'honneur beaucoup plus esleué que celuy des Euesques, ne reconnaissent point, hors les causes ciuiles, la iuridiction des Cours séculières et ne répondent point directement deuant le tribunal des Iuges laicques, non pas même en cas de crime de lèse-Maiesté? Cette vérité ne doit pas estre prouuée par d'autres témoins que par ceux mesmes, lesquels au préiudice de l'authorité de leurs anciens arrests ont vsurpé celle de iuges en vn faict dont la connoissance, par leur propre aueu, ne leur appartient point. Le grand Roy François ayant résolu de faire le procès à deux Euesques qui luy auoient manqué de fidélité en coniurant contre son seruice auec les ennemis, et ayant consulté le Parlement des Pairs sur vne affaire de cette importance, cette Cour auguste répondit à cet auguste Prince, que son pouuoir Royal ne s'estendoit pas à ces matières et que dans l'ordre commun et légitime, elles deuoient être terminées par vn iugement Épiscopal et Apostolique. Et sans mentir, cette vénérable Compagnie ne pouuoit donner à son Roy vn aduis plus sage, plus iudicieux, plus éuangélique, ny mieux fondé sur la pratique des Royaumes Chrestiens, et particulièrement du premier de tous, qui est le Royaume de France.

Et quant à ce qui nous touche pour la preuue d'vne coustume si louable, il me suffira dans vne infinité d'exemples que l'histoire nous rapporte, d'en choisir quelques vns dont les premiers ont paru sous la plus ancienne race de nos Princes, dont la mémoire est en bénédiction pour auoir produit les premiers Roys Chrestiens de nostre nation; et les autres sous la seconde, dont la gloire doit estre immortelle pour auoir basty vn nouuel empire destiné à la défense de l'Eglise vniuerselle et du Royaume éternel de Iésus-Christ en la personne de son Vicaire général en terre. . . . .
. . . .
Et pour quel suiet donc, et par quel mystère faudra-t-il qu'vn seul Cardinal Mazarin n'ait point de part à vne immunité et à vne prérogatiue si considérable des Prélats de l'Eglise sainte? Estce peut estre que l'on n'estime pas qu'il soit raisonnable d'estendre aux cardinaux du throsne de sainct Pierre ce priuilége des Euesques? Cette défaite seroit insensée, ridicule et opposée au sentiment commun de toute l'Eglise, par le consentement vnanime de laquelle ces premiers appuis de la chaire des Apostres, ces enfans choisis de la mère des fidelles, ces assistants et électeurs sacrés du chef visible du corps mystique de Iésus-Christ, ces Pères reuestus et couuerts de pourpre par vn droict particulier en témoignage de leur dignité Royale se voyent esleuez à vn si haut comble de grandeur et de

gloire que selon la pensée de tous les Docteurs les loix publiques ne les peuuent obliger si elles ne les marquent expressément, comme il fut allégué dans le sainct Concile général de Trente. Estce que les crimes et les désordres imputez à ce déplorable Cardinal sont des désordres et des crimes inouis? et qu'ils surpassent incomparablement ceux qui n'ont pas priué de cet auantage les anciens Euesques, dont ie viens de parler? Mais le Cardinal Mazarin a-t-il eu, comme eux, des intelligences ou signé les traitez auec les ennemis de l'Estat? A-t-il, comme eux, corrompu la fidélité des suiets du Roy? L'a-t-il, comme eux, exposé à la risée et à la fureur de ses rebelles? L'a-t-il, comme eux, traité d'excommunié, esloigné des autels et du commerce des Chrestiens? Luy a-t-il, comme eux, rauy la liberté auec la couronne, ou attenté, comme eux, sur sa personne et coniuré sa mort? Qu'on choisisse le moindre de ces excez dont les anciens Prélats de France ont esté coupables ou chargez, et que l'on consulte la haine ou l'enuie la plus implacable qui se soit allumée depuis peu d'années contre ce Ministre malheureux; il est sans doute qu'elle n'oseroit, ie ne dis pas l'en accuser, mais l'en soupçonner.

Que si l'ayant trouué pur et innocent de toutes fautes mesmes apparentes enuers son Roy et son Prince souuerain, on recherche les iniures qu'il auroit pu faire aux particuliers, on verra pour la pluspart qu'ayant comblé de grâces les vns, et pardonné, souffert ou dissimulé les outrages des autres, il ne s'est procuré l'inimitié et attiré la persécution de tous que par l'excez de ses largesses enuers les vns, et de sa patience enuers les autres; l'ouly des iniures ne luy estant pas moins naturel que le souuenir l'est pour l'ordinaire au reste des hommes, et sa bonté ayant paru si rare et si inuincible que ses ennemis sont tousiours en estat de pouuoir l'offenser ou se réconcilier auec luy impunément, sçachant qu'ils font la guerre ou la paix auec vn homme qui ne se venge point. Ie ne veux donc point que l'on considère les seruices signalez qu'il a rendus par ses soins et ses conseils au Roy et à l'Estat : L'Espagne domptée, l'Italie protégée, l'Allemagne pacifiée, les espérances des ennemis et nos frontières tousiours reculées, iusques à tant que le tumulte des nouuelles intrigues eust trauersé le cours de nos prospéritez domestiques et estrangères. Que l'on n'ait égard purement qu'à l'innocence de ses mœurs et de sa conduite; faut-il qu'autrefois des Prélats atteints de crimes les plus noirs et les plus irrémissibles ayent pu d'abord se garantir de la séuérité des Cours Royales et Ciuiles pour ne respondre et ne comparoistre que deuant leurs confrères, et qu'vn seul Cardinal Mazarin qui les précède en rang et en honneur et dont la vie particulière et l'administration publique n'ont esté suiettes iusques à cette heure à aucun reproche iuste et légitime, trouue cet azile et ce port fermé à la défense de sa réputation, de ses biens, de son salut et de sa dignité ?

Mais en cette occasion n'appuyons pas le droit infaillible de ce Cardinal, ny sur les exemples les plus mémorables de ce qui s'est veu et pratiqué de tout temps en France, ny sur le témoignage et les arrests exprès de ceux qui ont depuis peu entrepris de le iuger. Consultons l'oracle de l'vne des plus sainctes et des plus inuiolables conuentions qui ayent esté passées entre nos Roys et les Souuerains Pontifes. Ce fameux Concordat arresté depuis plus de cent trente ans entre le Pape Léon X et le grand Roy François, et ensuite vérifié et enregistré dans cette première de nos Compagnies souueraines et obserué de part et d'autre auec tant de religion, ne porte-t-il pas formellement qu'en cas de crime le Pape enuoyera et commettra des Iuges sur les lieux pour connoistre des crimes des Éuesques ; mais pour les Cardinaux de l'Église Romaine, il en retient les causes et s'en réserue à luy seul la connoissance ?

Que peut-on souhaiter de plus décisif, de plus authentique, de plus fort, de plus inuincible en faueur de ce Prélat ? En haine d'vn seul homme, est-il iuste de violer la saincteté d'vn traité si solemnel ? Ne pouuons-nous estre Iuges d'vn coupable prétendu sans esbranler les fondemens de la Iustice ? Et pour authoriser vn parricide en la personne d'vn Cardinal, faut-il deuenir infidelle au Pape mesme et au souuerain maistre de la Foy ?

Il est donc visible que Monsieur le Cardinal peut establir la première nullité de sa condamnation sur l'incompétence et sur l'entreprise de ses Iuges : il est Cardinal ; en matière criminelle, il ne doit répondre qu'à l'Église.

Mais supposons néantmoins que ceux qui l'ont iugé, ne soient blasmables d'aucune vsurpation et qu'ils soient demeurez dans les limites de leur puissance légitime ; ont-ils suiuy l'ordre de la Iustice ? ont-ils gardé scrupuleusement, comme le réquéroit vne si grande affaire, les formes iuridiques et accoustumées en pareilles occasions ? Le Cardinal Mazarin est accusé d'estre entré dans le Royaume au préiudice de la déclaration du Roy[1] ; et

---

[1] *Déclaration du Roy portant défenses au Cardinal Mazarin.... de rentrer dans ce Royaume*, etc. [925].

là-dessus on condamne ce Prélat, on le proscrit, on met sa vie en proye à la rage des meschans. Mais dans vne rencontre si importante, ne falloit-il pas employer auec la dernière exactitude les formes ordinaires qui accompagnent les iugemens publics et solemnels et qui peuuent estre appelés auec raison le fondement des Loix, la lumière de la Iustice, le rempart de l'innocence, l'âme des conseils et vn frein qui arreste la licence et la témérité de Iuges passionnez ou corrompus?

On asseure donc que le Cardinal Mazarin est entré en France et que par cette entrée il a violé les défenses du Roy; mais dans cette occasion, l'ordre naturel de la Iustice ne demandoit-il pas que l'on s'éclaircist et que l'on informast iuridiquement d'vn faict de cette conséquence? Or où sont les tesmoins qui chargent ce coupable? Deuant quel Iuge ont-ils faict serment de ne point blesser la vérité? Et les a-t-on ensuite confrontez, selon qu'il s'obserue en pareilles occasions? Toute la déposition que l'on a receue, est celle de Monseigneur le Duc d'Orléans, dont la naissance et la condition Royalle ne permettoient pas que l'on pratiquast en sa personne ce qui se pratique ordinairement en celle des tesmoins. . . . .
. . . .
Mais pour venir au suiet particulier dont il s'agit icy, la régularité de la procédure, en ce qui touche la vie des hommes, est vne condition si fondamentalle et si essentielle pour authoriser vn meurtre qu'vn docte Religieux, illustre par sa probité et par ses ouurages et Confesseur du grand Empereur et Roy d'Espagne Charles Quint, s'estant proposé cette question particulière, de sçauoir si on est obligé d'obéyr au Roy quand il nous commande de tuer vn homme, la résout en répondant, qu'on y est

obligé ou qu'on le peut en conscience quand le Roy procède par les formes légitimes ; qu'autrement on ne le doit ny on ne le peut. Que si la distinction de ce Théologien célèbre a lieu à l'égard du Roy dont la puissance paroist estre sans limites et à qui mesme la nécessité des occasions et des affaires ne permet pas quelquefois de recourir aux moyens accoustumez, combien plus est-il iuste et nécessaire d'en vser à l'égard des Magistrats qui n'ont point de part aux mystères de l'Estat et dont l'authorité et la iuridiction doiuent tousiours estre renfermées dans les formes qu'il a plu au Roy de leur donner? Et l'on croira néantmoins que sous prétexte d'vn commandement donné irrégulièrement, sans enqueste, sans témoins, non par le Roy, mais par vn Parlement, non par vn oracle du Souuerain, mais par vne ordonnance d'vne simple Cour de ses Officiers et de ses ministres, il est permis, chose détestable ! de répandre le sang d'vn Cardinal et en mesme temps de couurir d'vn deuil général et éternel l'auguste corps des Princes de l'Église, de qui ce coup mortel auroit offensé sacrilègement la dignité, comme l'arrest qui le commande, réduiroit, s'il auoit lieu, leur personne sacrée à la condition des plus infasmes criminels !

Mais auouons, ce qui n'est pas, que dans cette occasion le Cardinal Mazarin a esté iugé et condamné par ses Iuges naturels et qu'en le condamnant d'vne manière aussy rigoureuse que nouuelle, ils n'ont rien obmis des formalitez de la Iustice ; ont-ils eu matière de conclure et de prononcer contre luy vn si séuère iugement ?

Vn Prince du sang esleué plus que iamais nul autre en biens, en charges, en Gouuernemens, en places, en estime de courage et suffisance extraordinaire dans la guerre, mais qui seroit tousiours bien moins redoutable s'il ne l'estoit par les biens-faits de celuy qu'il veut perdre et que l'on sçait luy auoir procuré, entre autres auantages, la charge de Grand Maistre de la Maison du Roy, vn commandement perpétuel de ses armées et des Souuerainetez considérables sur la frontière de l'Estat, l'illustre Comté de Dampmartin, l'vne des plus riches et des plus nobles terres du Royaume; vn Prince, dis-ie, de cette qualité, fait éclater tout d'vn coup son ressentiment contre la Cour, couure et colore de diuers prétextes le dessein de se venger, détache de l'armée tous les Régimens qui estoient sous son nom, leur défend de reconnoistre les ordres du Roy, traicte et s'allie auec l'ennemy, assemble des troupes et ses amis de tous costez, arme, souslesue et met en feu toute la Guyenne et les païs voisins, appelle l'Espagnol, le reçoit en France, luy donne des villes à fortifier, s'approche et vient en armes au deuant du Roy qui le poursuit auec des peines insupportables à la tendresse de son âge; et comme si la rébellion des suiets contre les Roys ne pouuoit réussir qu'à la faueur du parricide des Roys, il enuoye à Londres; il implore le secours de ces mains cruelles, encore teintes et fumantes du sang de leur Monarque; et les partisans de sa cabale publiant dèsia partout l'entrée de quatre mil Escossois dans la riuière de Bordeaux, ne craignent point de faire d'vne alliance si honteuse vn suiet de gloire et de trophée.

D'autre costé, Monsieur le Cardinal, qui auoit souffert durant plusieurs mois, sans plainte et sans murmure les outrages dont on l'auoit chargé en particulier et en public, bien loin de penser aux moyens de se venger et d'écouter les offres que luy faisoit l'Espagne en cette occurrence, également touché de reconnoissance pour tant de biens que luy ont fait le Roy et cet Estat, et de douleur pour les maux extresmes dont il voyoit l'vn et l'autre menacé, se résout constamment de les secourir dans vn si éminent danger, d'employer ses soins, ses forces, celles de ses amis et enfin sa vie pour vne entreprise si glorieuse; met en peu de temps sur pied vne armée considérable; reçoit du Roy vn commandement exprès [1] de la conduire en France, auec espérance certaine d'en tirer vn seruice très-notable dans la conioncture présente des affaires.

Cependant Messieurs de la Cour du Parlement, ayant sceu l'approche et la démarche de ce Cardinal et son entrée en France auec son armée, quoy qu'ils ne pussent ignorer qu'il y reuenoit par ordre du Roy et en estat d'assister Sa Maiesté contre vne faction puissante de rebelles, s'assemblent aussi tost, le déclarent criminel de lèze-Maiesté, mettent sa vie à prix, promettent impunité et récompense aux coupables qui l'auroient assassiné, et ce qui fait horreur à dire et à penser, ordonnent que ses biens seront exposez et vendus publiquement pour payer la teste de leur Maistre; peu de iours ensuite l'exécution de la Déclaration du Roy donnée dès longtemps contre la rébellion de Monsieur le Prince [2] est surcise et suspendue, pour n'auoir effet que du moment qu'on aura receu des nouuelles asseurées de l'esloignement et de la retraite du Cardinal hors du Royaume.

En premier lieu donc, pour bien iuger si on a condamné auec iustice le retour du Cardinal, considérez

---

[1] *Lettre du Roy écrite au Cardinal Mazarin* [2164].
[2] *Déclaration du Roy contre les princes de Condé, de Conty*, etc. [906].

d'vne part, que c'est le Parlement qui ne le veut pas ; et de l'autre, que c'est le Roy qui l'a voulu ; puis voyez si la raison et toute sorte de deuoirs ne nous ordonnent pas de préférer incomparablement la volonté du Roy à la volonté d'vn Parlement qui ne peut auoir de iuste volonté que celle du Roy ; ce qui a fait dire au plus éclairé et au plus admirable des Pères de l'Église, que si l'Empereur commande vne chose et ses Ministres vne autre, il faut obéyr au commandement de l'Empereur et non pas à celuy de ses inférieurs et de ses Ministres, n'estant pas vn crime aux particuliers de vouloir plustost ce que veut le Roy, que ce que veulent ses Ministres ; mais au contraire estant vn crime manifeste aux Ministres du Roy de vouloir autre chose que ce que le Roy veut.

Remarquez en suitte la différence et l'inégalité du traitement que reçoiuent deux personnes qui arrestent sur elles auiourd'huy les yeux de toute la France, ou pour mieux dire, de toute l'Europe. L'vn va contre le Roy ; et l'autre accourt pour le secourir. L'vn a conspiré auec les ennemis de cette Couronne ; et l'autre est armé pour la défendre. L'vn appelle les estrangers par mer et par terre ; et l'autre les vient chasser. Et toutes fois, chose estrange ! on fauorise le premier, et on persécute le second. On fortifie les iniustes entreprises de l'vn en différant de le condamner ; et on affoiblit les efforts louables de l'autre en les traittant de désobéyssance et de rébellion. Enfin on absout en quelque manière le coupable, pour faire paroistre l'innocent plus criminel et plus odieux que le coupable mesme. En vérité, plus ie pense à ce mystère et plus ie me pasme d'estonnement. Vit-on iamais qu'vn suiet du Roy ayant traitté auec l'en-

nemy et l'ayant introduit dans les places de l'Estat, vn
Parlement ayt loué son entreprise et l'ayt déclarée légitime pour vn certain temps et sous certaines conditions?
Conclure et arrester que l'on attendra de vérifier les déclarations portées contre Monsieur le Prince, qui commande des troupes Espagnoles et leur permet de se fortifier en Guyenne, en Poictou et en Champagne, iusques
à tant que Monsieur le Cardinal ayt vuidé le Royaume,
n'estce pas conclure et arrester que l'Espagnol aura
droict d'y demeurer et de s'y establir tout le temps que
Monsieur le Cardinal y demeurera? Et n'estce pas menacer le Roy que s'il souffre dans sa Cour vn de ses
Ministres, on souffrira que ses ennemis deuiennent les
maistres de son Estat?

Enfin, nous viuons dans vn temps si déplorable qu'on
n'appréhende pas de fauoriser manifestement vn Prince
qui entretient vne liaison ouuerte auec l'ennemy, peu
de temps après qu'on faisoit vn crime irrémissible à
Monsieur le Cardinal d'auoir commerce et intelligence
auec le Roy. On allèguera peut-estre que Monsieur le
Cardinal est conuaincu d'auoir désobéy à la Déclaration
du Roy vérifiée en Parlement aux derniers iours de la
Minorité, par où le Roy défend à ce Prélat de rentrer
en France, et à tous les Gouuerneurs de Prouinces et de
places de l'y retirer. Mais si on agit en cette occasion
par vn pur esprit de maintenir la force et l'authorité des
Déclarations du Roy, d'où peut venir qu'on a tant de
zèle pour l'exécution des vnes et tant d'indifférence pour
celle des autres? Y a-t-il des Loix qui défendent au Cardinal de retourner en France? et n'y en a-t-il point qui
défendent aux Princes d'y receuoir les ennemis, leurs
flottes, leurs armées, et de leur en liurer les villes et les

ports? Et pourquoy donc s'empresse-t-on auec tant de violence pour venger l'infraction des vnes, et laisse-t-on en mesme temps impuny le violement des autres?

Mais pour ce qui regarde la Déclaration du Roy touchant l'esloignement de Monseigneur le Cardinal, en quel temps, en quel estat Sa Maiesté l'a-t-il publiée? Alors le Roy estoit-il Roy? Estoit-il maistre de son Royaume auant que de l'estre de ses volontez? Et auoit-il atteint cette plénitude d'âge qui l'eslèue au-dessus de luy-mesme et le rend iuge de toutes les actions précédentes de sa vie pour les approuuer ou les condamner selon qu'il luy plaist? D'ailleurs aussy dans ces placards insolens et séditieux, ne voyoit-on pas des desseins et des proiets de nouueautez estranges exposez en affiches par tous les coins de Paris? Ne parloit-on pas ouuertement de reculer la maiorité du Roy et de donner la Régence du Royaume à Monseigneur le Duc d'Orléans, ou de luy continuer pour quelques années la fonction de Lieutenant Général de l'Estat? Et n'y auoit-il pas lieu d'appréhender que la témérité d'innouer et d'entreprendre, qui va tousiours croissant dans les tumultes populaires, ne se fist vn passage à de plus importans et plus iniustes changemens?

Il est donc sans doute que le Roy ou plustost la Reyne Régente, pour céder à la nécessité du temps qui est bien souuent la loy des Souuerains, se vit obligée de consentir à la Déclaration dont il s'agit et qu'on n'ignore pas auoir mesme esté dressée par Messieurs du Parlement dans les termes qu'il leur plust.

Mais outre que ç'a esté par vne conduite sage et salutaire que Leurs Maiestez voulurent en cela condescendre à la passion des ennemis de Son Éminence qui autrement sur le déclin de la minorité et sur l'accroissement des nouueaux troubles domestiques, auroient pu prendre des résolutions d'vne conséquence dangereuse et sur tout au milieu d'vne grande ville où Leurs Maiestez mesmes, peu de mois auparauant, n'auoient pas iouy de la liberté de leurs personnes ;

La loy fondamentale de la Souueraineté ne veut-elle pas que les Roys et les Monarques ne s'engagent pas si estroitement à l'obseruation des loix qu'ils font sur des occasions particulières, qu'ils ne s'en puissent dispenser légitimement eux-mesmes selon que le demande le bien de leur Estat et de leur seruice; et principalement s'ils accordent vne chose qui de sa nature ne peut qu'estre forcée, comme quand ils renoncent aux droicts essentiels et attachez inséparablement à leur Couronne, entre lesquels vn des plus sacrez et des plus inuiolables est sans contredit la liberté de choisir eux-mesmes les Ministres dont ils composent leurs Conseils et à la fidélité desquels ils commettent le secret des affaires publiques?

. . . .

Mais pour continuer à le défendre et à le iustifier par la bouche mesme de ses ennemis et de ses persécuteurs, l'accusera-t-on de la résolution qu'on prit, il y a deux ans, d'arrester Monseigneur le Prince? Mais cette accusation n'attaque pas moins directement Monseigneur le Duc d'Orléans que ce Ministre; Son Altesse Royale ayant eu, comme on sçait, la principale part à ce haut dessein; et sans en rechercher plus curieusement les causes, si on en fait vn crime au Cardinal, il aura pour défenseur le Duc d'Orléans, qui, ayant approuué et authorisé cette entreprise, comme luy en est coupable si elle fut iniuste, et en doit répondre aussy bien que luy.

Et de vray, si l'on n'eust point transféré Monsieur le Prince du bois de Vincennes où il fut mis d'abord, au Haure de Grâce, place forte et asseurée à Leurs Maiestez, Monseigneur le Duc d'Orléans ne se seroit peut-estre pas si tost mis en peine de le faire déliurer ; et beaucoup pensent qu'il n'a souhaitté de le voir libre que depuis qu'il a vu qu'il n'en estoit plus le maistre et qu'il ne s'est plus imaginé d'auoir à son choix ou de le retenir en prison ou de l'en retirer, comme quand il estoit au Chasteau de Vincennes à la veue et aux portes de Paris. Osera-t-on reietter sur luy le blasme du siége de Paris? Son Altesse Royale et Monseigneur le Prince qui estoient diuisez et contraires l'vn à l'autre pour le iustifier sur la détention de l'vn des deux, s'accorderont à l'heure mesme et se réuniront pour le défendre, et soustiendront en sa faueur la iustice de ce siége mémorable qu'ils ont fait eux-mesmes et poursuiuy auec tant de zèle et de vigueur. Les Cours souueraines luy imputeront-elles les désordres de l'Estat qui ont précédé le mécontentement qu'elles ont receu en leur particulier par le dessein qu'on auoit pris de retrancher les gages de leurs charges ? Ou elles se sont teues quand il falloit parler, ou elles ont parlé quand il falloit se taire ; et il est visible que des remonstrances, des plaintes et des clameurs qui n'ont pour principe que le bien particulier de ceux qui les excitent, portent leur reproche en elles-mesmes et ne méritent en façon du monde d'estre considérées par des personnes sages et dégagées de toute préuention d'intérest et de passion. C'est ainsi donc que le Cardinal, quoy qu'agité de tant de disgrâces, se trouue néantmoins dans vn estat si aduantageux que de pouuoir plaider sa cause impunément deuant ses ennemis et les rendre les témoins de son innocence, en mesme temps qu'ils voudront estre ses Iuges et qu'ils entreprendront le plus ardemment de le condamner ou de le persécuter; ce qu'ils n'ont presque iamais fait que lorsqu'ils ont deu reconnoistre ses trauaux et luy décerner des couronnes et des triomphes pour les grands seruices qu'il venoit de rendre au Roy et à l'Estat.

A-t-il donné la paix à la capitale du Royaume et à tout le Royaume en mesme temps? Vne faction puissante s'eslèue contre luy, aigrit et fortifie les premiers dégousts de Monseigneur le Prince qu'elle veut s'acquérir et dont elle s'efforce par mille artifices de corrompre la fidélité. Après la détention de ce Prince, a-t-il réduit auec vne incroyable diligence les places de Normandie et de Bourgogne dans les rigueurs extresmes de l'hyuer, puis secouru Guise, dompté Bourdeaux, appaisé toute la Guyenne dans les chaleurs extresmes de l'esté? Pour toute récompense de si grands seruices, on redouble contre luy les efforts de la cabale et de l'intrigue au mesme temps qu'on les pouuoit croire esteintes et étouffées.

Cependant le Cardinal, battu d'vn si violent orage, s'en esloigne, ou pour l'appaiser, ou pour le faire fondre sur ses ennemis; au cœur de l'hyuer il les attaque; il les chasse de Rethel; il les défait en bataille rangée, où il taille en pièces leurs meilleures troupes, et s'en reuient chargé de trophées et plein de gloire à la Cour du Roy.

Pour de si admirables succez, il se deuoit bien promettre l'applaudissement public; et il pouuoit bien considérer tant d'ennemis vaincus comme autant de victimes capables d'appaiser le ressentiment de ses aduersaires;

mais au contraire, plus il est glorieux et plus on veut
qu'il soit mal-heureux ; mieux il sert l'Estat et plus on
l'accuse de le troubler. Enfin, de ce vainqueur, on résout d'en faire vn prisonnier et vn coupable à la veue du
Roy et au milieu de la ville capitale de la France. Ainsi
on voit que ce n'est pas à ses fautes qu'on en veut, mais
à sa puissance qui s'accroist auec son bonheur et auec
ses mérites ; et l'on ne doute point que ceux qui taschent
de nous faire croire que ses crimes ont augmenté auec
ses seruices, n'ayent pris pour rébellion les effets de son
deuoir, et ses seruices pour des crimes ; et il est infaillible que si cet exilé reuenoit en France moins accompagné et moins en estat de rendre victorieuses les armes
du Roy par le renfort et par la ionction des siennes, on
n'auroit pas dépeint son retour si pernicieux que l'on a
fait, et peut-estre mesme que la haine de ses condam-
nateurs ne seroit pas venue à vn excès si épouuantable
que de mettre à prix sa teste sacrée et de la sacrifier à la
fureur des assassins les plus désespérez. . . . .
. . . .
Mais toi, Paris, maistresse et capitale de toutes les
villes de ce grand Estat, ie ne veux point chercher hors
de toy les interprètes et les témoins de ton deuoir en
cette conioncture ; ie veux seulement te conduire dans
vne assemblée génerálle de tes anciens Pères, te faire
paroistre en leur présence et te prier en mesme temps de
les considérer, non fragiles et mortels comme ils ont
esté pendant leur voyage sur la terre, mais incorruptibles et glorieux comme ils sont dans le ciel ; et ils te
prononceront pour la seconde fois vne loy sacrée qu'ils
ont faite et publiée au milieu de toy depuis huit siècles,
et te commanderont très-séuèrement de l'obseruer, sur

peine de leur haine et de leurs censures les plus redoutables.

Il est certain (voir le sixième concile de Paris) *que la puissance Royalle est establie pour le bien et pour l'aduantage de tous ceux qui luy sont soumis, et qu'elle est obligée de le procurer selon les loix de l'équité : et c'est aussi pour cela que tous ceux qui luy sont subiets, doiuent luy obéyr et la seruir auec fidélité; d'autant que celuy qui résiste à vne Puissance ordonnée de Dieu, ainsy que l'Apostre nous l'enseigne, résiste en mesme temps à l'ordre de Dieu. Car comme les subiets désirent que le Roy les conserue et les protége selon la Iustice et la piété; de mesme ils sont obligez de leur part de secourir le Roy en toute franchise, et sans prétendre de s'en pouuoir dispenser sous aucun prétexte et par aucune excuse que ce soit : et ils sont obligez, en premier lieu, pour le salut de leur âme; et en second lieu, pour contribuer à ce qui regarde la bienséance et l'utilité publique du Royaume, suiuant la volonté de Dieu; et en s'acquittant de ce deuoir, on ne peut point douter qu'ils ne satisfassent tout ensemble au commandement de Dieu et à la fidélité qu'ils doiuent au Roy. Et en effet que les subiets soient tenus de rendre ce seruice à Sa Maiesté Royalle, les préceptes de la Loi nous le témoignent ouuertement; et le Seigneur nous l'apprend luy-mesme en l'Éuangile, quand il dit :* Rendez à César ce qui est à César, et à Dieu ce qui est à Dieu. *Et sainct Pierre dit aussy :* Soyez obéissans à toutes sortes de personnes pour l'amour de Dieu; soit au Roy, comme à celuy qui tient le premier rang; soit à ses Ministres, en considérant que c'est luy qui les enuoye et qui leur donne authorité. *Et un peu après il dit :* Craignez Dieu, honorez le Roy. *Et l'Apostre sainct Paul dit au mesme sens :* Que toute personne soit soumise aux Puissances supérieures; car il n'y a point de Puissance qui ne vienne de Dieu; et celles qui sont establies dans le monde, sont establies de Dieu mesme; et ainsy celuy qui résiste à quelque Puissance, résiste en mesme temps à la disposition de Dieu, *et le reste, où l'Apostre continue bien au long de nous instruire sur cette matière. Et le mesme aussy escriuant à Tite dit :* Aduertissez-les bien de se rendre obéyssans aux Princes et aux Puissances. *Et dans sa lettre à Timothée, il nous fait voir à quel poinct luy estoit précieux le salut du Roy, parlant de cette sorte :* Ie vous supplie et vous recommande qu'auant toutes choses l'on fasse des prières, des supplications et des actions de grâces pour tous les hommes, pour les Roys et pour tous ceux qui sont esleuez en dignité, afin que nous menions vne vie tranquille et paisible en toute piété et pureté; car c'est vne chose bonne et agréable deuant Dieu Nostre Saueur, qui veut que tous les hommes soient sauuez et qu'ils paruiennent à la connoissance de la Vérité. *Car c'est ainsy que Hiérémie, le diuin Prophète, exhorte de prier pour la vie du Roy Nabuchodonosor, quoy que ce Roy fust idolastre. Combien plus donc toute sorte de personnes doiuent-ils implorer auec humilité le secours de Dieu pour la conseruation et pour le salut des Roys Chrestiens? Or ces témoignages diuins peuuent suffire pour monstrer en peu de paroles comme il faut obéyr à la puissance Royalle et auoir soin du salut du Roy. Et c'est pourquoy il est nécessaire que tout fidelle, pour le bien de son salut et pour la gloire de l'Estat, selon qu'il plaist à Dieu, soit disposé de donner au Roy vne assistance raisonnable, comme doiuent faire les membres au chef, et qu'il recherche plustost l'aduancement, l'utilité et la gloire du Royaume que les aduantages du siècle, afin que le Roy et ses subiets conspirant également à s'entrayder par vn secours mutuel et salutaire, ils méritent ensemble de iouyr vn iour de la félicité du Royaume éternel.*

Ce sont les conseils et les loix de tes propres Pères, ô Paris! assemblez chez toy, qui te parlent et t'instruisent, par les diuins oracles, de ce que tu dois à la Maiesté de ton ieune Roy, et qui semblent maintenant descendus du ciel pour te sauuer des embusches dangereuses des brouillons qui te voudroient séduire et t'acheuer de perdre, en t'inspirant le dessein impie d'vne rébellion infasme et en te plongeant dans les misères infinies d'vne guerre ciuile et d'vne guerre estrangère tout ensemble. Mais sur tout au mesme temps et sous le mesme Louis, Empereur et Roy de France, les Éuesques assemblez par l'ordre de ce Roy pour la réformation de l'Église de Dieu, ne nous enseignent-ils pas à détester génerallement toute sorte de réuolte et d'engagement dans vn party rebelle, quand ils veulent et ordonnent par vn Canon exprès que ceux qui auront suiuy ou fauorisé qui que ce soit contre le Roy, seront déposez de leurs ministères, s'ils sont Ecclésiastiques, ou excommuniez s'ils sont Laicques et Séculiers.

Il est sans doute, dit le saint Synode, *que quiconque résiste à vne Puissance establie de Dieu, selon la maxime de sainct Paul, résiste à l'ordre de Dieu mesme. Et partant, nous ordonnons d'vn commun aduis que si vn Euesque ou quelque autre d'vn ordre inférieur dans l'estat Ecclésiastique, soit par crainte ou par auarice ou par quelque autre motif que ce soit, abandonne nostre Maistre et Empereur Catholique Louis, ou viole le serment de fidélité qu'il luy a promis, et par vn pernicieux dessein vient à se ioindre, comment que ce puisse estre, auec les ennemis de Sa Maiesté, il soit priué de sa dignité et de son ministère par vne sentence Canonique et Synodale. Et si quelque Laicque se trouue coupable d'vn pareil attentat, qu'il s'asseure aussy qu'il sera frappé d'excommunication d'anathesme par tous les Ordres de l'Église.*

Et après cela, nous mépriserons cette foudre spirituelle dont nos anciens Pères nous menacent; et nos Euesques ne paraistront pas auiourd'huy les successeurs du zèle Apostolique de ces vénérables Pères, aussi bien que de leur throsne, pour défendre l'authorité Royale et terrasser par leurs anathesmes tous ceux qui la combattent!

En effet, on l'attaque témérairement; on cabale; on remue; on sollicite de tous costez la fidélité des subiets du Roy; on traite, on ligue auec les estrangers; on les introduit dans le Royaume, sans autre prétexte que d'vn ministre rappelé pour le seruice de son Prince et non chargé de crimes comme on tasche vainement de le faire croire, mais de gloire, de mérites, et mal-gré la plus noire et la plus furieuse enuie, de triomphes remportez sur les ennemis de la Couronne; et les gens de bien, les vrais suiets du Roy, les vrais amateurs de leur patrie, les Prélats, les Prestres, tous les Ministres de la parole de Dieu demeureront muets, froids et insensibles dans vn mal si déplorable! Que si les Euesques, ces héritiers augustes des Apostres, ne sont point touchez, ce qu'à Dieu ne plaise, du malheur public et du déchet de l'authorité Royale, qui leur a tousiours esté si chère et si précieuse ; s'ils ne veulent pas considérer que s'il estoit permis d'opposer les armes à la volonté du Roy, les âmes impatientes de la domination ne manqueroient iamais de couleur pour l'entreprendre, qu'on ne cesseroit iamais de contrôler l'authorité Royalle, sous prétexte de la modérer, et enfin qu'à force de la combattre pour la tempérer ou pour l'adoucir, on la destruiroit entièrement ; s'ils ne veulent pas considérer que si le Roy ne pouuoit choisir qu'au gré des Princes les Ministres de son Estat, les Ministres de l'Estat seroient aux Princes et non pas au Roy, et ne le conseilleroient iamais selon le bien de son seruice, mais selon l'intérest de ceux qui pourroient, quand bon leur sembleroit, les maintenir ou les chasser ; s'ils ne veulent pas auoir deuant les yeux que ceux qui excitent ou qui taschent d'exciter vne guerre ciuile, empeschent absolument le bien tant souhaitté de la paix vniuerselle, nos désordres intestins faisant espérer de si grands aduantages à nos ennemis dans la continuation de la guerre, et la paix domestique estant la seule voye qui nous peut conduire à l'Estrangère ; s'ils ne veulent pas, dis-ie, deuenir sensibles à tant de iustes considérations, à l'aduantage, à la gloire, au salut, ou de leur Roy ou de leur patrie, au moins qu'ils se laissent toucher à leur propre honneur et à l'excellence de leur propre caractère qu'on profane et blesse mortellement en la personne d'vn Cardinal de l'Eglise de Rome.

Autresfois vn Euesque de France, quoy qu'infasme et conuaincu manifestement du crime irrémissible de lèze-Maiesté, ayant esté traitté auec quelque sorte de rigueur par le Roy mesme qu'il auoit trahy, les autres Euesques assemblez pour le condamner ne laissèrent pas de se plaindre au Roy du traittement peu respectueux que leur collègue auoit receu, et ne craignirent pas, dit l'histoire, de luy faire vne séuère réprimande. Et le parricide ordonné, non par vn Roy, mais par vn simple Parlement, contre la personne d'vn illustre Cardinal, ne sera point capable d'allumer le zèle et l'indignation sainte des Euesques de ce temps ? Et ne comprennent-ils pas, ne voyent-ils pas qu'ils sont proscrits en quelque sorte auec ce Prélat et exposez auec luy à l'impiété et à la cruauté des âmes les plus désespérées ; que tous les couteaux qui pendent sur la teste du Cardinal, pendent sur leur teste, et que la licence de le tuer est vne porte ouuerte à la licence et à l'impunité des assassinats les plus abominables ? Qu'ils pensent donc sérieusement à se ressentir de l'outrage fait à la saincteté de leur ordre auguste et inuiolable, à soustenir la cause de leur dignité sacrée et Apostolique, à protéger courageusement vn accusé qui a pour témoins de son innocence ses propres accusateurs, qui ayant esté si longtemps sans charges, sans gouuernemens, sans places, sans alliances et destitué de tout autre appuy que celuy de Leurs Maiestez, n'a point voulu qu'elles eussent d'autre otage de sa fidélité que la facilité de le défaire quand elles voudroient, dont l'esloignement forcé et tumultuaire a empiré visiblement et non pas amendé, comme on prétendoit, la condition des affaires publiques, que l'on n'a iamais plus violemment persécuté que lorsqu'il falloit le couronner pour la grandeur et pour le bon-heur de ses seruices, contre la teste duquel on ordonne que les mains de tous les hommes soient armées, pendant qu'il est armé pour la défense de son Roy, et que les véritables gens de bien auouent ingénument avoir esté iugé, proscrit et condamné d'vne manière si cruelle, sans cause, sans forme, sans pouuoir, l'Arrest qui le condamne contre la volonté du Roy, ayant si peu de force qu'il paroist plustost vne vengeance d'ennemis irritez que la résolution d'vn Sénat constant, sage, magnanime et inébranlable dans l'amour de la Iustice : *Vt magis iratorum hominum studium, quàm constantis Senatús consilium esse videatur.*

Ordre donné par le Mazarin à son Maistre d'Hostel, pour vn plat dont il veut que sa table particulière soit seruie pendant tous les iours du mois de Féurier prochain, laissant le reste à la volonté du sieur Euzenat [2624] [1].

(9 janvier 1652.)

Mon Maistre d'Hostel verra le Marquis de Vieuille, Sur-Intendant des Finances, de Bourdeaux Intendant, et Le Tellier, Secrétaire d'Estat, pour leur dire de ma part que ie luy ay ordonné de me seruir vn plat extraordinaire sur ma table pendant chacun iour du mois de Féurier prochain, dont il faut qu'ils fournissent les béatilles.

Sçavoir :

Le premier iour de Féurier de l'année 1652, vn potage de santé, garny du retranchement d'vn quartier des gages des Officiers.

Le 2ᵉ iour, vn potage d'oyson à la purée, garny du reculement des rentes de l'Hostel-de-Ville de Paris.

[1] Euzenat était prêtre, intendant de la maison du cardinal Mazarin.

Le 3ᵉ, vn potage de poictrine de veau, garny du retranchement de toutes les rentes prouincialles.

Le 4ᵉ, vn potage de béatilles, garny de la réformation de plusieurs billets de l'Espargne, cy-deuant expédiez sous prétexte des dépenses faites au siége de Crémone.

Le 5ᵉ, vn plat d'œufs au beurre noir, garny de la vente de Dunquerque.

Le 6ᵉ, des tortues en ragoust, garnies des contributions des villes frontières.

Le 7ᵉ, des cardons d'Espagne, garnis de la vente des Offices de la Maison de Monsieur le Duc d'Aniou.

Le 8ᵉ, des rognons de béliers, garnis de la vente de l'Archeuesché de Thoulouse, Éuesché de Poictiers et autres bénéfices.

Le 9ᵉ, vne tourte de Franchipane, garnie de la suppression de la charge de Controlleur Général des Finances.

Le 10ᵉ, vne fricassée de pieds et d'oreilles de porc, garnie de l'augmentation de quatre Intendans.

Le 11ᵉ, des maquereaux, garnis de la création de deux nouueaux Directeurs.

Le 12ᵉ, vn Vilain en ragoust, garny de taxes sur les Greffiers du Conseil pour les faire garder les minutes.

Le 13ᵉ, vne pièce de bœuf et queue de mouton au naturel, garnies d'emprunts généraux et particuliers sur toutes les villes.

Le 14ᵉ, vne longe de porc à la sauce Robert, garnie d'vne année du reuenu des Bénéficiez pour la facilité de la Coadiutorerie.

Le 15ᵉ, vne teste de veau frite, garnie d'vne Déclaration pour faire financer les acquéreurs du domaine iusques au denier trente.

Le 16ᵉ, vne pièce de bœuf à la marotte, garnie de la création d'vne Cour des Aydes à Lion.

Le 17ᵉ, vn plat d'huistre au demy-court bouillon, garny de la création d'vn Parlement à Poictiers.

Le 18ᵉ, des trippes de morue fricassées, garnies de la création d'vne Chambre des Comptes à Tours.

Le 19ᵉ, vn potage de Iacobins au fromage, garny d'vne Déclaration pour rendre les Compagnies Souueraines et Présidiaux Semestres.

Le 20ᵉ, vne tourte de pistaches, garnie d'vne Déclaration portant banqueroute généralle de toutes les debtes du Roy.

Le 21ᵉ, vn plat d'artichaux à la poïurade, garny d'vne Déclaration pour l'hérédité de tous les Gouuernemens de France, moyennant finance.

Le 22ᵉ, vne Feuillantine, garnie de la création des Iuges Consuls en titres d'Office dans tout le Royaume.

Le 23ᵉ, des sardines de Royan, garnies de la Déclaration du parisis des voictures et toisé des maisons de Paris.

Le 24ᵉ vn plat de harans à la sauce rousse, garny du Controole des tintures, poids et mesures dans tout le Royaume.

Le 25ᵉ, vn agneau gras, garny de l'hérédité de tous les Procureurs et des Aduocats du Conseil.

Le 26ᵉ, vn oyson sauuage, garny d'vn Office de Controolleur-Visiteur des liures des Marchands, auec attribution de six deniers pour liures.

Le 27ᵉ, vne eschinée aux pois, garnie d'vn Office de Controolleur Général de tous les Baptesmes, Mariages et Mortuaires.

Le 28ᵉ, vn plat d'artichaux en cul, garny de la créa

tion d'vne charge de Visiteur Général de tous les Ponts et Chaussées du Royaume.

Cecy est ma volonté, en tesmoin de quoy i'ay signé le présent mémoire au camp. Pont-Yonne, le quinziesme Ianuier 1652. *Signé*, le Cardinal Mazariny. *Et plus bas, par Monseigneur* Zungo dej [1].

Le Secret de la Cour [3624].

(24 janvier 1652.)

Ie me garderois bien de mettre le nez dans les secrets de la Cour, si ceux qui en deuroient estre les principalles intelligences, n'en estoient exclus; et ie croirois que ma curiosité ne se pourroit point porter iusqu'au désir de sçauoir ce qui se passe dans ces retraites Royalles, sans attenter criminellement au respect qui leur est deub, si l'iniuste restablissement de celuy que la iustice en auoit chassé, ne me dispensoit de m'en aprocher auec tant de circonspection, pour y contempler la posture auec laquelle l'vsurpateur désire s'y maintenir malgré toutes les résistances de cet estat.

Si nous le voyons remonter sur nos espaules auec sa pesanteur ordinaire, ce n'est que pour nous estre sousmis trop aueuglément aux sermens qu'on nous faisoit du contraire et qu'on s'efforçoit presque tous les iours

---

[1] Zongo Ondedei, maître de chambre du cardinal Mazarin, et depuis évêque de Fréjus. *Lettre d'vn marchand de Liége...., auec l'instruction secrète du Cardinal Mazarin pour Zongo Ondedei*, etc. [1884]; *Examen de l'écrit dressé par Molé, Servien et Zondedei sous le titre de :* Edit du Roy portant amnistie, etc. [1314].

de nous authoriser par des protestations Royalles, pour nous en faire reçeuoir la croyance auec moins de soupçon d'infidélité; et c'est en abusant criminellement de nostre soumission à escouter ses parolles apparemment Royalles sans les examiner, qu'on a disposé les affaires à son restablissement, iusque-là que nous ne sommes presque plus en estat de former des obstacles à son ambition, sans troubler le repos que nous ne sçaurions iamais plus fortement establir que sur les débris de sa fortune.

Cette réflection, nous obligeant à nous précautionner contre les appréhensions raisonnables de quelque semblable intrigue, nous fait rechercher quelque accez pour nous insinuer dans les secrets de la Cour, et pour y descouurir les routes que nos ennemis ont tenues et qu'ils prétendent désormais tenir, afin de rasseurer vne iniuste grandeur que toutes les forces de l'Estat auoient si victorieusement esbranlée, lorsque conspirant vnanimement pour brizer les fers qui captiuoient la liberté de ceux qui auoient affranchy celles des peuples, elles arrachèrent enfin le gouuernail de cet Estat d'entre les mains de ce perturbateur du repos public.

Ses partizans firent semblant d'en receuoir la disgrâce par vne complaisance politique, dont ils tâchèrent de déguiser le véritable dépit qu'ils en auoient conceu. Mais ils ne quittèrent pas le dessein, ou de faire iouer quelque intrigue pour disposer les affaires à son restablissement, ou de rasseurer pour le moins leur fortune par le concours qu'ils presteroient à la passion de la Reyne, laquelle se croyant la plus offensée dans l'esloignement du Cardinal Mazarin, s'intéressoit aussi plus que tout autre pour en pratiquer le retour.

Les intrigues néantmoins en eussent esté fort impuissantes si le désespoir du mariage, auquel vne nécessité politique auoit fait consentir le Prince de Condé, n'eust fait espérer à tout le party qu'en ioignant celui de Mme de Cheureuse qui se sentoit offencée de la rupture de ce mariage, il pourroit peut-estre triompher dans le dessein de faire réussir celuy qu'il méditoit pour le restablissement du C. Mazarin. C'est cette ouuerture qui fit trouuer la porte du Palais Royal à M. le Coadiuteur, non point à dessein de contribuer par ses intrigues à ce restablissement qu'il a tousiours eu raison de redouter plus que tout autre, mais de se frayer vn chemin au Ministère ou au Chapeau Rouge, par la complaisance qu'il y témoigneroit, quoiqu'en intention de ne le seconder que pour en faire auorter le succez par la sagesse estudiée d'vne imprudente conduite.

La passion du Comte de Seruient ne se produisoit pas auec plus de sincérité, quoyque néantmoins il y semblast engagé par la reconnoissance des faueurs qu'il auoit receues du Mazarin. Son véritable dessein, en faisant l'empressé pour disposer les affaires à ce retour, n'estoit autre que de s'ancrer par cette chaleur qu'il témoignoit, dans les affections de la Reyne, et d'obliger le Cardinal Mazarin de luy en faire comettre tout le secret, afin d'en pouuoir plus heureusement empescher l'exécution; et c'est par ce moyen qu'il espéroit que la Reyne mesme fauoriseroit son ambition, lorsqu'après plusieurs inutiles efforts elle ne verroit plus de iour à ce restablissement.

Enfin la Reyne reconnaissant bien, après toutes les tentatiues qu'elle auoit fait faire sur l'esprit inesbranlable de M. le Prince, que toutes les intrigues estoient impuissantes, se laissa persuader par son Conseil qu'il falloit en venir à vne force ouuerte, et qu'vn second attentat à la liberté de ce Prince seroit peut-estre pour réussir plus heureusement que le premier à la faueur de la Maiorité.

La fin de ce dessein n'estoit autre que de l'exécuter, si toutefois il n'estoit point découuert, ou d'obliger M. le Prince d'en faire esclater quelque mécontentement qui le fist haïr par l'appréhension de quelque nouueau trouble, s'il arriuoit qu'il en fut auerty. Et cette seconde intention ayant réussi, on ne manqua pas de charger son innocence de mille suppositions, en luy imputant mille mauuais desseins, ausquels on prétendoit faussement qu'il prétextoit celuy de maintenir la liberté parceque les attentats n'en estoient point visibles à tout le monde.

La poursuitte que M. le Prince fit pour s'asseurer contre tant de menaces, fut cause de l'esloignement politique, qui fut aparamment pour iamais, mais en effet pour quelque temps seulement, des trois personnes qui sembloient estre les plus attachées au restablissement du Mazarin[1]; et de l'establissement du conseil qui fut ensuite fait sans la participation de Son Altesse Royalle et de MM. les Princes[2]; mais il marqua trop visiblement la passion que la Cour auoit d'obliger M. le Prince d'en faire esclater le mécontentement par quelque coup hardy, qui peust estre capable de donner vn peu plus de couleur au désir qu'on auoit de le pousser à bout, pour frayer vn plus heureux chemin au restablissement de ce meschant Ministre.

[1] Le Tellier, Servien et de Lyonne avaient quitté la cour le 20 juillet 1651.
[2] *Premier coup d'État de la maiorité du Roy*, etc. [2846].

Ie ne doute pas que les sieurs de Chasteauneuf et de Molé, dont le premier fut esleué à la charge de Ministre d'Estat et le second à celle de Garde de Sceaux, ne se soumissent pour lors à ce choix qu'on faisoit de leurs personnes, auec intention de donner des preuues d'vne générosité telle que leurs seruices passez nous la faisoient attendre des deux plus anciens officiers de la Couronne, et de ne seconder les passions de la Reyne pour le restablissement du Cardinal Mazarin qu'autant qu'ils pourroient connoistre que leur complaisance seroit inutile à la conduite qui le pourroit fauoriser.

C'est du moins la réflection de ceux qui ont estudié vn peu plus attentiuement la politique de Mme de Cheureuse, laquelle n'ayant iamais eu de dessein de protéger le Cardinal Mazarin que pour le faire périr plus infailliblement, suggéra le dessein de poursuiure M. le Prince, moins en intention de le pousser à bout, quoy que néantmoins elle en eust d'en estre rauie, que de rendre le retour du Mazarin impossible par la nécessité qu'elle sembloit imposer à son party, de ne le rappeller point en Cour pendant qu'il seroit nécessaire de faire croire aux peuples que le dessein de son restablissement seroit vne fausse apparence que M. le Prince prétexteroit à ses véritables desseins.

De cette pierre elle prétendoit faire deux coups; premièrement elle donnoit assez de loisir à M. de Chasteauneuf de s'ancrer dans le Ministère et de se rendre nécessaire dans cet illustre employ, pendant que la Cour seroit aux prises auec M. le Prince, dont elle iugeoit bien que la puissance ne laisseroit iamais voir aucun iour au restablissement du Cardinal Mazarin, puisque la nécessité de traiter cette raison de prétexte deuoit tousiours estre indispensable; secondement elle iugeoit bien que si la passion de la Cour n'estoit point assez patiente pour attendre l'occasion fauorable à ce restablissement, il luy seroit très facile, par l'entremise de M. de Chasteauneuf, de le presser auec vne aparence de zelle pour son succez, mais en effet pour le faire auorter en le précipitant auant le temps.

Le premier de ces deux coups eust porté, si la passion n'eust prédominé dans le Conseil et si l'impatience de reuoir le Cardinal Mazarin n'eust obligé la Cour d'en haster le restablissement[1], malgré les grandes incommoditez qu'elle y peut préuoir, par les grands auantages qu'elle donne à M. le Prince de faire hautement retentir la iustice des raisons de son armement, qu'on ne sçauroit désormais traiter de prétextes, puisqu'elles sont visibles à tout le monde.

Ainsi les plus aduisez se doutent bien que Mme de Cheureuse et son party n'ayant point réussi dans le dessein de maintenir M. de Chasteauneuf dans le Ministère, sur la raison qu'ils ont eû de faire voir du danger dans le retour du Mazarin par lequel M. le Prince deuoit estre iustifié, ils ont crû qu'après les efforts inutiles qu'ils ont fait pour s'y oposer, il falloit tenter de faire triompher leurs intentions en les précipitant par leurs conseils.

En effet, à bien considérer les affaires, il semble qu'il n'a iamais esté moins à propos de rappeler le Cardinal Mazarin qu'il l'est auiourd'huy, puisque, pour faire condamner M. le Prince dans la créance des Peuples, c'est à dire pour ietter la sollitude dans son party, il estoit

[1] *Lettre du Roy escrite au cardinal Mazarin* [2164]; *Ordre du Roy.... pour le passage du cardinal Mazarin* [2625].

nécessaire que toute la France ne doutast point de la sincérité du bannissement de Mazarin, dont on sçauoit que l'apréhension feroit grossir le party de ceux qui se mettroient en posture de luy vouloir oposer des obstacles.

Voilà le dessein de Mme de Cheureuse, de M. de Chasteauneuf et de tout son parti. Mais celuy de la Reyne, qui se conduit par des intrigues toutes particulières, a esté de conclure au restablissement par d'autres raisons : premièrement, elle a veu qu'elle auroit beau attendre, si elle espéroit que la raison dont M. le Prince prétend iustifier son armement, puisse passer pour prétexte, tandis qu'on aura subiet de soubçonner qu'estant le chef et maîtresse de tout le Conseil, elle conseruera tousiours le dessein de restablir celuy qu'elle ne croit estre chassé que par attentat; secondement, elle a iugé que deux ou trois petits auantages dont le bonheur venoit récemment de fauoriser ses armes, rendoit la précipitation de ce restablissement moins imprudente, par la réflection qu'elle a fait, que la ionction des troupes de Mazarin auec les siennes luy pourroit faire espérer quelque plus notable succez; troisièmement, elle a veu qu'il estoit fort à craindre que si ce retour estoit plus longtemps différé, M. le Prince ne se rendist enfin assez fort pour y former des obstacles inuincibles, par la grande aparence qu'il y auoit que Son Altesse Royale deuoit pancher de ce côté là, et par le bruit qui couroit assez probablement que les Ducs de Guise et de Nemours venoient pour grossir l'armée de M. le Prince, le premier de six mille Espagnols[1], et le second

---

[1] *Manifeste de monseigneur le duc de Guise touchant.... les raisons de sa ionction auec M. le Prince* [2369]; *Manifeste de M. le duc de Guyse contenant les véritables motifs de la leuée d'vne armée*, etc. [2382].

de quatre mille Lorrains[1]; quatriesmement, les Partisans du Mazarin luy ont fait entendre que ce Ministre ne pouuoit rentrer dans l'Estat que par la mesme porte par laquelle il en est sorty, et que s'il y reuenoit à la faueur des troubles, il ne se pouuoit à tout rompre qu'il n'y demeurast enfin à la faueur d'vn accommodement.

M. de Chasteauneuf qui ne désire rien moins que ce retour, n'a pas manqué d'attaquer fortement toutes ces raisons; mais l'opiniastreté des Mazarins pour les faire valoir, en a empesché le triomphe. Tellement que ne voyant plus de iour à les pouuoir combattre, il s'est auisé de les renforcer en apparence, pour les affoiblir en effet auec plus de succez. Il a donc consenti, malgré ses véritables sentimens, au dessein de haster le retour du Mazarin[2], non pas comme on dit, parceque le Mazarin s'est engagé par serment de renoncer pour iamais en sa faueur à la charge de premier Ministre d'Estat[3], car on sçait qu'il a pour première maxime de n'estre point esclaue de ses paroles, mais parce qu'il a iugé que la présence de ce proscrit fauoriseroit le dessein qu'il a de le faire périr, en procurant l'vnion de ceux qui le perdront infailliblement, à moins qu'ils ne le regardent auec indifférence.

Pour faire réussir cette politique, il a fait le passionné pour les intérests de la Reyne, en luy faisant entendre qu'estant du moins moralement impossible d'arracher le Cardinal Mazarin d'entre les mains de

[1] *Entrée et la marche de l'armée de monseigneur le duc d'Orléans*, etc. [1227]; *Lettre du Roy escrite à son Parlement de Paris sur l'entrée des Espagnols*, etc. [2162].

[2] *Articles accordez entre MM. le cardinal Mazarin, le Garde des sceaux Chateauneuf*, etc. [402].

[3] *Lettre de M. le cardinal Mazarin à M. le Préuost des marchands* [1985].

tant d'ennemis qui sembloient estre sur le point de sc liguer, il estoit à propos de leur lier les bras par les auances de quelque composition auantageuse.

Ce conseil n'a pas esté désaprouué, quoy qu'en effet il soit très dangereux pour le Cardinal Mazarin, auec lequel tout le monde sçait qu'il n'est pas asseuré de traiter; et pour l'exécuter promptement, la carte blanche a esté présentée à Son Altesse Royalle et à M. le Prince, à celuy là pour le traité du Mariage de Mademoiselle d'Orléans, sa fille, auec Sa Maiesté, et à l'autre pour l'entérinement de toutes les propositions qu'il pourra faire; et tout cela à condition qu'ils cesseront tous deux de s'opposer au retour du Mazarin, auec protestation qu'il ne sera iamais parlé de luy redonner le gouuernement de l'Estat.

Qui ne iugeroit que cet aduis part d'vne passion sincère pour le restablissement du Mazarin? mais si l'on veut prendre la peine d'en considérer l'intrigue auec plus de réflection, ne iugera-t-on pas que M. de Chasteauneuf prétend faire connoistre la foiblesse et le désespoir du Mazarin par les propositions aduantageuses qu'il luy fait auancer d'vn accommodement, lors même qu'il sembleroit deuoir estre en estat de se remettre malgré les résistances de tous ses ennemys, pour les obliger par cette connoissance qu'il leur donne de la foiblesse de Mazarin, à conspirer plus fortement contre luy, que plus ils ont suiet d'en espérer vne glorieuse défaite?

La raison que M. de Chasteauneuf a d'espérer que ces propositions de la Cour, quelque avantageuses qu'elles semblent estre, seront rebutées néantmoins de Son Altesse Royale et de M. le Prince, c'est qu'il a remarqué dans la conduite du Cardinal Mazarin que les belles promesses seruent de bonne aparence à ses fourberies ordinaires lorsque sa fortune est réduite au désespoir, et que cette mesme connoissance que Son Altesse Royale et M. le Prince en ont, ne manquera pas de les leur faire renuoyer, auec dessein cependant d'en tirer auantage par vne plus forte et plus parfaite intelligence.

Ce n'est néantmoins plus le seul motif de cette belle intrigue. Ce grand personnage a iugé que pour liguer plus intimement Son Altesse Royale et M. le Prince, c'est à dire pour perdre le Cardinal Mazarin, il falloit tâcher de leur faire porter des propositions qui fissent connoistre qu'ils n'agissoient en cette conioncture que par le seul motif de leurs intérests particuliers, afin que leur générosité se trouuant rebutée de cette créance, se roidit d'autant plus fortement contre toute sorte de composition, que plus elle auroit raison de craindre que le décry de son estime ne s'en suiuit.

Quoy qu'il en soit de tous ces motifs, la proposition du mariage de Mademoiselle d'Orléans auec le Roy n'a esté reçeue de Son Altesse Royalle que comme vne vieille intrigue qui ne pouuoit désormais plus seruir qu'à effarer son imagination, et qu'il n'estoit en estat de regarder que comme le masque de toutes les fourberies du Mazarin. Et M. le Prince n'a non seulement pas voulu escouter les auantages qu'on luy faisoit offrir; mais mesme il a tesmoigné que la seule proposition luy en estoit honteuse, puis que n'ayant iamais eu autre dessein dans son armement que celuy de restablir l'authorité Royalle et de procurer le repos à l'Estat par la ruine de son perturbateur, l'honneur ne luy permet pas sans démentir les auances de ses premiers intentions, d'entendre iamais à aucune sorte de traité, à moins que le premier article ne conclue d'abord à la proscription du Cardinal Mazarin.

Depuis cet intrigue, les affaires n'ont point changé de posture, quoy que les Mazarins bien surpris de cette fermeté de Son Altesse Royalle et de MM. les Princes, n'ont pas manqué d'en rechercher de nouuelles pour rasseurer la fortune de leur Maistre. Mais l'impuissance d'en pouuoir rencontrer qui soient assez efficaces, les oblige de consulter le désespoir et de hazarder, quoyque dangereusement, la voye des armes pour le restablissement de leur Mazarin.

Croysade pour la conseruation du Roy et du Royaume [849][1].

(28 janvier 1652.)

Il n'y a personne en France qui ne sçache le misérable estat auquel le Royaume est réduit, et ne préuoye les voleries, incendies, violemens, désolations et cruautez qui s'y vont commettre, auec des sacriléges et impiétez abominables, et le péril que court la sacrée et Royale Personne du Roy d'estre enleuée du milieu de la France,

---

[1] *Arrêt de la Cour de parlement donné contre le cardinal Mazarin, publié le 30 décembre* 1651 [305]. On lit dans la *Relation contenant la suite et conclusion du iournal de ce qui s'est passé au Parlement*, etc. [3097] que le 1ᵉʳ juin 1652 les Enquêtes demandèrent pour la troisième fois l'assemblée des chambres afin d'aviser aux moyens de trouver les cent cinquante mille livres pour le prix de la tête de Mazarin, disant qu'il y avait des gens prêts à *faire le coup,* pourvu que la somme fût mise en mains tierces.

d'entre les bras de tant de millions de Subiects et d'estre emmenée en Pays estranger;

Que le Cardinal Mazarin ayant esté reconnu Ennemy du Roy et de l'Estat, sur la plainte vniuerselle et sur les continuelles clameurs de tous les Peuples, n'ayt esté déclaré tel par tous les Parlemens du Royaume, auec deffence de iamais y rentrer. Il y est néantmoins rentré à main armée, auec orgueil, insolence et fureur, comme vn autre Attila, fléau de Dieu, menassant de mettre tout à feu et à sang pour assouuir sa vengeance et faire inhumainement périr tous les sages Parlemens qui l'ont si iustement condamné, et tous ceux qui n'ont voulu reconnoistre et adorer ce Tyran.

A cause de quoy certains bons François, fidèles Subiects du Roy, aymans sa Royale et sacrée Personne et le salut de leur patrie, voyant que le Tyran Mazarin est l'vnique et malheureuse cause de tant de maux et misères, se sont associez, coniurez et déuouez pour exécuter tous les Arrests du Parlement de Paris et de tous les autres Parlemens du Royaume, pour chasser du corps de l'Estat cet Esprit immonde du Mazarin par tous les moyens qu'il se pourra, et ne désister iamais de cette saincte et salutaire entreprise qu'elle ne soit exécutée, quelques obstacles, empeschemens et difficultez qui s'y puissent rencontrer.

Le tout à la gloire de Dieu, à l'honneur du Roy, au bien de l'Estat et à la tranquillité publique.

Pour cet effet, ils ont institué vne Croysade et fait les Statuts qui en suiuent :

Au nom du Père, du Fils et du Sainct Esprit,
Amen.

Le sainct nom de Dieu sera réuéremment et continuellement inuocqué, et la conduite de son Sainct Esprit déuotement implorée pour les fins de la présente Croysade.

Il sera tous les iours dit trois Messes par les trois Chapelains de la Croysade, l'vne à six heures du matin, à l'honneur de la très Saincte Trinité; l'autre à huict heures, à l'honneur et mémoire de la Mort et Passion du Fils de Dieu, nostre Rédempteur; et l'autre à dix heures, à l'honneur du Sainct Esprit pour obtenir son assistance.

Chacun des associez, coniurez et déuouez tachera d'entendre vne de ces trois Messes; sinon, il dira en priué à quelque heure du iour vn *Pater* et vn *Ave Maria* à l'intention et fin de la Croysade.

Il sera fait vœu et serment d'Vnion, de Secret, de Fidélité et de Perséuérance par ceux qui cy après entreront en cette Croysade, sur l'Autel où se dira l'vne des Messes, et sur la Croix et Missel qui y seront, ainsi que ceux qui se sont présentement associez, coniurez et déuouez, ont fait et suiuant la formule qui en a esté dictée.

Ce serment sera receu par le Chapelain qui dira la Messe, en présence de l'vn des Directeurs de la Croysade et d'vn autre associé.

Il y aura sept Directeurs de la Croysade, qui auront la conduite et disposition de toutes choses, mesme des trois cent mille liures que des personnes puissantes ont, par vn grand zèle et piété, asseuré pour les nécessitez et bonnes fins de la Croysade.

Les Directeurs de la Croysade receuront en icelle toutes sortes de personnes, de quelque condition qu'elles soient, pourveu qu'ils soient François naturels, qu'il leur paroisse qu'ils ayment véritablement le Roy et le Royaume pour lesquels la Croysade est instituée.

Les associez, coniurez et déuouez ne se nommeront ny descouuriront iamais les vns aux autres pour quelque cause et occasion que ce soit.

Ils ne demanderont ny n'admettront iamais aucune dispense du serment et du vœu qu'ils auront fait, mais s'y tiendront ferme moyennant la grâce de Dieu, iusqu'à souffrir la mort s'il y escheoit.

Que du susdit fonds de trois cent mille liures qui a esté mis ès mains des Directeurs, et de toutes les autres sommes de deniers dont il pourra estre cy après augmenté, il en sera baillé ce qu'ils iugeront connenable aux différentes personnes des associez, coniurez et déuouez qui sous diuers prétextes et par diuers moyens yront trauailler aux fins de la Croysade.

Les pauures d'entre les associez, coniurez et déuouez seront secourus du Trézor de la Croysade de tout ce qui sera nécessaire à leur entretien, spécialement ceux qui entreprendront d'exécuter par leurs propres mains ce qui conuient au bien public.

Il ne sera entrepris et exécuté que sur la personne du Tyran Mazarin.

Si la Iustice de Dieu le punit par le moyen de la Croysade et par les mains de quelqu'vn des associez, coniurez et déuouez, les autres qui trauailloient à cette fin sans se connoistre ny communiquer, s'arresteront et ne passeront plus auant.

Il ne sera rien escrit soit des noms et des personnes des associez, coniurez et deuouez, soit des ordres, mémoires, instructions, dispositions et diligences, ny autres choses généralement quelconques; mais le tout se fera verbalement.

Les sept Directeurs auront vn conseil de sept autres

associez, coniurez et déuouez, auec lequel ils; assembleront vn iour de chacun mois pour traitter des affaires de la Croysade.

Qu'en ces Assemblées se résoudra la continuation ou changement et eslection d'autres Directeurs et conseillers, ainsi qu'il sera iugé conuenable.

Les sept Directeurs s'assembleront particulièrement vn iour de chacune sepmaine; et l'vn d'eux choisi et nommé par les autres aura la garde du Trésor qu'il distribuera selon l'aduis des autres, sans ordonnance ny quittance par escrit.

Le Trésor de la Croysade venant à diminuer à cause de l'entretènement des associez, coniurez et déuouez, qui entreprendront la deffaite du Tyran Mazarin par leurs propres mains, ou par leur industrie et disposition, et par tels instruments qu'ils verront bon estre, les Directeurs pouruoiront au suplément des fonds par les voyes certaines qu'ils sçauent, en telle sorte qu'il y ait tousiours dans le coffre de la Croysade vn fonds de deux à trois cens mille liures pour le moins.

L'exécution des Arrests contre le Tyran Mazarin estant faite, il sera payé à celuy qui l'aura fait, la somme de cent mille liures outre et pardessus les cent cinquante mille liures qui sont asseurez de la part du Parlement, et si celuy qui fera ce coup glorieux, mouroit dans l'action, la mesme somme sera payée à sa veufue, enfans et héritiers.

Si quelqu'vn des associez, coniurez et déuouez, de ceux qui entreprendront la ruine du Tyran Mazarin, estoit découuert ou surpris auant l'expédition et que la rage du Mazarin se portast à le faire mourir, il sera donné à sa veufue, enfans et héritiers, la somme de cin quante mille liures, pourueu qu'il ne découure rien des dispositions de la Croysade et ne se départe du serment.

Le fonds qui se trouuera dans le coffre de la Croysade au temps de l'exécution du Tyran Mazarin, après le payement des récompenses qui seront deues, sera fidèlement distribué entre ceux des associez, coniurez et déuouez qui estoient particulièrement employez à icelle; à quoy les Directeurs procèderont auec prudence et Iustice, ayant esgard aux différentes dispositions, engagemens et natures des entreprises.

Que les grands et puissans qui se sont dès maintenant associez, coniurez et déuouez, et ceux de leurs qualitez qui entreront cy après en la présente Croysade, estimeront et chériront les petits qui sont aussi à présent associez, coniurez et déuouez, et qui seront receus cy après dans la Croysade, et leur feront toute sorte de bon traittement comme à bons et fidèles confrères, en telle sorte qu'entre les vns et les autres il y aye bien-veillance et assistance, respect et seruice chacun endroit soy.

Que les présens Statuts seront inuiolablement gardez et obseruez par les associez, coniurez et déuouez présens et à venir sur peine de l'honneur et de la vie.

Ainsi a esté promis et solemnellement iuré par soixante dix personnes de toutes conditions, gens de bien et d'honneur, bons François et fidèles seruiteurs du Roy, au mois de Ianuier de l'année mil six cent cinquante deux.

Ensuit la formule du voeu et serment solemnel.

Ie, N..., promets à Dieu le Créateur, en présence de tous ses Anges, d'entretenir, garder et obseruer moyennant sa grâce tous les Articles des Statuts de la Croysade faite pour la conseruation du Roy et du Royaume, et pour l'entière exécution des Arrests solemnels des Parlemens du Royaume contre le Cardinal Mazarin, en laquelle Croysade i'ay esté receu associé, coniuré et déuoué, de quoy ie fais vœu et serment solemnel sur cet Autel. Croix et Saincts Euangiles, et pour cet effet d'employer, s'il est besoin, toutes mes forces et tout mon sang, sans y manquer ny contreuenir sur peine de l'honneur et de la vie. Ainsi Dieu me soit en ayde!

ADVERTISSEMENT.

Ceux qui par la grâce de Dieu auront assez d'amour pour le Roy et pour la Patrie et désireront entrer en la présente Croysade, auec les soixante dix associez, coniurez et déuouez qui y sont à présent, sont aduertis qu'ils n'ont qu'à approuuer la Croysade et louer les Statuts d'icelle en tous leurs discours et dans les conuersations familières, compagnies et assemblées où ils se trouueront, et que, perséuérant dans ce désir et langage, ils seront, vn iour, abordez et entretenus par vn des associez, coniurez et déuouez qui les aura ouys, obseruez et bien considérez, sans estre connu ny soupçonné, lequel les conduira où il conuiendra pour estre receus en la saincte et salutaire Croysade; en quoy il n'y a aucune despense à faire, y ayant desià fonds notable et suffisant pour subuenir à toutes choses.

Soit le tout à la gloire de Dieu, à l'honneur du Roy, au bien de l'Estat et à la tranquillité et utilité publique.

Les Intérests du temps [1718][1].

(20 avril 1652.)

Dans les temps où règne la vertu, on peut iuger des hommes par leur deuoir; dans les siècles corrompus et qui portent pourtant des gens habiles, on en doit iuger par les intérests; dans ceux dans lesquels il se rencontre beaucoup de déprauation auec peu de lumière, comme est celuy où nous viuons, il faut ioindre les inclinations des hommes auec leurs intérests et faire de ce meslange la règle de nostre discernement. Ie prétends sur cette maxime rendre iustice à la vérité, que l'on enseuelit plustost que l'on ne l'esclaircit, par des raisons assez souuent chimériques, appuyées sur des faits tousiours obscurs; et ie m'imagine que l'on conuiendra aisément que la mesure dont ie me sers pour la connoissance de ceux qui sont présentement sur le théâtre, n'est pas la moins certaine.

Si M. le Prince eust bien connu ses intérests, il eust esté persuadé qu'il n'en auoit point de plus grand au monde que de viure selon les deuoirs de sa naissance; s'il eust sceu mespriser de foibles aduantages qu'il tiroit dans les premières années de la Régence par la complaisance qu'il auoit pour le Ministère, il eust arresté sans peine ce débordement, pour ainsy parler, de la faueur qui a failli d'enseuelir l'Estat au commencement dans la tyrannie, et depuis dans la confusion; il ne se fust pas

[1] Ils sont du cardinal de Retz qui les avoue dans ses *Memoires*.

donné la haine publique par le siège de Paris et par la protection du C. M.; et il ne se fust pas mis en suite dans la nécessité de rompre ce sacré nœud qui doit vnir la Maison Royalle, pour s'opposer à vne puissance qu'il auoit luy-mesme esleué puisqu'il en auoit souffert l'excez. Il est donc vray que sa conduite a esté contraire à ses intérests; et ses fautes en ce poinct ont esté produites par son inclination qui l'a porté auec tant de violence à de petits ménagemens indignes de sa naissance qu'elle luy a osté la lumière nécessaire pour discerner ce qui estoit de ses véritables aduantages. Cela supposé, il n'est pas mal aisé de connoistre quels sont présentement les intérests de M. le Prince, puisqu'il n'est pas possible qu'il ne puisse et qu'il n'embrasse ceux auxquels sa conduite passée l'a engagé et qui de plus sont conformes à son naturel. Tout le monde conuient par les expériences passées et par ce que nous voyons nous-mesmes auiourd'huy, qu'il y a vn peu trop d'auidité dans l'esprit de M. le Prince; et il y a beaucoup d'apparence que si les grandes victoires qu'il a remportées autresfois contre les ennemis de l'Estat, n'ont pu remplir son cœur au poinct qu'il n'y demeurast tousiours beaucoup de place pour d'autres mouuemens bien éloignez de ceux qui font gagner les batailles, il y a, dis-ie, beaucoup d'apparence qu'il n'aura pas les sentimens plus épurez dans vn temps où il faut que ses amis aduouent qu'il n'a pas tant de suiet q'uil n'en a eu autresfois, d'esleuer son esprit par la veue de ses Lauriers et par la considération de ses trophées.

S'il est donc vray que l'inclination de M. le Prince soit de considérer tousiours les petits intérests, il est à présumer et mesme à croire que sa conduite suiura à ce suiet son naturel. Et ie ne fonde pas cette opinion sur vne conuiction, mais sur le particulier de ce que i'ay remarqué dans ces derniers troubles. Nous n'auons point veu que M. le Prince se soit pu résoudre depuis trois mois à faire la chose du monde qu'il sçait le mieux, qui est la guerre; nous n'auons point veu que les plaintes d'vne belle armée qui dépérissoit par son absence, l'ayent pu obliger à faire vn pas qui pust arrester les négociations; nous n'auons point veu que l'apréhension de la perte de sa réputation dans les peuples ait eu la force de le toucher iusques au point de l'empescher vn seul moment de traitter avec le Cardinal Mazarin. Cette conduite qui a paru absolument contraire à toutes les règles de la véritable Politique, ne peut auoir de source que dans ces mesmes maximes qui l'ont porté dans les temps paisibles à ne pas soustenir auec assez de dignité la qualité de Prince du Sang et qui font que dans les troubles il ne remplit pas les deuoirs d'vn bon Chef de party. Et de là toutes ces fausses mesures, et de là ce peu d'aplication à donner l'ordre aux choses, à maintenir les armées, à soustenir la réputation de la cause, à mesnager les peuples, à satisfaire ses amis et ses seruiteurs; et de là toutes ces négociations auec le Cardinal Mazarin qui ont ietté le public dans la défiance et dans l'aigreur et qui ont causé du chagrin en paroles et la léthargie en effet.

Ces mauuaises productions d'vne mauuaise cause firent tenir à Monsieur le Prince, par nécessité, la conduite qu'il auoit prise par choix. Le peu d'ordre qu'il a mis dans son party, fait qu'il ne peut pas estre assez puissant pour se rendre le maistre des affaires; le grand éclat qu'il a fait contre la Cour, fait qu'il n'y peut plus prendre de confiance que par des establissemens qu'il aura tousiours dessein d'obtenir et qu'il n'obtiendra pourtant iamais, parce qu'il n'a pas pris ses mesures assez iustes, ou pour se les procurer par la douceur, ou pour les acquérir par la considération du party qu'il a formé.

Il est donc éuident que M. le Prince s'est imposé à luy-mesme, par sa mauuaise conduite, la funeste nécessité de conseruer tousiours le Cardinal Mazarin parce qu'il ne peut auoir d'espérance de faire réussir ses desseins que sous vn ministère aussy foible que le sien, et de perpétuer la guerre en France parce qu'il ne peut auoir de paix auec luy, où il trouue sa seureté, que par des establissemens qui ne pouuoient estre accordez qu'à la force du party qui a perdu toute sa vigueur par le peu d'ordre qu'il y a mis. Il est donc vray que l'intérest nécessaire de Monsieur le Prince est de conseruer le Mazarin et de rompre en toute occasion la paix.

Il faut auouer qu'il y a beaucoup de raison dans le reproche que l'on fait au Cardinal de Retz, de n'auoir pas connu ses véritables intérests quand il n'est pas demeuré précisément dans les bornes de sa profession; et il est certain que s'il ne se fust seruy des talens que Dieu luy a donnez, que dans les fonctions Ecclésiastiques, il eust réussi dans la réputation des hommes d'vne manière qui n'eust pas esté à la vérité si releuée, mais qui luy eust donné plus de douceur, qui eust esté exposée à beaucoup moins d'enuie et qui sans contredit eust eu plus d'approbation parmy toutes les personnes de piété. A parler chrestiennement, ce raisonnement est iuste, quoy qu'il puisse receuoir des exceptions et qu'il soit véritable que le Cardinal de Retz n'est point blasmable, mesme selon les règles les plus estroites, s'il se trouue en effet qu'il ait esté engagé dans les affaires (comme il a paru par le siège de Paris dont les intérests luy doiuent estre si chers), non pas seullement par la politique, mais mesme par la raison et par le deuoir, que l'on peut dire auec iustice qu'il ne s'est pas ietté par choix dans les emplois du monde, mais qu'il y a esté emporté par son obligation.

Ce qui a fait croire qu'il n'y a pas esté forcé par la pure nécessité, est cette pente naturelle que l'on a tousiours remarquée qu'il auoit aux grandes choses. Il est difficile de distinguer la gloire de l'ambition. Elles ont souuent les mesmes effets; elles viennent presque tousiours de mesme cause; elles ne se rencontrent presque iamais que dans les esprits de mesme trempe. Ie voy qu'il y a partage dans le monde, laquelle de ces deux passions est le principe des actions de Monsieur le Cardinal de Retz. Tous ceux qui ne le connoissent pas dans le particulier, en font le iugement que l'on fait d'ordinaire de tous ceux qui sont dans les grandes affaires, qui est qu'ils n'ont ny de règles ny de bornes que celles qu'ils cherchent dans l'ambition et qu'ils n'y rencontrent iamais. Ie voy beaucoup de gens qui l'approchent et qui croyent auoir pénétré son naturel, qui sont persuadez qu'il est plus touché par la gloire des grandes actions que par l'amour des dignitez.

Les premiers fondent leur opinion sur la maxime généralle et qui reçoit à la vérité fort peu d'exception, et sur la dignité de Cardinal à laquelle il s'est esleué dans vn aage où l'on a veu peu de particuliers y estre paruenus. Les derniers se confirment dans leurs pensées par le mespris que le Cardinal de Retz a fait toute sa vie du bien, qui est pour l'ordinaire fort recherché par les ambitieux, parce que c'est l'instrument le plus propre pour faire réussir leur passion ; et adioustons de plus que le cardinalat en la personne d'vn Archeuesque de Paris n'est qu'vne suite fort ordinaire de sa dignité. Lequel qu'il ayt suiuy de ces deux principes, il ne nous est pas mal aisé de discerner où sont ses intérests. S'il agit par l'amour de la gloire, peut-il rien souhaitter auec tant de passion que l'accomplissement entier de l'ouurage auquel il a tant contribué, de l'expulsion du Cardinal Mazarin, puisqu'il a tiré iusques icy la plus grande partie de son esclat de l'opposition qu'il a eue auec ce Ministre ? Peut-il rien désirer auec tant d'ardeur que la paix et le repos, laquelle, s'il y contribue, effacera ce qui peut estre demeuré d'enuie et de reproche dans l'esclat qu'il s'est acquis dans les troubles et dans les agitations de l'Estat ? Et si le Cardinal de Retz n'a pour règle de sa conduite que son ambition, ie le trouue néantmoins heureux en vn poinct, que s'il prend bien ses intérests, comme il faut auouer que iusques icy il les a assez bien entendus, il ne peut en auoir de véritable et par le bon sens et par sa conduite passée qu'à chasser le Cardinal Mazarin qui luy est vn grand obstacle par la puissance qu'il a dans la Cour, et qui par son seul nom, donne plus de force à Monsieur le Prince (des intérests duquel le Cardinal de Retz est fort esloigné) que des armées entières ; et qu'à procurer la paix et particulière et généralle qui donne l'abondance à Paris, dont la grandeur est autant son aduantage que celuy du public et qui conserue le lustre à toutes les grandes dignitez Ecclésiastiques, pareilles à celle dont est reuestu Monsieur le Cardinal de Retz ; à quoy i'adiouste que le Cardinal de Retz ayant eu depuis quatre ans tant de part à toutes les actions qui ont esté agréables au public : à la défense de Paris, à la paix de Bourdeaux, à la liberté des Princes, à l'esloignement du Cardinal Mazarin, et n'en ayant eu aucune à tout ce qu'il y a eu de foible et de tragique à la conduite de ce party : au massacre de l'Hostel de Ville [1], à la désolation de nos campagnes, à l'oppression de Paris, il a vu très-particulier intérest que les affaires finissent parce qu'il en sort auec beaucoup d'honneur et parce que ses ennemis ne les achèuent qu'auec honte, haine et confusion. Il est donc vray que son intérest est l'esloignement du Cardinal Mazarin et la paix du Royaume.

Ie ne m'estendray point sur les intérests de Monsieur le Duc de Beaufort : il ne les connoist pas assez luy-mesme pour sçauoir en quoy ils consistent; ny sur ceux de Messieurs de Chauigny et de Longueil et pareils négociateurs : ils ne sont pas assez considérables pour auoir place en ce lieu et pour donner quelque bransle aux affaires; et ie croirois manquer à la vérité et au respect que ie dois à Monsieur le Duc d'Orléans, si i'osois seullement mettre son nom dans vn ouurage qui porte le titre d'Intérest, puisque toute l'Europe auoue qu'il n'en a iamais eu d'autres que le bien de l'Estat, le seruice du Roy, le soulagement des peuples et la tranquillité publique.

[1] Ceci montre que les *Intérests du temps* auraient dû être rejetés après le 4 juillet, dans la *Liste chronologique des Mazarinades*

Statuts des cheualiers de la Paille extraits du Mercure de la Cour, etc. [2452].

(31 mai 1652.)

 Tous les Cheualiers de la Paille,
Estant receus, sont auertis
D'exterminer cette canaille
De Mazarins, grands et petits;

 De croire que son Éminence
Est le véritable Antéchrist;
Que c'est vertu, non pas offense,
D'auoir la teste du proscrit;

 Contre luy d'vn Arrest fort iuste [1]
Demander l'exécution
Sur qui nostre monarque auguste
A fait sa déclaration [2];

 Abiurer le Mazarinisme
Qui s'est dans la Cour introduit,
Comme vne erreur ou bien vn schisme
Qui beaucoup d'esprits a séduit;

 Que le Coadiuteur qui lorgne
Pour estre ministre d'Estat,
Aussi bien que Seruien, le borgne,
Est de la Fronde vn apostat;

 Et que Son Altesse Royale

---

[1] L'arrêt du 29 décembre 1651.
[2] *Déclaration du Roy portant défense au cardinal Mazarin de rentrer dans le Royaume*, etc. [925].

N'a point d'autre but que la paix
Et que le Cardinal détale
Hors de la France pour iamais;

Criant : Viue le Roi de France!
Viuent les princes de Bourbon!
Point de Iule! point d'Éminence!
Iamais Cardinal n'y fust bon.

Quand ils seront à la tauerne,
Ils boiront tous à la santé
Du Prince, et que le diable berne
Et Iule et sa postérité!

L'Ordre et cérémonie qui se doit obseruer, tant en la descente de la Châsse de Saincte Geneuiefue, Patronne de Paris, qu'en la Procession d'icelle, qui se fera Mardy 11 *de juin* 1652 *pour obtenir de Dieu la Paix Généralle* [2626][1].

(11 juin 1652.)

CEUX qui sont quelque peu versez en la lecture des Escritures Sainctes, peuuent assez connoistre et entendre

[1] On trouvera dans la *Liste chronologique des Mazarinades*, sous la date du 11 juin 1652, les titres d'une douzaine de pièces qui ont été publiées à cette occasion. Treize châsses accompagnaient, à la procession générale, celle de sainte Geneviève : saint Marcel; saint Aure, à Saint-Eloy; saint Magloire, aux Pères de l'Oratoire du faubourg Saint-Jacques; saint Landry, à Saint-Germain l'Auxerrois; saint Martin et le chef de saint Paxan, à Saint-Martin des Champs; saint Merry; saint Honoré, sainte Opportune, le chef de saint Benoît, saint Médard et saint Hippolyte. *La Liste et les miracles arriuez aux descentes de la chaasse de Sainte Geneuiefue*, etc. [2316].

qu'il y a trois principales causes pour lesquelles nous honorons les Saincts en ce monde. La première est fondée sur ce que dit sainct Paul en l'Epistre aux Romains, chap. 2: *Gloire et honneur à celuy qui œuure le bien et le met en action*. Car si les Païens et Ethniques ont esté telment curieux et adonnez à célébrer la mémoire d'vn Socrate, d'vn Achille, d'vn Hector et de plusieurs autres pour leurs vertus et excellences (lesquelles toutes fois ne sont rien au regard des nostres, d'autant, comme dit Lactance, que toute leur Iustice est comme vn corps sans chef, estant hors la connoissance du vray Dieu); à plus forte raison deuons nous faire résonner et retentir les louanges de nos Saincts et Sainctes, lesquels n'ont point seullement reluy et excellé en vertus humaines, ains ont esté douez d'vne Foy diuine, d'Espérance et Charité, qui sont les trois vertus Théologalles et diuines. La seconde est à l'imitation de Iudith, laquelle après auoir excité son peuple à la pénitence, elle obtint enfin la victoire dessus Holofernes; de mesme en nos procession et ieusnes nous pouuons appaiser l'ire de Dieu iustement irrité contre nous pour nos iniquitez. La troisiesme qu'implorant la miséricorde de ce bon Dieu, nous nous adressons à sa bienheureuse Mère et à sa chère Espouse Saincte Géneuiefue pour obtenir par leurs prières ce que nous ne sommes pas dignes de demander. Et me semble que durant le grand miracle des Ardans, il se fit vne procession où la Chaasse fut descendue et portée en l'Eglise N. D. de Paris pour la première fois, et depuis continuée en la mesme sorte iusques auiourd'huy, qu'il sera fort à propos d'en faire vn brief discours, tant sur les Cérémonies obseruées en la descente de la dite Chaasse, que de l'ordre tenu en la Procession d'icelle.

Premièrement a esté de tout temps pratiqué que lorsqu'il est question de descendre le Corps Sainct de la dite Vierge, pour porter hors son Église en Procession, il faut que ce soit à la requeste et publication de Messieurs les Preuost et Escheuins de la ville de Paris, qui viennent présenter leur requeste à Messieurs de Nostre Dame, et ce pour quelque vrgence, nécessité ou péril qui soit au dommage de la République.

De plus, il faut vn Arrest de Messieurs de la Cour de Parlement; et il faut qu'ils promettent auant que rien se face, de ne laisser passer aucune chose due à l'honneur de la dite Saincte. Car c'est vne maxime génèralle, ratifiée de toute antiquité, que la dite Procession tant au partir qu'au retour doit estre faite auec tout honneur et réuérence.

Parquoy Messieurs de Nostre Dame d'vne part, ayant fait leur requeste envers Monsieur l'Abbé et les Religieux de Saincte Geneuiefue d'autre part, si la cause est nécessaire, ils ne peuuent aucunement estre refusez, veu que c'est le refuge et confort des Parisiens en leurs nécessitez.

Enfin le iour estant pris d'vne part et d'autre pour faire les Processions, on fait aduertir toutes les Paroisses par Messieurs les Archiprestres de la Magdelaine et de Sainct Séuerin pour faire commencer les dites Processions.

La première Procession se fait de la sorte qui suit : c'est que chaque Paroisse et Monastère vont directement à N.-D. de Paris et de là en l'Eglise de Saincte Geneuiefue, où la messe est chantée par Messieurs de Nostre Dame.

La messe ditte, il faut que Monsieur l'Archeuesque se transporte au Chapitre, accompagné du corps de son

Église, pour déclarer par deuant Messieurs les Religieux et Nottaires Royaux qu'il n'innouera rien et qu'il ne prétend aucune Iurisdiction sur lesdits Religieux.

Et le iour qu'elle est portée en Procession, on doit tenir les rues par où passe le Corps Sainct, le plus nettement que faire se peut, plus, tapisser deuant les maisons comme le iour de la Feste-Dieu.

Or cependant les Religieux doiuent, en attendant le iour arresté, s'exercer autant qu'il leur est possible et que Dieu leur en fera la grâce, en tous ieusnes, prières, oraisons et autres bonnes œuures.

La veille estant venue, on dit Vespres et Complies comme la veille de la feste Saincte-Geneuiefue, lesquelles finies, les Religieux s'en vont retirer iusques à neuf heures du soir.

Les neuf heures venues, les Religieux viennent au Chœur et chantent Matines comme au iour de la dite feste, lesquelles Matines dites à Minuit, ou vn peu deuant, l'on dit Prime, Tierce, Sexte, None; et cela dit, on descend la Chaasse à la manière qui s'ensuit.

Premièrement, M. l'Abbé s'en vient à l'autel, reuestu en Aube, et là se met à genoux sur vn tapis, lequel lui est préparé, commence les sept Pseaumes Pénitentiels; et lui respondent les Religieux, pareillement estant à genoux sur des tapis; lesquels finis, Monsieur l'Abbé dit les Oraisons et fait l'absolution que l'on a accoustumé de faire le Jeudi Sainct, adioustant l'Oraison propre à ce que l'on requiert.

Cela fait, le Cheuecier, accompagné d'vn autre religieux, reuestus d'Estolle et nuds pieds, montent à la Châsse pour l'accommoder et ayder à la descendre. Estant en l'air, le Chantre commence le Respond :

Beata virgo Genouefa; lequel finy, Monsieur l'Abbé et les Religieux, selon leurs ordres, la vont baiser nuds pieds.

En après, Monsieur l'Abbé va commencer la grand'-Messe, là où tous les Religieux doiuent communier, estant tous nuds pieds; et faut remarquer que pas vn Religieux ne dit Messe ce iour là que Monsieur l'Abbé.

La Messe dite, chacun s'en va retirer pendant que Monsieur le Baillif, accompagné du Procureur Fiscal, et les Sergens de la maison la gardent iusques au matin.

Le matin sur les cinq à six heures, Monsieur le lieutenant Criminel, Monsieur le Procureur du Roy, auec les Commissaires et autres Officiers de la Iustice, la prennent en leur garde, comme ceux qui au nom de la Ville en sont les Protecteurs, iurant et affermant la garder fidellement selon leur deuoir et office; et de fait sont tenus la conduire et raconduire et ne la point perdre de veue iusques à ce qu'elle soit remontée, faisant mesme certain ostage, craignant qu'il n'en vienne faute.

Les Porteurs, ce iour là, font chanter vne basse Messe à la Chapelle de la Miséricorde, qui est dedans les Cloistres et là communient tous.

Sur les six à sept heures du matin, les Processions commencent à venir, chaque Paroisse apportant vn Reliquaire, et estant reuestus de Chappes.

Plus, on doit apporter les corps de S. Paxan, S. Magloire, S. Méderic, S. Landeric, Saincte Auoye, Saincte Opportune et plusieurs autres Sainctes Reliques. Messieurs de Nostre Dame en surplis apportent la Châsse de S. Marcel (car l'on dit en commun Prouerbe que Saincte Géneuiefue ne partiroit si S. Marcel ne la venoit querir) accompagnez de Monsieur l'Archeuesque, reuestu de son habit Archiépiscopal.

Messieurs de la Cour de Parlement reuestus de leurs Robes rouges, auec Messieurs de la Cour des Aydes et de la Chambre des Comptes, Monsieur le Préuost des Marchands auec les Escheuins et les Officiers de la ville, où estant entrez dans l'Église de Saincte Géneuiefue, le Chantre de Nostre Dame commence l'Antienne *O felix Ancilla*, laquelle dite, Monsieur de Paris dit l'Oraison.

En après, le Chantre de Saincte Géneuiefue commence l'Antienne de S. Marcel, *O dulce decus Parisiorum*; et Monsieur l'Abbé dit l'Oraison. Alors on prend les Châsses et commencent à partir les Processions; et en sortant, le Chantre de Saincte Géneuiefue commence le Respond de tous les Saincts *Concede nobis*, lequel finy, l'on doit chanter quelque Respond du temps de quoy on faict la Procession.

Estant arriuez à Petit Pont, on chante le Respond de Saincte Géneuiefue, *Aduenisti*, ou bien *Ingredienti*, après lesquels se chante le Respond de la Vierge Marie *Gaude Maria*; et en entrant dans l'église de N. D. on commence *Inuiolata*, auec les Orgues et la Musique.

A l'entrée de l'Eglise de N. D., les Porteurs de la Châsse de Sainct Marcel prennent la Châsse de Saincte Géneuiefue; et les Porteurs de Saincte Géneuiefue prennent la Châsse de S. Marcel, et ainsi portent les susdites Châsses en vn certain lieu dans le Chœur de l'Eglise N. D. accommodé pour cet effect; et faut notter que les Porteurs de la dite Châsse de Saincte Géneuiefue ne sont reuestus que de linge et nuds pieds; et ceux de S. Marcel sont reuestus de leurs habits ordinaires.

Entrez qu'ils sont, les deux Chantres tant de Saincte

Géneuiefue que de N. D. commencent la Messe, laquelle est ditte par Monsieur l'Archeuesque, ayant Crosse et Mittre; Messieurs de Saincte Géneuiefue estant tous nuds pieds, et aussi Monsieur l'Abbé, lequel auec ses Religieux tiennent tousiours le costé droit, mesme dedans N. D.; et ledit sieur Abbé se met dans la chaire Archiépiscopale auec Crosse et Mittre. La grand'-Messe estant dite, le Chantre de Saincte Géneuiefue commence l'antienne *Salue, Regina;* laquelle ditte, Monsieur l'Abbé dit l'Oraison, estant en la chaire de Monsieur l'Archeuesque, pendant laquelle Antienne les Porteurs de la Châsse de Sainct Marcel prennent celle de Saincte Géneuiefue et les Porteurs de la Châsse de Saincte Géneuiefue celle de Sainct Marcel; et ainsi la portent iusques deuant la porte de l'Hostel Dieu, qui est auprès du petit Chastelet, là où ils se disent Adieu les vns les autres. Messieurs de Nostre Dame s'en retournent chez eux auec leur Châsse; et Messieurs de Saincte Géneuiefue s'en reuiennent auec la Châsse.

Les Paroisses qui les accompagnent au retour, sont Sainct Estienne du Mont, Sainct Médard. Les Augustins la conduisent iusques au Petit Pont; les Cordeliers iusques au carfour de Sainct Séuerin; les Carmes iusques deuant leur Église; et les Iacobins iusques à l'Église de Saincte Géneuiefue.

Estant deuant les Carmes, le Chantre de Sainct Géneuieue commence le Respond *Cornelius Centurio;* puis quand la Procession est arriuée sous le portail, les Iacobins s'en retournent; et les Porteurs attendent que les Religieux soient entrez dans la Nef pour la receuoir.

En entrant, le Chantre commence le Respond *Audiui vocem;* cela fait, on remonte la Châsse en diligence, pendant lequel temps les Religieux sont tous à genoux ; et estant remontée, l'on commence tout aussitôt Vespres, lesquelles dites chacun s'en va se lauer pour se réchauffer.

Le reste de la iournée, tant les religieux que les Porteurs de ladite Châsse se doiuent comporter le plus déuotement que faire se peut, en prières et Oraisons, afin d'appaiser l'ire de Nostre Seigneur et le rendre propice enuers son peuple.

Et faut remarquer que tout le luminaire, tant la veille que le iour, soit cierges, torches, flambeaux, armoiries, doiuent estre fournis par Messieurs de la Ville ; et faut que ce soit toute cire blanche.

Le Cheualier du Guet doit estre soigneux auec tous ses Lieutenans, Exempts et Archers tant à cheual qu'à pied de se promener par les rues, estant armez de leurs armes pour empescher les séditions qui se pourroient commettre par quelques insolens. Dieu nous donne la grâce que nous le puissions appaiser par les prières de sa Mère et de la bien heureuse Vierge Saincte Géneuiefue, à l'honneur de quoy ce présent traicté a esté fait. Ainsi-soit-il.

L'Esprit de paix [1284][1].

(25 juin 1652).

Ie ne suis ny Prince, ny Mazarin; ie ne suis ny de party, ni de cabale; ie ne suis qu'Esprit et ne fais point de Corps; ie veux la Paix et ie déteste la Guerre; ie suis bon François et ie ne prends part qu'aux seuls intérests de ma patrie.

Peuples.

Croyez cet auis aussi désintéressé que véritable; n'entrez point dans vne querelle où vous ne pouuez que périr. Elle a esté assez fatale à tout le Royaume pour vous en détourner par le souuenir des choses passées et par l'exemple des malheureux. Vous voyez tout l'Estat en combustion, les Prouinces désolées, les Peuples fugitifs, les Loix mortes, le Commerce rompu partout où l'animosité des partys a porté ses ressentimens; il n'y a liberté de respirer que dans les lieux où la guerre n'a point encore esté, et dans ces climats heureux que les factieux n'ont pu séduire par leurs intrigues, ny tirer par leurs promesses de leur deuoir, pour les ietter dans le désordre.

Quel intérest auez vous dans celuy des Princes? Com-

---

[1] Il est dit dans l'*Esprit de guerre des Parisiens*, etc. [1282], qui est une réponse du parti des princes, qu'un porteur de l'*Esprit de paix* ayant été arrêté, il déclara que ce pamphlet lui avait été remis chez le Coadjuteur. C'est possible; mais l'auteur ne me paraît pas moins être le père Faure, prédicateur, confesseur de la reine et successivement évêque de Glandèves, de Montpellier et d'Amiens.

batent ils pour vous? Sont ils vnis auec vous? Ne traiteront ils point sans vous? Serez vous dédommagez de toutes vos pertes? Et ce peu qui vous reste, sera-t-il conserué par vos armes? Pauure Peuple, qui t'exposes iournellement à la peste et la famine, en faueur d'vne ingrate grandeur dont tu as esprouué si souuent ou l'inconstance ou l'infidélité! Vse de ta raison ou de ton expérience; ne crois plus ces supérieurs interessez ou corrompus qui t'engagent à les seruir pour se dégager de leurs téméraires entreprises. Ne vois tu pas bien que le Parlement se dégage le plus adroitement qu'il peut, d'vne liaison qu'il auoue auoir mal faite, et que les mieux sensez pratiquent sourdement leur accommodement, pour se libérer de la punition qui pend sur la teste des malheureux ou des coupables et dont la foiblesse ou l'indifférence des Princes ne les tirera iamais?

Ie ne parle point en faueur de qui que ce soit; et si tu fais réflection sur la vérité de ce que ie te dis, tu verras bien que l'esprit de Paix parle par ma bouche et que cet auis est également sincère et véritable. C'est à toy d'en profiter et de régler là dessus tes mouuemens et tes pensées.

Demande la Paix, pour iouir ou du fruit de ton trauail et de tes peines, ou du bien de tes pères. Demande le Roy pour l'asseurance et le sacré gage de cette paix, la prompte punition des coupables et des interrupteurs de la Paix, qui ne veulent que la confusion pour pescher en eau trouble et se rendre importans et redoutables à tes despens, qui ont eux mesmes fait venir le Cardinal Mazarin pour donner prétexte à leurs mouuemens, qui ont autant de peur de voir esteindre l'incendie qu'ils ont eu d'ardeur à l'allumer.

S'ils veulent combattre le Mazarin, il faut que ce soit par eux mesmes; c'est vn coup de Cabinet et non pas de Rébellion. C'est vne affaire particulière qu'il ne faut pas rendre publique, et qu'ils ont deu démesler dans le secret, par l'authorité de leur naissance et non pas par l'oppression de l'Estat et du Peuple. Ils ont deu mesurer leur ressentiment et prendre garde que leur iniure particulière ne deuinst générale et uniuerselle et que le succez de leur vengeance n'enuelopast la perte du Royaume dans celle de leurs ennemis. Mais, pauure peuple, ouure tes yeux; considère si leur dessein est la perte du Cardinal Mazarin. Ont-ils voulu empescher son entrée? Tu sais bien que les troupes de S. A. R. estoient en assez bon nombre et assez bien postées sur la riuière d'Yonne et depuis sur Loire. La haine des peuples estoit presque capable de l'arrester, si elle eust esté soustenue par celle des Princes. On a fait la guerre. L'ont ils faite à leurs despens? Soldoyent ils leur armée? Ne subsiste elle pas sur le païsant et sur le plat pays? Mais cependant n'ont ils pas fait des propositions, n'ont-ils pas dressé des articles et cherché les occasions fauorables à leurs desseins, sans y appeller ny le Parlement qu'ils ont embarqué, ny les Peuples qu'ils ont affligez?

Si le Roy ne leur accorde pas ce qu'ils demandent aux despens des peuples, et si l'on ne donne pas à M. le Prince le meilleur reuenu du Royaume, pour l'indemniser de la dépence qu'il a faite pour te ruiner, aux despens de tes rentes et des gages des Officiers; si l'on ne fait pas Marchin Mareschal de France, ce lasche déserteur de la Catalogne; si l'on ne satisfait pas Mme de Montbazon, les chères délices de ce grand génie le Duc de Beaufort; si l'on ne contente pas le Marquis de La Boulaie; enfin si le Roy ne souffre pas le partage de son Estat, pour contenter tous ceux qui se sont iettez dans leurs intérests, l'on verra à l'instant des menaces de l'establissement d'vne tyrannie. L'on se vante de faire des assassins en plaine rue; l'on promet à la canaille des billets pour piller les maisons, exposer chacun à ses ennemis particuliers, et ceux qui ont du bien, à l'auarice des filoux.

Il est temps que tu y donnes ordre et promptement. Aussi bien la misère de tant de pauures qui ont amené leurs bestiaux, va te donner la peste, qui n'espargnera ny les grands ny les petits et qui aura bien tost déserté Paris et désolé la face de cette grande ville, le séiour des Roys et l'ornement de l'Estat.

Crois donc l'Esprit de Paix; demande le à Dieu à quelque prix que ce soit. Que le Roy soit Maistre sans condition; le Peuple sans oppression; le Royaume sans guerre; les Princes en leur deuoir; les Loix en leur iuste force; le Bourgeois en paix; la Campagne libre; le Paysan dans sa maison; les armées sur la frontière et enfin l'ordre restably, pour vser doucement de la vie et pour faire réüssir le dessein légitime que tu dois auoir de iouïr de tous ces aduantages. Va t'en en foule au Palais d'Orléans à S. A. R. dire que tu es las de tant de misères, que tu demande ton Roy et la Paix, et qu'il vienne sans condition receuoir dans sa bonne ville de Paris l'obéïssance et l'amour de ses peuples.

Récit véritable de tout ce qui s'est passé à l'Hostel de Ville touchant l'Vnion de Messieurs de Ville et du Parlement auec Messieurs les Princes pour la destruction du Cardinal Mazarin [3028][1].

(4 juillet 1652.)

Enfin c'est à ce coup, chers Parisiens, que le Ciel vous fauorise puisque Messieurs de Ville et Messieurs du Parlement ont signé l'vnion auec Messieurs les Princes pour la destruction du Cardinal Mazarin, puisque iamais vous ne fussiez sortis de la misère où vous estiez, si vous n'eussiez pris les armes pour les contraindre à se ioindre auec ceux qui vous ont monstré auec tant de valeur que leur sang n'a pas esté épargné pour vous deffendre. Mais ie serois trop prolixe si ie voulois vous entretenir de la dernière deffaite, veu que vous en auez veu diuerses Relations[2], n'ayant mis la main à la plume que pour vous réciter ce qui s'est passé à l'Hostel de cette Ville de Paris touchant l'vnion que Messieurs de l'Hostel de Ville et du Parlement ont esté contraincts de signer pour se ioindre auec Messieurs les Princes pour la destruction du Mazarin. Vous sçaurez donc que Monsieur le Prince s'estant acheminé au Palais d'Orléans pour parler à son

[1] On verra plus loin que ce récit a été écrit par un témoin oculaire qui était sur la place de Grève pendant l'incendie.
[2] Il s'agit ici du combat livré le 2 juillet dans les rues du faubourg Saint-Antoine. On trouvera les titres de ces *diverses relations* dans la *Liste chronologique des Mazarinades*.

Altesse Royale, vn marchand de cette ville estant à la porte du Palais d'Orléans, luy dit : « Monseigneur, les Boulangers nous ont apporté du pain ; mais ils remportent de la poudre et des boulets pour nous battre. » Sur quoy Monsieur le Prince n'a fait que baisser la teste ; et puis ensuite tous les Princes et Seigneurs sont arriuez en après afin d'accompagner Messieurs les Princes à l'Hostel de Ville, afin de sçauoir de ces Messieurs s'ils auoient dessein de se ioindre auec eux ; où estans dedans, vn Soldat qui gardoit la venue de la rue de la Mortellerie, est venu dire aux autres qui gardoient la porte, qu'il estoit besoin de sçauoir ce qu'ils résouderoient, et qu'il falloit enuoyer quelque officier en haut pour sçauoir si on laisseroit sortir Messieurs de Ville sans auoir signé l'Vnion ; mais en vn instant on s'est mis à crier : Point de Mazarin ! par plusieurs fois des fenestres de l'Hostel de Ville, où Monsieur le Duc d'Orléans disoit à Messieurs qu'il les remercioit d'auoir laissé passer ses troupes par cette Ville et qu'il ne l'oublieroit pas. Monsieur le Prince leur en ayant dit autant, puis S. A. R. ayant repris la parole, leur a dit qu'il estoit venu aussi pour sçauoir d'eux s'ils estoient résolus de signer l'Vnion pour éloigner le C. M. Mais ils luy ont répondu qu'ils désiroient auoir encore huit iours. Mais après, Messieurs les Princes estant sortis de l'Hostel de Ville, ils dirent au peuple qu'ils n'auoient pas voulu signer l'Vnion et qu'ils eussent à les contraindre et qu'il ne falloit plus de remise ; où la populace s'estant assemblée, on voulut entrer dedans ; mais ayant fermé la porte, les Bourgeois se mirent à tirer aux fenestres de l'Hostel de Ville, et d'autres en deuoir d'aller querir des fagots pour mettre le feu aux portes d'icelle ; mais ceux qui estoient dedans, s'estant mis en effet de les empescher, ont tiré enuiron quelques quatre vingts coups de fusil par la visière de la grande porte, mais sans aucun effet que d'auoir tué deux ou trois hommes ; ce qui n'a seruy que de r'animer ceux qui y estoient, lesquels ayant allumé le feu à toutes les portes, ont fait encor plusieurs décharges et se sont mis à courir de tous costez pour voir s'ils pourroient entrer dedans et forcer les portes ; mais Messieurs de l'Hostel de Ville et du Parlement, ayant veu qu'ils ne pouuoient pas résister et qu'il falloit signer l'engagement auec Messieurs les Princes, ont fait paroistre vn drap aux fenestres, tandis qu'vn Trompette les sommoit de parler ; lequel a esté exposé l'espace d'vn quart d'heure, tandis qu'ils escriuoient l'Vnion, lequel ayant ietté par la fenestre, ce peuple l'a ramassé à dessein de le lire ; mais vne troupe estant suruenue sur nous, nous n'auons pas eu le temps de le lire qu'à moitié, le Peuple s'estant ietté sur nous et nous l'ayant déchiré, criant après nous *aux Mazarins !* Mais ie ne vous diray pas ce qu'il y avoit dedans, d'autant qu'ils en ont encor ietté vu autre après celuy là, sinon que voyans qu'on ne cessoit de tirer, ils ont ietté le drap qu'ils auoient exposé à la fenestre en bas ; où le Peuple l'ayant ramassé et veu s'il n'y auoit point d'argent, s'est mis à crier : « Iettez le au feu ; il faut tout tuer. Point de quartier ! point de quartier ! » Et l'ayant ietté au feu, ils ont encor ietté vn autre billet pour monstrer qu'ils désiroient l'Vnion, duquel la teneur ensuit : « *L'Vnion de la Ville et du Parlement auec Messieurs les Princes pour la destruction du Cardinal Mazarin.* » Signé LEMAIRE[1].

---

[1] Greffier en l'Hôtel de Ville.

Mais le Peuple n'a pas délaissé de redoubler ses charges et de tirer encor aux fenestres ; puis se sont mis encor à porter des pièces de bois pour acheuer de brusler la grand'porte ; mais les Messieurs voyans qu'ils estoient en danger de périr et que l'on ne cessoit point de tirer et de crier : Point de quartier ! en ont ietté encor vn autre, lequel ayant esté porté à S. A. R., l'a signé aussi tost et a enuoyé Monsieur le Duc de Beaufort pour pacifier le tout. Mais cela n'a pas empesché qu'il n'y ait eu plusieurs de Messieurs de tuez et toutes les portes de l'Hostel de Ville bruslées. Mais ce seroit faire tort aux Parisiens et à tous ceux qui se sont trouuez en ce rencontre, que de ne pas louer la prudence qu'ils ont eue en se monstrant plus sages que non pas les Soldats, veu qu'ayant tiré d'vne caue plusieurs pièces de vin et l'ayant exposé en pleine Grèue pour le boire, ils n'en ont iamais voulu gouster, disant : « Ne buuons point. Point de vin ! Point de vin ! » et ie vous asseure que si nous secondons nos Princes et que le courage ne nous manque non plus que là, nous emporterons la victoire sur tous les Mazarins, moyennant le secours du Tout Puissant, lequel ie prie de vouloir seconder nos desseins afin que, iouissant d'vne parfaite Paix, nous puissions luy rendre grâce des bénéfices qu'il nous a faits et fait tous les iours.

Liste générale de tous les morts et blessez, tant Mazarins que Bourgeois de Paris, à la généreuse résolution faicte à l'Hostel de Ville pour la destruction entière des Mazarins, ensemble le suiet de l'Institution de l'Ordre des Cheualiers de la Paille par l'ordre de Messieurs les Princes et de Mademoiselle [2320].

(4 juillet 1652.)

. . . .

Ieudy, quatriesme iour de Iuillet, Messieurs les Princes auec Mademoiselle se transportèrent tous à l'Hostel de Ville pour faire conclusion de toute l'assemblée et faire vne Vnion générale par ensemble. Et chacun désirant de voir cette fin et Mademoiselle estant contente de voir cette amitié si grande pour le seruice du Roy et de Messieurs les Princes, il fut conclud ainsi qu'il auoit esté faict à la bataille dernière, que tous les Soldats sous la conduite de Monsieur le Prince porteroient vne reconnoissance de leur partie, sçauoir de la paille tous à leur chapeau; et Mademoiselle voyant le Peuple si animé au seruice de leur liberté, c'est-à-dire la Paix en ce Royaume, elle ordonna que chacun porteroit de la paille au chapeau, tant que la Paix fut faite; dont son Altesse Royale et Messieurs les Princes et aussi Mademoiselle en portoient les premiers; et que si aucun y auoit qui ne voulust accepter cette belle marque, il seroit déclaré Mazarin. L'Assemblée estant finie, les Princes et Mademoiselle se retirèrent sans aucune satisfaction. Le peuple se souleuant contre les Mazarins, le feu y fut mis; et chacun animé, de part et d'autre, se défendit pour la destruction entière de cette engeance, l'ayant bien fait paroistre par la mort de tant de braues Bourgeois & gens de mérite dont s'ensuiuent les noms :

Monsieur Boulanger, blessé au bras gauche;

Monsieur de Ianury, dit de Feran, conseiller, place Maubert, tué;

Monsieur de Precen, marchand de fer, rue Galande, dit la place Maubert, tué;

Le fils de Monsieur Flexelle y a esté tué;

Le Vicaire de Sainct Iean en Grèue fut bruslé dans les flammes pensant se sauuer.

Celuy de Sainct Sauueur, pareillement bruslé.

Le Curé de Sainct Barthélemy, estropié d'vne busche que l'on iettoit dans le feu;

Le Curé de Sainct Symphorien, blessé à la cuisse;

Le Vicaire de Sainct Estienne n'eust aucun mal; mais sa constance fut telle qu'il demeura trois heures entières entre trois Archers de la Ville qui estoient tuez, dont nous dirons les noms cy dessous :

Le premier est Garualet dans la rue des Petits Champs;

Le second est Maurice, à la rue de Croisay, proche la rue des Célestins;

Le troisiesme est du faulxbourg Sainct Germain, à la Marmite.

Plus, Monsieur Yon, escheuin, blessé au bras;

Monsieur le Mair, Greffier en l'Hostel de Ville, blessé au bras[1];

---

[1] Le Maire ne fut pas seulement blessé au bras. Attaqué dans son bureau par des hommes qui cherchaient la caisse de la ville, il reçut plusieurs coups de baïonnette. Il fut enfin, après une énergique défense,

Monsieur l'Enfant, marchand en la rue Sainct Denis, blessé.

Le Préuost des Marchands fut blessé à l'espaule par vn Archer ou quelque autre personne inconnue, dans leur déroute, dont il demeura trois heures sans dire mot, ne sçachant s'il contrefaisoit le mort ou viuant; puis après il reuint à luy et sortit par vne fenestre qui iette dans l'église du Saint Esprit, vis à vis du grand Autel, auec les Escheuins.

Deux Crocheteurs, demeurant l'vn et l'autre dans la rue de la Mortellerie au Coq, proche du petit Iardinet, y ont esté tuez;

Deux compagnons Coutelliers, demeurant dans la rue de la Coutellerie, l'vn au Coutelas, et l'autre à la Hallebarde, y ont esté tuez.

Plus, vn nommé Liégault, blessé à la gorge d'vn coup de mousquetade;

Deux Trompettes, arriuez de la part du Roy au Préuost des Marchands, tuez et bruslez, se voulant sauuer;

Vn Chanoine du Sépulchre, Mazarin, tué;

Le Vicaire de Sainct Leu Sainct Gilles, blessé à la cuisse d'vn coup de mousquet;

Vn Marchand de fer de la rue Sainct Martin, proche Sainct Iulien le Ménestrier, blessé.

Plusieurs Portefez, Charbonniers et autres gens trauaillant sur le port, y ont esté blessez.

---

obligé de racheter ce qui lui restait de vie à prix d'argent. L'assemblée de ville prit, le 18 juillet, une délibération par laquelle, en reconnaissance de ses services et en témoignage de satisfaction pour son courage, elle lui conserva son office de greffier « pour en disposer par sa veuve, enfants et héritiers après sa mort, à leur volonté. »

Monsieur Mathieu, Médecin, demeurant en la Montagne Saincte Géneuiefue, blessé au bras droit.

Deux Colonels, Mazarins, y estant incognito, l'vn blessé à la cuisse et l'autre au costé[1].

Le *Vray semblable sur la conduite de Mgr le cardinal de Retz* [4081] [2].

(4 juillet 1652).

Ie ne puis comprendre l'emportement ou plustost l'aueuglement de nostre siècle ; ie ne void personne qui ne se pique de Politique ; ie ne void personne qui ne décide sur les affaires d'Estat ; et ie ne void personne qui les cognoisse. Le vulgaire ne se contente pas de former des coniectures ; il pénètre iusques dans le secret des cabinets ; il perce les mystères les plus cachez ; il aioute à des cognoissances imaginaires des phantaisies chimériques. Ainsi tout est plein de fausses lumières ; ainsi les impressions ou iettées par l'artifice des imposteurs, ou naissantes dans les esprits par vn raisonnement bizarre et mal fondé estouffent les plus belles véritez ; ainsi nous calomnions nos libérateurs ; et nous couronnons nos tyrans.

---

[1] L'exemplaire de la Bibliothèque nationale porte une note manuscrite d'une écriture du temps, qui est ainsi conçue : « Tuez : M. Le Gras, Maistre des Requestes ; M. Miron, maistre des comptes, qui sont les 2 collonels sy dessus, des plus affectionnez pour le parti des Princes. » Je trouve en effet Miron, sieur du Tremblay, maître des Comptes, dans la *Liste de messieurs les colonels de la ville de Paris*, etc., en 1649 [2307], mais point Le Gras.

[2] Ce pamphlet est avoué par le cardinal de Retz dans ses *Mémoires*.

I'ay essayé, pour me tirer de ces labyrintes dans lesquels nos esprits se trouuent enueloppez, de démesler ces confusions; ie me suis proposé de ne plus chercher la vérité dans le discernement des faits, qui reçoiuent vne infinité de iours tout différends, qui sont contestez iusques dans leurs moindres circonstances par les deux partis; et i'ay voulu iuger du vray par le vray semblable, qui ne fait pas tousiours, à la vérité, vne raison démonstratiue, mais qui est pourtant assez souuent et presque tousiours opposé au faux, et à mon sens la règle la plus certaine dans ces sortes de suiets si diuersifiez, si mystérieux, si pleins d'obscuritez et de nuages, que l'on peut dire auec beaucoup de raison qu'il est impossible de les pénétrer par d'autres moyens.

Sur ce fondement, i'ay fait des réflections sur la plus grande partie de tout ce qui s'est fait depuis nos derniers troubles. I'espère de les donner au Public dans quelque temps. Celles que vous lisez présentement sur la conduite de M. le Cardinal de Retz, ne seruent que d'essay pour vn plus grand ouurage; ie les ay choisis de préférence pour cet effet parceque les bruits que l'on a respandu contre luy, m'ont paru plus particulièrement que tous les autres opposez au vraysemblable.

Les Libelles qui ont esté composez depuis quelque temps sur son suiet, nous veulent faire croire qu'il a soustenu les intérests du Mazarin. Y a-t-il apparence qu'il souhaitte la conseruation et qu'il procure l'agrandissement d'vn Ministre qu'il a attaqué dans sa plus grande puissance, qu'il a cruellement offensé dans vne infinité de rencontres différentes et dont la grandeur est incompatible auec la sienne par la ialousie naturelle qui est entre eux par leurs dignitez? Le Cardinal de Retz est il assez stupide pour prendre confiance aux promesses du Cardinal Mazarin ? Le Cardinal Mazarin est il assez hardi pour ne pas craindre la vigueur du Cardinal de Retz ? Le Cardinal de Retz a-t-il paru iusques icy assez attaché aux intérests de M. le Prince pour auoir procuré le retour du Cardinal Mazarin, qui luy a redonné tous les aduantages que les succez si malheureux qu'il auoit eus en Guyenne, luy auoient fait perdre ? Le Cardinal de Retz trouuoit il quelque utilité à la seule chose qui estoit capable d'obliger Paris à receuoir M. le Prince ? Si le Cardinal de Retz vouloit agir en homme de bien, se pouuoit il résoudre à contribuer à vne action si fatale à l'Estat ? et si l'ambition estoit le Principe de sa conduite, prenoit il le restablissement du Mazarin, d'vn Ministre tout puissant à la Cour, d'vn Fauory qui ne laisse aucune part dans les affaires, mesme à ses meilleurs amis; se seruoit il, dis ie, de son restablissement comme d'vn instrument fort propre pour contenter sa passion ? Cela peut estre vray ; mais il faut auouer que cela n'est pas vraysemblable.

On nous a voulu persuader par vne infinité d'escrits et de discours respandus dans le Public, que M. le Cardinal de Retz auoit des négociations à la Cour. Est il croyable que ses intrigues, ses cabales, ses traittez ayent esté si secrets que l'on n'ait iamais pu, ie ne dis pas le conuaincre, mais auancer vne seule preuue particulière ; que ceux qui auoient tant d'intérest à iustifier ce qu'ils publioient si hautement, ayent esté obligez de se contenter de ietter des bruits vagues, des bruits que l'on iette également contre les plus innocens et contre les plus coupables ? et y a-t-il apparence qu'vn homme obserué par vn Prince qui a dans les mains toutes les forces d'vn grand party, qui a tant d'intelligences dans la Cour, ait pu dissimuler si adroitement sa conduite qu'il l'ait absolument cachée, au mesme temps que les négociations faites auec le Cardinal Mazarin par Chauigny[1], par Faber, par Montaigu, par Gaucourt, par Gouruille, ont esté sceues iusques dans leurs moindres circonstances, ont esté éuentées à la Cour, ont esté publiées dans Paris et ont esté confirmées ensuite par la notoriété publique? Il est presque impossible que les actions du Cardinal de Retz eussent esté plus couuertes. Cela pourtant peut estre vray; mais il faut auouer que cela n'est pas vray semblable.

A-t-on rien oublié pour reietter tout ce qui a paru de langueur dans le Party des Princes sur les artifices de M. le Cardinal de Retz? Auec combien d'emportement ou plustost de fureur a-t-on exagéré le peu d'effort que l'on fit à l'entrée du Cardinal Mazarin pour arrester sa marche? A qui s'est on pris du peu d'ordre qui paroissoit dans les affaires, du peu de concert qui paroissoit pour les desseins? Le Cardinal de Retz s'opposoit à l'establissement d'vn Conseil; le Cardinal de Retz empeschoit la leuée de l'argent et des troupes; le Cardinal de Retz faisoit des cabales dans le Parlement; il partageoit l'armée; il l'empeschoit d'agir; enfin le Cardinal de Retz estoit la véritable remore de ce grand vaisseau qui, sans

---

[1] On ne compte pas moins de cinq pamphlets sur les négociations de Chavigny : les *Articles de la paix proposez à Saint-Germain en Laye*, etc. [417]; *Auertissement aux bons bourgeois sur le suiet de la conférence*, etc. [449]; *Journal véritable et désintéressé de tout ce qui s'est fait et passé tant à Saint-Germain en Laye*, etc. [1764]; *Lettre d'vn bourgeois de Paris escrite à vn sien ami de la ville de Lyon*, etc. [1354]; *Relation véritable de tout ce qui s'est passé à Saint-Germain en Laye* [3218].

ses impressions occultes, alloit brauer les tempestes et donner la loy à tout le Royaume. Quand la postérité apprendra que M. le Prince trouua à son retour de Guyenne vne armée de dix mil hommes composée de vieilles troupes, qu'il en prit possession par vn aduantage signalé sur les trouppes du Mareschal de Turenne[1], sans contredit plus foibles que les siennes, qu'il entra dans Paris auec les nouuelles de cette victoire, qu'il fut receu au Parlement auec acclamation[2]; et quand la postérité verra ensuitte que tout ce Party s'est éuaporé, que ces dix mil hommes sont demeurez sans chefs, que ce qui en est resté, n'y a seruy qu'à faire passer en triomphe deuant les bourgeois de Paris les instrumens de leur ruyne; quand, dis ie, la postérité lira les deux parties de cette histoire, elle aura peine à se résoudre d'accuser le Cardinal de Retz d'auoir ralenti la vigueur du Party. Elle iugera sans doute qu'il y a plus d'aparence de reietter les manquemens que l'on a remarqué dans la conduite des affaires, deuant que M. le Prince fust venu de Guyenne, sur ses créatures et sur ses négociateurs que sur M. le Cardinal de Retz; ils s'estoient assez intéressez à faire que M. le Duc d'Orléans ne fust pas maistre des choses pour ne pas souhaiter qu'il y eust assez de vigueur dans le Party pour le rendre indépendant de M. le Prince. Chauigny, qui tiroit toutes ses forces de la protection et de la confiance de M. le Prince, selon les règles de la basse politique dont il fait

---

[1] Le combat de Bleneau. Il y en a plusieurs récits, et entre autres la *Relation véritable de ce qui s'est passé entre l'armée de MM. les Princes et les troupes Mazarines*, etc. [3229].

[2] *Relation sommaire et véritable de tout ce qui s'est passé au parlement dans les deux dernières assemblées*, etc. [3177]; *Particularités du résultat des trois assemblées du parlement*, etc. [2717].

profession, luy vouloit conseruer, ou pour mieux dire, acquérir la considération qu'il auoit perdue par les mauuais succez de Berry et de Guyenne. Il peut tomber dans les esprits des hommes des soupçons assez raisonnables que la mesme conduite qui a esté tenue par les Partisans de M. le Prince, deuant qu'il soit reuenu de Guyenne, pour le rendre absolument maistre du Party, a esté continuée par luy mesme pour ne pas chasser le Mazarin, à la conseruation duquel il a trop d'intérest pour le perdre. Seroit il croyable que si l'on eust agy de bonne foy, on eust laissé périr vne telle armée; on eust pris des mesures si peu certaines auec l'Espagne; on se fust chargé de la haine et de l'enuie que portent naturellement des traittez faits auec les Estrangers, et que l'on eust donné le temps au Cardinal Mazarin de recueillir les fruits qu'on en pouuoit tirer? Y a-t-il apparence qu'il eust fait si bon marché de sa prostitution honteuse du sacré caractère de Ministère que d'estre le Correspondant de Paris à Bruxelle et que ses négociations auec l'Espagne eussent si mal réussi, s'il n'eust eu intérest de les faire éclatter d'vn costé pour se donner de la considération à la Cour, et d'en empescher le succez d'autre part pour faire réussir celles qu'il auoit auec le Cardinal Mazarin? Aura-t-on facilité à se persuader que le Cardinal de Retz se soit opposé à l'establissement d'vn Conseil qui n'est pas encore formé[1] depuis cinq semaines qu'il est de notoriété publique qu'il n'y a pas fait obstacle? Est ce le Cardinal de Retz qui fomentoit la diuision dans le party, si elle a éclatté sans comparaison dauantage depuis qu'il ne s'est plus

---

[1] Le conseil de la Lieutenance générale. *Relation véritable de tout ce qui s'est fait et passé au Parlement... le 26 iuillet*, etc. [3250].

meslé des affaires? Est ce le Cardinal de Retz qui
brouilla à Orléans MM. de Beaufort et de Nemours[1]?
Est ce lui qui a obligé depuis quatre iours la pluspart
des Officiers généraux de l'armée de M. le Prince de
quitter son seruice[2]? A-t-il produit toutes ces disputes
bizarres qui enrichiront vn iour vn Catholicon et qui
rendront ridicule vn conseil qui deuroit estre fort sé-
rieux? Est ce le Cardinal de Retz qui oste la réputation
de la cause commune par l'establissement dans le Conseil
de la Lieutenance générale de Ministres décriez et haïs
dans le public? N'y a-t-il pas beaucoup de raison de se
persuader que les pas dans lesquels on a voulu engager
Monsieur et le public, comme la Lieutenance générale, la
préuosté des marchands et le gouuernement de la
Ville[3], n'ont esté souhaittez que pour en tirer des conditions plus auantageuses de la Cour? Peut on, dis ie,
en douter, voyant le peu d'effort que l'on a fait pour
soustenir des démarches d'vne si grande conséquence?
Enfin seroit il possible que toutes les affaires du party
fussent tombées dans vne déplorable décadence depuis
que le Cardinal de Retz ne s'en mesle plus, s'il eust esté
la cause de leur ruyne quand il estoit tous les iours à
Luxembourg? Cela peut estre vray ; mais il faut auouer
que cela n'est pas vray semblable.

Ie ne puis passer sous silence le murmure qui s'éleua
contre le Cardinal de Retz sur le suiet de la retraitte de
M. de Lorraine[4]; et ie me donne la gloire à moy mesme

[1] *Entreuue de Mgrs les ducs de Beaufort et de Nemours*, etc. [1259].

[2] Les comtes de Tavannes, de Valon et de Chavagnac.

[3] La lieutenance générale avait été donnée au duc d'Orléans, la prévôté des marchands à Broussel, le gouvernement de Paris au duc de Beaufort.

[4] On peut voir entre autres la *Trahison du duc Charles tramée par le roi d'Angleterre et le cardinal de Retz*, etc. [3792].

de ne m'estre pas laissé surprendre à des impostures dont les autheurs mesmes rougirent par la déclaration publique de Monsieur. Deuant mesme que le particulier en fust conneu, ie ne pouuois comprendre qu'vn soupçon de cétte nature peust tomber sur M. le Cardinal de Retz. Ie voyois que son intérest estoit que Monsieur eust toute la considération du party, que M. le Duc de Lorraine demeurast dans ses intérests, peu affectionné à M. le Prince, et auec qui, par conséquent, il pouuoit auoir des liaisons très estroites. Il m'estoit impossible de trouuer des raisons qui peussent l'auoir obligé de contribuer à ce changement; ie trouuois mesme des contradictions dans tout ce qu'on disoit contre luy sur ce suiet, Quelle apparence qu'vn homme, qui ne trauailloit tous les iours, à ce que disoient ses ennemis, qu'à brouiller Monsieur et M. le Prince, se peust oster à soy mesme l'instrument le plus puissant et le plus certain de son dessein? Quelle apparence que le Duc de Lorraine se soit plus tost retiré du seruice de Monsieur par les conseils de M. le Cardinal de Retz, que par le refus de ses places que M. le Prince luy auoit promis de luy rendre[1], et par le mescontentement qu'on luy donnoit tous les iours à dessein, selon les règles de la Politique ordinaire? Il y auroit bien de la difficulté à prouuer que le Cardinal de Retz, qui tiroit toute sa considération de celle de Monsieur, ait eu suiet de se réiouyr de la retraitte de M. de Lorraine, et que M. le Prince eut raison de s'en affliger. Cela peut estre vray; mais il faut auouer que cela n'est pas vray semblable.

[1] « Mais tu ne tasteras iamais
De Stenay, Clermont ni Iamets. »
Le *Tour burlesque du duc Charles* [3788].

Quand on n'a pas de faits particuliers à appuyer, on se iette d'ordinaire dans des inuectiues générales; on s'abandonne à sa passion; et l'on donne de fausses couleurs auec lesquelles on essaye de déguiser les véritables apparences. Le Cardinal de Retz passe dans la réputation du monde pour ne pas manquer de force et de vigueur. Sous ce prétexte les mesmes personnes qui l'accuseroient, s'il leur plaisoit, de foiblesse, l'accusent de violence, essayent de le décrier comme vn esprit trop altier et trop ferme, le traitent de meschant, luy font conceuoir des desseins tyranniques et exhalent en iniures la rage que peut estre ils ont conçeue de ne l'auoir pas fait plier par leurs menaces et de ne l'auoir pu tromper par leurs artifices. Ie ne le connois point; ie ne iuge de son naturel que par les apparences; ie suy le dessein de mon ouurage; et sur ce proiet après beaucoup de réflexions, ie me convains moy mesme par l'innocence de sa conduite. Quelle apparence qu'vn esprit qui ne respire que le sang et le carnage, se soit contenu dans l'espace de quatre années pleines de grands mouuemens, dans les quels il a tenu vne des places les plus considérables, se soit, dis ie, contenu dans vne modération si régulière qu'il ait enfermé dans son cœur toute sa violence, sans en faire iamais éclatter vne seule action dans le public? est il possible qu'vne âme de cette trempe soit tousiours demeurée dans la deffensiue, mesme dans les temps où il n'a manqué ni d'occasions ni de prétextes pour iustifier l'offensiue? Est il croyable qu'vn emporté ait témoigné si peu de ressentiment des iniures receues, desquelles il a trouué tant de lieux de se venger? Où est le sang respandu par ses conseils? A-t-il eu part aux massacres de l'Hostel de Ville [1], qui sègneront aux siècles à venir dans le cœur de tous les bons François, qui demandent iustice au ciel et qui doiuent animer la terre contre vn crime si noir et si tragique? le Cardinal de Retz a-t-il part à toutes ces cruautez, à toutes ces inhumanitez effroyables qui ont esté souffertes dans les portes de Paris, qui ont osté les enfans aux pères, les pères aux enfans, qui ont rauagé nos campagnes, qui ont déserté nos villes, qui ont profané nos Autels? Ie ne sais pas si le Cardinal de Retz a essayé de nous faire tous ces maux quand il s'est meslé de nos affaires et quand le siége de Paris nous les pouuoit faire appréhender auec plus de suiet qu'il n'y en a paru dans ces derniers troubles; mais s'il en a eu les desseins, il faut adouuer qu'il a esté bien heureux de n'y auoir pas réussi. Quand il n'y auroit que l'ordre que l'on a veu dans toutes les choses auxquelles il a eu part, on ne sçauroit, sans passer pour calomniateur, blasmer sa conduite de violence; les éuénemens selon toutes les apparences luy sont fauorables; il me semble que le passé ne nous doit faire appréhender quoi que ce soit de l'aduenir. N'est ce pas vne imagination extrauagante de se persuader que le Cardinal de Retz fasse des proiets contraires au repos, à la grandeur, à l'abondance de Paris? quel intérest luy peut estre plus cher et plus considérable que celuy d'vne ville de laquelle il tire tout son esclat, tout son bien, toute sa considération, toute sa force? Est il probable qu'vn archeuesque de Paris puisse iamais auoir des intérests séparez du lieu de sa résidence, où il doit viure et mourir? Est il

---

[1] La meilleure pièce sur ces événements est le *Récit véritable de tout ce qui s'est passé à l'Hostel de Ville touchant l'vnion de messieurs de la Ville et du Parlement avec messieurs les Princes,* etc. [3023]. Voir page 379.

croyable qu'il ne fasse pas tous ses efforts pour se conseruer par toute sorte de voie les bonnes grâces d'vn peuple qu'il doit regarder comme ses enfans? Ces sentimens sont si vray semblables, que ie crois qu'on leur peut donner le nom de vrais.

Vous voyez que les bruits que l'on a semez contre le Cardinal de Retz, sont assez opposez au vray semblable. Il reste à examiner en deux paroles ce qui est vray semblable de sa conduite; i'entends de celle qu'il peut auoir tenue depuis ces derniers temps, sur laquelle ie remarque que par la comparaison que l'on en peut faire auec la passée, il y a beaucoup d'apparence qu'il est demeuré sans action et dans le repos, parce qu'il a connu que l'on ne pouuoit trauailler auec honneur et auec seureté dans vn party où l'on trahit continuellement Monsieur qui seul a de bonnes intentions, où l'on ne fait la guerre que pour piller, où on ne la veut pas assez forte pour chasser entièrement le Mazarin, où l'on ne cherche que des aduantages particuliers, et où l'on ne le désiroit que pour le sacrifier et pour en faire ses conditions meilleures. Ie dis qu'il y a beaucoup d'apparence que le Cardinal de Retz n'a aucune part à toutes ces affaires, parce que la vérité nous force d'auouer que l'on a remarqué dans toutes celles dont il s'est meslé, plus de concert, plus de conduite, plus de vigueur et plus de foy que nous n'en voyons dans celle de laquelle il s'agit auiourd'huy. C'est en effet la marque la plus forte de la profession qu'il fait de ne prendre plus aucune part à toutes les affaires; et il est vray semblable qu'il ne s'en est retiré que par la raison que i'ay desià touchée du mauuais ordre que l'on affecte d'y tenir. La bonté auec laquelle Son Altesse Royale le traitte, fait bien voir qu'il n'y est obligé par aucun changement qui soit arriué du costé du Luxembourg; et pour ce qui est des violences, il est assez en possession de n'en point reconnoistre que celles qu'il se fait à luy mesme. Nous auons veu la sédition régner dans le Palais; nous l'auons veu triompher de l'Hostel de Ville; et nous auons veu que le cloistre ne l'a pas appréhendée.

Tarif du prix dont on est conuenu dans vne assemblée de notables tenue en présence de messieurs les Princes pour récompenser ceux qui déliureront la France du Mazarin, qui a été iustement condamné par arrêt du parlement [3752] [1].

(20 juillet 1652).

A celuy qui, après l'auoir tué, luy coupera la teste et la portera par les rues de Paris, en signe de paix, la somme de cent mille escus, et permission à lui seul, ou à ceux qui l'auront de luy, de l'aller porter par toutes les villes, bourgs et villages du Royaume pour en tirer les profits que l'on a coustume d'accorder à ceux qui portent la teste du loup.

A celuy qui, après l'auoir heureusement guetté, lorsqu'il paroistra à la fenestre, luy fera sauter, par quelque bon coup de fusil, ce peu qu'il a de ceruelle, dix mille escus.

Au soldat qui, le voyant à la teste de son bataillon,

[1] On sait qu'il est de Marigny.

au lieu de le saluer, luy tirera vn coup de mousquet, cinq mille escus; et sera anobli, lui et sa postérité; et au cas que le soldat fust découuert, ce qui pourtant n'est pas facile lorsque tout vn régiment fait vne salue, l'officier qui le fera sauuer, aura dix mille escus.

Que si tout le corps s'intéresse à la conseruation de celuy qui aura exécuté vn coup si important à l'Estat, il sera recognu par MM. les Princes pour vieux corps et entretenu, soit en temps de paix, soit en temps de guerre, par la ville de Paris; et le fond sera pris préférablement à toutes autres assignations sur celuy des entrées.

A celuy qui, dans l'approche des armées ou à quelque siége de ville, luy tirera vn coup de pistolet et se sauuera dans les troupes de MM. les Princes ou dans la place assiégée, la somme de quatre mille escus, si c'est vn simple caualier, et de dix mille escus si c'est vn officier; et luy seront expédiées Lettres de Comte ou de Marquis, à son choix, dont MM. les Princes solliciteront la vérification dans le Parlement, dans la Chambre des Comptes et dans la Cour des Aydes, sans qu'on luy fasse valoir les breuets de Mareschal de Camp ou de Lieutenant général dont il sera gratifié.

A celuy qui, ayant loué quelque maison commode près de celle du Mazarin, luy tirera par la fenestre de son logis vn coup de fusil chargé de balles ramées et empoisonnées et se sauuera ensuite sur vn bon cheual qu'il aura soin de faire tenir prest, la somme de six mille escus.

A celuy qui l'arquebusera lorsqu'il sera dans l'église, chose qui ne doit donner aucun remords de conscience, attendu la déclaration de la Sorbonne, six mille escus.

A celuy qui se seruira d'vne arquebuse à vent pour le

tuer commodément sans que l'on en puisse entendre le bruit, dix mille escus.

A celuy qui chargera ses pistolets de poudre blanche afin qu'il puisse exécuter facilement l'entreprise sans estre descouuert, la somme de dix mille escus.

A celuy qui, se glissant adroitement à sa suite, lorsqu'il se fera porter en chaise, luy tirera vn coup de mousqueton par dessus l'épaule du porteur, et se iettera, pour se sauuer, dans la maison la plus proche dans laquelle on luy donnera retraite fauorable pour auoir serui l'Estat, vingt mille escus.

Au canonier qui, le voyant dans vne batterie, mettra le feu dans vne barrique de poudre pour le faire sauter, cinquante mille escus.

Aux Fantassins ou Cheuaux Légers qui, faisant semblant d'auoir tiré par mesgarde, le tueront, vingt mille escus.

Aux Gensdarmes et Cheuaux Légers de la garde ou autres qui, lorsque le Roy sera à la chasse accompagné du Mazarin, donneront à ce Sicilien le coup mortel dans quelque fort ou faux fuyant, cinquante mille escus.

A celuy qui iettera vne grenade dans sa chambre, dans son carrosse ou dans sa chaise et le tuera, trois mille escus.

A celuy qui, ayant vne maison près de la sienne ou en louera vne pour faire vne mine sous la caue de son logis et le fera sauter, soixante mille escus.

A celuy qui mettra vne bombe dans vne chambre au-dessous de la sienne et la fera heureusement iouer, pareille somme.

A celuy qui, dans vne chambre au-dessus de la sienne,

mettra vne bombe chargée de poudre d'or fulminant pour faire ruiner le plancher et l'accablera sous les ruines, pareille somme de soixante mille escus.

A celuy qui luy fera présent de quelques petites boëtes, ballots ou coffres remplis d'artifices qui ne prendront feu que lorsqu'il les ouurira, en cas que le coup réussisse, la somme de cinquante mille escus.

A celuy qui, se coulant dans la presse, s'approchera de luy, portant sous son manteau vne arbaleste à la Génoise, et luy tirera vne aiguille pointue dans le corps, la somme de trente mille escus.

A celuy qui le tirera d'vn coup de flèche, se seruant d'vne arbaleste ordinaire, deux mille escus.

A celuy qui, sous prétexte de luy donner quelqu'aduis secret, mettra dans son chapeau vn bon pistolet et le tuera, cinquante mille escus.

A celuy des Gardes du Corps du Roy ou des Cent Suisses, archers du Grand Préuost, archers de la Porte, Soldats des Gardes Françoises ou Suisses qui, le voyant passer, mettra à fin l'entreprise, cinquante mille escus auec vne compagnie dans vn vieux Corps.

A tous Moines, Hermites ou gens déguisez de la sorte qui porteront dans la grand'manche poignards, pistolets ou armes propres pour exécuter vn semblable coup et l'exécuteront heureusement, cinquante mille escus; et outre seront obtenus du Sainct Père, pour les premiers, dispenses de leurs vœux, et du Parlement arrests pour les faire rentrer dans l'hérédité paternelle.

A celuy de ses domestiques qui, le seruant à table, luy donnera vn coup de couteau empoisonné dans les lombes, la somme de cinquante mille escus.

A l'abbé de Palluau, camérier du Mazarin, au cas

qu'il facilite l'entrée et la sortie de l'exécuteur d'vne entreprise si généreuse et si saincte, le Chapeau et la Chapelle de son maistre.

Aux pages ou laquais qui, estant derrière son carrosse, luy appuieront pistolet, mousqueton ou autre arme et en déliureront le monde, vingt cinq mille escus.

Aux valets de chambre qui l'estoufferont entre deux couettes, ou qui à coups de sacs de son, de sable ou d'os de morts pilés l'assommeront, ou qui, pour l'estouffer, mettront en vsage nœuds coulans, seruiettes et ceintures, ou qui, lui faisant la barbe, appuieront fortement le rasoir, ou, en lui donnant la chemise, l'embarrasseront et le dagueront facilement à bons coups de poignards ou de bayonnettes empoisonnées et exécuteront l'Arrest du Parlement, soixante et dix mille escus.

A tous ceux de ses domestiques et Officiers de sa maison qui le tueront ou l'ameneront vif ou mort dans Paris, cent mille escus; et seront absous de toutes les peines portées par les Arrests contr'eux et seront déclarés Frondeurs et gens de bien, d'honneur et de probité.

Aux cochers et postillons qui, le conduisant près d'vn précipice, le verseront adroitement, en cas qu'ils luy fassent rompre le col, quarante mille francs; en cas qu'il n'ait qu'vn bras cassé, deux mille francs; pour les iambes, quatre mille; pour les iambes et les bras, huit mille; pour l'épine du dos, dix mille escus.

A l'Escuyer qui trouuera moyen de déguiser vn sauteur ou trottier en guildine et luy causera quelque descente de boyau, en sorte qu'il deuienne inhabile au coït, mille pistoles et vne chaisne d'or auec la médaille des Princes et de la Ville de Paris.

A tous Pontoniers, Bateliers et Voituriers par eau qui, le menant, feront renuerser le bateau ou trouueront moyen de le faire couler à fonds et se sauueront ensuite à la nage, neuf mille francs.

A tous Gouuerneurs de Places qui l'arresteront ou le feront tuer, sera donnée la propriété de ladite place pour en iouir eux et leurs enfans iusques à la troisième génération, auec les cinquante mille escus portez par l'Arrest du Parlement.

A tous Médecins qui, le traitant des maladies ordinaires et extraordinaires, luy ordonneront des remèdes conformes à l'Arrest du Parlement et nécessaires au salut de l'Estat, la somme portée par ledit Arrest.

A l'Apothicaire qui infusera ou dissoudra dans ses remèdes arsenic, sublimé, réagal, oppion, suc de napele, aconit, if, ellébore, essence de tabac, suc de crapaud, sueur de rousseau, poudre de diamant, pierre de cautère, verre pilé et autres sucs et herbes salutaires pour le public en la personne dudit Mazarin, la somme de cinquante mille escus, sans préiudice de ses frais dont il sera remboursé.

Au Chirurgien qui, en le saignant, trempera sa lancette dans quelque poison, la somme de soixante mille liures.

Item, à l'Apothicaire qui, luy donnant vn lauement, empoisonnera le canon, vingt mille liures.

Au Cuisinier qui, dans ses ragouts, mettra lièure marin, cantaride, fiel de taureau, éponge préparée, araignée et les autres ingrédiens dénommez dans le premier article de l'apothicaire, la somme de trente mille liures.

Aux Sommeliers qui empoisonneront les fruits, compotes, confitures et le gobelet et prépareront son vin auec tant d'art que mort s'en ensuiue, dix mille escus.

A tous Iardiniers et Iardinières, Bouquetiers et Bouquetières qui luy présenteront bouquets parfumez auec poison, mille escus.

A tous Parfumeurs et Gantiers qui seruiront le public en sa personne, comme faisoit celuy de la Reine Catherine, trois mille escus.

A tous Cordonniers qui empoisonneront le roussi et l'escarpin, la somme de deux mille escus.

A tous Secrétaires, Courriers ou Messagers qui luy porteront pacquets bien et dûment préparez, en cas que la chose réussisse au contentement du public, la somme portée par l'Arrest.

Au Courtisan qui, approchant Sa Maiesté, luy désillera les yeux et lui faisant connoistre le misérable estat de son Royaume, la fera consentir à la Conchinade, la mesme récompense du Mareschal de Vitry.

A celuy des Mareschaux de Villeroy, du Plessis, de Turenne, de La Ferté et d'Hocquincourt qui, après l'auoir fait assommer, ramenera le Roy dans sa bonne ville de Paris, l'espée de Connestable.

A ceux qui sont pourueus de breuets de Ducs et Pairs, en cas qu'ils méritent de l'Estat par vne si belle et bonne action, la vérification de leurs Lettres en Parlement nonobstant toutes oppositions.

A toutes femmes et filles de la Cour ou autres de la Ville qui l'esuenteront auec des esuentails empoisonnés, ou qui luy fourreront dans le gosier ces certains busques de laine ou de velours pour l'estouffer, la somme de cinquante mille escus dont elles seront dotées par le Parlement et mariées dans l'an, sans que leur âge leur puisse nuire ni préiudicier.

Aux femmes qui, le voyant passer par la rue, luy feront tomber sur la teste grais, pots d'œillets ou bonnes grosses pierres et l'assommeront, la mesme récompense qu'eut la bonne femme vénitienne pour auoir tué le Tiépoly.

A ceux qui, iouant auec luy le soir, feront semblant de se quereller, et, après auoir soufflé les flambeaux, à beaux coups de chandelier de Dieu ou d'autres armes en déferont le public, si ce sont financiers, la Surintendance des finances; si ce sont ecclésiastiques, des Éueschez; si ce sont gens d'espée, des Gouuernemens et des dignitez; si ce sont gens de Robe, des Charges de Secrétaires d'Estat ou d'autres à leur choix.

A tous Sorciers, Vaudois, Magiciens et Nécromanciens qui, employant les secrets de leur art et le pouuoir de leur Maistre, par herbes, charmes, billets, images de cire et paroles, déliureront le monde de ce malheureux Estranger, qui en est le perturbateur, la somme portée par l'Arrest, auec le restablissement de leur bonne fame et renommée, en sorte qu'ils puissent aspirer et estre pourueus de toutes Charges, Offices et Bénéfices.

A tous Confesseurs qui fortifieront dans ce pieux dessein ceux qui, par foiblesse d'esprit et scrupule sans fondement, leur reuèleroient à la confession, les Abbayes et autres Bénéfices du défunct.

Si quelqu'vn, poussé de l'esprit de Dieu et touché de la misère publique, préfère le salut du Roy et de l'Estat au sien particulier dans l'exécution d'vne si haute entreprise et digne d'vne récompense éternelle, la somme de quatre cent mille liures sera donnée à ses héritiers; et outre ce, luy sera fait vn tombeau deuant le grand autel de l'Église Cathédrale de Paris, deuant lequel sera entretenue éternellement vne lampe aux despens du public.

Que si tous ceux qui sont inuitez par ce présent mémoire, fait pour le bien du seruice du Roy et du Royaume, ne pouuoient heureusement exécuter leurs généreux desseins, toutefois pourueu qu'il soit connu par quelqu'effusion notable de son sang qu'ils ont hazardé le coup, ils seront récompensez de la somme de quarante mille francs.

Et afin que l'on ne doute point de la certitude de la récompense, on sera auerty que les sommes, portées par ce mémoire, sont entre les mains de M. le Comte de Fontrailles, demeurant rue d'Aniou près des Enfants Rouges, qui les déliurera ou en deniers comptants ou par lettres de change, payables à Venise, Amsterdam ou Hambourg, au choix dudit exécuteur qui doit s'asseurer que, pourueu qu'il fasse bien son deuoir, on ne le chicanera pas sur la récompense; au contraire, il sera gratifié du change en cas qu'il veuille receuoir la somme hors de Paris.

La vérité toute nue, ou Aduis sincère et désintéressé sur les véritables causes des maux de l'Estat et les moyens d'y apporter le remède [4007][1].

(7 août 1652.)

Puisque la colère de Dieu, si iustement irritée par nos péchez, a permis que lorsque la France faisoit trembler tous ses ennemis et estoit en estat de pouuoir donner la paix au reste de l'Europe, comme elle l'auoit donnée à l'Allemagne, et de se la procurer à soy-mesme auec tant d'auantage qu'elle n'auroit pas esté moins durable que glorieuse, elle se trouue auiourd'huy réduite, par nos diuisions domestiques, dans vne telle extrémité de malheur qu'il faut auoir renoncé à l'amour de sa patrie et à tout sentiment d'humanité pour ne pas contribuer, comme quelques gouttes d'eau afin de tascher à esteindre cet embrazement, et ses larmes en la présence de Dieu et ses aduis à ceux qui peuuent s'en seruir pour le bien général de tout le Royaume, ie m'estime d'autant plus obligé à parler dans vne occasion si pressante que ie n'ay point veu dans tous les Écrits qui ont paru iusques icy, qu'on ait approfondy iusques dans leur source les causes des maux qui nous font périr, ny qu'on ait leué ce voile funeste qui empesche presque généralement tout le monde de discerner les ténèbres d'auec la lumière, les

[1] On a attribué ce pamphlet au père Faure, confesseur de la reine, et depuis évêque d'Amiens. Mailly le proclame un peu emphatiquement « l'ouvrage le plus satisfaisant, le plus raisonnable qui soit sorti de la presse dans ce temps d'extravagances. »

intérests cachez d'auec le zèle apparent et les faux prétextes d'auec les intentions véritables.

Ie proteste deuant le Dieu viuant et qui peut d'vn coup de tonnerre me réduire en poudre si ma protestation n'est véritable, que ie ne suis par sa grâce porté en cecy ny d'aucun intérest ny d'aucune haine, et que si ie me sentois pressé de l'escrire par les raisons que ie viens de représenter, ie n'aurois iamais pu me résoudre de mettre la main à la plume pour dire des choses qui seront d'autant plus mal receues de la pluspart de ceux qu'elles regardent, qu'ils sçauent en leur conscience qu'elles sont plus véritables.

Il faut donc voir clairement quelles sont les causes de nos maux, afin de iuger des remèdes qui sont capables de les guérir. Et c'est ce que ie vais tascher de faire.

La première cause est sans doute nos péchez, dont nous ne sçaurions demander pardon à Dieu auec trop de soupirs, de gémissemens et de larmes, ny en faire vne trop séuère pénitence. Personne n'ignore quelle fut celle des Niniuites; mais, au lieu de l'imiter, on se contente de les imiter et mesme de les surpasser dans leurs offenses.

Quant aux causes secondes, la dissipation des Finances peut passer sans difficulté pour la principale et la première de toutes. On ne sçauroit penser sans horreur à la manière dont elles ont esté administrées depuis le temps du Cardinal de Richelieu. Au lieu de choisir des hommes dignes de remplir la charge de Surintendant, qui est la plus importante du Royaume, principalement durant vne aussy grande guerre que celle que nous soustenons depuis tant d'années, puisqu'elle en fait mouuoir tous les ressorts, on a veu vn Mareschal Desfiat disposer plus absolument des trésors de l'Estat que les autres ne disposent de leur bien propre, et faire en mesme temps aux portes de Paris, en Auuergne et en Aniou des despences et des bastimens que le Roy, son maistre, n'auroit osé entreprendre; Versailles, qui ne seroit pas vne trop belle maison pour vn particulier, ayant esté la seule que ce grand Prince ait bastie durant tout son règne. On a veu vn Bullion, ce monstre d'inhumanité, d'impudicité et d'auarice, voller auec la mesme hardiesse que d'autres ménageroient l'argent du public, et laisser des biens si prodigieux, non-seulement en argent mais en fonds, que ce grand nombre de terres qui pourroient toutes ensemble composer vne prouince, sont des marques tousiours visibles de la vérité de ce que plusieurs personnes sçauent : que ce redoutable Ministre, qui s'estoit rendu le maistre de son maistre, disoit qu'il auoit tousiours dans sa boiste de quoy faire pendre ce Surintendant, afin de le tenir sans cesse dans vne dépendance absolue et vne obéissance aueugle. On a veu, comme des Harpies subalternes nées pour la ruyne du peuple, vn Cornuel qui estoit l'âme damnée de Bullion, ce qui est tout dire en vn mot pour exprimer sa vertu et sa probité; vn Bordier, qui, tirant son illustre naissance d'vn Chandelier de Paris, a despencé plus de trois cent mille escus à bastir sa maison du Rincé (*Raincy*) par vne insolence sans exemple, mais qui mériteroit pour l'exemple qu'on le logeast à Montfaucon qui en est tout proche; vn Galland qui, estant fils d'vn paysan de Chasteau-Landon, s'est fait si riche en peu d'années qu'vn Président au Mortier [1] n'a point eu honte d'espouser sa

---

[1] Le président Le Coigneux.

vefue; vn Lambert, fils d'vn Procureur des Comptes, qui, portant encore plus dans le cœur que sur le visage le caractère d'vn Iuif, a laissé quatre millions cinq cent mille liures de bien dont le Président Viole, ce bon François et ce fidelle seruiteur du Roy, a eu pour sa part plus de quatre cent mille liures ; vn le Camus qui, estant venu de rien et ayant au moins dix enfans, a laissé au moins vn million de liures à chacun; vn Bretonuilliers qui, n'estant autresfois qu'vn simple Receueur général des Finances de Limoges, a gagné tant de millions qu'estant assez bon homme d'ailleurs, il en auoit honte luy-mesme; vn de Bordeaux qui, pour n'en auoir pas du tout tant, ne doit pas estre accusé de négligence puisqu'il a tousiours esté beaucoup plus ardent et plus hardy que luy pour en acquérir ; et vn Tubeuf qui, de petit commis du Mareschal Desfiat, est deuenu en peu d'années Intendant des Finances, Président des Comptes et aussi riche qu'il est grand ioueur. Ie serois trop long si ie voulois nommer tous ceux qui ont fait comme en vn moment tant de fortunes prodigieuses, et ce grand nombre de Partisans et de Traittans sortis de la lie du peuple, dont les noms n'ont esté connus que par la somptuosité de leurs festins, le luxe de leur train et de leurs meubles, la magnificence de leurs bastimens et les cris qu'ont poussez iusques au ciel les aisez, la pluspart mal aisez, dont ils ont rauy le bien, et tant de paures officiers qu'ils ne se sont pas contentez de priuer entièrement de leurs gages par des taxes continuelles, mais qu'ils ont mesme réduits à s'enfuyr et à se cacher pour conseruer leur liberté, en les voulant contraindre par vne barbarie inimaginable de payer sur leur autre bien encore d'autres taxes qu'ils ne pou-

uoient prendre sur leurs gages parce qu'ils n'en iouis-
soient plus.

Voilà au vray en quel estat estoient les Finances lors
de la mort du feu Roy. Voyons maintenant de quelle
sorte elles ont esté depuis administrées. On ne sçauroit
sans iniustice accuser la Reyne d'auoir eu dessein d'a-
masser de grands trésors durant sa Régence, puisqu'au
contraire chacun sçait qu'elle doit beaucoup et qu'elle
n'a pu acheuer l'Église du Val-de-Grâce, qui est le seul
bastiment qu'elle a entrepris. Mais le Cardinal Mazarin
estant entré auec vne authorité absolue dans le ministère et ayant trouué les affaires du Roy dans la nécessité où tant de voleries les auoient réduites, fit-il par
l'establissement d'vne bonne Chambre de Iustice (ie dis
bonne à la différence de ces autres Chambres, non pas
de iustice, mais d'iniustice, que nous voyions si souuent
auparauant et qui ne seruoient qu'à autoriser les crimes
au lieu de les chastier), fit-il, dis-ie, par l'establissement
d'vne bonne Chambre de Iustice, remettre dans les coffres du Roy, pour le soutien de l'Estat et le soulagement
du peuple, ce que ces sangsues auoient desrobbé? Abolit-
il le luxe que ces volleurs auoient introduit et qui a
causé vn luxe général par la peine que chacun auoit de
souffrir que des gens de néant parussent si fort au-dessus
d'eux? Et enfin choisit-il pour Surintendant vn si homme
de bien, si homme d'honneur et qui eust les mains si
pures qu'il peust, autant par son exemple que par sa
probité et par ses soins, apporter des remèdes aux maux
que ses prédécesseurs auoient faits? Au contraire, il se
rendit le protecteur de ces Harpies; il fit des principaux
d'entr'eux ses familiers auec lesquels il passoit les nuicts à
iouer grand ieu : ce qui est vn crime et vn grand crime à

ceux qui sont employez dans les Finances. Il souffrit que, par vne auarice infâme, des personnes des plus qualifiées de la Cour et des Officiers des Cours Souueraines fussent leurs associez dans les prests et dans les prests sur prests, qui estoit vne vsure iusques alors inouye. Il renchérit encore sur ce luxe général, en ne se contentant pas du superbe Salon que le Cardinal de Richelieu auoit fait bastir pour ses comédies, mais en le faisant rompre en partie pour donner place aux immenses machines de cette ennuyeuse Comédie[1] qui cousta cinq cens mille francs au Roy de l'argent du peuple; et il fit vn bastiment pour ses cheuaux, dont la magnificence surpasse celle des palais des Princes. Enfin pour couronner toutes ces belles réformations, il choisit pour Surintendant le plus vicieux, le plus insolent et le plus hardy volleur qui fust en France, en mettant Demery dans les Finances. Cet homme, dont le père estoit vn paysan d'vn village de la République de Syene, nommé Particelle, duquel il portoit le nom, dont le frère auoit fait amende honorable à cause d'vne banqueroute à laquelle il auoit part, et que chacun sçauoit auoir esté tout prest d'estre pendu à Tours en 1619 pour des maluersations qu'il auoit faites dans la charge de Controlleur de l'Argenterie, ioignant à ses débordemens publics et à son audace sans pareille vne cruauté si impitoyable qu'il rioit en écorchant tout le monde, porta les esprits dans le désespoir.

C'est là la source la plus apparente de nos malheurs et l'vn des plus grands crimes du Cardinal, quoyque ie n'ignore pas que le Trafic sacrilége des Bénéfices qu'il a establi iusques à donner à des Séculiers et mesmes à des

---

[1] L'opéra d'Orphée.

gens d'espée, ses domestiques, des pensions sur des Éueschez et Archeueschez, ne soit encore beaucoup plus grand deuant Dieu, puisque c'est distribuer à des layques, comme vn bien profane, le patrimoine sacré de Iésus-Christ.

Mais voyons la suitte. Le Parlement, dont la lascheté auoit esté telle que de n'oser, pendant les quatre premières années de la Régence, faire vne seule remonstrance au Roy et à la Reyne touchant ces extrêmes désordres, quoy que son deuoir l'y obligeast, voyant que Demery vouloit toucher à ses gages, se réueille, fait par la considération de son intérest ce que la considération de son honneur n'auoit pas esté capable de luy faire faire, s'assemble, donne l'Arrest d'vnion auec les Compagnies Souueraines, excite les autres Parlemens et, par vne audace criminelle, ne prétend rien moins que de s'ériger, sinon de nom, au moins par effect, en tuteur des Roys. En quoy ie n'entends nullement parler de ceux qui ne s'estant iamais despartis du respect qu'ils doiuent à leur Souuerain, ont gémy en leur cœur et tesmoigné sur leur visage et dans leurs aduis la douleur qu'ils ressentoient de l'estrange égarement de leurs confrères, mais de ceux qui font gloire de porter cet infâme nom de Frondeurs, qui sera en horreur à toute la postérité, et dont Broussel est le Patriarche.

Le Coadiuteur de Paris, dont l'ambition n'a point de bornes, ne pouuant se résoudre d'attendre que le temps l'esleuast à la dignité que sa naissance, son esprit et sa charge pouuoient iustement luy faire espérer, fut rauy de rencontrer cette occasion. Et ainsi, au lieu de ietter de l'eau pour tascher d'esteindre le feu qui s'allumoit dans cette capitale du Royaume, qui doit vn iour estre son siége, il y ietta de l'huile pour en accroistre l'embrâsement, et a enfin réussi si heureusement ou, pour mieux dire, si malheureusement dans son dessein qu'il a esté honoré de cette pourpre qui le déshonore, estant teinte, comme elle est, du sang qui inonde auiourd'huy la France par cette cruelle guerre ciuile dont il est vne des principales causes, et faisant voir par l'vn des plus pernicieux exemples qui fut iamais, que cette éminente dignité, au lieu d'estre en sa personne la récompense d'vn grand seruice, est la récompense d'vn grand crime.

Ce seroit icy le lieu de parler des Barricades et du siége de Paris; mais comme ils ne sont que trop connus de tout le monde par les malheureux effects qu'ils ont produits, il me suffira de dire que peu de gens ont remarqué, ce me semble, que le Roy n'en voulant qu'au Parlement et non pas à Paris, ils n'eurent en effet pour cause que ce que Paris prit la querelle du Parlement contre le Roy [1].

Après que ce grand orage fut passé et qu'il sembloit qu'on deust iouir de quelque calme, ceux qui ne pouuoient espérer d'arriuer promptement que par le trouble au but où leur ambition les portoit, s'aduisèrent de la fourbe de Ioly [2] et choisirent la Boulaye pour

[1] C'est la thèse des pamphlets royalistes en 1649.
[2] Le 11 décembre 1649, Guy Joly, un des syndics des rentiers de l'Hôtel de Ville, feignit d'avoir reçu un coup de pistolet dans son carrosse et d'avoir eu le bras fracassé. Il porta plainte au parlement : *Moyens des requestes présentées à la cour par M. Guy Joly*, etc. [2515]. Le but de cette fourberie était de soulever le peuple contre le cardinal Mazarin. Le marquis de La Boulaye parcourut en effet les rues aux environs du Palais, criant aux armes! mais personne ne bougea; et ce pauvre complot n'aboutit qu'à une accusation de tentative d'assassinat que le prince de Condé lança contre le duc de Beaufort, le coadjuteur et le vieux Brous-

exciter, sous ce prétexte, par vn crime qui méritoit mille roues, vne sédition générale dans Paris. Monsieur le Prince tesmoigna chaleur pour le chastiment des coupables et demanda iustice pour luy mesme sur l'opinion qu'il eut auec beaucoup d'apparence, qu'après auoir manqué le dessein d'exciter vne sédition, ils l'auoient voulu faire assassiner. C'est icy où ceux qui viendront après nous, auront peine à croire que la trahison et la perfidie ait pu aller aussi auant que le Cardinal fut capable de la porter. Car en mesme temps qu'il tesmoignoit d'estre entièrement attaché à Monsieur le Prince, depuis s'estre accommodé auec luy par l'entremise de Monsieur le Duc d'Orléans, et l'animoit à perdre le Coadiuteur dont il se déclaroit l'ennemy mortel, en approfondissant l'affaire de la Boulaye et l'assassinat qu'il croyoit auoir esté entrepris contre sa personne, il traittoit en ce mesme temps auec le Coadiuteur et tous les autres ennemis iurez de Monsieur le Prince pour arrester Monsieur le Prince; et huit iours auparauant sa détention qui estoit résolue, il y auoit desià quinze iours, et qu'on cherchoit à tous momens l'occasion d'exécuter, il luy donna vn escrit de sa main et signé de luy, aux asseurances duquel il estoit absolument impossible de rien adiouster. Ainsi, lorsque Monsieur le Prince auoit suiet de se croire le mieux à la Cour, puisqu'il n'auoit acquis la haine du peuple que pour auoir seruy le Roy durant le siège de Paris, il se trouua dans le Bois de Vincennes par vn effect de la sincérité et de la iustice de ce Minis-

sel. Il n'y a pas de doute que La Boulaye n'ait agi en cette circonstance pour le compte de Gondy; car, peu après l'arrestation des princes, il y eut une *Déclaration du Roy portant abolition générale de ce qui s'est passé en la ville de Paris l'onziesme décembre* 1649, etc. [924].

tre; et vne amnistie générale pour la Boulaye et ses adhérans, iointe mesme à des récompenses, fut aussy vn illustre tesmoignage de l'équité et de la prudence de sa politique.

Vne prison si iniuste et dont toutes les fausses couleurs que le Cardinal employa dans cette lettre de cachet qu'il tiroit vanité d'auoir faite[1], ne peurent souffrir la lumière du Soleil sans disparoistre aussy tost, excita vne plaincte si générale contre luy qu'après le retour du Roy du voyage de Guyenne, il fut contrainct de s'en aller; et la liberté de Monsieur le Prince fut résolue à des conditions qui ne luy estoient pas désagréables, quoy qu'elles fussent très-aduantageuses pour le Roy. Mais par vn aueuglement et vne impudence inimaginable, le Cardinal deuança les Députez de Sa Maiesté qui alloient au Hâure les luy porter, et le mit en liberté sans aucunes conditions : ce qui a esté l'vne des principales causes des malheurs dans lesquels nous sommes maintenant, ainsi que la suitte le fera voir.

Iusques alors Monsieur le Prince, non seulement n'auoit rien fait d'indigne de la grandeur de sa naissance, mais il l'auoit encore surpassée par la grandeur de ses actions. Il auoit porté la terreur du nom François partout où il auoit porté les armes du Roy. Il pouuoit compter ses campagnes par le gain des plus grandes batailles qui ayent esté données, et par la prise des plus fortes places qui ayent esté assiégées de nostre siècle. Il passoit dans tout le Septentrion pour vn autre Roy de Suède, et dans tout le reste de l'Europe pour le

---

[1] *Lettre du Roy sur la détention des Princes* etc. [2197], elle est du 19 janvier 1650.

plus heureux, le plus vaillant et le plus grand Capitaine du monde; et enfin pour comble de gloire, il faisoit mestier d'vne inuiolable fidélité enuers son Roy et d'vne ardente passion enuers sa patrie.

Mais par vn changement non moins estrange et déplorable que criminel et funeste, cet Astre qui lançoit de toutes parts les rayons d'vne si viue lumière, est comme tombé du firmament dans vn abysme d'aueuglement et de ténèbres. Monsieur le Prince au lieu de ne penser qu'à iouir d'vne réputation dont sa prison auoit encore rehaussé l'esclat et le lustre, au lieu de ne penser qu'à reconnoistre par de nouueaux seruices l'extrême obligation qu'il auoit au Roy de luy auoir donné le gouuernement de Guyenne qui vaut trois fois celuy de Bourgongne qu'il auoit auparauant, au lieu de ne penser qu'à contraindre par de nouueaux trophées nos ennemis de consentir à vne paix qui ne luy auroit pas esté moins glorieuse qu'vtile et honorable à la France, on le vit se retirer de la Cour, aller en Berry, passer en Guyenne, allumer la guerre de tous costez, se saisir de l'argent du Roy, surprendre ses places, oublier iusques à vn tel poinct sa qualité de Prince du Sang de France, l'oseray-ie dire et le croira-t-on vn iour? que de fléchir le genouil deuant l'Espagne, rechercher son assistance pour faire la guerre à son Maistre, à son bienfaiteur, à son Roy, deuenir client et pensionnaire de celuy dont il foudroyoit auparauant les armées, establir dans Bourg et dans la Guyenne ceux qu'il auoit forcez dans Thionuille, dans Dunquerque et dans d'autres places du Luxembourg et de la Flandre, et pour comble de transport et de fureur, implorer le Démon à son secours en implorant celuy de Cromwel, ce démon sorty de l'enfer pour tremper dans le sang de son Roy et d'vn des meilleurs Roys du monde ses mains parricides et sacrilèges, ce Mahomet de nostre siècle qui en renuersant toutes les loix diuines et humaines, fait le Prophète et affecte de viure comme vn simple particulier lorsqu'il est en effet l'vsurpateur et le tyran de l'Angleterre.

Voilà ce qu'a fait Monsieur le Prince, sans que ny la crainte de Dieu qui tonne sur la teste des ingrats et des rebelles, ny la crainte de ternir deuant les hommes toute la gloire de ses actions passées, ny la crainte de rendre son nom incomparablement plus odieux à toute la postérité que ne l'est encore auiourd'huy celuy de Charles de Bourbon, ait pu destourner son esprit du dessein qu'il auoit formé par vne ambition inconceuable de se rendre Maistre absolu d'vne grande partie du Royaume.

Chacun sçait qu'il prit pour prétexte d'vn tel crime que le Cardinal qui estoit alors hors de France, deuoit reuenir; comme si quand il auroit desià esté de retour, il n'eust pas deu se contenter de se retirer dans son gouuernement ou dans l'vne de ses places, pour représenter de là au Roy le tort qu'il se seroit fait en le rappellant, plus tost que de se seruir de son gouuernement et de ses places pour mettre le feu dans le Royaume, pour appeler les Estrangers à sa ruine et pour causer ces maux sans nombre dont ceux que nous voyons, font vne partie.

Le Roy par vn très sage Conseil va en Berry, s'asseure de Bourges, bloque Montrond et s'aduance iusques à Poictiers. L'approche de sa Maiesté ne fut pas néantmoins capable d'arrester l'audace de Monsieur le Prince, les vastes espérances qu'il auoit conçues, lui faisant croire qu'il pouuoit tout entreprendre. Et ainsi au lieu de céder à la présence de son Maistre, il osa attaquer Coignac presqu'à sa veue ; mais il connut par la sorte dont le Comte d'Harcourt luy fit leuer le siège¹, par la manière dont il le poussa à Tonnay Charante², et par la promptitude auec laquelle il le contraignit de porter dans la Guyenne la guerre qu'il auoit promis auec tant de brauade et de pompe à ces rebelles par éminence de Bourdelois de porter à cent lieues d'eux, il connut, dis-ie, que s'il estoit le mesme Capitaine, il ne commandoit plus les mesmes soldats, que s'il estoit le mesme général, il n'estoit plus à la teste des mesmes armées, de ces armées victorieuses des plus belliqueuses nations du monde. Il connut la différence qu'il y a de combattre pour le seruice de son Roy, sans rien craindre que de ne rencontrer pas des occasions assez périlleuses pour luy tesmoigner sa fidélité, ou de sentir sa conscience bourrelée de mille remords et d'auoir continuellement deuant les yeux l'image affreuse d'vne prison, si le sort des armes luy estoit contraire. Il éprouua à Miradoux³, à la louange immortelle de ces deux braues Régimens, Champagne et Lorraine, qu'vn village pouuoit, sans estre forcé, tenir durant quatorze iours contre celuy qui n'en auoit employé que treize à prendre Dunquerque.

Ainsi Monsieur le Prince après la leuée de ce siège

¹ *Relation véritable de ce qui s'est passé à la leuée du siége de Cognac*, etc. [3211] ; *Véritable iournal de ce qui s'est passé pendant le siége de Cognac*, etc. [3938] ; *Lettre du Roy... sur la défaite des troupes de M. le Prince de Condé deuant la ville de Cognac*, etc. [2151].

² *Relation véritable de la défaite de cinq cents cheuaux... et de la prise de Tonné-Charente par M. le Comte d'Harcourt* [3238].

³ La levée du siége de Miradoux par le prince de Condé a fourni aux écrivains du temps le sujet de sept ou huit pièces. Voir la *Liste chronologique des Mazarinades* à la date du 27 février 1652.

estoit près de se voir réduit ou à implorer la miséricorde du Roy, ou à receuoir la honte, mille fois pire que la mort, d'aller augmenter dans Madrid le nombre des Courtisans du Roy d'Espagne. Mais il trouua son azyle dans Paris par le moyen du retour du Cardinal à la Cour, dont il me faut parler maintenant et dont ie ne sçaurois parler qu'auec des souspirs meslez de larmes.

L'esloignement de ce malheureux Ministre, confirmé par diuerses Déclarations du Roy vérifiées [1], auoit donné vne telle ioye à toute la France qu'excepté ces furieux Bourdelois et ceux qui estoient particulièrement déuouez à Monsieur le Prince, tout le reste estoit demeuré dans le deuoir; et le Parlement de Paris, nonobstant la cabale que Monsieur le Prince y a tousiours entretenue, auoit vérifié la Déclaration qui le noircit du crime de lèze Maiesté [2]. Ainsi le Roy estoit sur le poinct de chastier hautement sa rébellion, de restablir glorieusement son authorité, de rendre le calme à son Estat et de faire ensuitte vne paix génералle très aduantageuse, si d'vn costé les artifices de Monsieur le Prince qui durant qu'il déclamoit le plus contre le Cardinal et prenoit pour prétexte de sa réuolte le dessein de son retour, négocioit auec luy par Gouruille qui l'alla trouver à Cologne, afin de le porter à reuenir, et si d'vn autre costé la Princesse Palatine, le mareschal du Plessis, Senétaire, le père, et quelques autres personnes de la Cour n'eussent par vne lasche complaisance et par vn pur mouuement d'intérest

---

[1] *Déclaration du Roy portant qu'à l'auenir aucuns étrangers... qui auront été promus à la dignité de Cardinal, n'auront plus entrée au Conseil,* etc. [931]. *Déclaration du Roy portant défense au Cardinal Mazarin... de rentrer dans le royaume,* etc. [925].

[2] *Déclaration du Roy contre les princes de Condé, Conty..., et autres leurs adhérents,* etc. [906].

particulier fortifié la Reyne dans le dessein de le rappeller sous prétexte de maintenir l'authorité du Roy, et en luy alléguant pour cela l'exemple de la faute qu'auoit faite le feu Roy de la Grande Bretagne en abandonnant le Comte de Statford à la fureur du Parlement d'Angleterre; quoy que cet exemple soit très différent de celuy dont il s'agit, parce que le Vice Roy d'Irlande auoit toutes les bonnes qualitez qui manquent au Cardinal, qu'il estoit si innocent que ses ennemis qui estoient ses juges, furent réduits pour trouuer quelque couleur à le condamner, de faire par vne iniustice et vne illusion abominable à la iustice vne loy toute nouuelle. qu'ils révoquèrent aussy tost après qu'il fut iugé, et qu'au lieu qu'ils vouloient à quelque prix que ce fust auoir sa teste, chacun demeuroit d'accord que le Roy pouuoit permettre au Cardinal non seulement de demeurer en lieu de seureté, mais de iouir de tous ses bénéfices et de tout son bien.

Monsieur le Duc d'Orléans qui iusques alors n'auoit pas voulu s'engager dans les intérests de Monsieur le Prince, fut si extresmement touché d'apprendre que le Cardinal se mettoit en estat de reuenir, qu'il se résolut, bien qu'auec vne extresme répugnance (car il faut rendre ce tesmoignage à la vérité) de signer l'vnion auec Monsieur le Prince [1]. Mais il laissa passer le Cardinal au lieu de l'en empescher, comme il auroit pu le faire s'il fust monté à cheual auec ce qu'il auroit fort facilement rassemblé dans vne telle rencontre, et ce qu'il auoit desià des troupes entretenues sous son nom, quoy qu'en effect elles soyent au Roy, lesquelles il ioignit depuis sous le commandement de Valon à celles de Monsieur le Prince,

---

[1] *Articles et conditions dont S. A. R. et M. le Prince sont conuenus pour l'expulsion du Cardinal Mazarin*, etc. [424].

commandées par Tauannes, et à celles des Espagnols, commandées par Clinchan, dont les Ducs de Beaufort et de Nemours furent généraux.

Le Parlement de Paris sçachant le Cardinal à la Cour, surseoit pour vn mois l'effect de la Déclaration qu'il auoit vérifiée contre Monsieur le Prince; ce qui est vne entreprise sur l'authorité du Roy dont on ne pourroit assez s'estonner si elle n'estoit encore moins considérable que la hardiesse qu'il eut de luy donner place sur les Fleurs de Lys, quoy que déclaré criminel de lèze Maiesté, quoy que portant l'escharpe rouge et quoy que faisant trophée de l'enlèuement d'vn quartier des Troupes du Roy qu'il vouloit faire passer pour vne bataille génaralle remportée sur son armée[1]. Le seul Président de Bailleul eut le courage de luy dire qu'il s'estonnoit qu'il osast ainsi prendre sa place. Mais s'il se mit en deuoir de soustenir par cette action l'honneur de la Compagnie qu'il présidoit, l'insolence que nombre de factieux eut de luy faire vne huée que de petits escoliers auroient eu honte de faire dans vne classe, fit voir combien cette mesme Compagnie dégénère maintenant de la gloire de ses prédécesseurs, dont il ne faut pas s'estonner puisque cette malheureuse Paulette qui expose au plus offrant et dernier enchérisseur le pouuoir de iuger souuerainement de nos biens, de nostre honneur et de nos vies, fait entrer dans ces charges qui deuroient estre la récompense du sçauoir et de la vertu, ou des personnes la

---

[1] Le combat de Bléneau. *Lettre du Roy enuoyée à M. le mareschal de Lhopital... sur ce qui s'est passé entre l'armée du Roy et celle des Princes*, etc. [2187]. Voir d'ailleurs la *Liste chronologique des Mazarinades* à la date du 7 avril 1652.

plupart de très-petite naissance et de nul mérite, ou de ieunes gens qui surpassent les Courtisans en beaux habits, en belles liurées et en toutes sortes de dissolutions, qui font gloire de paroistre auec plus de galons et de poincts de Gennes, et plus poudrez et plus frisez que des femmes, au cours, au bal, à la comédie, dans les palais des Altesses et dans ces Académies où les cartes et les dez sont les liures qu'ils estudient pour apprendre à bien rendre la iustice, et les impiétez et les blasphesmes, les dicts et les paroles notables de ces Sages, non pas de l'ancienne Grèce, mais de la nouuelle France.

I'espère que ceux qui liront cecy, pardonneront bien cette petite digression à la douleur qui me presse, de voir ainsy, à la honte de nostre siècle, toutes les loix renuersées par ceux qui deuroient les maintenir, de voir que de ieunes escoliers si ignorans que nul particulier ne les voudroit prendre pour arbitres d'vne affaire de vingt escus, deuiennent au sortir du collège, auec vne peau de parchemin qui leur en couste quarante mille, les arbitres de la fortune de tout le monde, et que leur présomption va iusques à se croire plus capables de décider les affaires les plus importantes de l'Estat que n'auroient fait les Silleris, les Villeroys, les Ieannins après auoir passé toute leur vie à s'instruire de la véritable politique dans les négociations, les ambassades et les plus importans emplois que les plus grandes affaires des plus grands Empires puissent fournir aux plus grands Ministres.

Mais pour reprendre la suitte de mon discours, comme lorsque le Cardinal estoit hors de France, Monsieur le Prince auoit tousiours négocié auec luy, aussy n'a-t'il point discontinué depuis son retour¹ : ce que nul de ceux qui sont tant soit peu informez de ce qui se passe, ne peut ignorer. Mais parce qu'autant que Monsieur le Prince est attaché à ses intérests, autant Monsieur le Duc d'Orléans proteste de n'en auoir point, et qu'ainsi S. A. R. ne désire pas moins que le Cardinal se retire, que Monsieur le Prince l'appréhende, à cause qu'il perdroit par là le prétexte qu'il luy importe si fort de conseruer pour en profiter dans toutes les rencontres qui s'offriront à son ambition démesurée, il n'a pas esté au pouuoir de Monsieur le Prince d'exécuter son traicté, quelque passion qu'il en eust. Mais lorsque le Duc de Lorraine est venu à la prière de Monsieur le Duc d'Orléans pour sauuer ce qu'ils auoient de Troupes dans Estampes dont la perte estoit sans cela inéuitable, il s'est bien gardé de luy rendre Clermont et Stenay parce qu'il l'auroit obligé par là de s'attacher aux intérests de Monsieur le Duc d'Orléans et aux siens ; ce qui auroit contrainct le Cardinal de s'en aller et luy auroit fait perdre non seulement ces deux Places, mais les aduantages incomparablement plus considérables qu'il veut retirer en consentant que le Cardinal demeure, ou que s'il s'esloigne, ce ne soit que pour peu de temps et seulement pour la forme.

Ainsi le Duc de Lorraine voyant qu'il auroit rendu à Monsieur le Duc d'Orléans par la leuée du siège d'Estampes dont il a esté en effet la seule cause, l'assistance qu'il auroit désirée de luy, et qu'il falloit ou donner ba-

---

¹ Il envoya notamment le 28 avril 1652 à Saint-Germain le duc de Rohan, le comte de Chavigny et Goulas, secrétaire des commandements du duc d'Orléans. Voir sous cette date la *Liste chronologique des Mazarinades*.

taille au Mareschal de Turenne qui estoit tout prest de l'attaquer[1], ou exécuter le Traitté qu'il auoit fait auec le Roy, de ne se mesler plus des affaires des Princes et de sortir de France dans quinze iours, lorsque le siège d'Estampes seroit leué, il prit le party qu'il auroit fallu auoir perdu l'esprit pour ne pas prendre, qui estoit de ne point hazarder vn combat parce que s'il luy eust esté désaduantageux, comme il y auoit grande apparence, il eust perdu en perdant son armée la seulle chose qui le rend considérable, n'ayant plus ny estat ny places, et que s'il l'eust gagné, ce n'auroit pu estre qu'auec vne si grande perte que ce qui luy seroit resté de Troupes dans vn païs estranger (pour ne pas dire ennemy, puisque la folie de Paris a esté telle que de le receuoir auec des acclamations publiques lorsque son armée désoloit ses campagnes auec des cruautez inimaginables) le rendroit si peu considéré de ceux mesmes pour lesquels il auroit hazardé toute sa fortune, qu'ils luy auroient donné la loy, après les auoir tirez de l'estat où ils estoient, de ne pouuoir esuiter de la receuoir du Roy, leur maistre.

La retraite du Duc de Lorraine, l'arriuée du Mareschal de la Ferté auprès du Roy auec quatre mil hommes et la foiblesse des Troupes des Princes augmentant le désir et l'impatience de Monsieur le Prince de voir son Traitté auec le Cardinal exécuté, il accorde de tout son cœur qu'il demeure. Mais Monsieur le Duc d'Orléans insiste à vouloir qu'il s'en aille, et ne veut point s'engager à consentir qu'il reuienne dans quelque temps. Le Cardinal, au contraire, croyant que l'estat des choses luy

---

[1] *Relation générale contenant au vrai ce qui s'est passé entre les deux armées à Villeneuue-Saint-Georges*, etc. [3171]. On peut voir d'ailleurs la *Liste chronologique des Mazarinades* à la date du 16 juin 1652.

est fauorable, s'opiniastre à ne point s'esloigner du tout ; la Reyne fortifie le Roy dans ce sentiment ; Leurs Maiestez viennent de Melun à Sainct-Denys auec toute l'armée ; et on fait vn pont de bateaux sur la Seine : ce qui donna l'alarme aux Troupes des Princes qui estoient à Sainct-Clou et à Poissy [1].

Cette approche du Roy faisant appréhender à Monsieur le Prince que les seruiteurs de Sa Maiesté dans le Parlement ne reprissent cœur, il ne fut pas fasché que pour les intimider, on les maltraitast, comme on fit au sortir de la Grand'Chambre [2] ; et Monsieur de Beaufort, ce grand Héros, autrefois l'Idole de Paris, iouant plus tost le personnage d'vn Brasseur de bière et d'vn Arteuelle que non pas celuy d'vn Prince, commanda aux coquins qui auoient fait toute cette émeute, de se trouuer, l'après disnée, à la place Royalle [3], où s'estant rendus au nombre de trois ou quatre mille, il les alla haranguer auec son éloquence ordinaire, qui luy réussit si bien qu'ils ne manquèrent pas le lendemain au sortir de l'assemblée du Parlement de faire de si belles descharges sur des Présidens au Mortier et des Conseillers qu'ils en rendirent quelques-vns vaillans malgré eux pour se sauuer, et apprirent aux autres qu'on peut courir autant de fortune au milieu des rues de Paris que dans vne grande bataille.

---

[1] *Relation contenant tout ce qui s'est passé au combat donné entre l'armée de Messieurs les Princes et celle du Mareschal de Turenne*, etc. [3102].

[2] C'est l'émeute du 25 juin 1652 qu'on a appelée la *Guerre des Menardeaux*. *Véritable relation de ce qui s'est fait et passé au Parlement... le mardi 25 iuin*, etc. [3945] ; *la Guerre des Menardeaux*, etc. [1524] ; et d'autres encore.

[3] *Supplication ou Requeste présentée... par les bourgeois qui s'estoient assemblez... à la Place Royale*, etc. [3733].

Voilà sincèrement et en peu de mots l'estat des affaires iusques à la fin de Iuin 1652, que i'escris cecy [1], et les principales causes de nos malheurs. La dissipation et les maluersations des Finances, la mauuaise conduite et la foiblesse du Cardinal Mazarin, les cabales et les intrigues du Cardinal de Retz, les entreprises et les attentats du Parlement ont fourny de suiet et de moyen pour commencer à esbranler l'authorité Royalle qui est la baze et le fondement de l'Estat; l'ambition effrénée de Monsieur le Prince a ioint vne guerre ciuile à vne guerre estrangère; la trop grande facilité, pour ne pas dire le manque de vigueur de Monsieur le Duc d'Orléans, a perdu les occasions d'esteindre ce feu dans sa naissance, soit en empeschant M. le Prince de prendre les armes ou en se déclarant son ennemy s'il les prenoit, soit en s'opposant au retour du Cardinal Mazarin ou par la force au passage des riuières, ou par la fermeté de ses Conseils en se rendant à Poictiers auprès du Roy; la flatterie de quelques Courtisans interessez a fortifié et fortifie encore auiourd'huy par vn crime détestable et contre leur propre conscience l'esprit de la Reyne à conseruer ce Ministre fatal à la France malgré les vœux de toute la France; et enfin la Reyne, par vne fausse persuasion de maintenir l'authorité du Roy son fils, met en proye le Royaume du Roy son fils et ces conquestes qui nous ont cousté tant de sang et de millions, en abandonnant les vnes à l'inuasion des ennemis et en abandonnant l'autre à la fureur des armes estrangères et à la rage des nostres propres.

[1] Cette pièce est donc antérieure au combat du faubourg Saint-Antoine. Je l'ai rejetée trop loin dans la *Liste chronologique des Mazarinades*.

C'est icy où i'auoue que les paroles me manquent; et Dieu me garde de les égaler à mon suiet. Il faudroit estre vn Démon pour pouuoir auec vn charbon tiré de l'Enfer faire vn crayon qui fust capable de représenter toutes les horreurs, toutes les inhumanitez, tous les meurtres, tous les violemens, toutes les impiétez et tous les sacrilèges que commettent toutes ces armées qui ne sont plus composées d'hommes mais de Démons. Et quand ie ne serois pas Chrestien, et par conséquent très persuadé des chastimens espouuantables de l'autre vie, il me suffiroit de croire vn Dieu pour ne pouuoir douter que rien ne l'empesche d'exterminer tous ces tygres impitoyables et ces scélérats d'vne manière terrible que parce que des crimes si monstrueux ne sçauroient estre punis que par des supplices éternels.

Que tous ceux qui ont contribué à cette guerre, qui la fomentent, qui la soustiennent et qui, pouuant empescher les désordres abominables qu'elle cause, ne le font pas, iugent donc, s'ils croyent vn Dieu, quels chastimens ils doiuent attendre de sa iustice.

Que le Cardinal Mazarin qui est le suiet de cette sanglante tragédie et pour lequel ie proteste sur mon salut n'auoir ny aversion ny haine particulière, non plus que contre aucun de tous ceux dont ie parle dans ce discours, ne croye pas mal employer vne heure de temps pour faire vne réflexion sérieuse du compte qu'il luy faudra rendre vn iour deuant le tribunal redoutable de Iésus-Christ (ce qui sera peut estre plus tost qu'il ne pense), et ce qu'il pourra responde lorsque ce nombre innombrable de pauures, de vefues, d'orphelins, de femmes, de filles et de Vierges consacrées à Dieu, auec vne voix mille et mille fois plus forte que celle du sang d'Abel, l'accuseront d'estre la principale cause de leur ruine totalle, de la mort cruelle de leurs maris, de la fin tragyque de leurs pères et de la perte irréparable de leur honneur; lorsque tant de Prestres l'accuseront d'auoir esté cause qu'ils ont esté arrachez du pied des Autels, chassez de leurs Églises, pillez, massacrez ou rendus errans et vagabons et réduits auec tout ce pauure peuple que Dieu auoit sousmis à leur conduitte, à mener vne vie si déplorable qu'ils s'estimeroient heureux de la finir en se donnant la mort si les loix du Christianisme le pouuoient permettre; et enfin lorsque le sang mesme de Iesus Christ l'accusera qu'il a esté cause qu'on l'a traitté d'vne manière dont l'horreur, faisant glacer le mien dans mes veines, ne me permet pas de représenter les sacrilèges plus que diaboliques.

Mais quand le Cardinal ne seroit pas Chrestien comme il est, quand il ne seroit point touché de l'appréhension du iugement de Dieu, peut-il bien vouloir passer pour coupable aux yeux de toute l'Europe et de tous les siècles à venir de la plus haute ingratitude qui fust iamais, en refusant de se retirer avec seureté et avec la iouissance de tout son bien pour faire cesser les maux de la France, à laquelle il doit toute sa grandeur et sa fortune? Peut il estre si insensible aux intérests de nostre ieune Monarque pour lesquels il est obligé par tant de bienfaits d'auoir encore plus de passion que s'il estoit son suiet, que de ne vouloir pas non seulement par sa retraite, mais aux dépens de sa propre vie s'il en estoit besoin, procurer le repos et le calme à son Estat? Et enfin peut il estre si méconnoissant des extresmes obligations qu'il a à la Reyne, que de vouloir, en s'opiniastrant à demeurer, faire que le Roy luy reproche vn iour, comme il le luy reprocheroit sans doute, que par le plus méchant conseil qui fust iamais, elle l'auroit porté à préférer aux vœux de tout son Royaume et au salut de son Estat la conseruation d'vn Ministre que la haine généralle conceue contre luy rend désormais incapable de le bien seruir, quand il seroit le plus grand Ministre du monde? Car ne seroit ce pas préférer la conseruation du Cardinal au salut de l'Estat que d'accorder à Monsieur le Prince pour le maintenir en effect, quoy qu'on l'esloignast pour peu de temps en apparence, les conditions dont on sçait qu'ils sont demeurez d'accord ensemble, et qu'il importe extresmement d'examiner, afin que les Peuples et particulièrement Paris ouurent les yeux pour connoistre iusques à quel poinct les Grands se iouent d'eux, et de quelle sorte ils sacrifient à leurs intérests et à leur ambition leur repos, leurs biens et leurs vies.

Au lieu de se contenter de remettre à Monsieur le Prince par vne amnistie les plus grands crimes que puisse commettre vn suiet contre son Roy et vn Prince contre le Monarque du sang duquel il est descendu,

On luy donne des millions par cet infasme Traitté, parce qu'il en a receu du Roy d'Espagne et qu'il a pris tout ce qu'il a pu rauir de l'argent du Roy.

On luy donne le Gouuernement de Prouence pour Monsieur le Prince de Conty, son frère, parce que Monsieur le Prince de Conty a commencé de se faire connoistre et continue de se signaler par la rébellion et par la réuolte.

On luy donne le Gouuernement d'Auuergne pour le Duc de Nemours, parce que le duc de Nemours n'a point honte de deuoir à Monsieur le Prince pour auoir manqué à son deuoir, ce qu'il deuoit attendre du Roy s'il se fust acquitté de son deuoir.

On luy donne le Baston de Mareschal de France et la Lieutenance générale de Guyenne pour Marchin, cet infasme déserteur, ce traistre, qui ayant esté honoré par le Roy de la charge de Vice Roy de Catalogne, si esleuée au dessus de la bassesse de sa naissance, a en effect liuré la Catalogne au Roy d'Espagne, non seulement en l'abandonnant dans le temps où elle auoit le plus besoin d'assistance, mais en débauchant tout ce qu'il a pu des Troupes de Sa Maiesté qu'il commandoit, pour les amener à Monsieur le Prince[1]; ce qui seroit vn exemple plus préiudiciable à l'Estat que la perte de toute vne prouince.

On luy donne vn autre Baston de Mareschal de France ou la dignité de Duc et Pair à son choix pour Doignon, ce petit cadet de Sainct Germain Beaupré, parce que tenant de la trop grande bonté du Roy Brouage et d'autres gouuernemens dont vn Prince qui se seroit signalé par des seruices tout extraordinaires, se seroit estimé trop bien récompensé, il a par vne perfidie détestable et que nul supplice ne peut expier, employé en faueur de Monsieur le Prince les places et les vaisseaux du Roy contre le Roy mesme et parce qu'il traitte avec Cromwell, ce qui est le crime des crimes.

On luy donne des Lettres de Duc et Pair de France à Montespan, parce qu'il ne se peut rien adiouster à son infidélité enuers son maistre.

On luy donne asseurance de Cent mil escus pour le Duc de la Rochefoucault, parce que pour le seruir, il n'a perdu aucune occasion de desseruir son souuerain.

---

[1] *Arrêt de la Cour du parlement de Toulouse... contre la défection de Marsin et ses troupes*, etc. [357].

On restablit à sa prière le Président de Maisons dans la charge de Sur Intendant des Finances, parce qu'il l'a exercée auec tant de suffisance et de probité qu'il a réparé en peu de temps les bresches que ses grandes pertes au ieu et les immenses dépenses de sa royalle maison de Maisons auoient faites en son bien.

On donne en sa faueur vne grande somme au Président Viole, parce qu'il a esté Frondeur enragé dans Paris, Chef du Conseil des factieux endiablez de Bourdeaux et Sur Intendant des Finances pillées et rauies à force ouuerte dans les receptes du Roy.

Et on luy accorde encore d'autres conditions non moins honteuses, et mesme pour des femmes, que i'aurois honte de rapporter.

Cela se peut il nommer vn accommodement de Monsieur le Prince auec le Roy? Et ne seroit ce pas plus tost vn véritable partage de l'Estat entre le Roy et Monsieur le Prince, puisqu'il deviendroit par ce moyen Duc de Guyenne, Comte de Prouence, maistre non seulement des places qu'il tient dèsià, mais de toutes celles qu'il feroit conseruer à ceux qui ont mérité par leur dés-obéissance de les perdre auec la vie; Distributeur des Gouuernemens de Prouinces, des Duchez et Pairies, des Offices de la Couronne et de tant de charges importantes; Egallement puissant sur la terre et sur la mer; En pouuoir de se vanger de ceux de toutes ces grandes prouinces sur lesquelles s'estendroit sa domination, qui n'ont pas suiuy son party; et en estat de recommencer quand il luy plairoit, sous le mesme prétexte du Cardinal ou sur quelqu'autre, vne nouuelle réuolte auec d'autant plus d'aduantage que cet exemple mille fois plus pernicieux qu'on ne sçauroit croire, de donner à l'infidélité et au démérite les récompenses qui ne sont deues qu'à la fidélité et au mérite, attireroit à luy tous les meschans dont le nombre n'est que trop grand dans vn siècle aussy corrompu que le nostre, et décourageroit tous les gens de bien ; ce qui le rendroit si formidable par luy mesme qu'y ioignant encore le secours qu'il pourroit tirer des Espagnols, ses fidelles alliez, qui après auoir esprouué que l'vnion de nos forces a porté leur Monarchie iusques sur le bord du précipice, ne perdront iamais d'occasion de nous ruiner en nous diuisant, on pourroit dire auec vérité qu'il n'y auroit pas seulement vn Roy en France, mais qu'il y en auroit deux, dont cet vsurpateur et ce Tyran qui régneroit au delà de la riuière de Loire, pourroit exciter à toute heure vne nouuelle guerre au Roy légitime et allumer dans tout le reste de ses Prouinces vn feu semblable à celuy qui embrase maintenant Paris et qu'il entretient et qu'il augmente auec tant de soin pour faire tourner les choses au poinct qu'il désire.

Le remède à vn mal si redoutable et dont la seule pensée donne de l'horreur à ceux qui n'ont pas perdu auec le iugement l'amour de leur propre salut et de leur patrie, estant d'esloigner de bonne foy et pour iamais le Cardinal, puisque cela estant, Monsieur le Prince ne sçauroit prétendre que l'abolition du crime qu'il a commis par sa réuolte, et que leurs maiestez seront receues dans Paris et dans toutes les autres villes du Royaume, non seulement auec les respects qui leur sont deus, mais auec des larmes de ioye et tous les applaudissemens imaginables, seroit il bien possible que la Reyne par vn aueuglement prodigieux et en se laissant flatter à ces personnes qui ne se soucient pas que tout se perde pourueu qu'ils trouuent dans la ruine publique l'establissement de leur fortune particulière, voulust pour retenir le Cardinal, abandonner les intérests du Roy son fils, abandonner les intérests de la France, abandonner les siens propres? Seroit il bien possible qu'elle voulust que le Roy luy reprochast à l'auenir, que toute la France luy reprochast à jamais et qu'elle se reprochast vn iour deuant Dieu elle mesme à elle mesme d'auoir par vne fausse générosité fait vne telle brèche à la Couronne de son fils par le conseil qu'elle luy auroit donné de se rendre inflexible à l'esloignement de ce Ministre si ardamment souhaité de tous ses peuples?

Au nom de Dieu, Madame, laissez vous toucher à nos vœux, comme il s'est laissé toucher aux vostres en nous donnant ce grand Prince par vne espèce de miracle lorsque nous n'osions plus nous le promettre. Considérez, ie vous supplie, mais auec les sentimens d'vne Reyne très Chrestienne comme vous l'estes, auec les sentimens d'vne Reyne qui fait profession de piété comme vous faites, auec les sentimens qu'auroit eu sans doute la Reyne Blanche si elle se fust trouuée dans vne semblable rencontre, considérez, s'il vous plaist, la résolution que vous deuez prendre dans cette importante affaire qui arreste maintenant sur Vostre Maiesté les yeux de toute l'Europe. Il n'y a, Madame, que l'vn de ces deux aduis à prendre : ou de conseruer le Cardinal, soit en ne permettant pas qu'il s'en aille, soit, s'il se retire, en le rappellant dans le temps dont on conuiendra auec les Princes, auquel cas on tombera inéuitablement dans les inconuéniens que i'ay remarquez; ou de l'esloigner pour tousiours et de bonne foy, auquel cas le Roy fera tomber les armes des mains des Princes, conseruera son Estat en son entier, restablira glorieusement son authorité, gagnera le cœur de tous ses suiets, redonnera le calme à son Royaume et contraindra l'Espagne de consentir à vne paix qui estant iuste, ne sçauroit pas n'estre point auantageuse à la France. I'ose croire, Madame, que s'il plaist à V. M. d'examiner cela deuant Dieu auec la response que i'ay rendue à ce qu'on luy allègue du feu Roy d'Angleterre touchant le Comte de Stratfort, elle ne iugera pas qu'il y ait lieu de délibérer à préférer tant de biens à tant de maux.

Et vous, Sire, qui auez ce merueilleux aduantage qu'au milieu de tant de souffrances qui réduisent vos peuples au désespoir et tirent des larmes de sang du cœur de tous les véritables François, non seulement on n'accuse vostre Maiesté de rien, mais on considère son innocence comme l'ancre sacrée qui nous reste et qui peut nous garantir du naufrage, faites que nos espérances ne soient pas vaines. Nous vous regardons, Sire, comme vn Roy donné du Ciel pour le bonheur de la France; agissez comme vn Roy qui seroit descendu du Ciel. Nous vous regardons comme le successeur de saint Louis ; agissez comme vn autre saint Louis. Rendez à Dieu ce que vous deuez à Dieu, en exterminant les impiétez et les crimes abominables qui ont contraint sa iustice d'appesantir sa main par les fléaux qui nous accablent. Rendez à la Reyne vostre Mère en qualité de fils ce que Dieu vous oblige de luy rendre ; et réunissez à vous par vostre bonté et par vn oubly du passé toute la maison Royale. Rendez à vos peuples ce que vous leur deuez, non seulement en qualité de Roy, mais de père, puisque les suiets d'vn Roy très Chrestien ne sont pas seulement ses suiets, mais ses enfans. Choisissez pour

Ministres les plus grands personnages et les plus vertueux de vostre Estat. Que le seul nom de Fauory vous soit en horreur par le souuenir de tant de maux que ceux qui ont remply ces places fatales aux Monarques et aux Monarchies, ont causez à vostre Royaume. Faites refleurir la Iustice. Restablissez la discipline militaire. Réglez les désordres des Finances. Bannissez le luxe. Enrichissez vos Prouinces par l'augmentation du commerce sur la mer et sur la terre. Et faites auec l'assistance de Dieu que par vn changement miraculeux et digne du fils aisné de l'Église on voie succéder la piété à l'impiété, l'vnion à la diuision, la Iustice à l'iniustice, la discipline à la licence, l'ordre au désordre, la modestie au luxe, l'abondance à la nécessité et enfin vn siècle d'or à l'vn des plus malheureux siècles qui fut iamais.

Mais, SIRE, vn si grand ouurage ne peut s'accomplir que dans le calme; ce calme ne peut arriuer que par la paix générale; cette paix générale ne se peut faire qu'en suitte d'vne paix domestique ferme et asseurée; cette paix domestique ne peut estre ferme et asseurée que par l'esloignement du Cardinal; et cet esloignement ne dépend que d'vne seule parole de vostre Maiesté. Ainsi, SIRE, si iamais Roy a pu faire voir qu'il est l'image viuante de Dieu, vostre Maiesté le peut faire maintenant, puisque comme Dieu en créant le monde tira par vne seule parole la lumière des ténèbres et l'ordre qui reluit dans tout l'vniuers, de la confusion du cahos, vostre Maiesté peut par vne seule parole faire esclater le iour dans cette nuict funeste qui nous enuironne, et changer de telle sorte la face des choses que nous croirons estre dans vn nouueau monde. Seroit-il bien possible, SIRE, quand mesme la Reyne vostre Mère trompée par les détestables conseils qu'on luy donne, s'opposeroit dans vostre esprit à ce dessein, que vostre Maiesté ne voulust pas par vne seule parole garantir son Royaume du péril qui le menace, et en le tirant d'vn abysme de malheur, le combler de félicité et de gloire.

Mais si Dieu pour la punition de nos péchez ne permet pas que cette image si sincère et si naïue de nos maux et des remèdes qu'on y peut donner, arriue iusques à leurs Maiestez par l'obstacle qu'y apporteront ceux qui ont tant de suiet de craindre qu'elles ne connoissent la vérité, que deuons-nous faire et quelle résolution deuons-nous prendre pour nous empescher de périr ? Ie croy que toutes les personnes non passionnées qui liront cecy, iugeront que si pour estre capable d'en dire son aduis, il suffit d'estre détaché de tout autre intérest que de celuy du bien public, i'ay droict de dire le mien parce que ceux à qui l'on donne le nom odieux de Mazarins, le nom factieux de Princes et le nom détestable de Parlementaires, seront également mécontens de moy et qu'ainsi il ne peut y auoir que les bons et véritables François qui soient satisfaits de ce discours.

Ie dis donc sans crainte et auec l'asseurance que me donne le tesmoignage de ma propre conscience, que si le Roy, nonobstant toutes les remonstrances et les supplications qui luy ont esté faites iusques icy d'esloigner le Cardinal, veut absolument le conseruer, il faut se soumettre et luy obéir. Il faut que Paris luy ouure ses portes, sinon auec ses acclamations de ioye ordinaires, au moins auec les mesmes respects. Nous luy deuons cela comme à nostre Roy puisque Dieu nous le commande ; et nous nous le deuons à nous-mesmes puisqu'il n'y a point d'homme raisonnable qui ne demeure d'accord qu'encore que le

Cardinal soit tel que ie l'ay représenté, dix Ministres semblables à luy ne sçauroient faire en dix ans autant de maux que nous en souffrons depuis deux mois et que nous en souffrirons tousiours de plus en plus si nous nous portons dans la réuolte.

Que si nous en vsons de la sorte et n'employons autres armes pour combattre le Cardinal que nos prières et nos larmes enuers Dieu et enuers le Roy, afin qu'ils nous en déliurent, ne deuons-nous pas espérer que sa Maiesté estant pleinement satisfaite de nostre obéissance et mieux informée qu'elle n'est du tort que lui fait cet infortuné Ministre, elle écoutera fauorablement nos plaintes; elle exaucera nos vœux et fera par elle-mesme et auec ioye, en l'esloignant volontairement, ce qu'on ne la sçauroit contraindre de faire, quand on le pourroit, sans ruiner toute la France en l'exposant en proye à la vengeance de ses anciens et irréconciliables ennemis et à la fureur de tant de nouueaux tyrans qui s'élèueroient dans la pluspart de nos propres Prouinces et de nos places.

Voilà sans déguisement et sans artifice aussi bien que sans intérest et sans passion ce que i'estime que l'on doit faire. Mais il n'y a point de temps à perdre pour se résoudre. Le moindre moment importe de tout, lorsqu'on est sur le bord du précipice; et cette conioncture est telle que trois iours, deux iours, vn iour de retardement peut encore si fort accroistre nos maux qu'ils deuiendront, possible, irrémédiables.

GRAND DIEV, qui depuis tant de siècles faites des miracles continuels pour soustenir cette Monarchie, ne permettez pas qu'estant encore assez puissante pour faire trembler ses ennemis, elle se destruise par elle-mesme.

Inspirez aux peuples des sentimens d'amour, de respect et d'obéissance pour leur Roy. Faites que toute la maison Royale et tous les ordres du Royaume conspirent ensemble pour la grandeur et la félicité du Royaume; et que cette réunion générale qui ne sçauroit pas ne point produire la paix générale, appaise nos douleurs, essuye nos larmes et adoucisse de telle sorte la mémoire de nos maux passez que nous ne nous en souuenions que pour vous rendre des actions de grâces immortelles d'auoir fait céder vostre iustice à vostre clémence en arrestant le cours de vos chastimens qui, quelques terribles qu'ils soient, sont beaucoup moindres que nos péchez.

Satyre du parlement de Pontoise [3590].

(7 août 1652.)

A vous Membres d'vn Parlement
Basty, le bon Dieu sçait comment,
Paris enuoye cette lettre,
Non qu'il veuille vous recognoistre
Comme les Iuges souuerains,
Mais comme fieffés Mazarins;
Et comme tels pour vous apprendre
Qu'à vous n'appartient pas d'entendre,
Ny de vuider aucun Procez,
A moins que de commettre excez
Et violer la loy ciuile,
Qui tant aux champs comme en la ville
Nous permet Iuges récuser,
Quand sur eux on trouue à gloser.

Or dessus vous vn chacun glose
Et produit bien plus d'vne cause
Pour clore vostre digne bec
Et mettre vos Arrests à sec.
Primo, l'on vous tient vn peu bestes
(Vous verrez tantost si vous l'estes);
Secundo, pour intéressez;
Et si cela n'est point assez,
Tertio, pour gens de qui le nombre
De son corps ne peut faire l'ombre;
Quarto, pour des gens vacabons,
Et comme vn huis hors de ses gonds;
Enfin pour gens de Triquenique,
A qui l'on doit faire la nique,
Et qu'on va chiffler au Palais
Si vous y reuenez iamais.
Primo, si bestes on vous nomme,
Qui de vous se pourra dire homme?
Et n'est ce pas vn trait d'oysons
D'auoir délaissé vos maisons,
Paris et la Chambre dorée,
Où la Iustice est adorée,
Pour suiure ce Maistre Jean-cû
Qui vous a fait placer le cû
Dans vne ville de Pontoise,
Pour trancher, dans ce nid à rat
Des Iuges du plus haut karat.
Secundo, n'est il pas visible
Que celuy qui rend tout possible,
I'entens le diable d'intérest,
Vous a fait ployer le iarret
Et prosterner deuant la beste
Dont vous auez proscript la teste?
Premièrement, vous président
Dont la barbe eut tant d'ascendant

CHOIX

Sur la pauure badauderie[1],
Et pourquoy si sainct et pieux,
Estes vous si peu soucieux
Du bien de nostre ieune Prince,
Dont on rend le crédit si mince,
Si ce n'est que vos intérests
Vous touchent vn peu de plus prests?
La Mitre et la rouge Calotte,
Dont vostre espérance on balotte,
Les abbayes et les Sceaux
Sont, direz-vous, de bons morceaux,
Et méritent bien que l'on choye
La main qui tient si belle proye.
Et vous Président de Noyon[2].
Pourquoy faites-vous le coyon;
Vous, qui iadis aux assemblées,
Donniez de si rudes sanglées
A ce faquin que vous suiuez?
Nous iurerions que vous creuez,
Si nous ne sçauions qu'vne crosse
D'vn Genest peut faire vne rosse,
Comme l'Éuesché de Beauuais,
D'vn homme de bien vn mauuais.
Et vous Coigneux, que la grand'chambre
Rend plus froid que neige en décembre,
Qui vous rend si fort différend
De feu Monsieur vostre Parend?
Ie veux dire feu vostre père,
Qui fuioit comme vne vipère

---

[1] Le premier président, Mathieu Molé. *Poëme sur la barbe du prem. présid.* [2305].

[2] Nicolas Potier de Novion, président au mortier. Il était désigné pour être chassé de Paris, ainsi que Menardeau, dans la *Très humble remontrance des bons bourgeois de Paris à nos seigneurs du parlement*, etc. [3813].

Les cardinaux et leur faueur.
Et vous tout de contraire humeur
Courez après son Éminence,
Et prenez en main sa deffence?
Ah! ie comprens vostre raison :
Vn Breuet en vostre maison
(Mais le Breuet d'vne abbaye)
Vous peut faire aymer chose haye.
Ainsi vous aymez Mazarin[1] ;
Et Faideau suit le mesme train[2],
Faisant voir qu'vn grand Ianseniste
Peut estre grand Mazariniste,
Et qu'on peut sans difficultez
Conioindre ces deux qualitez
Auecque vne bonne abbaye,
Portant tiltre de Baronnye,
Comme fait celle de Berné
Dont on luy bailla par le né,
Lorsque feu son oncle fit flandre
Pour en l'autre monde se rendre,
Et là voir si le Cardinal
Fait loger les siens bien ou mal.
Perrot, Tubeuf et Bragelonne[3],
Nous sçauons bien ce qu'on vous donne,
Et ce qu'on ne vous oste pas

---

[1] Le *Mercure de la Cour*, etc. [2452] suppose que c'est Bautru qui a conseillé au cardinal Mazarin d'appeler le parlement à Pontoise. Il le fait parler ainsi : « Le Coigneux et Perrot seront les deux espaules, parce que ce sont deux bons soutiens de iustice; et s'il y a des coups à receuoir, ils sont capables de les porter. »

[2] Feydeau, abbé de Bernay, conseiller clerc. Il faut voir le *Parlement burlesque de Pontoise*, etc. [2701].

[3] Charles Tubeuf, baron de Blansac, président au mortier, un des familiers du cardinal Mazarin.

« Bragelogne et Tambonneau seront les cuisses parce que ce sont deux bons gros piliers. » Le *Mercure de la Cour*, etc.

Pour suiure de Seue Mandas [1],
De la Barre et de Ville-Neufue,
Gens qui font tout pourueu qu'il pleuue;
Aussi bien comme Tambonneau,
Lefèure [2] et le gros Menardeau
Qui pour obtenir l'intendance
Est Mazarin à toute outrance.
 Quant à vous, Monsieur Champlastreux,
Vous seriez vn malencontreux,
Et de Saincte Croix vostre Frère [3],
Si le tran tran de vostre père
Vous ne suiuiez de point en point;
Car aussi bien n'en est-il point
De plus lourd ny de plus facile
Pour enrichir vostre famille,
Et vous faire bien tost bailler
L'écritoire de le Tellier.
Vous enfin Maistres des Requestes,
Et tout ce que de Iuges estes
En vostre Parlement chétif,
Auez vous quelqu'autre motif,
Pourquoy vous laissiez vos confrères,
Qui pourtant disent des lanlères
Et de vous et de vos Arrests,

[1] « Mandat, le ventre, parce qu'il a bon appétit. » Le *Mercure de la Cour*, etc.

[2] « Lefèure et Fraguier, les iambes, parce qu'ils sauent se sauuer du danger; et comme on dit, au diable les iambes qui ne sauuent pas le corps. » Le *Mercure de la Cour*, etc.

[3] Jean Molé, sieur de Champlastreux, et François Molé, abbé de Sainte-Croix, fils du premier président et conseillers. « Champlastreux, Sainte-Croix et Menardeau en seront les parties honteuses parceque ce sont des gens à cacher plutôt qu'à produire. » Le *Mercure de la Cour*, etc. On avait parlé de Champlâtreux pour remplacer le secrétaire d'État Le Tellier, éloigné de la Cour sur les instances du prince de Condé.

C'est Menardeau, le conseiller, qui est le héros de la *Guerre des Menardeaux*, etc. [1324].

Que celuy de vos interests?
Sans vous bouffer de colère,
Auouez le nous, la Berchère,
d'Orgeual et vous Balthazar,
Et sans vous ietter au hazar
De demeurer dedans Pontoise
Pour iuger Perrette et Françoise.
 Reuenez ioindre vostre Corps,
Qui dans Paris et non dehors,
A son siége et son domicile,
Où mesme l'homme de Sicille
Qui vous mesprise et qui les craint,
Bougré malgré sera contraint
De rendre compte à nostre maistre,
(Quand tout de bon il voudra l'estre)
Des désordres qu'il a commis.
Et pour lors Messieurs mes amis,
Vous cognoistrez que frénésie
Auoit vostre teste saisie,
Et qu'elle auoit besoin de sens,
De croire que malgré deux cens
Qui n'ont ceruelle ny mains gourdes,
Quatorze ou quinze happelourdes
Pouuoient absoudre et maintenir
Ce fat qu'on ne peut trop punir;
Et qu'enfin ni loix ni prophètes,
N'authoriza ce que vous faites,
Quand Parlement vous appelez,
Quatre teigneux et deux pelez.

Les Iustes plaintes de la Crosse et de la Mitre du Coadiuteur de Paris portant par force le deuil de Madame de Rhodez, sa sœur d'amitié, auec la Requeste présentée par eux à Messieurs du Parlement et l'Arrest donné en conséquence d'icelle [1785].

(7 août 1652.)

Quoy! nous portons le deuil de Madame de Rhodez! Vne femme nous couure d'vn habit noir; et vn Prélat qui deuroit nous considérer auec honneur, nous expose à la honte et à l'infamie! Que dira-t-on à Rome quand on sçaura l'iniure que nous faisons à toutes les Crosses et à toutes les Mitres? Le Pape fera vne Bulle par laquelle il ordonnera que les Gondys ne seront iamais honorez des dignitez de l'Église; et peut estre nous déclarera-t-il excommuniez d'auoir souffert ce changement. Les Cardinaux tiendront vn consistoire auquel nous serons citez de comparoistre; et cependant deffense de continuer le dueil. Les Archeuesques assembleront vn Concile national et nous desclareront indignes de seruir à aucun de leur Corps; les Éuesques de la Prouince nous enuoyeront des Lettres de cachet et nous sommeront de vuider promptement l'Archeuesché de Paris; les Abbez mesmes ne voudront plus aller après nous; et tout le clergé se scandalizera de notre laschetée. Mais quoy, nous ne pouuons pas nous opposer à des tirans qui nous ont habillez par force. Nous auons résisté fort longtemps; nous en faisons des plaintes en public. Il ne reste plus qu'à s'adresser à Messieurs du Parlement et leur demander à estre deschargez du deuil que nous portons. Cette procédure nous iustifiera en Cour de Rome. Le Pape, les Cardinaux, Archeuesques, Éuesques et Abbez n'auront rien à nous reprocher. Nous serons exempts de blasme et hors de mesdisance; et si quelque iniurieux nous attaque en nostre honneur, nous le deffendrons l'espée à la main. Nostre Palais est remply d'hommes armez. Tous les braues affectionnez au party Mazarin y font foule auec allégresse ; et les Prélats qui le fréquentoient autres fois auec liberté, n'y osent plus entrer qu'auec passeport et en saluant les armes. Ne nous mettons plus en peine de nostre deffense : nous la chercherons chez nous si les forces nous manquent d'autre part.

Si nous faisions pourtant vne sérieuse réflexion sur nostre conduite malheureuse, nous trouuerions en nous des suiets de désespoir et de rage: A-t-on iamais veu vn Coadiuteur si peu estimer les présens et les biens qui doiuent le rendre le premier Pasteur d'vne ville ? A-t-on iamais veu vn Prestre se mesler d'intrigues auec les femmes et quitter l'Autel pour caioller dans les ruelles de lict ? A-t-on iamaiz veu vn Archeuesque prescher dans des Églises pour animer le peuple à la destruction de ses ennemis ? A-t-on iamais veu vn cardinal si rusé et si adroit à composer des libelles séditieux qui déclarent criminels d'Estat ceux qu'il déclaroit innocens, il y a vn an ? Pourquoy donc, en nous plaignant de nostre robbe de deuil, ne nous plaindrions-nous pas des caballes de celuy qui nous la fait porter ? Il y a longtemps que nous connoissons les visites trop fréquentes qu'il rend à la Duchesse de Cheureuse, à la Marquise Dampu et à Madame de Rhodez. Les visites nocturnes qu'il faisoit à la dernière, ne luy ont-elles pas causé vne maladie mortelle? Tout le monde sçait qu'il n'osoit la voir pendant le iour et que, quand il y alloit la nuit, il falloit auoir deux carrosses pleins d'hommes, lesquels, auec des mousquetons, estoient aux aduenues des rues d'Orléans et des vieilles Estuues. Les bourgeois du quartier de la Croix du Tiroir et des enuirons de l'Hostel de Soissons et les Prud'hommes[1] tesmoigneront partout cette vérité qui ternit nostre réputation et expose nostre honneur à vne médisance horrible. Mais que pouuons nous faire en ce rencontre? Notre conscience n'est point complice de tous ces crimes. Nous ne sommes point attachez à vn cœur criminel. Nostre deuoir n'est point à l'accompagner dans la conuersation des Dames. C'est à l'Église où nous présidons; et là nous sommes esleuez au dessus de sa teste, auec respect et soumission de la part de ceux qui nous considèrent.

Il ne faut donc point nous estonner si nous auons perdu l'affection des Parisiens. Nous auons murmuré de leur inconstance, mais à tort. Nous ne sçauions pas encore toutes les intrigues que nostre Maistre faisoit iouer contre eux. Son dessein n'estoit pas tant de les protéger comme de les abattre. Il a voulu se seruir de leurs testes pour s'esleuer à la dignité de Cardinal, à laquelle il est paruenu par trahisons et par fourberies, en renonçant à la Iustice de la Fronde et aux sentimens des gens d'honneur. Combien luy auons nous veu commettre de laschetez pour conduire son entreprise à exécution? En quels lieux n'auons nous point esté portez pour abuser les esprits foibles et pour conuaincre les obstincz deuant et

---

[1] Baigneurs fameux.

après sa promotion au Cardinalat? Que n'a-t-on point promis à Messieurs Ribier et le Feure de Caumartin pour l'engager à leur prester de l'argent? Tous ces deux Corinthiens ne sont ils pas intéressez dans sa fortune? *La Signora Olimpia* le sçait fort bien ; et l'Abbé Charrié[1] en diroit exactement toutes les circonstances.

Mais pourquoy nous arrester si longtemps à examiner le malheur de nostre Maistre et ses iniustices, puisqu'elles sont connues d'vn chacun. Il est vray que pour nous plaindre de la violence que l'on exerce en nostre endroict, il faut donner des preuues des tyrannies qu'il a commises enuers les autres, et tesmoigner par l'infortune de ceux cy que nostre douleur n'est pas particulière. Quelqu'vn nous dira peut estre que nous auons mauuaise grâce de faire esclater nos plaintes à la face de tout vn peuple qui ne sçaura pas discerner la iustice des vns ny l'iniustice des autres ; que pour nostre réputation il falloit plustost souffrir nostre iniure que la repousser auec calomnie. Il est vray que ce procédé eust esté raisonnable s'il ne se fust point attaqué à nostre honneur. Nous auons esté obligez de deffendre nostre innocence ; car en ce rencontre le silence nous faisoit criminels et nous rendoit incapables d'estre iamais portez par aucune teste ecclésiastique.

Nous voyons auec quel mespris les autres Mitres et Chapeaux rouges nous considèrent. On nous accuse de lascheté ; et on nous impose des crimes que nous ne connoissons point. Nous ne voyons plus la teste que nous deurions voir dans l'Église. Elle n'a plus de pieds pour venir à l'Autel. Nous sommes dans vne oysiveté de péché

---

[1] Agent du coadjuteur à Rome ponr l'affaire du Chapeau.

mortel; et néantmoins on nous couure d'vn crespe à la Rhodienne. Il semble qu'il vienne des mains du Turc à dessein de nous empescher l'approche du Temple de Dieu, à l'honneur duquel nous deurions sacrifier tous les iours. Ce seroit le seul moyen de rentrer dans nostre innocence, de nous faire chérir des peuples et de faire voir aux grands diuisez que nous ne nous intéressons plus que pour leur vnion et leur concorde.

Mais nous entendons desià autour de nous vn bruit qui nous auertit que cela ne sera iamais qu'auparauant nostre Maistre n'aye fait pénitence de ses crimes; qu'il nous faut prendre vne bonne résolution, et qu'il y va de nostre conscience à nous libérer de ses mains. On nous reproche desià nostre foiblesse. On croit que nous sommes gagnez pour nous désister de nostre requeste. C'est pourquoy il faut poursuiure généreusement. Nos plaintes sont iustes et raisonnables. Iamais Prélats et Coadiuteurs n'ont fait porter le deuil à leur Crosse et à leur Mitre pour la mort d'vne femme comme celle cy, qui n'est son alliée que par intrigue et qu'il appelloit sa sœur par raison de Politique et non de Chrestien. Mettons donc promptement la main à la plume pour dresser nostre Requeste. Nous la donnerons à M. de Machault pour la rapporter au Parlement, lorsque les Chambres seront assemblées. C'est vn iuge aussi généreux que désintéressé, qui nous rendra bonne iustice. Escriuons présentement :

TRÈS HUMBLE REQUESTE
*de la Crosse et de la Mitre du Coadiuteur de Paris
présentée à Nosseigneurs du Parlement
assemblez le* 12 *aoust* 1652.

SUPPLIENT humblement la Crosse et la Mitre du Coadiuteur de Paris, Disant qu'au préiudice de leur honneur, réputation, Droits et Prérogatiues, Iean François Paul de Gondy, Archeuesque de Corinthe, Coadiuteur à l'Archeuesché de Paris, et Cardinal de la saincte Église Catholique, Apostolique et Romaine, les auroit forcez à prendre le deuil de la mort de Louise de Lorraine, fille bastarde du Cardinal de Lorraine et de la Mareschale de l'Hospital, autrefois appellée Madame des Essarts, veufue du Marquys de Rhodes, cy deuant grand Maistre des Cérémonies de France; et que non content d'auoir exercé en leur endroit vne violence de cette qualité contre toutes voyes deues et raisonnables, il les laisse encore dans vne oisiueté criminelle, sans assister à l'Office Diuin, sans approcher de l'Autel et sans faire les fonctions de Prélat; que les autres Crosses et Mitres prétendent les faire dégrader des Titres d'Illustrissimes et de Réuérendissimes, ce qui leur seroit vn affront très sensible et qui pourroit apporter vne confusion dans l'Église, laquelle ne s'esteindroit pas si facilement; CE CONSIDÉRÉ, NOSSEIGNEURS, il vous plaise y apporter vn remède prompt et asseuré, ordonner que nos habits de deuil, voiles et crespes noirs seront donnez à d'autres; que nostre Maistre, le Coadiuteur de Paris, sera obligé de dire vne Messe basse tous les iours; que les premiers Dimanches du mois, les bonnes festes de l'année et les iours des Saincts Apostres, il la chantera auec les ornemens pontificaux, et que deffenses seront faites aux autres Crosses et Mitres de nous disputer l'honneur et le rang qui nous appartient et de nous attaquer en quelque façon que ce puisse estre; et vous ferez bien.

Cette requeste n'a pas esté plustost mise entre les mains de Monsieur de Machault, qui expédie les affaires auec autant de iustice que de promptitude, qu'il a pris occasion de la rapporter, ce matin, au Parlement, les Chambres assemblées. Après la lecture d'icelle faite, on a mandé le sieur de Bechefer, Substitut du Procureur Général du Roy, lequel a consenty pour sa Maiesté que le contenu en ladite Requeste fust accordé à la Crosse et à la Mitre du Coadiuteur de Paris ; et qu'à l'égard d'iceluy Coadiuteur, il luy seroit fait deffense d'oresenauant d'attenter aux Priuiléges et exemptions des ornemens Pontificaux et Sacerdotaux, et que pour réparation de la violence et Tyrannie à eux faites contre les Loix de l'Église, il sera tenu de garder le silence pendant le séiour du Cardinal Mazarin en France et de prier Dieu pour la Paix Générale, pour la tranquillité du Royaume, pour l'esloignement de la Reyne et pour la mort du Tyran qu'elle protége, qui est Iules Mazarin.

Le Substitut du Procureur Général retiré, il y a eu plusieurs aduis différens. Les vns tendoient à enuoyer le Cardinal de Retz dans la Conciergerie du Palais pour l'empescher d'auoir intelligence auec le Mazarin et de mettre sa Crosse et sa Mitre sur la teste de Monsieur Deslandes Payen. Les autres vouloient qu'il fust informé plus amplement de sa violence, et cependant sursis. Quelques vns estoient d'aduis de remettre l'affaire à Mercredy et d'attendre la présence de Son Altesse Royale ; mais Monsieur le Prince a opiné à donner l'Arrest qui ensuit :

Arrest de la Cour donné contre la Crosse et la Mitre du Coadiuteur de Paris.

Ce iour, la Cour, toutes les Chambres assemblées, Monsieur le Prince de Condé y estant, ayant délibéré sur vne requeste de la Crosse et de la Mitre du Coadiuteur de Paris présentée par Monsieur de Machault, et ouy sur ce Bechefer, Substitut du Procureur Général du Roy, luy retiré, la matière mise en délibération, Ladite Cour considérant l'iniustice du Coadiuteur de Paris et la violence qu'il a exercée contre sa Crosse et sa Mitre, A ordonné et ordonne qu'ils seront deschargez de porter le deuil pour quelque mort que ce soit, quand seroit la sienne propre; qu'à l'aduenir il n'vsera plus de tyrannie enuers ses ornemens Pontificaux et que deffenses luy seront faites d'auoir aucun commerce auec son cher amy le Cardinal Mazarin, qu'il n'écrira point à la Reyne, à la Cheureuse, ny à ceux qui sont du party contraire au bien Public, et qu'il ne rendra iamais aucune visite à Madame Dampu pour éuiter le scandale et le désordre qui en pourroit arriuer; et que pour la contrauention par luy faite aux Ordonnances Ecclésiastiques, il sera condamné à payer la somme de vingt mil escus pour la Subsistance de l'Armée du Prince et de garder le silence pendant le séiour du Cardinal Mazarin en France. Et sera le présent Arrest leu, publié et affiché par tous les Carrefours de cette Ville et Faux bourgs de Paris, et enuoyé à tous les Bailliages et Siéges Présidiaux et autres du ressort, pour estre pareillement leu et publié; et donné aduis d'iceluy aux autres Parlemens inuitez de donner pareil Arrest. Fait en Parlement le douzième Aoust mil six cent cinquante deux.

Signé DU TILLET.

Le Raisonnable plaintif sur la dernière Déclaration du Roy [2969] [1].

(19 août 1652.)

Comme ie n'ay pas tant d'horreur de la pierre qui m'est iettée, que i'ay de ressentiment contre celuy qui me l'a iettée, ie n'ai point tant d'auersion contre celuy qui me blesse et qui n'y pense, comme i'en ay contre celuy qui le conseille à me mal faire et sans les suggestions et impulsions duquel ie ne receurois point de tort. Ie pardonne très-volontiers au Prince sous la domination duquel la prouidence de Dieu m'a réduit, toutes les charges et impositions qu'il me fait souffrir, pour la créance que i'ay que ce mal ne m'arriue pas de son gré et de son inuention; mais i'ay vn grand ressentiment contre le donneur d'aduis et le mauuais conseiller qui me met à rançon et qui me persécute. Ie regarde mon Roy; ie le choye et le respecte, comme vne personne sacrée; mais i'ay en horreur le barbare officier qui me tyrannise. C'est pourquoy ie fais tout ce qui m'est possible pour éuiter le coup dont il me veut frapper. Ie me soustrais; ie m'en fuis; et si ie ne puis eschapper, ie pars et me défens le plus accortement que ie puis. Ie ruse enfin; et ie me sauue par les faux fuyans et par les équiuoques, quand ie n'ay plus d'autre refuge; ayant ouy dire assez souuent qu'il est loisible de frauder la Gabelle, principalement quand elle est excessiue; et

---

[1] *Déclaration du Roy portant translation du parlement de Paris en la ville de Pontoise*, etc. [942].

néantmoins parce que cette leuée se fait sous le nom et par l'authorité du Prince, le particulier qui tascheroit d'y résister par vne voye de fait, commettroit vne rebellion. Mais autre chose est quand tout le peuple par vn mouuement et par vn interest commun se sousleue contre l'oppression ; car alors ce n'est plus vne rebellion et vne désobéyssance; c'est vn procez, dont la contestation se forme par vne guerre; et la décision s'en fait par le sort des armes selon la volonté de Dieu, qui est le souuerain du Roy et du peuple et le dernier iuge d'appel. On demandera, et on trouuera estrange, comment il se fait que ce qui est rebellion et désobéyssance à vn particulier, quand il est entrepris par tout vn peuple, deuient vne guerre légitime, veu que le plus ou le moins, selon la philosophie, ne change pas la substance. Il faut respondre que cette maxime est vraye aux choses physiques; mais elle reçoit explication aux morales et politiques. Et premièrement toute désobéyssance n'est pas rebellion. Si le Prince ou son Ministre ordonne quelque chose qui soit contre la loy de Dieu, le refus d'y obéyr n'est ny rebellion ny crime ; au contraire, ce seroit vn crime que d'y obéyr : *Sperne potestatem timendo potestatem*, dit sainct Augustin; c'est à dire, Tu peux impunément, voire mesme tu dois mespriser le commandement de la puissance humaine pour satisfaire à celuy du Tout-Puissant. Secondement, si le Prince te fait vn tel commandement qui de soy n'est pas contre la loy de Dieu, mais néantmoins est iniuste, parce qu'il est excessif, en ce cas-là c'est le Prince qui péche, parce qu'il agit contre la loy de Dieu, qui l'oblige à faire iustice; mais toy en l'exécutant, tu n'offenses pas; au contraire tu en fais exercice de patience. Or cette patience est louable; et la résistance que tu ferois au contraire, seroit inutile, seroit de mauuais exemple, et te seroit préiudiciable. En ce cas là il faut que tu obéysses; et le Magistrat qui agit sous l'authorité du Prince, t'y peut contraindre par amendes, par peines et emprisonnemens. Et quoy que l'imposition soit excessiue et iniuste en soy, néantmoins par relation au repos public que tu ne dois pas troubler par ton impatience, il est iuste que tu la subisses. Mais si la charge et la coruée est vniuersellement imposée sur tous les habitans du païs, et que ne la pouuant plus supporter, ils se resoluent de la refuser, et qu'en vengeance de ce refus on procède contre eux par outrages et guerre declarée, qu'on les affame, qu'on les massacre, qu'on viole leurs femmes et leurs filles, la nature alors s'esleue contre le prétendu droict ciuil dont le Prince se veut préualoir, et présente le bouclier de la défense légitime contre la force et la violence : *Vim vi defendere omnes leges et omnia iura permittunt.* Car alors le respect estant perdu de la part du peuple et le Prince s'estant depouillé de toute charité et ne rendant plus iustice ny protection, la liaison mutuelle est dissoute; il n'y a plus ny Prince ny subiects; et les choses sont réduites à la matière première. Alors il arriue que la forme du gouuernement se change totalement; car ou la Monarchie passe en Aristocratie ou en estat populaire; ou bien si les peuples ne sont pas entièrement dégoustez de la Royauté, ils la transfèrent à vne autre famille, ou ils se soumettent à vne autre nation plus puissante et réglée par de meilleures loix. Ainsi les Hollandois se mirent en estat populaire; ainsi les villes subiectes aux cheualliers Teutoniques se donnèrent au Roy de Pologne. Voilà les extrémitez où les violens Conseillers et les fauoris réduisent les Princes et les peuples. Que deuiennent donc tous ces commandemens de sainct Pierre et de sainct Paul, si exprez et si reitérez dans le Nouueau Testament, de l'obéyssance qu'il faut rendre aux puissances supérieures ? Les Docteurs respondent facilement à ces passages, le principal desquels est le 13ᵉ chap. de l'Epist. aux Rom. Ils remarquent que sainct Paul écriuoit sous Néron qui dominoit tout ce grand empire Romain, dans lequel les Chrestiens ne faisoient qu'vne petite poignée d'hommes, lesquels estant persuadez de la liberté de l'Euangile, et comme ils n'estoient plus sous la seruitude de la Loy ancienne, pouuoient prétendre et se faire accroire qu'ils n'estoient plus obligez à l'obéyssance des Princes Séculiers. Pour cette raison l'Apostre prend soin de les instruire et de les tenir en deuoir et en sousmission ; mais il ne iustifie pas pour cela les excez et les cruautez de Néron, qui fut condamné incontinent après par le consentement de tout le Sénat et de tout le Peuple. Et quand sainct Pierre commande aux Seruiteurs d'obéyr à leurs Maistres, *etiam dyscolis*, ce mot signifie seulement quand ils sont moroses et de mauuaise humeur. Autre chose est quand ils tuent et qu'ils massacrent ; alors cette obligation n'est plus dans ses bornes. Alors la nature se déclare et prend la défense légitime pour elle-mesme et foule aux pieds le prétendu droict ciuil, en la mesme sorte que font ces Lyons appriuoisez, quand ils ont souffert de leurs maistres quelque grand outrage qui les met au bout de leur patience et de leur docilité. C'est ce qui vient d'arriuer depuis nos iours dans plusieurs prouinces de l'Europe. Or il ne faut point aller à Delphes pour sçauoir qui a poussé les Princes dans ces précipices et qui leur a bandé les yeux pour ne les pas apperceuoir. Ce sont les infidèles conseillers et les Patrons de l'authorité absolue. Vne domination modérée n'est pas suiette à ces accidens ; et si elle reçoit quelque atteinte, c'est par l'attaque du dehors. Car par elle mesme et de son estoc, elle est presque immortelle, ne plus ne moins qu'vn corps bien tempéré et sobrement nourry, qui de soy ne forme ny fièure ni abcez et qui ne peut estre endommagé que par des accidens estrangers. Qu'heureux seroient les Roys si on pouuoit purifier leurs cours de la contagion de ces pestes ! Or cela n'est pourtant pas impossible ; car nous sçauons qu'il y a des Royaumes en Europe où le nom de fauory n'est non plus en vsage que la chose. Pourquoy la France, l'Espagne et l'Angleterre ne s'en pourroient-elles pas bien passer ? Mais puisque cette maudite engeance est si opiniastre à nous affliger et qu'ils ne veulent pas démordre ny se destacher de nostre peau, quoyqu'ils regorgent de nostre sang, soyons de nostre part perséuérans à nostre légitime défense ; et taschons d'en dégouster nos Rois et nos Reines qui la protégent.

Quant aux fauoris et fauteurs de la puissance absolue, il ne leur faut pas tant de respect ; nous auons assez de qualité et de charactère pour leur parler du pair. Que si leur orgueil les empesche de nous escouter, nous sommes contens de n'en estre pas creus ; mais nous leur produirons les aduis des sages anciens, selon que la mémoire nous fournira. Et premièrement Polybe leur apprendra qu'il faut faire vne notable différence entre la Monarchie et la Royauté. C'est vne puissance légitime déférée par la volonté et le choix du peuple. La Monarchie, c'est vne puissance violente qui domine contre le gré

de subiets et qui les a sousmis contre leur gré. La
Royauté se gouuerne par la raison ; la Monarchie à discrétion et selon la conuoitise du commandant. La fin
de la Royauté, c'est l'vtilité commune ; la fin du Monarque, c'est la sienne particulière. Aristote, le Roy des esprits et du raisonnement humain, dit que le gouuernement
Monarchique, c'est-à-dire d'vn seul, est bestial comme
celui du Roy des abeilles, qui les régit sans conseil ; que la
Royauté, c'est vn gouuernement propre des hommes,
qui s'administre par conseil et par communication de
l'aduis des personnes bien sensées. Cicéron, le prince des
philosophes Latins aussi bien que des Orateurs, dit
après Aristote, et auec le consentement de tous les Politiques, que les peuples ont esleu les Roys pour leur
faire iustice et pour les protéger ; pour cet effect, qu'ils
ont choisi les plus vertueux et les plus sages. Et quand
Cicéron, Polybe et Aristote ne l'auroient pas dit, peut-
il entrer dans le sens commun qu'on en aye peu user
autrement? Ces mesmes grands génies nous disent que
les gouuerneurs des peuples et des républiques, soient-
ils Roys, Empereurs, Electeurs, Consuls, ou qualifiez
de tels autres noms qu'on voudra, ne doiuent point estre
considérez autrement que comme sont les tuteurs à l'esgal de leurs pupiles : *Vt tutela, sic procuratio reipu-
blicæ, ad eorum vtilitatem qui commissi sunt, non ad
eorum quibus commissa est, referenda est. Cic., lib. I.
Officiorum.* Cet oracle est si vtile, si beau et d'vne
vérité si indubitable qu'il deuroit estre escrit dans tous
les palais des Princes, dans tous les auditoires de iustice et dans toutes les chambres du conseil public. Fa-
bius-Maximus, au Rapport de Tite-Liue, sur ce que le
ieune Scipion vouloit passer son armée en Afrique con-

tre le consentement du Sénat, auança son aduis en ces termes : *J'estime, Pères conscrits, que Scipion a esté créé consul pour le bien de la république et pour le nostre, et non pas pour le sien particulier.* Le mesme se peut dire à tous ceux à qui on donne le commandement pour gouuerner vne nation, de quelques noms qu'ils soient honorez. Et comme ce consul ou ce dictateur est obligé d'agir et de se régir par iustice pendant son année ou ses six mois, le Roy pareillement est obligé d'administrer iustice pendant tout le cours de sa vie et de son règne. On ne les a iamais esleus sous d'autres conditions ; et il ne peut pas tomber dans le sens de qui que ce soit, que iamais vne communauté, pour barbare qu'elle aye pû estre, se soit formé vn chef pour en estre affligée et gourmandée. Cela estant ainsi, de quelque date que soit l'origine d'vne Monarchie, elle ne peut pas prescrire la liberté de la nation qui lui a donné l'estre et le commencement. C'est vne maxime indubitable en Droict, que les gens de robbe ne doiuent pas ignorer, que, *nemo potest sibi mutare causam possessionis.* Hue Capet fut esleu par les estats de France pour régner équitablement et suiuant les loix du païs ; il en fit le serment solemnel lors de son sacre ; il a par conséquent transmis le royaume à sa postérité, à cette mesme condition. Si Louis XI a entrepris quelque chose au delà, il a pesché contre son deuoir et contre son tiltre ; et les Estats tenus à Tours sous Charles VIII, son fils, ont esté bien fondez à remettre les choses en leur premier estat et dans les bornes de l'équité. Les Roys qui ont suiuy depuis, se sont maintenus dans vne louable modération. Louis XII a mérité le nom de Père du Peuple. Henry IV, nourry dans la licence des guerres, hors de la discipline de la vraye Religion, attaqué par les armes, irrité par les plumes, diffamé par vn million d'inuectiues, estant paruenu enfin à la Royauté, il s'y est comporté si légalement qu'il n'a iamais fait bresche à aucune loy fondamentale de l'Estat, n'a iamais contraint aucune compagnie de Iudicature, n'a pas mesme molesté aucun particulier de ceux qui les composoient, iusques-là que pour faire passer l'Edict de Nantes, il prit soin d'honorer le Président Séguier de l'ambassade de Venise pour éuiter sa contradiction. Nous sçauons encore que s'estant échappé à quelque parole vn peu dure contre le Président de Harlay, il le renuoya quérir dès le lendemain pour luy en faire des excuses. C'est pour cette raison plustost que pour ses exploits militaires, que nous luy auons donné le titre de Grand; et ce fut en cette veue qu'on mit sous son pourtraict (ie pense que ce fut le Cardinal du Perron) :

> Ce grand roy que tu vois, de sa guerrière lance
> Subiugua ses suiets contre lui réuoltez ;
> Mais d'vn plus braue cœur, quand il les eut domtez,
> Luy mesme se vainquit, oubliant leur offense.

C'est ce modèle que le Mareschal de Villeroy deuroit faire voir à son disciple, et non pas des exemples d'authorité absolue, que les Grecs appelleroient tyrannie. Quant à cette clause impérieuse laquelle on a coustume d'apposer à la fin des ordonnances et lettres Royaux, *Car tel est nostre bon plaisir*, c'est vne légère obiection, de laquelle néantmoins tous les autres peuples nous font reproche, comme de la marque de nostre esclauage. Mais ceux qui sont tant soit peu intelligens dans nos formalitez, sçauent que ces termes ne signifient autre chose, sinon : *tale est placitum nostrum;* tel est notre Conseil. Il dépend, puis après, des Parlemens ou des autres moindres Iuges d'examiner la iustice de telles Lettres et de les vérifier si elles sont trouuées légitimes et raisonnables. Mais de penser que ce mot de *car*, soit vne causatiue, qui influe vn charactère d'authorité aux lettres et qui tienne lieu d'vne raison inéluctable, il n'y a point d'apparence; et la pratique des Iurisdictions ordinaires y résiste, qui refuse tous les iours des lettres munies et fermées de cette clause. Et c'est ce *car* là qu'on pourroit iustement abandonner à la correction des Docteurs de l'Académie, non seulement comme inutile, mais comme de pernicieuse conséquence. Or, la première ordonnance où nous trouuons qu'il a esté mis en vsage, ç'a esté celle de Charles VIII, de l'an 1485, par laquelle il défend les habits d'or et de soye aux gens de moindre condition et les réserue pour la noblesse. A la fin de cette ordonnance il adiouste : *Car tel est nostre plaaisir.* A la vérité on ne peut pas dire que le Royaume de France se peut plaindre d'vn tel édict; et on pourroit bien le pardonner à ce Roy là, quand il n'auroit pas allégué d'autre raison. C'est vne des confusions de nostre siécle que les gens de néant s'habillent et se meublent aussi somptueusement que les Princes et qu'ils ne leur laissent aucun discernement. Et ce n'est pas simplement vne faute de bienséance que le luxe ; c'est l'origine de toutes les concussions et de tous les vols publics.

Reuenons à cette puissance absolue; et disons qu'elle n'est pas compatible auec nos mœurs, soit chrestiennes, soit françoises. Il ne faudroit plus d'Estat; il ne faudroit plus de Parlement; il faudroit abolir le sacre de nos Rois et le serment qu'ils font sur les saincts Euangiles, *de rendre iustice, d'empescher les exactions et de traicter leurs subiets auec équité et miséricorde :* Ce sont les propres termes de la formule de leurs sermens. Nous n'auons pourtant pas faute d'Escriuains, qui par le titre de leurs offices, et pour se monstrer excessiuement fiscaux, portent cette authorité absolue au delà de toutes bornes, iusque à soustenir que les Rois peuuent dispenser de la simonie.

Mais ce qu'ils en ont dit, soit en plaidant ou en escriuant, ç'a esté par vn zèle de party; les vns pour refuter les premiers Huguenots qui vouloient mettre l'Estat en République; les autres pour s'opposer aux attentats et pernicieuses maximes de la Ligue. Et au lieu de se tenir dans des opinions modérées, ils se sont iettez aux extrémitez, en attribuant aux Princes plus de pouuoir qu'il ne leur est expédient d'en auoir pour leur propre seureté. Bodin en sa *République*, leg. 2, chapitre 3, pense beaucoup dire et croit que c'est vne grande bonté aux Rois de se sousmettre aux loix de la nature; quant aux loix ciuiles, il estime qu'ils sont releuez par-dessus d'vne grande hauteur! C'est dans ce chapitre où il est si téméraire de qualifier d'impertinence le discours d'Aristote sur la diuision qu'il fait des différentes Royautez, au 14ᵉ chap. du 3 l. de ses *Politiques*. Mais dans cette partie, c'est vn indiscret zélé et qui n'est pas demeuré sans réplique. Cuias (qui viuoit du mesme temps), auec beaucoup moins d'affectation, et beaucoup plus grande cognoissance, a escrit vne décision capitale sur cette matière, en ces termes : *Hodiè Principes non sunt soluti legibus, quod est certissimum, quoniam iurunt in leges Patrias;* c'est sur la loy 5. ff. *de Iust. et Iure.* Le Pythagore des Gaules, le Seigneur de Pibrac, qui auoit esté aduocat général du Parlement, autant passionné pour l'honneur du Roy comme équitable aux intérests du peuple, ne feint point de dire qu'il hait ces mots de puissance absolue. Au reste, toutes ces flatteries d'adorateurs qui font des Panégériques aux Empereurs, toutes ces paroles de braueries que les poëtes mettent en la bouche de leurs rois de théatre, ne sont pas des authoritez considérables pour establir cette puissance excessiue; au contraire, ce qui est prononcé par vn Atreus, vn Thyestes ou vn Tibère, doit estre abhorré par vn bon Prince. Il faut plustost prendre langue et instruction de philosophes, qui auancent leurs maximes en cognoissance de cause et sur des fondemens de raison et d'équité. Or, on n'en trouuera aucun qui approuue cette puissance sans limites : l'vn veut qu'il y ait vn Conseil composé de gens expérimentez; l'autre veut qu'il y ait vne loy dominante, dont vn Prince ne soit que l'exécuteur et l'estre. L'empire de la loy, dit Aristote, c'est quelque chose de diuin, de permanent et d'incorruptible; l'empire absolu de l'homme seul est brutal, à cause de la conuoitise et de la fureur des passions, et ausquelles les Princes sont suiets, aussi bien et plus que les autres hommes. Nos aduersaires obiectent et disent : si celuy qui commande, est réglé et circonscrit par les loix, s'il est attaché à des gens de conseil, ce n'est plus vn Roy; ce n'est qu'vn simple Magistrat. Nous répondons que nous ne disputons pas du nom ny des termes, mais que nous trauaillons à la définition et à l'établissement solide et légitime de la chose. Ce que nous appelons Roy en France, en Allemagne c'est vn Empereur; en Moscouie c'est vn duc; à Constantinople c'est vn grand Seigneur; mais partout, de ces Seigneurs et de ces Roys, les peuples en attendent iustice, protection et soulagement. En quelques endroits les Roys iouyssent d'vne pleine souueraineté ; en d'autres ils ne sont que feudataires ; les vns et les autres obligez de rendre iustice. Il y en a qui sont électifs ; il y en a de successifs ; mais tous également obligez à rendre iustice et à régir en équité. Pour cet effet ils ont des officiers et des gardes, tant pour l'exécution de leurs volontez que pour la conseruation de leurs personnes ; encore est-il à considérer que ce nombre de gardes qu'on leur donne, doit estre limité et modéré pour deux respects ; d'vn costé afin qu'ils soient plus forts que les particuliers, pour les tenir en deuoir ; et de l'autre, afin qu'ils ne soient pas trop puissans pour opprimer toute la cité. C'est le tempérament et les précautions que baille le grand Aristote, dont l'authorité est préférable à celle de suppôts de la domination violente. Au reste, on peut apprendre de ce sage philosophe, et l'expérience nous le monstre, qu'autant qu'il y a de nations diuerses, autant y a-t-il de différentes formules de gouuernement, selon lesquelles elles ont estably leurs souuerains, en leur imposant des noms selon leurs diuers langages. Mais toutes ces nations conuiennent en ce principe, à ce que iustice leur soit administrée. Toutes les autres qualitez sont accidens et circonstances. La Iustice fait le corps et la substance de la Royauté ; c'est celle qu'on a requise en la création des premiers Roys, lorsqu'on les a esleus. *Deus iudicium tuum Regi Da;* c'est celle qu'on demande pour les Roys successifs, *et iustitiam tuam filio Regis*.

On peut dire à présent de la Politique ce qu'Hippocrate a dit de la Médecine, à sçauoir que de tous les arts il n'en est pas de si illustre que celuy qui enseigne à procurer la santé des hommes ; mais que par l'ignorance de plusieurs qui l'ont voulu pratiquer sans en auoir eu la cognoissance, leurs mauuais succez ont ietté dans le décry et rendu infâme vn art si auguste et si diuin. Tout de mesme ces harpies infernales qui ont causé tous les maux que nous auons ressenty et qui nous accablent maintenant. *Radix omnium malorum*, dit saint Paul, *est cupiditas*. I. a. tim. 6, v. 10.

Ce soulèuement général qui est arriué presque dans toutes les monarchies de l'Europe, nous montre que Dieu est grandement courroucé contre nous. Reuenons encore vn coup à la puissance absolue. Les Roys veulent s'attribuer cette primauté par laquelle dans sa dernière Déclaration il commande aux Princes de se trouuer absolument près de sa personne. Ie prononce dans la loy de Moyse qu'il n'y a que Dieu seul qui peut commander absolument, et que les Princes du sang ne sont suiets à aucune puissance souueraine que par deuoir d'honneur. C'est pourquoy ie soustiens que la puissance absolue doit estre reiettée, et que les loix fondamentales de l'Estat n'authorisent point les Roys de dépouiller leurs suicts de biens et d'honneurs, pour affermir leur puissance. Aussi est-il vray que les Parlemens sont obligez par toute sorte de deuoirs de ne point abandonner les Princes et les peuples, desquels ils sont les protecteurs pour leur deffense et leur bien particulier; duquel Aristote parle quand il dit, que c'est luy seul qui attire à soy efficacieusement la volonté, *amabile quidem bonum unicuique autem proprium*. Leur honneur et leur propre vie qui sont en commun péril, les doiuent porter à faire tous les efforts possibles pour venir à bout de leur dessein. Dieu aueugla les yeux de Pharaon et endurcit son cœur pour ne pas entendre sa volonté, qu'il luy estoit manifestée par la bouche de Moyse. Mais nonobstant l'aueuglement et obstination de ce Roy, par son bras estendu et puissant, il retira et arracha, pour ainsi dire, des mains de ce tyran de la puissance absolue son peuple. Nous pouuons espérer vne pareille déliurance.

Requeste des Peuples de France affligez des présens troubles à Nosseigneurs de la cour du Parlement séant à Paris [3490].

(24 septembre 1652.)

Comme tous les membres du corps s'entre aydent naturellement à se guérir de leurs maladies et que le feu s'estant pris à vne maison, tous ceux qui en sont, accourent pour l'esteindre ; ainsi l'authorité Royale estant attaquée comme elle l'est maintenant, auec tant d'excès et de scandale, tous les suiets du Roy indifféremment sont obligez de s'armer pour la deffendre : *in Crimine Maiestatis omnis homo miles*.

Qu'il vous plaise donc, Nosseigneurs, de remarquer icy deux considérations très importantes au bien public des affaires, à l'acquit de vos Charges et au repos de la France. La première et générale vous fera souuenir que si vostre Office vous donne droit d'estre Médiateurs entre le Souuerain et le peuple et d'estre vn nœud sacré qui les vnisse et les allie estroitement ensemble, vous estes beaucoup plus inférieurs à l'vn que Supérieurs à l'autre.

Que la Monarchie a deuancé de près de neuf siècles l'Institution du Parlement tel qu'il est à ceste heure; que l'authorité de cet Auguste Corps n'est ny première, ny absolue, ny indépendante; mais qu'elle est seulement empruntée, limitée et soumise à vn plus haut ressort; que les Roys de France sont les seuls Pères véritables et les seuls Iuges Souuerains de leurs Suiets; que pour ceste raison leurs Vassaux leur prestent serment de fidélité et leur rendent vne parfaite et religieuse obéissance; que, comme le rayon dériue du Soleil et n'a de clarté que celle qui luy vient de ce Roy des astres, ainsi vostre puissance découle toute entière de celle du Monarque, selon l'aueu syncère que vous auez fait vous mesmes depuis peu, dans la dernière de vos Remonstrances contre le cardinal Mazarin [1].

Ce qui nous fait bien voir que, comme vn ruisseau se tariroit luy mesme s'il épuisoit la source qui luy donne la naissance, ainsi vostre authorité se perdroit enfin et se détruiroit infailliblement elle mesme, si elle entreprenoit de ruiner celle du Roy, dont elle tire son principe; que si les Roys vous ont fait l'honneur de vous ressentir de l'éclat de leur pourpre, ils n'ont iamais eu l'intention de s'en despouiller eux mesmes, et s'il leur a plû de vous laisser vne partie assez considérable de leur authorité, ils n'ont iamais pensé à vous associer à la Maiesté de l'Empire, qui réside originairement et incommuniquablement en leur personne sacrée.

Que l'establissement, la distinction et la multiplication

---

[1] *Relation véritable de ce qui s'est fait et passé dans l'audience donnée à Saint-Denys... à MM. les députés du Parlement*, etc. [3201]; *Relation de ce qui s'est passé à la Cour en la réception de MM. les députés du Parlement de Paris* [3114]

des administrateurs de la Iustice, la prouision de vos Offices, le serment de fidélité, le Marc d'Or, le droit Annuel, le rachapt de la Paulette, les Éuocations, du moins en certains cas les lettres de Iussion, le rétrécissement ou l'estendue de vostre Iurisdiction à telles matières ou à telles personnes qu'il plaist à sa Maiesté, les termes mesmes dont vos arrests sont conceus et signifiez, De par le Roy, marquent assez éuidemment les iustes limites de vostre pouuoir et la soumission en laquelle vous deuez demeurer.

Que l'authorité de Roy et celle de Iuge estant deux choses inséparables, le Roy se seruant de vous comme de l'vn des doigts de sa main de Iustice, il ne la quitte non plus que son Sceptre et son Espée, quand il en donne la garde et l'vsage à son Connestable; qu'il n'appartient nullement aux Subalternes de trancher du Souuerain et qu'il n'y a que le Prince qui puisse dire auec authorité absolue : Tel est nostre plaisir.

Que le nom de Parlement, dans sa première Institution, n'appartient qu'aux Estats Généraux composez des Ordres du Royaume; qu'il n'a esté reserué à vostre Illustre Corps que pour le soulagement des Princes et des Suiets, afin que la Iustice fust rendue et plus promptement et plus facilement.

Que l'autre Tiltre qui rend vos Arrests solennels, est celuy de la Cour, parce que vous devez marcher auec et après le Prince qui la réunit en sa personne : les Aigles (*sic*) se trouuant tousiours auec le corps, et le corps, à moins que de faire vn monstre, ne subsistant que par l'vnion auec son Chef ; que toute l'authorité enfermée sous ces deux noms se borne dans les Arrests pour la Iustice contentieuse et dans les Remonstrances pour les Édits du Souuerain ; qu'on n'en peut prétendre dauantage sans vsurpation ; que les dépositaires d'vne chose n'en sont pas les propriétaires et que, quand vous seriez les Tuteurs du pupille, vous n'en seriez pas les pères pour cela.

Que la vente des charges dont l'abus augmente à l'infiny, ne vous donne pas plus de droits que quand elles se donnoient au pur mérite, par commission, par choix et Élection gratuite, et pour les exercer autant de temps qu'il plairoit au Roy, ce qui dépend encore du bon plaisir seul de sa Maiesté; que les enfans qui sont entrez en la place de leurs pères, ne se peuuent attribuer vne plus grande Iurisdiction que celle qu'ils ont receue par droit d'hérédité.

Que de se figurer que l'authorité soumeraine résidast toute entière en Nosseigneurs du Parlement, ce seroit vne vision d'vn esprit malade et vne folie toute pure. Nous auons appris dès le berceau et succé avec le lait ceste véritable maxime, que le point qui ferme la couronne de France, est indiuisible; que les Roys ne doiuent et mesme ne peuuent partager le droit et la gloire de l'Empire auec qui que ce soit. Outre que l'entreprise du contraire choqueroit directement la Maiesté du Prince, ce seroit vn larcin commis sur les autres Ordres du Royaume et vn déréglement prodigieux qui offenseroit aussi tous les autres Parlemens.

L'authorité politique est estendue en tout le corps de l'Estat, en telle sorte qu'elle ne laisse pas d'estre recueillie dans le Chef, comme tous les sens ont le siége dans la teste. C'est ceste partie, maistresse et Reyne de toutes les autres, qui en possède seule la perfection et la plénitude. On a eu recours à l'assemblée des Estats Généraux dans les nécessitez ou dans les occasions extraordinaires, comme au temps de Charles Martel, de Hugues Capet, du Roy Iean, de François Ier, et en d'autres semblables occurences. Mais qui s'imagina iamais que le premier et le second Ordre de ce Royaume Très Chrestien n'eussent aucune part à la direction et à la conduite des affaires publiques ?

Nosseigneurs du Clergé sont trop ialoux de leurs priviléges et du rang qui leur est deu par la Sainteté de leur Caractère, pour vouloir estre exclus des communs soins de la Patrie ou n'y estre appellez que pour occuper la dernière place. Cette généreuse Noblesse a l'amour des fleurs de Lys empreint trop auant dans son illustre sang pour abandonner la plus riche succession de leurs ancestres.

Les Parlemens ne sont ny le Total ni le principal. Ils tiennent lieu seulement dans le Tiers. Celuy de Paris, par ses lettres circulaires[1], confesse que les autres doiuent au moins luy estre associez, comme ils partagent auec luy vne mesme authorité. Ce sont dix frères d'vn mesme père et d'vne mesme mère, qui sont le Roy et la France, qui ne meurent iamais. L'aisné, pour auoir vne portion plus grande, n'exclut pas entièrement les Puisnez.

Mais, quand on les verroit tous assemblez en vn mesme corps, leur authorité seroit tousiours empruntée et limitée ; elle seroit tousiours soumise à celle du Roy ; elle seroit tousiours relatiue à celle des Estats Généraux ; elle ne seroit au plus qu'vn Tiers ; Nosseigneurs mêmes ne nient

[1] *Lettre d'enuoi de l'Arrest du Parlement de Paris en date du 20 iuillet*, etc. [1843] ; *Lettre circulaire du Parlement de Paris enuoyée à tous les Parlemens de France*, etc. [1822].

pas que le Clergé et la Noblesse ne soient les deux premières parties.

Nous voyons mesme, par la généreuse réponse des vns et par le discret silence des autres, que tous ces Parlemens ne s'accordent pas tousiours en mesme sentiment; que, ne considérant la Politique que comme vn obiet hors de leur sphère, à Paris on l'euuisage d'vne façon, et partout ailleurs on la regarde d'vne autre; ce qui fait aussi que vos iugemens les plus esclatans et les plus solennels, bien loin d'estre suiuis, se trouuent quelquefois directement choquez et combattus par des Iugemens contraires des autres Cours du Royaume. Et en effet quelle cérémonie et quelle pompe n'auez-vous pas apportées à l'Arrest célèbre et inouy iusqu'à cette heure, par lequel vous auez déclaré Monseigneur le duc d'Orléans Lieutenant Général de la France[1], et donné sous son Altesse Royale le commandement des Armées à Monseigneur le Prince ? Et cependant nous avons veu que cette nouueauté a paru si illégitime à tous les autres Parlemens du Royaume qu'au lieu de l'approuuer, comme vous l'espériez, ils l'ont reiettée d'vn commun accord et deffendu rigoureusement de la reconnoistre en l'estendue de leurs ressors; en quoy celuy de Toulouse[2] mesme a

[1] Cela n'est pas tout à fait exact. Les Frondeurs firent publier plusieurs pièces : *Relation véritable de tout ce qui s'est passé aux trois dernières assemblées du Parlement tenues les 18, 19 et 20 iuillet*, etc. [3252]; *Récit véritable de tout ce qui s'est fait et passé..... en parlement... les 19 et 20 iuillet*, etc. [3026]; *Déclaration du Parlement par laquelle S. A. R. est déclarée Lieutenant général de l'Estat*, etc. [900]; mais le Parlement n'y eut aucune part. Au contraire, il protesta par la publication du *Véritable arrest du Parlement.... les 19 et 20 iuillet*, etc. [3920]. C'était tout ce qui lui restait de force et de liberté.

[2] Je ne connais pas ces défenses. Loin de là, je trouve un *Arrêt de la Cour du Parlement de Toulouse donné, les chambres assemblées, contre le retour du Cardinal Mazarin, du 29 décembre 1651* [359].

tesmoigné vne fermeté si grande que bien que cet honneur de la Lieutenance Générale fust apparemment très-auantageux à son Gouuerneur, qui l'avoit accepté, il n'a pas laissé de le condamner comme vne entreprise détestable, et de déclarer ceux qui l'auroient appuyée ou fauorisée, criminels de Lèze Maiesté; toutes ces Compagnies et toutes ces Cours non moins souueraines que la vostre, nous faisant connoistre dans cette rencontre que vos intentions et vos ordres bien souuent ne sont pas la règle de leurs iugemens, mais la matière de leurs censures.

Que si l'inexpérience, la sollicitation, le tumulte, et, si on ose parler auec le vulgaire deuant Nosseigneurs, si la Fronde n'auoit pris, comme elle a fait, le plus haut ton, l'âge, la sagesse, l'authorité et les lumières de la vraye prudence n'eussent pas manqué de se déclarer en faueur de la Iustice et de la vérité. Le nombre, grâces à Dieu, est assez grand, et la qualité encore plus remarquable, de ceux qui confessent que se séparer de l'authorité Royale, c'est se perdre, et qu'il n'y a point de Paix, de Ministère, de Gouuernement ny de condition qui ne doiuent estre préférez à toute sorte de Guerre Ciuile.

Et c'est, Nosseigneurs, la seconde réflexion particulière que l'on vous remonstre en tout respect, auec la soumission deue à la Cour, sçauoir : l'estat misérable sous lequel nous gémissons. Espérons que vostre bonté et vostre vigilance trauailleront désormais à la guérison de nos maux, puisque vous n'en pouuez ignorer la cause. A la vérité, toute la France et mesme toute l'Europe s'estonne d'vn changement si soudain et d'vne conduite si estrange.

Nous autres gens simples et pacifiques, auons bien de

la peine à deuiner qui c'est qui a noircy la blancheur des Lys et qui a meurtry l'esclat de l'or? *Quomodo obscuratum est aurum, mutatus est color optimus?* Le Cardinal naturalisé François par son humeur, par sa vertu, par son mérite, par vos arrests, par le choix et par les emplois très illustres et très auantageux au bien de ce Royaume dont le deffunct Roy Louis XIII, d'heureuse mémoire, l'a honoré, n'est pas autre qu'il estoit quand vous avez veu son administration toute remplie de bonheur et de sagesse et accompagnée d'vne foule de succès extraordinaires et admirables, tandis qu'on luy a laissé la liberté d'agir et que chacun est demeuré dans les fonctions et dans les limites de sa Charge. Nous auons raison de vous demander, Nosseigneurs, d'où vient le changement de nostre fortune et la cause de nos disgraces.

Comme les peuples doiuent respect à vos Charges et obéyssance à vos Arrests, parce qu'ils portent le caractère Royal, vous deuez, par vne obligation réciproque, soulagement à leur misère et instruction à leur ignorance. Et véritablement nous ne conceuons pas bien que vous ayez la balance en main pour ne la faire pencher qu'où il vous plaist. Vous ne voudriez pas n'estre assis sur les Fleurs de Lys que pour les fouler et les flétrir. On a peine à se figurer qu'estant les gardes et les dépositaires de l'authorité Royale, quelques vns paroissent agir comme feroient des Vsurpateurs; qu'ayant de vous mesmes pris la qualité de Tuteurs de la Veufue et de l'Orphelin, vous procuriez ou n'empeschiez pas leur oppression; que deuant estre, non pas les Maistres et les Capitaines, mais les sages Pilotes de nostre nauire, vous n'ayez pas préueu la tempeste, ou que, l'ayant préueue, vous ne l'apaisiez pas, ou qu'au moins ne la pouuant calmer, vous ne caliez pas les voiles pour diminuer d'autant la fureur de l'orage.

Qu'estant Curateurs du bien public, vous ne vous soyez aperceus qu'il estoit blessé que quand vos intérests ont esté choquez par vn Édit du Roy qui n'auoit rien d'extraordinaire, et que vous auez cru la saison fauorable pour accroistre vostre authorité; que le droit des remonstrances ne vous estant point osté, vous ayez passé cette ligne qui fait la séparation entre le Trosne et le Tribunal.

Mais, à n'en point mentir, nous pensons voir des ombres ou des songes quand nous voyons ce que nous ne pouuons pas encore croire en le voyant; ce que nos pères n'ont iamais veu, et ce que ceux qui viendront après nous, auront peine à croire : que cet Auguste Parlement ait seruy de Théâtre à la faction; qu'elle y ait changé aussi souuent de face qu'on feroit en vne Comédie; que la Ieunesse ou la violence y ait fait prendre des conclusions tumultuaires; que la Religion et l'intégrité de la Cour se soit laissé surprendre iusque là que d'approuuer le Recours aux Espagnols, des voyages en Flandres et l'entrée de leurs Enuoyez en vos Assemblées; que tant d'artifices, d'intrigues et de souplesses ayent esté ou ignorées ou plustost dissimulées; qu'après la conclusion du traitté de paix et vne Amnistie générale de tous costés, on se soit encore laissé fasciner par les mesmes enchantemens et les mesmes prétextes de l'administration du Cardinal.

Que les voyages de Normandie et de Bourgogne [1], qui nous ont paru des torrens de conquestes, la leuée in-

---

[1] En 1650. Le roi était parti le 2 février pour la Normandie, et le 5 mars pour la Bourgogne.

espérée du siége de Guyse, suiuie peu après de la réduction de Bourdeaux et du pacifiement de la Guyenne[1], tant de glorieux succez qu'vne mesme année auoit veu naistre, couronnez auant qu'elle finist, et comblez au cœur de l'hyver par la prise de Rétel et par la défaite des Troupes ennemies[2] qui venoient le secourir et prendre leurs quartiers d'hyver dans le voisinage de Paris; enfin que l'esclat de tant de seruices n'ait fait que rallumer ou vostre vengeance ou vostre auersion contre celuy qui les auoit rendus; que vous ayez voulu que le bonheur d'auoir chassé les Ennemis du Royaume vous fust vne raison de l'en chasser luy mesme; que vous luy ayez déclaré la Guerre pour auoir donné la Paix et le calme à tout l'Estat; et qu'afin, disiez vous, d'affermir ce calme et cette paix, vous ayez entrepris de forcer le Roy et de luy oster la liberté, pour le faire consentir à celle d'vn grand Prince qui n'en deuoit vser que pour nous la rauir et pour nous rendre esclaues de l'Espagne. Quel mystère est celuy cy, Nosseigneurs? Pour empescher la Guerre, vous la renouuellez; pour establir la Paix, vous bannissez celuy qui venoit de la faire dans le Royaume, pour estre suiuie aussitost de la générale, et deliurez celuy qui la deuoit rompre au mesme temps que les chaisnes de sa prison, en appellant et en attirant comme il a fait de tous costez les Ennemis les plus implacables de la France, pour la mettre en proye et pour l'abandonner à leur fureur!

Mais ce qui surpasse toute créance, c'est que la Iustice cesse d'être Iustice pour le seul Cardinal Mazarin; que

---

[1] 1ᵉʳ octobre 1650. *Déclaration du Roi accordée à son Parlement et ville de Bordeaux*, etc. [902].

[2] 18 décembre 1650.

l'on bouche les oreilles à la voix de son innocence ou de sa Iustification; qu'on ouure des voyes pleines de noueauté et de cruauté pour le rendre coupable. Si, Nosseigneurs, vous ne voyez pas la collusion des Princes et le trafic des Grands, la Iustice a bien plus d'vn voile sur les yeux. Si, reconnoissant fort bien que sous le nom et le prétexte du Cardinal, on vise directement à la Reyne et on attaque mortellement l'authorité du Roy, vous le souffrez, à qui est-ce désormais que les oppressez doiuent recourir? Si vostre zèle n'enuisageoit que le bien public et le soulagement du pauure peuple, d'où vient que l'on n'a rien auancé dans ces matières et que l'on n'en parle point du tout dans vos assemblées?

Pardonnez nous, Nosseigneurs, si nous ne pouuons conceuoir que vous ayez renfermé le restablissement des affaires et le salut de toute la France dans l'esloignement d'vn seul homme. S'il est coupable du moindre des crimes dont l'accusent les Colporteurs du Pont Neuf, vos Arrests sont infiniment trop doux; s'il est innocent, ils tiennent autant de la rigueur que de l'iniustice. Soit qu'il soit coupable ou innocent, qui ne s'estonnera qu'en le iugeant, vous n'ayez gardé ny la compétance ny l'ordre ny les formes de la Iustice; donnant contre luy cet Arrest sans exemple qui met sa teste à prix, qui le rend la victime de la plus sanguinaire barbarie et fait également horreur à la Religion et à l'Estat?

Falloit-il, à la honte de nostre siècle, voir éclore de vos bouches et de vos mains vn monstre semblable à celuy-là, que vous détestez vous mesmes au fonds de vos consciences?

S'il y a de l'horreur en cette entreprise, il n'y a pas

moins de honte dans la vente d'vne Bibliothéque[1] qui ne pouuoit estre qu'innocente. Au moins si ce rare ouurage, recueilly si curieusement des deux parties du monde, auoit esté confisqué en faueur du public! Au moins si la distraction en auoit esté faite par des voyes légitimes et honnestes! Au moins si les Vendeurs publics n'auoient pas esté les acheteurs particuliers! Au moins si l'employ des deniers ne marquoit pas ou vne auarice sordide ou vne mesquinerie infame ou vne lasche vengeance!

Et icy, Nosseigneurs, permettez nous de vous déclarer auec ingénuité que bien souuent on nous fait vne demande qu'il nous est très malaisé et comme impossible de résoudre sans blesser ou la réputation ou la dignité de vostre Illustre Compagnie. Représentez-vous, nous dit-on, qu'vn homme et mesme vn estranger ayant dessein de releuer la gloire de ce grand Royaume, aussi bien par celles des sciences et des beaux Arts que par celle des conquestes et des victoires, ait enuoyé dans les lieux les plus éloignez du monde pour y rechercher et y recueillir à quelque prix que ce pust estre les plus riches Monumens de l'Antiquité et les faire transporter dans la célèbre ville de Paris; qu'à ce dessein il ait employé dans les païs estrangers le crédit que lui donnoient le rang qu'il tenoit, et le poste releué qu'il occupoit auprès d'vn grand Monarque triomphant partout de ses ennemis; qu'ayant commencé cet ouurage dans Rome, sa Patrie, il en ait despouillé sa propre Patrie pour en enrichir et orner la France; qu'il ait assemblé auec tant de soins et de des-

[1] *Arrest de la Cour de parlement portant qu'il soit fait fonds de cent cinquante mille liures pour exécuter l'Arrest du mois de décembre contre le Cardinal Mazarin*, etc. [322].

pense vn prodigieux et incomparable amas de volumes de toute sorte, pour repaistre la curiosité louable des Sçauans; que pour entretenir ce Trésor de liures inestimable et infiny, il ait assigné vn fonds considérable sur ses propres bénéfices; qu'en ayant destiné et voué l'vsage au public, il ait voulu le mettre sous la protection de la Cour des Pairs et du premier Parlement du Royaume; et toutefois que de ce rare ornement de la France, de cette source inépuisable de toutes les bonnes et belles choses, le mesme Parlement qui en deuoit estre le deffenseur et le garde, en ait fait vn prix pour acheter la teste ou pour payer l'assassinat de son autheur, aussi bien accusé sans auoir failly que iugé sans estre ouy, et dans le temps que l'vnique crime qui l'auoit soumis à vne condamnation si rigoureuse, n'estoit autre que l'enuie qu'il s'estoit causée par la fidélité et la grandeur de ses seruices.

Quelle apparence, nous disent-ils, quelle teinture, quelle ombre de Iustice trouuez-vous dans vn procédé si estrange et si barbare? Et nous vous supplions, Nosseigneurs, de nous faire entendre nettement ce qu'il faut respondre à vne question si embarrassante, que les personnes mesmes les moins intelligentes et les plus grossières ne cessent de nous faire.

Mais ce que vous deuez vous mesmes, Nosseigneurs, souhaiter que la postérité ne croye iamais, c'est que ce Vénérable et Auguste Parlement de Paris ait préféré la profanation des choses saintes, le violement, l'incendie, le rauage, le pillage, le brigandage, la désolation des Prouinces, des Villes et de la Campagne, enfin tous les funestes effets d'vne guerre ciuile et le bouleuersement général de toute la France à la demeure d'vn homme en

France, qui, en s'éloignant du Roy, a plustost suiuy la modération de son esprit qu'il n'a cédé à la violence de ses ennemis et à la force de leurs armes. Vostre sagesse, Nosseigneurs, a-t-elle oublié qu'il faut tolérer ce que l'on ne peut oster que par des voyes toutes pernicieuses et toutes criminelles, et que de deux maux inéuitables, vous estiez obligez de souffrir le moindre?

Mais quoy? est-ce bien cette sage et iuste Compagnie qui permet et qui approuue que les Imprimeurs de Paris n'enfantent que des Monstres et que les Crieurs remplissent les rues d'infamies ou de sottises? que les Princes et les Grands, qui ont plus d'adresse, se seruent des mains de la Iustice (qui n'en deuroit point auoir) pour ietter la pomme de discorde et pour allumer et fomenter le feu de la diuision? que les peuples secouent le ioug de l'obéyssance, sans préuoir qu'après cela, comme Lyons et Taureaux qui ont rompu leurs attaches, ils se ietteront sur ceux qui les gardent et déuoreront leurs maistres? Tesmoin ce que l'Armée fait à Bordeaux, et ce que la populace a commencé de faire à Paris, ou lorsqu'elle a paru et vous a poursuiuis les armes à la main, à la sortie de ce lieu sacré que vous appelez le Temple de Iustice[1], ou lorsqu'ayant bruslé la Maison de Ville[2], elle la remplit du sang et du carnage de tant d'Illustres Citoyens.

Sont-ce bien les Protecteurs de la France et les Tuteurs de l'authorité Royale qui laissent esbranler la Couronne sur la teste de leur légitime Monarque? Sont-ce ces graues Sénateurs, ces Testes Sages et ces Courages incorruptibles qui souffrent impunément qu'on traitte

---

[1] Le 25 juin 1652.
[2] Le 4 juillet de la même année.

auec l'Espagnol ennemy, qu'on reçoiue de son argent et
de ses troupes, qu'on leur donne des places de seureté,
qu'on les conduise au combat contre des armées où estoit
le Roy en personne? Et ce qui est incroyable, et ce que
les ennemis n'auroient iamais l'audace d'entreprendre
eux-mesmes, qu'on ait eu l'insolente témérité de pointer
et de tirer le Canon sur l'Oingt du Seigneur et de commettre ce sacrilége, non seulement dans la ville d'Estampes où les rebelles auroient pu reieter leur faute sur les
Espagnols qui estoient enfermez auec eux, mais dans
celle de Paris où l'on a veu, chose estrange, la Bastille,
qui doit estre vn fort de l'authorité du Roy, tonner et
foudroyer contre la personne du Roy mesme! Sont-ce
ces sages Catons, ces fameux Maistres de la Iurisprudence
qui commettent de continuelles Antinomies, ou criminelles ou honteuses ou ridicules?

Le blocus de Paris a assez fait connoistre la bonne foy
de ceux qui les ont trompez pour leur argent; et ils s'y
fient vne seconde fois! Cette grande ville qui s'accable
de son propre poids, n'a desià que trop esprouué l'humeur des Princes et des Grands; et ils se laissent encore
bercer et endormir au mesme bransle! Ils sentent leur
mal; ils en voyent le remède; et ils ne veulent pas s'en
seruir! L'absence du Roy les ruine de fond en comble;
personne ne le nie. Sa chère présence seroit la ressource
dans leur malheur; tout le monde le publie hautement.
Toutes fois, s'ils prient sa Maiesté d'y venir, c'est auec
des conditions que les égaux n'oseroient proposer. S'ils
l'inuitent de s'approcher, au même temps ils abattent les
Ponts, ferment les passages, luy opposent des armées et
n'ont iamais sceu se résoudre à luy ouurir les Portes et
à le conuier sans exception et sans réserue à reuenir dans

le premier siége de son Empire, accompagné de tout ce qu'il honore de sa bienueillance et de sa protection.

Ils ont condamné vn Prince qui n'a rien de petit que de s'estre lié à ce qui est moindre que luy; et ils l'admettent en leurs délibérations auant que d'estre iustifié, mesme tandis qu'il est actuellement dans la continuation du mal contre lequel ils ont prononcé! Ils font condescendre la bonté et la clémence du Roy à quitter les aduantages de ses armes victorieuses et du bon droict de sa cause, pour esloigner ses armées de dix lieues, afin d'espargner le contour de sa bonne ville de Paris.

Après cela, qui le pourra iamais croire? on permet qu'on lèue des troupes dans Paris, non-seulement contre la volonté et contre le seruice du Roy, mais pour les employer à combattre des Armées qu'il commande luy-mesme! On trouue bon qu'elles y demeurent, qu'elles volent, qu'elles pillent, qu'elles viuent sur le voisinage. On voit venir des Armées Estrangères qui n'ont de discipline que la science du pillage, de l'embrasement et du meurtre; cependant on s'en resiouit; on y applaudit; on souffre leurs logemens à deux ou trois lieues de la mesme ville; on est fasché de quoy la sagesse et la prudence du Ministre a mieux aimé leur mesnager vne honorable retraite[1] que de les vaincre, faisant battre les François contre les François.

Voilà, Nosseigneurs, en toute humilité, respect et ingénuité, la Requeste que l'amour de la France et de la Paix nous fait présenter aux pieds de la Iustice et entre

[1] La retraite duc de Lorraine le 16 juin 1652. *Véritable traité... entre le Roy et le Duc Charles de Lorraine*, etc. [3968]; *Particularité du traité du Duc de Lorraine auec le Cardinal Mazarin*, etc. [2720]; *Articles du traité accordé entre le duc de Lorraine et le Cardinal Mazarin*, etc. [423] et autres.

les mains de nostre Illustre Sénat, afin qu'il vous plaise, pour la gloire de Dieu, pour la conseruation de l'authorité Royalle, pour le bien public de la France, pour le soulagement du pauure Peuple, pour l'acquit de vos Charges et de vos consciences et pour vostre propre réputation, Ordonner par vn Arrest public, solennel et irréuocable, non tel qu'ont esté ceux que vous auez donnez et qu'on a partout mesprisez iusqu'à cette heure, parce, dit-on, qu'ils venoient d'vne puissance rebelle à la puissance souueraine, au lieu que nous voyons que ceux de vos confrères retirez à Pontoise par ordre du Roy sont reconnus et honorez par tout le Royaume auec vne entière réuérence pour cette raison seule que ceux qui les ont donnez, sont appuyez de l'approbation et de l'aueu de sa Maiesté et qu'ils luy ont fait paroistre la syncérité de leurs intentions pour le bien de son Seruice, en se rangeant auprès de sa personne pour obéir à ses Ordres.

Et nous vous supplions de nous permettre, Nosseigneurs, de faire icy vne petite digression pour vous demander la résolution d'vne difficulté qui nous trauaille et nous met depuis quelque temps en inquiétude; car si ceux mesmes qui se sont destachez de vostre Corps pour s'assembler où il a plu au Roy, et auec eux tous les autres Parlemens du Royaume, font si peu d'estat de vos Arrests qu'ils ne craignent pas de les reietter par d'autres tout contraires, iusques là que celuy de Toulouse nous deffend de les reconnoistre sur peine de la vie; dites-nous, de grâce, Nosseigneurs, pourquoy prétendez-vous que nous préférions le iugement d'vne seule Cour, qui est la vostre, au iugement de toutes les autres, qui sont en grand nombre, et principalement lorsque d'vne part la violence de la populace et des Princes vous a raui la liberté de vos opinions, et que de l'autre vous condamnez vn premier Ministre d'Estat par des Arrests que la passion qui vous anime contre luy, a seule pu vous inspirer; d'où vient aussi que les autres Cours qui agissent librement et qui n'ont pas la mesme hayne contre le mesme homme, ne le traitent pas dans la rigueur dont vous l'auez traité, mais la condamnent ouuertement. Est-il iuste, nous dit-on, de préférer l'aduis d'vn Parlement captif et offensé à celuy de tant d'autres qui ne sont ny esclaues ny passionnez? de quelle ioye ne serions-nous pas touchez, Nosseigneurs, si vous nous faisiez le bien de nous instruire familièrement et clairement sur tous ces doubtes si considérables et qui estant bien éclaircis, nous donneroient tant de facilité de sauuer l'honneur de vostre Compagnie qui nous est si chère et à qui les moindres gens ont la hardiesse de faire ces reproches! Mais, pour conclure enfin et pour ne pas abuser de vostre patience plus long temps, qu'il vous plaise, Nosseigneurs, ordonner par vn Arrest ferme et estably sur le fondement inesbranlable de l'authorité Royalle, que désormais elle sera partout reconnue comme elle doit; que chacun se tiendra dans son rang et dans son deuoir; que le Parlement reprendra son zèle ancien et son ancienne conduite; que les Pensions et les traitez auec les Espagnols seront désaprouuez et chastiez; que les Troupes Ennemies seront repoussées; que la Guerre ciuile sera entièrement estouffée, à quelque prix que ce soit; que l'on trauaillera continuellement à la réunion de la Maison Royalle; que le pauure Peuple sera soulagé de tant de calamitez, et que toute la France estant en paix employera toutes ses forces et toute son industrie à procurer celle de toute l'Europe et de toute la Chrestienté; et vous ferez bien.

―――――

Aduis important et nécessaire aux Corps de Ville, Bourgeois et Citoyens de la Ville de Paris sur la prochaine élection d'vn Préuost des Marchands, par lequel par de grandes et importantes raisons il leur est monstré que pour le bien et salut de la Ville il est nécessaire de procéder à l'élection d'vn Préuost des Marchands suiuant les anciens Droicts et Vsages et comme il a esté pratiqué dans l'élection de Monsieur de Broussel, Conseiller en Parlement, sans plus receuoir Ordre ny Lettre de Cachet de la Cour ny d'vne autre Puissance, comme contraire aux Ordonnances; auec la Response aux Obseruations contraires et les moyens pour se restablir dans cet ancien Droict d'Élection [522].

(24 septembre 1652.)

Comme la puissance des Roys s'est augmentée de temps en temps, leurs Fauoris et premiers Ministres qui ont abusé de leur authorité, ne se sont pas contentez, pour auoir le gouuernement de l'Estat, de disposer des principalles charges du Royaume dans la Iustice, Finances et Guerre; ils ont encore voulu se rendre Maistres des Villes; et, pour y paruenir, ils ont creu ne pouuoir mieux faire que d'entreprendre sur leur liberté dans le choix de leurs magistrats municipaux ; et, comme ils ont regardé la Ville de Paris comme la Capitalle du Royaume et celle qui donne le mouuement à toutes les autres, leur principal soin a esté de luy oster sa liberté dans l'élection d'vn Préuost des Marchands, qui est le chef de ces magistrats municipaux, et de luy en donner vn à leur déuotion, s'estant persuadez que, s'asseurant de cette Ville par ce moyen, ils s'asseureroient en mesme temps et d'vn mesme coup de toutes les autres. Mais, craignant qu'vne oppression si violente et odieuse ne causast vne iuste indignation, capable d'aliener le cœur de ses habitans de l'amour qu'ils ont naturellement pour les Roys, en la priuant de ce Droict légitime d'Élection, ils luy en ont laissé les anciennes formes; car, quoy qu'elle ne soit plus libre en son choix, néantmoins, comme si elle auoit encore cette liberté, dans cette occasion, les Ministres se seruant du nom du Roy, ne font que proposer à l'Assemblée, par la Lettre de Cachet du Roy qu'ils y enuoient par forme de recommandation, celuy qu'ils désirent introduire en cette place comme digne de leur suffrage. Mais on sçait que cette recommandation doit auoir son effet, comme auoit celle des Empereurs Romains pour le Consulat; de sorte que, quoy qu'on continue d'obseruer les anciens vsages, de donner sa voix aussy bien à celuy que les Ministres présentent pour le Préuost des Marchands, qu'aux Escheuins, néantmoins l'Assemblée n'ose pas en nommer vn autre, sçachant bien que cette nomination n'auroit pas lieu et que les Ministres employeroient la violence pour la faire casser et substituer en sa place celuy qu'ils auroient proposé.

Cette vsurpation sur le droict qu'auoit la Ville de Paris d'élire vn Prévost des Marchands, a commencé en l'année mil cinq cent quatre-vingt quatorze. Cet abus s'est ensuite estendu dans les Prouuinces dans lesquelles les Gouuerneurs, comme ils sont tousiours à la déuotion des Ministres, aussi pour leur intérest et pour leur conseil, ils ont employé leur authorité pour faire donner ces charges à leurs créatures, principalement dans les Villes Capitalles de leurs Gouuernemens, afin de pouuoir par ce moyen disposer facilement de toute la Prouince; ce qui a principallement esclaté dans les Prouinces de Guyenne et de Prouence, où les Villes ont esté forcées de receuoir pour leurs Chefs ceux qui leur ont esté présentez par les Gouuerneurs, lesquels, pour authoriser cette iniustice et oppression, ont extorqué des Lettres de Cachet du Roy, par lesquelles ils ont fait nommer ceux de leur faction.

Les Villes ont longtemps souffert cette contrainte, ne voyant pas que la Iustice fust assez forte ny vigoureuse pour les en déliurer. Mais, comme cet attentat contre le droit naturel du peuple a esté suiuy de plusieurs actions de violence et d'oppression contre le seruice du Roy et bien de l'Estat et des peuples, au préiudice des lois fondamentalles du Royaume, que les premiers Ministres ont commises pour contenter leur ambition et auarice, ainsi que nous auons veu et éprouué malheureusement pendant le Ministère du deffunct C. de Richelieu, et après son décez, celuy du Cardinal Mazarin, le Parlement, à qui il appartient de maintenir les Loix de l'Estat, ne pouuant plus souffrir les désordres du Ministère qui alloient destruire l'ancien Gouuernement et les Principes de la Monarchie Françoise, a tant fait par ses soings et crédit qu'il a obtenu du Roy cette célèbre Déclaration du mois d'octobre 1648, laquelle sert de barrière aux viollences du Ministère et remet les anciennes Loix en leur vigueur. Les peuples en ayant eu connoissance, plusieurs Villes des Prouinces, et entr'autres de Guyenne et de Prouence, en exécution d'icelle, se sont pourueues contre ces innouations et [ont] procédé dans les élections suiuant leurs anciens droicts et vsages, par le support des Parlemens, lesquels, reprenant leur première authorité, ont mieux fait valoir la iustice qu'ils n'auroient fait auparauant.

Ces exemples doiuent exciter la Ville de Paris d'en vser de mesme pour l'élection d'vn Préuost des Marchands. Elle le doit plus que les autres Villes parce que, comme elle est douée d'vn grand nombre de priuiléges, franchises et immunitez, tant à cause de sa qualité de première de l'Empire François que des signalez seruices qu'elle a rendus aux Roys dans les plus urgentes nécessitez de l'Estat, et que depuis cette violence on a enfreint impunément ses priuiléges, que la corruption, la violence et le Monopole y ont causé d'horribles désordres et que présentement elle doit craindre plus que iamais la vengeance du Ministère, à cause de l'assistance qu'elle a donnée à la Iustice du Parlement. Le seul moyen qu'elle a pour sa seureté, garantir ses priuiléges d'vne perte toute entière, faire réparer le dommage qu'elle a souffert en iceux, trouuer son soulagement et le remède à ses maux, est de se restablir en la coustume en laquelle elle a vescu pendant tant de siècles, de se choisir vn Préuost des Marchands; à quoy elle est d'autant plus obligée qu'outre son intérest particulier, elle en a vn autre général qui luy doit estre aussi cher, qui est le payement des rentes constituées sur l'Hostel de Ville, dans lequel tout le Royaume est intéressé. Et elle n'aura iamais vne occasion plus fauorable pour réussir dans ce glorieux dessein que celle qui s'offre présentement; et ce d'autant plus que par le choix libre qui vient d'estre fait, suiuant les anciennes formes, de Monsieur de Broussel pour Préuost des Marchands[1], sur la démission de Monsieur Le Febure, elle a commencé à secouer le ioug qu'on luy auoit imposé et est rentrée en ses anciens droicts; de sorte qu'il ne luy reste plus maintenant qu'à continuer dans cet vsage immémorial et se maintenir vne liberté qu'elle a recouurée, laquelle luy ramènera tous les biens que luy a osté cette contraincte, et déliurera des maux et inconuéniens qu'elle lui a causez, ainsi qu'il est aisé de faire voir en peu de parolles.

Le droict des villes en France, sans parler de celles des autres Royaumes et pays, de s'eslire des Magistrats est aussi ancien que leur fondation; car, dès le moment que les peuples se sont assemblez en diuers lieux pour y bastir des villes afin de viure en société, la première pensée qu'ils ont eue, a esté de choisir parmi eux certain nombre de personnes de la plus haute vertu, suffisance et fidélité, et ceux qu'ils ont estimé estre les plus zélez, pour auoir la garde et gouuernement des villes; et soit qu'elles se soient establies par la permission des anciens Seigneurs des Gaulles auxquels elles se sont soubmises, soit que depuis leur establissement elles se soient rangées sous leurs Seigneuries, ça tousiours esté auec cette condition que le droict de s'eslire des Officiers de ville leur demeureroit.

Mais entre les villes de France, les villes Capitalles des

---

[1] *Particularitez de ce qui s'est fait et passé... pour l'élection de M. de Broussel*, etc. [2704]. L'élection eut lieu le 6 juillet.

Prouinces, et, sur toutes les villes, celle de Paris, Capitalle du Royaume, a eu vne grande passion pour ce droict d'élection. Ces Magistrats ont eu diuers noms en France, suiuant les diuerses Prouinces, et ont esté diuersement instituez. A Thoulouze, ils ont le nom de Capitouls; à Bourdeaux, on les appelle Iurats; dans les autres villes de la Guyenne et Languedoc et en toute la Prouence, on les nomme Consuls; et dans les autres Prouinces, on leur baille la qualité d'Escheuins. En quelques villes, on a establv sur eux vn premier Officier, lequel en quelques vnes est nommé le Maire; et en d'autres on luy a donné vn autre tittre. Dans la ville de Paris, le premier Officier a la qualité de Préuost des Marchands.

Les villes se sont maintenues dans la liberté de les eslire pendant vn temps immémorial; car, sous la domination des anciens Seigneurs des Gaulles, celle des Romains, et depuis eux, sous le Règne des deux premières Races de nos Roys et bien auant dans la troisième, elles sont demeurées en cette possession sans qu'aucune de ces puissances les ait troublées en ce droict; et la première fois que les ministres de nos Roys ont voulu l'entreprendre, toutes les villes, et principalement celle de Paris, s'y sont vigoureusement opposées et n'ont point craint d'en porter leurs plainctes aux Estats Généraux de France assemblez à Blois, sur lesquelles il a esté ordonné par l'art. 373 en termes exprès *que toutes les élections de Préuosts des Marchands, Maires, Escheuins, Capitouls, Iurats, Consuls, Conseillers et Gouuerneurs des villes se fassent librement et que ceux qui par autres voyes entreront en telles charges, en soyent ostez et leurs noms rayez des Registres.*

Les villes, dans leur fondation, ont eu plusieurs grandes et importantes raisons pour se constituer cette loy d'élection : la première et principalle, qu'estant nées libres, elles ne pouuoient mieux marquer leur liberté et la rendre perpétuelle qu'en se donnant l'authorité de s'eslire des Magistrats ; la seconde, que, pour leur seureté, deffense et police, faire obseruer les conditions de leur establissement et maintenir leurs priuiléges, trauailler à leur vtilité et gloire, entretenir leur commerce et mesme l'augmenter, il leur estoit nécessaire d'estre gouuernées par des Officiers auxquels elles peussent prendre vne entière confiance ; qu'elles ne pouuoient la trouuer si leurs Officiers n'auoient vne probité singulière, vn courage inuincible dans les temps difficiles, et vne rare fidélité ; qu'ils ne pouuoient rencontrer des personnes auec ces qualitez que par le choix qu'elles en feroient parmy leurs Citoyens, tant parce que les Citoyens estoient obligez au bien et salut de leur ville par leur naissance et fortune, que parce qu'elles auoient vne parfaite connoissance de leurs vies et mœurs ; la troisième, que, s'agissant de leur gouuernement particulier, personne ne deuoit s'en mesler que ceux lesquels y auoient intérest, qui sont les citoyens, toutes autres personnes leur deuant estre suspectes. D'ailleurs elles ont considéré que ce droict d'élection leur estoit d'autant plus nécessaire que, pouuant estre trompées dans le choix de leurs Magistrats par la duplicité de leur cœur, elles deuoient auoir le pouuoir de destituer ceux qui trahiroient leur cause et manqueroient à leur deuoir ; qu'elles ne pouuoient prétendre ce droict de destitution si elles n'auoient celuy d'élection ; que ces Magistrats estant l'ouurage de leurs suffrages, ils se sentiroient obligez de respondre à la bonne estime qu'on auoit eue de leur vertu par leurs déportemens ; **que pour** entretenir vne vnion et intelligence parfaite entre les Citoyens, et principallement vne obéyssance des inférieurs enuers les supérieurs, elles deuoient s'eslire ceux qui auroient le commandement, ne pouuant auoir de l'amour et du respect pour ceux que n'auoit pas choisis leur cœur; que ce droict d'élection leur estant nécessaire, elles ne deuoient point hésiter à le prendre, parce que leurs Seigneurs pouuoient seuls s'y opposer pour leurs intérests, mais que ne voulant l'establir contre leurs seruices, mais seulement pour veiller à leur bien et seureté, ils ne pouuoient blasmer ny se tenir offensez d'vn aduantage qui appartenoit à des gens d'vne condition libre; bien daduantage que non seullement ce droict ne choqueroit point les intérests de leurs Seigneurs, mais leur seroit aduantageux, parce que les villes remplissant ces charges de gens de bien par le choix qu'elles en feroient, leurs Seigneurs pourroient s'asseurer qu'elles ne manqueroient iamais à la fidélité et obéyssance qu'elles leur deuoient, et que d'ailleurs, donnant leur consentement à cet usage, ils feroient cesser les partialitez des villes, dangereuses à vn Estat, et se concilieroient l'amour des peuples; que, tout au contraire, c'estoit exposer et mettre en danger leurs vies et biens auec leurs priuiléges que de souffrir que leurs officiers leur fussent donnez par des mains estrangères, ouurir la porte des maisons et Hostels de ville à la corruption et y donner entrée à des personnes suspectes qui abandonneroient les intérests de la chose publique pour leur profit particulier, introduire dans l'enceinte de leurs murailles la discorde et les diuisions, mettre en commerce leurs personnes et fortunes, enfin perdre leurs libertez et deuenir esclaues.

Outre ces raisons générales, les villes Capitalles des Prouinces en ont eu de particulières pour se constituer cette loy. Elles ont iugé que les autres villes du pays, se formant à leur modèle, suiuroient leur exemple; ce qui entretiendroit vne vnion parfaite entr'elles pour leur bien commun. En second lieu, elles ont veu qu'estant obligées de veiller non seulement à leur deffense et salut, mais aussi à celuy de toute la Prouince, à cause de l'estroite liaison qu'il y auoit de leurs intérests auec ceux des autres villes du Territoire, ayant des Magistrats de la qualité requise, ils soustiendroient non seulement leur cause, mais celle de toute la Prouince. C'est par ces raisons que la ville de Paris, Capitale du Royaume, pardessus toutes les autres villes, a voulu auoir ce droict par prérogatiue. Mais si les villes ont eu de puissantes considérations pour establir ce droict d'élection, elles en ont eu de plus puissantes pour le conseruer et s'y maintenir, principalement sous le Règne de nos derniers Roys, pendant lequel les Ministres ont vsurpé l'authorité Royalle, dans la crainte qu'elles ont eu qu'ils n'entreprissent sur cette liberté. En effet, mesurant leurs passions par la puissance de leurs Maistres, ils ont attaqué ce droict d'élection et violenté les villes en plusieurs Prouinces, mesme la ville de Paris, dans le choix de leurs Officiers; et, quoy qu'elles aient inutilement résisté à cette force maieure, néantmoins elles n'ont iamais abandonné cet aduantage; et les Prouinces de Prouence et Guyenne n'ont laissé passer aucune occasion de réclamer contre cette vsurpation.

Les peuples n'ont pas esté trompez dans les espérances qu'ils auoient conceues de ce droict d'élection; car, pendant le temps que les villes en ont iouy, elles n'ont souffert aucune diminution dans leurs priuiléges; et la puissance redoutable du Ministère n'a point eu d'entrée dans leurs murailles. L'authorité des Ministres, leurs promesses ny leurs menaces et la corruption du monopole n'ont pu ébranler le courage ny corrompre l'intégrité de ceux auxquels les libres suffrages des peuples ont donné ces charges publiques, comme nous en auons la preuue dans nos Histoires. Tout au contraire, aussitost que les Ministres se sont ingérez de mettre dans ces places des personnes à leur déuotion, elles ont receu de grandes pertes en leurs priuiléges et esté exposées aux passions des fauoris et brigandage du monopole. La raison de cette différence est que les villes, pendant le temps qu'elles ont esté en possession de ce droict, ont tousiours choisi pour leurs Magistrats les plus gens de bien et les mieux intentionnez de leurs Citoyens, de sorte que leur choix a esté la marque de leur vertu. Et les Ministres, au contraire, comme ils ne subsistent que par la violence et ne s'agrandissent que dans l'oppression des peuples, ils ont rempli ces charges de personnes corrompues de leur faction et caballe; de sorte que leur establissement a esté le signe de leur corruption.

La ville de Paris a éprouué plus que pas vne autre cette vérité. Lorsque la charge de Préuost des Marchands a esté dans la disposition des Bourgeois de la ville, elle est demeurée florissante dans l'obseruation de ses priuiléges et immunitez; et le monopole n'y a pu introduire aucun droict sur son commerce et ses denrées. Mais depuis qu'elle est tombée dans le pouuoir du Ministère, principalement depuis celuy du deffunct Cardinal de Richelieu, on a donné atteinte à ses priuiléges et immunitez; la corruption et le monopole y ont régné absolument; et la police a esté négligée et abandonnée. Premièrement, non seulement la contagion du Ministère a attaqué le Chef des Officiers de cette ville, mais tout le Corps. Les élections des Escheuins et des autres Officiers n'ont plus esté que des pratiques contre les bonnes mœurs; et on n'a plus veu ces charges remplies de l'élite des gens de bien, comme auparauant. Pour ce qui est de la violence, c'est dans cette ville que les trois tirans, les deffuncts Mareschal d'Ancre et C. de Richelieu et présentement le Cardinal Mazarin, ont fait arrester les Princes du Sang et les plus grands du Royaume; c'est dans cette mesme ville, en laquelle la seureté publique doit estre toute entière pour les Prouinciaux qui s'y rendent pour leurs affaires et commerce, qu'ils ont esté violemment emprisonnez par les émissaires des Partizans pour des taxes solidaires. Le monopole n'y a pas moins fait de rauages que la violence. On ne s'est pas contenté d'augmenter les anciens droicts d'entrée sur toutes les marchandises; on en a establi de noueaux. Les denrées qui auoient esté iusques à présent exemptes de la maltote, y ont esté suiètes; on a érigé en tittre d'Office fermé les menus Offices de la police qui auoient tousiours esté en la main et à la nomination du Préuost des Marchands, auec attribution de noueaux droicts sur le public; et on en a créé de noueaux auxquels on a accordé les mesmes droicts. Bien daduantage, la ville de Paris a esté plus mal traittée que celles qui payent la taille. On a veu ses Bourgeois liurez à la haine, rage et malice des Partizans par des taxes d'aisez qu'ils ont fait payer auec des rigueurs et cruautez insupportables, comprenant dans leurs roolles non seulement ceux qui en estoient capables, mais beaucoup d'autres, comme leurs ennemys pour s'en venger, ou gens de bien pour les opprimer. Ce n'a pas esté assez de violer les priuiléges de cette ville, d'imposer de nouuelles charges sur les denrées et marchandises à la foule du public, d'obliger les Prouinciaux, ceux qui y estoient présens, d'en sortir, et les autres de n'y pas venir, soit pour éuiter leur emprisonnement, soit pour ne pouuoir supporter la chèreté des viures et des autres choses nécessaires à la vie, on a encore entrepris de rauir aux Bourgeois de cette ville le meilleur de leur bien. Le monopole, par la lascheté des Officiers de la Ville, a impunément retranché des quartiers de rentes sur toutes sorte de nature, et de ceux desquels on a mis le fond entre les mains des payeurs. Ces payeurs, ou plustost voleurs des rentes, par leur artifice et malice, n'en ont payé qu'vne partie, et ce auec les plus mauuaises espèces qu'ils ont peu trouuer, comme si ces deniers estoient à eux et qu'ils en fissent vne aumosne charitable aux Rentiers. Les Rentiers qui se sont plaints de ces maluersations, n'ont pas eu raison; ou, s'ils en ont eu aucune, ç'a esté auec de si grandes longueurs et auec si peu de profit qu'ils ont perdu l'enuie de faire plus aucune poursuitte; ce qui marque quelque intelligence secrète et criminelle qu'ils ont eu auec eux pour la ruine des rentes; et on sçait ce qu'elles seroient deuenues si on n'eust point estably des scindicqs pour leur conseruation[1]; en quoy ces Officiers sont d'autant plus coupables que toute la France a intérest au payement des rentes et s'en repose sur leurs soings et intégrité, ayant esté préposez pour veiller à leur seureté et payement. Le manque de

---

[1] *Moyens très-importants et nécessaires pour réformer l'abus.... du payement des rentes de l'Hôtel de Ville*, etc. [2520]. *Liste de MM. les députés.... sur le fait des rentes*, etc. [2308].

police a fait autant de préiudice que le monopole. Les taxes pour le prix du bois, charbon et autres marchandises et denrées qui arriuent par eau, n'ont point esté obseruées par la conscience de ces Officiers. Les Marchands de bois et de charbons et autres ont exigé publiquement, en la présence des Officiers de la police des Bourgeois, de plus grandes sommes qu'ils ne doiuent prendre par les Règlemens ; et les Officiers de police, desquels le deuoir est de tenir la main à l'exécution d'iceux, au lieu de s'en acquitter, ils ont pris eux mesmes des droicts qui ne leur sont pas deubs, par des voyes rigoureuses. L'Hostel de ville a sceu et cognu ce brigandage et l'a toléré ; et si on s'en est plaint et qu'on luy ait demandé iustice de ces voleries, les longueurs et la difficulté qu'il a apportées à la rendre, sont cause qu'on a mieux aimé laisser cette exaction entre les mains de ces voleurs que d'en poursuiure la restitution. Tous ces maux et désordres ne seroient pas arriuez si la ville de Paris fust demeurée en sa liberté de s'eslire vn Préuost des Marchands ; car cette charge n'estant plus dans sa dépendance, mais dans celle des Ministres, ceux qui y sont mis de leur main pour estre continuez dans cet employ, les deux ans passez, suiuent aueuglément leurs passions ; de sorte que leur continuation n'est plus la récompense des seruices qu'ils ont rendus à la chose publique, mais à ces Ministres.

Ces raisons vous doiuent exciter, braues et illustres Citoyens et Bourgeois de la ville de Paris, descendus du Sang de ces généreux Francs qui n'ont rien tant chéri au monde que leur liberté, de vous conseruer vn ancien droict de liberté naturelle dans lequel vous estes rentrez. C'est pour cette querelle iuste et légitime que vous deuez plus volontiers exposer vos vies et vos biens que pour l'expulsion du Cardinal Mazarin ; car quoy que son retour ait ramené vne grande calamité et soit dangereux pour la ville de Paris, néantmoins cette misère n'est pas comparable à celle que vous souffrirez si les Ministres continuent à vous donner vn Préuost des Marchands ; car le mal de ce rappel peut finir ou par le décez de ce Tyran ou en perdant les bonnes grâces de la Reyne, et ne peut regarder que vos personnes et biens présens ; mais la continuation de cette vsurpation fera vn mal perpétuel, lequel, s'augmentant tous les iours, passera à vostre postérité. Aurez-vous moins de courage et de générosité que vos pères, qui ont establi ce droict pour leur honneur, leur bien et salut, l'ont si fortement deffendu pendant vn si long temps contre les entreprises qu'on a faites pour le supprimer, et n'en ont point quitté la possession qu'auec vne sensible douleur et protestation d'y rentrer dès le moment que la violence n'auroit plus son cours ? Ferez vous difficulté de maintenir vn aduantage que la nature vous a donné, que les Roys vous ont laissé et qui vous a esté confirmé par les Estats de Blois ? Hésiterez vous à vous déclarer pour vne cause de laquelle il ne s'agit de rien moins que de choisir la vie ou la mort, le bien ou le mal, vne félicité perpétuelle pour vous et vos enfans ou vne calamité éternelle pour vous et pour eux, enfin la liberté ou l'esclauage ; car c'est deuenir libre que se conseruer ce droict, puisqu'il ne vous reste plus que cette marque de vostre ancienne liberté naturelle ; et c'est retomber dans l'esclauage que de souffrir la continuation de cette contrainte. Ha ! si l'amour de vostre liberté, de vos vies et biens vous est cher, comme il doit estre, si vous aimez vos enfans et si vous auez encore quelque honneur et courage et n'auez point dégénéré de la vertu militaire de ces anciens Parisiens, ne permettez pas qu'on charge de nouueau vos mains des fers que vous auez brisez. Mais, si vous prenez cette résolution, comme vous la deuez prendre, c'est maintenant qu'il faut l'exécuter. Vous n'en aurez iamais vne occasion plus propice ny fauorable; car c'est dans le temps présent que la violence est abattue aux pieds de la iustice et que le monopole a perdu ses forces; et on ne sçait pas de quelle durée sera ce bonheur parce que le C. Mazarin prétend, en se restablissant, restablir à main armée la tyrannie et le monopole. Enfin c'est maintenant que Monsieur le duc d'Orléans a esté déclaré Lieutenant Général du Roy pendant sa détention par le C. Mazarin; et vous deuez espérer de sa bonté et iustice toute sorte de contentement.

On vous pourra dire, pour ralentir ces bons desseins, que, depuis l'année 1594, la ville de Paris a tousiours souffert que les Roys luy ayent proposé vn Préuost des Marchands et qu'ayant consenti à cet vsage, quoy que nouueau, elle a perdu son droict, ayant cessé d'en iouir pendant ce temps, et ne peut réclamer contre cette nouuelle pratique sans offenser l'authorité du Roy et encourir son indignation.

Mais cette obiection ne doit pas estre considérée, parce que, outre que ce temps n'est pas suffisant pour acquérir vne prescription contre vne communauté à celuy qui n'a point de droict, d'ailleurs il est notoire que ce nouueau vsage est vne violente vsurpation sur vn droict naturel, public et commun, contre lequel on ne peut prescrire par quelque temps que ce soit; et il ne faut pas prendre ce changement pour la volonté des

Roys, mais pour celle de leurs Ministres, qui se seruent de leur nom pour leurs desseins. Ainsi ce ne sera point offenser le Roy ny blesser son authorité que de se restablir dans vne prérogatiue que la naissance vous donne et laquelle ils n'ont point voulu vous oster. Quoy que c'en soit, vne lettre de cachet ne peut pas préualoir sur les Ordonnances du Royaume; et on n'est point obligé d'y defférer au préiudice des loix fondamentales de l'Estat. C'est pour cela que ce droict d'élection estant né auec vous, approuué par les Roys, confirmé par les Estats généraux du Royaume, il ne peut estre destruit par lettres de cachet sous le nom du Roy, extorquées par de mauuais Ministres contre ses intentions, lesquelles on doit tousiours présumer n'estre point contraires aux loix de l'Estat et à la Iustice.

Le moyen de se conseruer ce droict est qu'il se fasse présentement vne Assemblée généralle en la Maison et Hostel de ville, la plus solemnelle qui se pourra faire, dans laquelle il sera délibéré sur les moyens propres et nécessaires pour rentrer pleinement et entièrement dans ce droict d'élection et s'y maintenir contre les entreprises des Ministres. On peut proposer celuy qui s'ensuit comme très propre, sçauoir : que députation sera faite incessamment vers le Roy, et maintenant vers Monsieur le Duc d'Orléans, son Lieutenant Général, pour le prier de laisser iouir la ville de Paris de son droict d'vne libre élection du Préuost des Marchands, comme elle en iouissoit auparauant l'année 1594, et qu'il ne sera plus enuoyé lettres de cachet sur ce suiet ; et afin que cet establissement soit stable et ferme, que le Roy, et maintenant Monsieur le duc d'Orléans, représentant sa personne, sera prié d'enuoyer vne Déclaration par laquelle, en tant que besoin est et seroit, on confirmera cet ancien droict d'élection, et lettres de cachet ne seront plus enuoyées à l'Assemblée sur le choix d'vn Préuost des Marchands ; et cependant qu'on ne receura point lettres de cachet du Roy pour la prochaine élection, comme contraires aux Loix et Ordonnances du Royaume ; mais sera procédé comme il a esté fait dans celle de Monsieur de Broussel, et que cette délibération sera confirmée par Arrest du Parlement.

On pourra prendre dans l'Assemblée d'autres moyens pour se maintenir dans cette liberté, laquelle fera cesser les misères que souffre la ville de Paris, réparera ses dommages, restablira les choses dans l'estat qu'elles estoient auparauant le ministère du deffunct C. de Richelieu, et produira [non seulement] à cette ville, mais à toute la France les biens que l'on doit attendre de l'administration de gens de bien qui n'auront point d'autres intérests que ceux du bien public; et on se doit promettre que les moyens qui seront pris dans l'Assemblée, réussiront parce que Monsieur le Duc d'Orléans ayant tesmoigné tant de zèle pour le soulagement des peuples et fait paroistre vne si grande auersion contre la violence des Ministres et l'oppression des Partizans, il ne manquera pas, dans vne occasion si importante au bien de cette ville, de luy rendre iustice et donner sa protection pour mériter entièrement son amitié et le cœur des peuples.

La Vérité prononçant ses oracles sans flatterie
[3998].

(26 septembre 1652.)

. . . .

LA REYNE.

Cet attachement pour le Cardinal Mazarin a fondé dans la sotte créance de certains le soubçon d'vn mariage entre luy et la Reyne[1]. Il en est beaucoup qui en ont iugé auec moins de modération. Tout le monde a conclu que cette princesse estoit ou mal conseillée ou mal intentionnée. Ce dernier est plus probable.

Lorsqu'on luy a représenté qu'elle s'en alloit ruiner tout l'Estat, n'a-t-elle point respondu que, si le pain lui manquoit en France, son frère estoit assez puissant pour luy en donner en Espagne. Si cela marque que nostre désolation luy est fort indifférente, elle moustre encore bien plus, en abusant de nostre soumission, que nostre aueuglement est bien pitoyable. Obéir à qui nous outrage; respecter qui nous persécute; permettre qu'vn implacable s'assouuisse aux despens de tout nostre Estat; si nous ne sommes aussi sots qu'elle est enragée, que s'en faut-il?

---

[1] « S'il est vray, ce qu'on dit, qu'ils soient liez ensemble par vn mariage de conscience et que le père Vincent, supérieur de la mission, ait ratifié le contrat, ils peuuent tout ce qu'ils font, et dauantage, ce que nous ne voyons pas. » (*Requeste ciuile contre la conclusion de la paix* [3468].)

Il est fait mention de ce mariage dans le *Silence au bout du doigt* [3674]; et par son *Testament véritable*, etc. [3767] Mazarin *laisse au bon père Vincent son plus authentique bréuiaire.*

Ne s'est-elle pas vantée qu'elle ruyneroit de bon cœur la moitié de la France pour se venger de l'autre, et par mesme moyen de toutes deux? Ne luy a-t-on pas ouy dire qu'elle allumeroit les guerres ciuiles pour y faire périr les plus redoutables ennemis du Roy, son frère, puisqu'elle n'auoit peu les faire périr en les abandonnant au milieu du danger, comme M. le Prince de Condé et M. le Comte d'Harcourt deuant Lérida? N'a-t-elle pas protesté qu'elle n'entreroit iamais dans Paris que dans vn vaisseau flottant sur le sang de ses ennemis? Ne luy a-t-on pas veu donner ordre, chemin faisant, de ruyner le reste des moissons que la fureur des soldats auoit espargnées? Ne sçait-on pas qu'elle demande à ceux qui viennent de Paris, si elle peut encore espérer que la famine la vengera bientost de cette grande ville? Bon Dieu! quelles paroles! Si elle n'a frémy en les aduançant, il faut bien qu'elle ait vn cœur à l'espreuue de tout sentiment humain.

Elle a désià réussi dans la pluspart de ses intentions. Des quatre parties de la France, trois sont sur les dents. Il n'y a que Paris qui lui pèse beaucoup sur les bras, parce qu'il a encore vn peu de pain ; mais si nous ne nous resueillons pas vn peu, il est à craindre qu'elle en viendra bientost à bout.

. . . .

Ils (les princes) n'en veulent qu'au Mazarin ; et nous en voulons au Mazarin et à la Reyne, encore plus à la Reyne qu'au Mazarin. Ce n'est pas à l'espée qui fait le meurtre, mais au bras qui l'a maniée, que la Iustice s'en doibt prendre. Le Mazarin n'a esté que l'instrument des passions de la Reyne. Il n'a rien fait qu'elle n'ayt voulu, parce qu'elle l'eust bien empesché de faire si elle ne l'eust point voulu; mais si le Cardinal Mazarin vouloit s'enrichir, la Reyne vouloit nous appauurir; et cet Estranger n'a iamais eu de mauuais dessein que cette Estrangère n'ayt encore fait paroistre innocent en enchérissant par dessus.

. . . .

Le feu Roy, qui cognoissoit fort bien la Reyne, ne lui vouloit iamais laisser la Régence. Les flatteurs luy firent succomber, mais après auoir ouy dire de la bouche d'vn Roy mourant : « *Hélas ! vous ne cognoissez point la dame !* » Nous la cognoissons bien maintenant; mais nous la cognoistrons encore mieux si nous voulons auoir la patience d'estre vn peu plus sçauans. Hélas! que nostre ignorance nous estoit bien plus aduantageuse et qu'il nous eust mieux valu de ne sçauoir point ce qu'elle sçauoit faire, parce que nous ne sçaurions pas maintenant que nous viuons sous la tyrannie.

. . . .

LE ROY.

Qui a esleué le Roy? N'est ce pas le Mazarin? Qui le possède? N'est ce pas la Reyne? Qui le fait agir? N'est ce pas l'vn et l'autre? Ie soustiens donc qu'il ne peut estre bon Roy qu'auec miracle, parce qu'il n'a iamais appris l'art de régner que de ceux qui ne le sçauent point.

Le Mazarin l'a esleué ; il faut donc qu'il en ayt fait vn fourbe ; car il ne peut luy auoir appris que ce qu'il sçait. Si le Roy est fourbe, malheur à l'Estat qu'il gouuernera! La Reyne le possède; elle ne luy fera donc gouster que du sang; car ce n'est que le sang qu'elle respire. Que peut-on espérer de tout cela?

Quelque beau naturel que le Roy ayt eu, estant tendre, il a esté capable de receuoir toute sorte d'impressions. Il

n'a peu receuoir que les impressions qu'on luy a données.
Ceux qui luy ont donné des impressions, sont ceux qui
l'ont esleué ou qui le possèdent encore. Ceux qui l'ont
esleué et qui le possèdent encore, sont tous ou violens
ou fourbes ou sanguinaires ou cruels ou vindicatifs.
Peut-il donc auoir receu des impressions qui ne soient
de mesme nature?

Cette humeur, naturellement bien faite, mais néantmoins desbauchée par l'artifice, ne sçauroit estre corrigée que par vne espouse. La Reyne consentira-elle au mariage? Si la politique n'est point menteuse, elle le différera tant qu'elle pourra, parce que la continuation de son pouuoir est incompatible auec le mariage du Roy.

Il y faudra néantmoins consentir, parce que les nécessitez de l'Estat le requerront. On parle de Mademoiselle. Ie croy bien que cela se feroit si la Iustice estoit escoutée; mais cette Princesse est trop généreuse et trop clairuoyante. Il faut vn naturel moins ingénieux ou plus lasche pour mériter que la Reyne ne s'y oppose point; ou pour le moins il faut que la Reyne soit sans pouuoir. La vertu est auiourd'huy désaduantageuse pour les affaires d'Estat, parce que les meschans gouuernent. Pour mériter d'estre esleué, il faut faire voir qu'on ne le mérite point. Néantmoins, si l'Estat m'en croit, il crèuera plustost que de permettre l'entrée du lict Royal à d'autre qu'à la fille des deux branches Royalles d'Orléans et de Montpensier.

LE DUC D'ORLÉANS.

. . . .

Il est bien constant que le Duc d'Orléans a escouté toutes sortes de personnes. Le Coadiuteur, la Cheureuse, Chasteauneuf et le reste des Mazarins n'ont iamais esté rebutez. Il est bien probable que les conseils de ces Messieurs n'ont iamais visé à terminer les affaires parce que leurs intérests, dit-on, ne s'y retrouuoient pas.

On dit que le Coadiuteur a tousiours fomenté dans l'esprit du duc d'Orléans vn certain deffy de la puissance du Prince de Condé. Si cela n'est pas vray, cela n'est pas trop mal fondé. Le Coadiuteur hayt le Prince de Condé. Cette haine ne peut subsister que par le soupçon qu'il entretient dans l'esprit du Duc d'Orléans pour s'y rendre nécessaire. Si le Duc d'Orléans s'est deffié du Prince de Condé, il n'a iamais agi auec vigueur pour seconder ses desseins. Raisonne là dessus qui voudra.

Vn homme qui entend tout le monde, ne peut qu'il n'en reçoiue des impressions diuerses, à moins qu'il ne soit indépendant de toute sorte de conseil estranger. Le duc d'Orléans n'a pas cette qualité, parce qu'il se deffie par trop de soy mesme, quoyqu'il puisse et qu'il sçache plus que tous les autres. Se peut il donc que les partizans de deux partis contraires l'aient attaqué sans le faire bransler diuersement selon les mouuemens qu'il en receuoit? Qui reçoit le bransle de diuers mouuemens, n'agit iamais vniformément. Si le Duc d'Orléans n'a point agi vniformément, le party qu'il appuyoit par préférence, ne pouuoit qu'il ne marchast d'vn pied languissant. Ie n'en dis pas daduantage, parce que tout le monde en dit assez.

LE PRINCE DE CONDÉ.

Le Prince de Condé a l'esprit perçant, ambitieux, hardy, vigilant, actif, infatigable, à l'espreuue de la fortune et des reuers. Voilà les qualitez qu'on luy donne. Elles sont en elles mesmes toutes innocentes; elles peuuent estre mauuaises dans leurs obiects. Ses ennemis mettent ces qualitez dans l'excez; ses amys les retiennent dans la modération et dans les bornes. N'escoutons ni les vns ni les autres; parlons auec indifférence; et iugeons de tout cela sans passion.

Auant le blocus de Paris, c'estoit le Dieu de l'Estat. Il n'y auoit que l'enuie qui lui peust contester pour lors ces sept qualitez susnommées dans leur plus parfaite modération; mais l'enuie n'est que l'ombre de la vertu. Après le siége, la haine a changé les iugemens, parce qu'elle a altéré les imaginations dans ceux qui ne règlent leurs iugemens qu'à l'intérest.

Mais, sans flatter le dé, quel fut le crime du Prince de Condé dans ce siége? C'est sa trop grande passion pour maintenir l'Authorité Royalle; c'est sa trop grande soubmission aux ordres d'vne souueraine. Parlons franchement : luy, qui estoit inuincible, se laissa vaincre par les larmes de la Reyne. Elle engagea sa parole par ses adresses de femme et par ses charmes de souueraine. Sa parole engagée l'obligea à la poursuite qui a causé toutes ses trauerses et les nostres. Iusques là ie ne vois point de plus grand manquement que celuy de n'auoir point esté prophète pour préuoir les fautes de ce dessein.

Les autres disent que si l'ambition de ce Prince n'eust esté fort modérée, il n'y auoit pas plus loing de luy à la Souueraineté que de Sainct Germain à Paris. I'en iuge autant, et auec moy tous les plus sensez. Pourquoy est ce donc qu'il ne se laissa point gagner à ce charme? Parce qu'il n'est pas moins vainqueur de l'ambition que de nos ennemis; parce qu'il vouloit seruir, non pas destruire son Roy. Il n'a donc point esté malheureux que d'auoir esté suiet d'vne femme ou de n'auoir pu désobéyr sans fonder le soubçon raisonnable d'vne ambition déréglée.

Laissons le siége. Passons à son emprisonnement. Qu'est ce qui l'arreste? Quel crime? Quel attentat? C'est son courage; c'est sa vertu; et, par contre coup, c'est l'ingratitude; c'est la mécognoissance. S'il eust peu craindre ses obligez, ou si ses obligez eussent eu du cœur, il estoit sans danger. La Reyne ne le fait arrester que parce qu'il l'a seruie, parce que s'il ne l'auoit point seruie, elle n'eust seulement pas osé ietter les yeux sur luy que pour l'admirer.

. . . .

Me voilà maintenant où tout le monde m'attend. On croyoit que le Mazarinisme ne dureroit pas quinze iours. Les commencemens fortifioient cette créance. L'vnion qu'on espéroit plus forte entre luy et le Duc d'Orléans, n'y contribuoit pas de peu. Le Coadiuteur et la Cheureuse, sa coadiutrice, ne paroissoient plus deuoir estre en crédit. Le Mareschal de L'Hospital et le Préuost des Marchands[1] n'estoient plus regardez que comme des instrumens sans force. Enfin on espéroit tout de luy.

. . . .

On sçait comment il a fait quand il a esté le maistre : à Chastillon, à Sainct Denys, au faux bourg Sainct Antoine. De là on peut coniecturer ce qu'il eust fait si ses volontez eussent esté les maistresses dans les autres occasions.

Quel est donc ce fatal ressort de tous les grands desseins de l'Estat? Quand le Prince arriua, il eut vne grande armée à conduire, vne puissante ligue de Mazarins dans Paris à rompre, l'esprit du Duc d'Orléans à

[1] Broussel.

mesnager. Chacun des trois demandoit le Prince tout entier. Il a fallu néantmoins qu'il se soyt partagé pour se donner aux vns et aux autres selon leurs besoins. Quelque lent qu'on soyt, pourueu qu'on aille quand on trouue tant d'obstacles, on va bien viste. Quand le Prince s'est donné à son armée, il en a bien battu les ennemis; quand il a entrepris la ligue des Mazarins, s'il ne l'a rompue, il l'a bien affoiblie; quand il s'est attaché au Duc d'Orléans, il en a, dit on, presque détaché le Coadiuteur; il est du moins asseuré que les visites n'en ont point esté si fréquentes. Si, pendant qu'il eust esté à la teste de ses troupes, quelqu'autre que luy eust esté capable de rompre la ligue des Mazarins, de fortifier le Duc d'Orléans contre la souplesse du Coadiuteur, ie ne doubte pas que nous n'eussions desià oublié le nom de Mazarin; mais comme il a fallu qu'il se soyt partagé à tant de nécessitez, les affaires ont esté plus lentes que l'impatience des peuples.

Quelques passionnez en attendoient plus de violences. Ils disent qu'il falloit se défaire du Coadiuteur puisque le Coadiuteur estoit vn obstacle au bien public. Si ce prélat ne meurt que par les mains ou par les ordres de ce Prince, il sera immortel. Il ne doit périr que par l'entreprise de quelqu'esprit plus bas et de quelque plus lasche main. Le Prince n'est capable que de faire des coups de Prince. Si le public se ressent des intrigues du Coadiuteur, que le public se venge. C'est à tort que le public attend que le Prince soit l'instrument de ses passions. Il trauaillera bien pour ses intérests; mais il ne les poussera point par vn coup de lascheté.

D'autres passionnez, aussi fols que les précédens, disent que le Prince ne deuoit point mesnager le Duc d'Orléans et le Parlement auec tant d'attachement. Ces politiques ne regardent que leurs intérests. Ils voudroient qu'vn premier prince du sang se fust comporté en tribun du peuple. Ils voudroient qu'il eust iustifié par sa conduite les calomnies de la Cour, qui ne reproche au Prince que la violence; mais il a démenty ces reproches par l'expérience d'vne modération inouye. Les violences sont des brutalitez lorsqu'elles ne se font que par le caprice d'vn particulier; lorsqu'elles se font par le concert des sages, ce sont des Coups d'Estat.

. . . .

Si vos affaires auoient eu tant de langueur, celles de la Cour en auroient eu plus de vitesse; car il n'est pas possible qu'vn party soit lent sans que le contraire ne s'en préualle.

Quels sont les auantages de la Cour? Qu'a-t-elle profité de cette langueur prétendue? Auec huit mille hommes le Prince en a fait périr vingt-cinq mille; il a dissipé la ligue qu'elle fomentoit depuis si longtemps dans Paris; il a fait auorter tous ses desseins. Il a sauué Paris lorsqu'elle le destinoit au sang et au carnage; il a fait ce que tout autre que lui ne pouuoit point faire. Si c'est languir, le procédé de la Cour est donc mort, ou nos impatiences sont trop précipitées.

LE PARLEMENT.

. . . . Le Parlement a-t-il plustost esté Mazarin que Prince, ou au contraire? ou bien n'a-t-il point esté ny l'vn ny l'autre? Si l'on considère le Parlement par les particuliers en détail, il a bien plustost esté Mazarin que Prince, parce qu'il y auoit plus de Mazarins que de Princes. Si l'on considère le Parlement sous le titre de corps souuerain, sans se réfléchir au particulier qui le compose, il a fort nagé entre deux eaux. Au reste, ie pense qu'il n'a esté véritablement ni Prince ni Mazarin.

Il est vrai que le Parlement a bien choqué le party Mazarin; mais il n'a pas assez fauorisé celuy du Prince pour le rendre maistre de son compétiteur. Si le Parlement a choqué le Mazarin, c'est qu'on l'a tant poussé qu'il n'a pu s'empescher de le heurter. S'il a fauorisé le party du Prince, c'est qu'on luy a arraché ses faueurs.

Faut-il donc accuser le Parlement? Nenny. Le Parlement est auguste et vénérable; mais il en est beaucoup de ceux qui le composent, qui ne relèuent pas beaucoup son prix. I'ay le bonheur de n'en connoistre pas vn de ceux qui sont de cette estoffe. Pour récompenser ceux-que ie cognois, il faudroit faire vingt ou trente Gardes des Sceaux et autant de Secrétaires d'Estat.

. . . .

LE DUC DE BEAUFORT.

Le Duc de Beaufort, sans contredit, est bon Prince. Le Coadiuteur, dans ses escrits, a beau le comparer à des brasseurs de bierre ou à des Arteuelles[1]; il a beau le nommer l'idole du temps; tous ces outrages ne flétrissent en rien la gloire de ses actions. Quelque louange que le duc de Beaufort mérite, ie croy qu'il est inimitable en ce qu'il est l'ennemy le plus irréconciliable du Mazarin et du Coadiuteur.

Tout ce que ie trouue à redire en luy, c'est qu'il a trop espargné ce dernier depuis qu'il a reconnu qu'il

---

[1] L'auteur croyait donc que la *Vérité toute nue*, etc. qui précède, page 406, était du cardinal de Retz. A mon avis, incontestablement il se trompe.

n'estoit pas digne de ses affections ; mais les héros de son génie ont plus de bras que d'yeux. Ne le flattons pas luy-mesme. Disons ce qu'il doit faire, puisqu'il ne le fait point. Ce n'est pas le tout que de hayr vn ennemy lorsque l'ennemy ne se borne point réciproquement à sa haine. La haine du Coadiuteur n'est inféconde que parce qu'elle est impuissante. S'il auoit le dessus sur luy, il le presseroit tant qu'il le crèueroit. Il faut donc que le Duc de Beaufort se serue de l'aduantage qu'il a, et qu'il fasse ressentir au Coadiuteur qu'il a plus de pouuoir que luy, en le faisant traiter comme vn ennemy impuissant.

Mais non ; ie ne conseille pas encore cela au Duc de Beaufort. Qu'il suiue sa générosité ; et, pour maltraiter bien rudement le Coadiuteur, qu'il le mesprise, qu'il luy tesmoigne, en dédaignant de le maltraiter, qu'il ne mérite seulement pas qu'il le maltraite. Le Coadiuteur ne craint rien à l'égal du mespris. C'est l'escueïl de sa patience ; c'est le suiet de son impatience.

. . . .

Ie sçay bien qu'il n'a point tenu au Coadiuteur que ce schisme n'ait esté ietté dans l'intelligence de ces deux Princes (le prince de Condé et le duc de Beaufort). Le Marquis de Chasteauneuf y a trauaillé, mais n'y a pas réussi. Madame de Montbazon a mesme esté sollicitée pour ce mesme dessein par vn des plus proches de ce nouueau Cardinal ; mais on luy a respondu qu'on n'estoit pas seulement en estat d'en vouloir escouter les premières propositions.

Le Duc de Beaufort voit bien que le Coadiuteur ne voudroit le désvnir d'auec le Prince de Condé que pour le perdre heureusement après l'auoir désvni. Tous les généreux luy pèsent sur les bras. Le Coadiuteur ne veut point d'amis s'il ne les commande. Il n'y a que les lasches qui s'y soumettent.

Disons donc que le Duc de Beaufort va de bon pied; qu'il est homme de cœur et d'honneur; qu'il est bien attaché au party, comme il l'a tousiours hautement tesmoigné. Il ne faut pas laisser de luy dire qu'il est à propos qu'il donne de l'esperon au Préuost des Marchands, dont on ne craint pas moins la modération que l'impétuosité de son prédécesseur.

LE COADJUTEUR.

. . . .

Le Coadiuteur est vn ambitieux; cela est constant. C'est vn intrigant; cela ne se contredit point. C'est vn hardy; tout le monde en tombe d'accord. C'est vn violent; personne n'en iuge autrement. Voilà bien des qualitez qui sont incompatibles auec la supériorité.

Mais où dit-on qu'il aspire? Au Ministère d'Estat. Que fera-t-il pour y arriuer? Tout. Que faut-il faire pour y arriuer? Il faut destruire tous ceux qui peuuent s'y opposer. Qui sont ceux qui s'y peuuent opposer? Ceux qui ont desià ressenti l'effet de la puissance des Fauoris et qui doiuent estre au dessus par le mérite de leurs vertus et de leur naissance. C'est le Duc d'Orléans; c'est le Prince de Condé. Le premier n'est point à craindre, parce que, outre qu'il est trop bon, la proximité du Trosne le met à l'abry des violences. Le second est redoutable, parce qu'il est ambitieux et qu'il est en estat de craindre ceux que la faueur fait approcher du Trosne pour y seruir de premiers ministres.

Pourquoy est-ce donc que le Coadiuteur a plus estudié de s'attacher au Duc d'Orléans qu'au Prince de Condé, puisque ce dernier est à craindre et que l'autre ne l'est plus à cause de sa trop grande bonté? La raison en est claire : le Prince de Condé ne veut point d'autre maistre que le Roy. Le Coadiuteur veut commander à tous ceux qui seront au dessous du Roy. L'vn et l'autre visent à mesme but; le premier par le mérite de ses vertus et de sa naissance; le second par les suggestions seules de son ambition.

. . . .

Le Coadiuteur ne hait pas Monsieur le Prince de Condé; mais il aime la souueraineté. Et comme il voit qu'il n'y peut arriuer par confidence, à moins qu'il ne destruise le Prince, il n'obmet que ce qu'il ne sçait pas pour s'en défaire.

Toutes ces réflections, qui ne sont pas moins infaillibles que les véritez de l'Éuangile, font conclure à certains politiques que si le Prince estoit réduit au choix ou à la nécessité de supporter l'vn des deux cardinaux dans le ministère, ou Mazarin ou Gondy, il supporteroit le Mazarin. Ie n'en doute pas. Tous les sages sont dans ce mesme sentiment. Le Mazarin a desià tant pillé qu'il n'est plus à craindre pour ses pilleries, parce qu'il s'est remply. Le Coadiuteur, outre qu'il est gueux, s'est encore tellement endebté qu'il est à craindre que le peuple payeroit ses debtes. Le Mazarin n'a point de parens dont l'éléuation par sa faueur puisse faire ombre à nos Grands et diuiser par mesme raison cet Estat. Le Coadiuteur en a vn si grand nombre qu'il seroit obligé par ses raisons politiques de renuerser tous les autres pour esleuer les siens.

Voilà les raisons générales. Pour les particulières : Mazarin n'est ni cruel, ni sanguinaire, ni violent. Tout ce qu'on peut dire de luy, c'est que c'est vn fourbe, vn auare, vn ingrat et vn sot politique. Le Coadiuteur a toutes les mauuaises qualitez du Mazarin ; mais il n'a pas les bonnes. Il est cruel et violent, tesmoin quand il fut d'aduis qu'il falloit sousleuer le peuple pour arracher les sceaux au Premier Président. Il est superbe et arrogant, tesmoin lorsqu'il voulut, l'an passé, à la porte de la Grand'chambre du Palais, entrer de pair auec le Prince de Condé, si ce dernier, iustement ialoux de son rang, ne l'eust rudement repoussé. Il est hardy et entreprenant, comme il le fit paroistre, l'année passée, dans toutes les assemblées du Parlement, où il ne venoit iamais qu'auec vne escorte de général d'armée.

Mais, pour coniecturer ce qu'il seroit s'il estoit premier Ministre d'Estat, il faut sçauoir que, parlant vn iour au comte de Lègues [marquis de Laigue], comme on dit, et au marquis de Noirmoustier, il leur asseura que, si le Mazarin eust esté plus séuère, c'est à dire plus cruel, il ne fust iamais deschu de son rang. Il vouloit dire par là, dit la glose : Si i'estois iamais ce que le Mazarin a esté, ie vous asseure, Messieurs, que si ie tenois en prison quelque Duc de Beaufort, quelque Mareschal de La Mothe ou quelque Prince du Sang qui m'eussent choqué, ie ne permettrois iamais qu'ils en sortissent que les pieds deuant. Mon Dieu! Mon Dieu! Mon Dieu! que le Mazarin reuienne plustost !

Cela me feroit quasi croire ce que certains ont remarqué, que M. le Prince de Condé n'a point poursuiui le Mazarin si viuement qu'il eust fait s'il n'eust redoubté ce successeur par la faueur du Duc d'Orléans et par la vengeance de la Reyne. Ie ne sçais s'il l'a fait ; mais ie suis bien asseuré qu'il l'a deub faire et que le Coadiuteur n'a que trop tesmoigné que s'il arriuoit iamais à la confidence du Roy, il tascheroit d'y débuter par la perte du Prince. Cela veut dire que si les peuples veulent que le Prince les défasse du C. Mazarin, il est iuste que les peuples mettent le Prince à l'abry de ce qu'il doibt craindre du costé du Coadiuteur.

. . . .

On a tort de reprocher au Coadiuteur qu'il est Mazarin, cela est vray; car il ne l'est pas; mais néantmoins, cela n'empesche pas qu'il ne l'ait soustenu. Voilà la raison : le Coadiuteur ne peut s'esleuer au ministère que par la faueur de la Reyne et par la perte du Mazarin. Pour mériter la faueur de la Reyne, il faut qu'il la flatte où il luy démange, c'est à dire qu'il appuye apparemment les intérests du Mazarin, quoyqu'en effet il le déteste. Pour perdre le Mazarin, il faut qu'il ne désempare iamais l'esprit du duc d'Orléans. Pour donner encore à la Reyne vn motif de l'aimer, il faut qu'il se porte pour vn des plus grands ennemys du Prince de Condé. Voylà bien des contradictions qu'il a à mesnager. Ce n'est pas tout.

Pourquoy s'oppose-t-il si fortement aux poursuites du Prince de Condé contre le Mazarin? car il est assez constant que, sans la lenteur que les intrigues du Coadiuteur ont causée dans l'esprit du Duc d'Orléans, le Prince auroit desià terrassé tout le party de Mazarin. Et si les apparences ne sont pas trompeuses, nous le pouuons assez coniecturer de ce qu'il a fait, lorsqu'il a eu le loisir de se dérober aux intrigans pour prendre l'espée.

Le Coadiuteur veut bien que le Mazarin soit esloigné; mais il seroit bien marry que le Prince de Condé l'eust destruit par la force. Voilà pourquoy il l'a tousiours affoibly en s'efforçant d'affoiblir le concours du Duc d'Orléans. Mais pourquoy cela? me dira quelqu'vn. C'est que

si le party Mazarin venoit à succomber par vne extresme
et visible foiblesse, le Prince auroit assez de force pour
frustrer le Coadiuteur de l'espérance qu'il a dans le Ministère et pour empescher la Reyne mesme de l'y esleuer; au lieu que si le Mazarin ne succombe que lors
même qu'il sera encore en estat de pouuoir résister, il
laissera la Reyne en estat de pouuoir faire choisir au
Roy celuy qu'elle voudra; et le Prince n'aura pas assez
de pouuoir pour l'empescher; et la Reyne sera bien aise
de porter son choix sur le Coadiuteur, tant en recognois-
sance de la complaisance qu'il luy a tesmoignée pour le
restablissement du Mazarin, que parce qu'elle le iugera
capable de seconder aueuglément toutes ses intentions
pour la venger hautement du Prince de Condé.

. . . .

PARIS.

. . . .

Ie n'appelle pas Parisien celuy qui est né dans Paris;
mais i'appelle Parisien celuy qui espouse les intérests de
Paris sans aucune réflection à ses intérests particuliers.
En ce sens, ie croy qu'il n'y a point de Parisiens dans
Paris, parce que tous les Parisiens sont partagez à la
deffense de ceux que l'intérest ou l'affection leur fait
choisir. Ainsi Paris oblige tout le monde; et Paris n'o-
blige personne. Il en est de mesme de luy que du Parlement. Le Parlement oblige les vns et les autres parce
qu'il a des particuliers dans son Corps qui sont partagez
selon leurs intérests ou selon leurs inclinations; mais
pour luy il n'oblige personne. Paris est pour le Prince;
Paris est pour le Mazarin, parce que Paris a des particuliers qui sont pour le Prince, et d'autres qui sont pour

le Mazarin ; mais en soy Paris n'est ni pour l'vn ni pour l'autre, parce qu'il n'espouse pas, comme il faut, les intérests de l'vn ni de l'autre.

. . . .

A la iournée du faux bourg Sainct-Anthoine, où le Prince de Condé sauua Paris, Paris fit néantmoins cognoistre qu'il estoit Prince et qu'il estoit Mazarin tout ensemble. Son affection fut problématique en ce iour ; et Mazarin et le Prince eurent esgalement subiect de s'en offenser et s'en tenir obligez.

. . . .

La Vérité
continuant de prononcer ses oracles.

. . . .

LE PREMIER PRÉSIDENT.

. . . .

Tout le monde conuient que le Premier Président fait le politique et le grand homme d'Estat. Cela veut dire qu'il croit l'estre ; mais cela ne conuainc pas qu'il le soit. Il est plus probable qu'il ne l'est pas pour cette seule raison qu'il le croit estre.

. . . .

Le Premier Président affecte vne façon stoïque. Il fait l'apathique et le hardy. Lorsqu'il a plus de subiect de craindre, c'est alors qu'il se roidit le plus pour ne trembler pas. Ses regards sont estudiez ; ses mouuemens sont tous composez ; sa barbe mesme ne se remue iamais qu'auec compas. Il parle fort peu ; mais il est emphatique. Il ne rit que fort rarement ; sa démarche est maiestueuse ; son maintien graue ; son visage fort vénérable.

La piété donne la dernière couleur à tout cet extérieur. Voilà vne belle apparence. Si les effets ne la démentent point, c'est vn grand homme. S'ils sont contraires, c'est vn grand fourbe. Parlons-en vn peu.

Si le Premier Président est désintéressé, ie m'en rapporte. Le bruit, néantmoins, qui court du contraire, n'est pas trop desraisonnable. Il est constant que depuis ces derniers mouuemens il a paru diuersement intéressé, tantost pour le Prince de Condé, tantost pour le Mazarin.

. . . .

Lorsque les Sceaux furent donnez au Premier Président, il estoit dans les intérests du Prince. Lorsqu'ils luy furent ostez pour estre redonnez au marquis de Chasteauneuf, il en sortit. Qu'est-ce qui l'obligeoit à ce changement? Si nous deuons déférer à la raison et à la créance publique, c'est l'esprit de vengeance qui le destacha du Prince, parce qu'il crut que le Prince luy pouuoit conseruer les Sceaux s'il se fust bien intéressé pour luy. Ce motif de changement est lasche. Celuy qui délaisse vn party par la seule raison que ses intérests ne s'y retrouuent pas, ne le condamne pas; mais il se condamne luy mesme en ce qu'il tesmoigne qu'il ne veut se donner qu'au plus offrant. Si c'est estre homme d'Estat, il faut réformer le Polibe et le Tacite. Passons outre.

Pendant l'emprisonnement des Princes, le Premier Président fit le Ianus ou le Gérion, c'est à dire l'homme à deux ou trois visages. Il portoit bien les intérests du Prince de Condé; mais la force luy manquoit pour les soustenir. Quelqu'iniustice qu'il vist en son emprisonnement, il n'en dit mot iusqu'à ce que sa lascheté lui fist voir que la tyrannie n'estoit pas assez absolue pour luy fermer la bouche. Il parla; mais c'est qu'il ne pouuoit plus se taire. Il se déclara lorsqu'il vit que mesme ceux qui estoient moins que luy, s'estoient desclarez. Il fit l'empressé pour l'eslargissement des Princes lorsqu'il recognut que la tyrannie n'estoit plus en estat de le pouuoir plus refuser. Lorsque le torrent des voix l'emportoit, il parloit hautement, faisant le fier pour la défense des Princes. Lorsque les autres se taisoient, il se tenoit dans le silence, n'osant parler à moins qu'il n'y fust inuité par l'exemple de quelqu'vn qui fust plus hardy que luy....

Cette politique est-elle d'vn homme d'Estat? Le Premier Président est à qui plus luy donne ; il attaque qui luy donne le moins. Il règle l'estime de celuy qu'il fauorise, à ce qu'il en reçoit. Il se fait achepter pour se reuendre à celuy qui luy donnera le plus, tellement que ceux qu'il sert, ne tiennent rien, à moins qu'ils ne le mettent en estat de ne pouuoir rien espérer de plus grand que ce qu'ils luy donnent. Voilà la politique des Suisses.

. . . .

Le Premier Président a vieilly dans le Palais ; aussi l'entend-il bien. Il n'est entré dans l'Estat que lorsqu'vn désintéressé de son aage en voudroit sortir ; faut-il s'estonner s'il ne l'entend point. Aussi dit-on que c'est par cette seule raison qu'il n'y est pas intelligent, que le Mazarin l'a choisi parce qu'il ne craint que ceux qui en sçauent plus que luy, et qu'il sçait, outre cela, qu'il est des vertueux de la grand'manche. Ie m'en rapporte.

D'où vient donc cette hardiesse, cette grauité, cet aiustement extérieur, composé à la politique, qui semblent des vertus d'Estat? De sa barbe, de sa robe longue, d'vne présomption particulière, d'vn extérieur de piété et de la coustume qu'il a de prononcer son iugement sans appel.

. . . .

LA DUCHESSE DE CHEUREUSE.

. . . .

On ne peut pas nier à la Duchesse de Cheureuse qu'elle n'ait beaucoup entrepris. Tout le monde sçait qu'elle a donné le bransle à plusieurs grands mouuemens et qu'elle a esté l'intelligence de plusieurs grands desseins; mais le malheur est qu'on ne luy en attribue pas vn de bon. On dit qu'elle remue beaucoup, mais qu'elle n'establit iamais vne affaire. On dit qu'elle mesle bien vne intrigue, mais qu'elle ne peut iamais la démesler. On dit qu'elle sort fort bien d'vn labyrinthe, mais non pas sans s'engager d'abord dans vn autre. On dit qu'elle trouble bien, mais qu'elle ne calme iamais. Bref, on dit qu'elle brouille bien, et c'est tout dire. Mais cela est-il vray ? Il faut le voir.

Il est probable que ses principes ne sont pas plus asseurez que ceux du Cardinal de Retz, son coadiuteur dans l'intrigue, puisqu'ils ne branslent que par mesme mouuement, ils n'agissent que par mesme principe. Les principes du Cardinal de Retz ne sont pas fort approuuez. On ne luy donne tout au plus que des souplesses et des bricoles dans la Politique, parce qu'on ne luy voit point produire aucun beau coup d'Estat; et comme on voit qu'il est assez intriguant pour désordonner le plus bel ordre, on dit qu'il est ou le bon disciple ou le bon collègue de la Cheureuse.

Cette conformité de génie qu'on recognoist dans les deux, fait qu'on en recherche plus curieusement la vérité pour n'en déférer qu'auec raison. On examine la conduite de la Duchesse de Cheureuse; on n'y rencontre iamais qu'vne importune suite de souplesses qui s'engagent insensiblement l'vne après l'autre et dont elle ne se dégage iamais. On examine l'économie du Coadiuteur ; et la mesme confusion la rend désagréable ; mais pour des Coups d'Estat, c'est à dire pour des traits de prudence qui fassent voir vn nouueau iour aux affaires dans leur plus grand embarras, ie pense que ny l'vn ny l'autre n'en ont iamais produit. La première n'a brouillé les cartes que pour en aller iouer le ieu hors de l'Estat. Elle n'est rentrée que par la porte qu'elle auoit ouuerte, c'est à dire par les troubles. Elle n'y vit que par les tempestes qu'elle a souleuées ; point d'ordre, point de calme, point d'économie dans sa conduite. Le Cardinal de Retz ne brouille pas moins. Sa conduite n'est autre chose qu'vne suite de souplesses entrelacées les vnes auec les autres. Il ne finit iamais, parce que, en sortant d'vn abysme, il tombe dans vn autre. Il a l'intrigue inespuisable, parce qu'il n'a point de prudence qui la puisse borner par aucun coup d'Estat.

. . . .

Pour intriguer, il faut estre hardy au delà de la modération ; la Duchesse de Cheureuse l'est dans la perfection. Il ne faut iamais se rebuter ; elle est à l'espreuue des refus ; et son Altesse Royalle le pourroit bien tesmoigner. Il ne faut iamais agir que par le motif de l'intérest : c'est le seul de ses principes, comme il a tousiours paru. Il faut estre de deux visages : le Mazarin peut bien estre tesmoin qu'elle entend ce mestier. Il faut faire semblant de hayr ceux qu'on aime, et d'aimer ceux qu'on hait : elle triomphe dans ce déguisement. Il faut estre actif, prompt et vigoureux : c'est son génie. Et, pour conclure en vn mot, il faut tousiours engager les affaires, soit en semant de faux bruits, soit en diuisant les vns d'auec les autres, soit en faisant naistre de nouuelles conionctures, soit en faisant tirer toutes choses en longueur pour se rendre nécessaire : c'est en quoy l'esprit de la Duchesse de Cheureuse se fait remarquer parmy les plus intelligens.

. . . .

LE COMTE D'HARCOURT.

Le Comte d'Harcourt est soldat, dit on; mais il n'est pas capitaine. Il a le bras bon ; mais il a la teste foible. Il fait bien; mais il délibère mal. Il a l'action forte; mais sa conception est foible. C'est vn Briare; mais pour cent bras, il n'a pas vn cerueau....

Ceux qui le défendent, disent qu'il a tousiours laissé les branches pour ne s'attacher qu'au tronc. Ceux qui l'accusent, disent qu'il s'attache aueuglément; qu'il a trop de complaisance pour vn homme de cœur ; qu'il ne se recognoist pas, parce qu'il se prostitue à toute sorte d'employs ; qu'il cherche l'honneur, mais par les voies de l'intérest, ou qu'il cherche plustost où il y a à gagner, que où il y a à se signaler.

. . . .

On dit qu'il obéyt aueuglément; qu'il ne regarde pas si le ministre est tyran, mais s'il est fauory. Cela est bien honteux ; mais cela est-il vray ? Après l'action qu'il fit en escortant les Princes iusques au Haure, on n'en a iamais douté. Il est vray que cette complaisance estoit bien honteuse et qu'on s'estonna bien de voir qu'vn prince de Lorraine faisoit le Grand Préuost après auoir esté général d'armée[1].

---

[1] « Pour vingt mille francs, le comte d'Harcourt a vendu sa naissance et sa renommée, après avoir vendu sa conscience. »

L'Expédition héroïque du comte d'Harcourt, etc. [1333].

. . . .

Cependant c'est un grand preneur de villes. Cazal et Turin valent bien Villeneuue et La Réole. Il s'est rendu maistre de ces deux là; pourquoy a-t-il eschoué deuant ces deux cy[1]? La raison, dit-on, en est claire. Il auoit des bras et des testes deuant Cazal et deuant Turin. Il n'auoit que des bras deuant Villeneuue. Turenne, Du Plessis, La Mothe lui manquoient. Quand il est tout seul, il ne fait rien. Quand il est en Compagnie, il fait des merueilles; mais c'est qu'il faut que les autres fassent tout. Il ne paye que de bonne mine; point de ieu si on ne luy conduit la main.

LE MARESCHAL DE TURENNE.

Le Mareschal de Turenne est braue; mais il est malheureux. S'il auoit le bonheur, il auroit les quatre vertus que Cicéron demandoit autrefois à vn général d'armée. Ses pertes luy sont illustres; ses désaduantages ne dérogent en rien à sa gloire. Qu'il soit vainqueur ou qu'il soit vaincu, on dit tousiours qu'il a bien fait. Aussi il ne perd iamais qu'il ne gagne. Depuis ces troubles, la bataille de Sommepuits près de Rhétel[2], la déroute de Chastillon[3], la iournée du faux bourg Sainct Anthoine luy ont esté toutes aduantageuses pour ce qui est de la gloire, mais toutes désaduantageuses pour ce qui est du profit;

---

[1] Le siége de Villeneuve d'Agen est un des grands événements de la Fronde dans la Guienne. Il fut levé le 2 juillet 1652. *Levée du siége de Villeneuue d'Agénois*, etc. [2298]. — *Relation véritable de ce qui s'est fait et passé à l'attaque de la ville de la Réole*, etc. [3199].

[2] Plus connue sous le nom de bataille de Rethel, le 18 décembre 1650. — *Lettre du Roi.... contenant.... tout ce qui s'est fait et passé à Rethel*, etc. [2186].

[3] C'ést le combat de Bleneau, le 7 avril 1652.

car il n'a iamais esté vainqueur. Cette cognoissance qu'on a de son destin, fit dire à certains, lorsqu'il accepta l'employ de général de l'armée mazarine, qu'il estoit braue, mais que sa brauoure ne seruiroit que pour rendre nos triomphes plus illustres, parce qu'il estoit en prescription d'estre tousiours vaincu. Ne luy disputons pas la gloire d'estre grand capitaine; il l'est sans contredit....

Après ce qu'il fit pendant l'emprisonnement du Prince, est-il bien croyable qu'il fasse ce qu'il fait auiourd'huy? Il en est en cela de luy comme des autres : il ne trauaille que pour l'intérest; c'est le dieu du cœur. La gloire n'est que le dieu de la bouche. Si le Prince, dit-on, luy eust voulu promettre la lieutenance de Guyenne et le Duché d'Albret, si le Duc d'Orléans luy eust voulu donner le commandement de ses troupes et l'oster au Duc de Beaufort, on croit qu'il ne se fust pas fait Mazarin. Le désespoir et l'intérest l'ont ietté dans ce party.

. . . .

En tout cas, ie ne le blasme que d'auoir cru triompher d'vn party que son maistre appuye. Ie ne le blasme que d'auoir cru trouuer ses intérests chez le plus intéressé de tous les hommes. Ie ne le blasme que d'auoir pris vn party choqué de toute la haine de l'Estat. Ie ne le blasme que d'auoir cru trouuer l'intérest en le cherchant. Vn braue comme luy ne doit viser qu'à la gloire. Tous les autres obiects le doiuent faire rougir; et s'il aime autre chose que ce qui fait l'honneste homme, il cesse de l'estre.

. . . .

LE CARDINAL MAZARIN.

. . . .

Il est vray que le Mazarin n'a fait que ce que tous ses

prédécesseurs dans le Ministère ont fait ; mais son malheur est qu'il n'a pu piller que ce qui estoit nécessaire pour subsister, et qu'en ostant ce mauuais reste, il a fait crier au voleur. S'il eust pu piller sans tout rauir, il eust esté vn voleur impuny. Il a esté malheureux en ce qu'il est venu le dernier et qu'il a esté obligé de piller ce qu'on ne pouuoit perdre sans perdre patience. Quand vn peuple est riche, les premiers voleurs d'Estat pillent sans danger parce qu'ils pillent dans l'abondance. Les seconds commencent à faire murmurer, parce qu'on voit du décroissement dans les finances. Les derniers sont heureux s'ils ne sont assommez, parce qu'ils ne peuuent rien prendre sans prendre tout.

On ne nie pas que Mazarin ne soit vn voleur : c'est son premier mestier ; c'est le mestier de ses pères ; c'est la profession de ses ancestres ; mais on sçait que, parmy les Ministres d'Estat, il n'a pas esté le seul voleur. Il a peut estre esté le plus insatiable ou le plus prompt à voler ; et c'est de quoy ie l'accuse. S'il nous eust despouillez peu à peu, nous eussions encore esté assez sots pour n'en dire mot. Au lieu de retenir le manteau, nous luy aurions peut estre donné la chemise. Son auidité l'a perdu ; et l'énormité de son butin l'a rendu trop visible pour le tolérer.

. . . .

Cette auidité n'est pas la seule cause de la perte du Mazarin. Il a voulu se rassasier de l'honneur comme il se rassasioit de la substance du peuple. Cette mesme qualité de coquin de naissance luy a causé cette soif d'honneur inaltérable. Pour la contenter à l'esgal de l'autre, il a fallu d'abord faire marchepied de tout ce qu'il y a eu de grand dans l'Estat. Les grands s'en sont rebutez ; les généreux se sont liguez; et tous vnanimement ont conspiré sa ruine.

. . . .

Pour moi, ie n'accuse le Mazarin que d'auoir eu vne politique qui ne luy a point réussi. C'est vn coquin de fortune qui a eu de l'ambition. Il en a suiuy les mouuemens; il les a mesnagez le mieux qu'il a pu. Si la politique des Estats se mesnageoit comme l'intrigue des filous et des bandits, il y eust peut estre réussi. Il n'estoit que pour estre charlatan ou tout au plus estafier dans quelque maison de Cardinal. Il a veu que la France n'estoit pas trop difficile pour le choix des hommes d'Estat; il y est reuenu; il a réussi; on l'a receu à bras ouuerts. Tous les grands luy ont fléchi le genouil. Les peuples l'ont adoré. La Reyne l'a fait son indépendant. Pourquoy l'accusons-nous?

Ne sçauions-nous pas qu'il estoit d'Italie? qu'il n'estoit entré dans nos bonnes grâces que par vn trait de fourbe? Ne nous auoit-on pas dit qu'il estoit surnommé le pipeur et le charlatan par antonomaze? Pouuions-nous ignorer qu'il eust fait le mestier d'introduire les ambassadeurs de Vénus ou les estalons d'amour?

Ce n'est pas luy qui est coupable, mais ceux qui l'ont protégé et le protégent. Il a fait ce qu'il deuoit faire et que tout autre que luy n'eust pas manqué de faire s'il l'eust peu. Tous ses manquemens et tous ses attentats sont les crimes de ses protecteurs. Ce sont eux qui doiuent estre punis de toutes ses maluersations. C'est à eux que la Iustice s'en doit prendre.

. . . .

Relation véritable de ce qui s'est passé à Pontoise, en la réception des six Corps des Marchands; ensemble leurs Harangues, et ce qui leur a esté répondu par le Roy et la Reyne [3218].

(29 septembre 1652.)

Le Dimanche, vingt-neufiesme Septembre, arriuèrent à Pontoise, sur les trois à quatre heures après midy, les Députez des six Corps des Marchands Bourgeois de la ville de Paris, au nombre de soixante et dix, tant Drappiers, Épiciers, Merciers, Pelletiers, Bonnetiers, qu'Orphéures, tous conduits par le sieur Patin, Ancien et grand Garde de la Drapperie, lequel, en cette qualité, portoit la parolle.

Lors de leur arriuée, le Roy estoit dans la cour du Chasteau, accosté sur vne espèce de Balustrade, accompagné du sieur de Vitermont et autres Capitaines et Officiers du Régiment des Gardes qui venoient d'arriuer de Dunquerque où ils estoient en garnison lors de sa prise, et rendoient compte à sa Maiesté de ce qui s'y estoit passé.

Le Roy voyant arriuer cette quantité de Carrosses remplis de Bourgeois escortez d'enuiron cent cinquante Caualliers, demanda ce que c'estoit; à quoy fut respondu que c'estoient les Députez des Bourgeois de sa bonne ville de Paris qui le venoient supplier d'y retourner. Aussi tost il partit du lieu où il estoit, et alla dans vn Jardin du Chasteau, où, après auoir demeuré vne grosse demie heure, il en sortit et monta en sa chambre.

La Reyne estoit pour lors à Vespres aux Carmélites, d'où estant reuenue au Chasteau, en descendant de son Carrosse, d'vn air riant, dit à Monsieur le Comte d'Orval, son Escuyer : « Hé bien, Monsieur le Comte, Messieurs de Paris sont-ils arriuez? » Et ainsi montant en son appartement, elle demanda où estoit le Roy, qui parut aussitost et retourna à la promenade dans le mesme Jardin d'où il estoit sorti peu auparauant. Sur les six heures du soir, le Roy tint Conseil où fut résolu que le lendemain Lundy, Audience seroit donnée sur le midy à ces Messieurs les Députez, qui en attendant se logèrent où ils peurent.

Le Lundy 30, sur les sept heures du matin, ces Messieurs en Corps furent trouuer Monsieur le Lieutenant Ciuil dans son logis, au Couuent des PP. Cordeliers, et là le prièrent de les vouloir présenter à leurs Maiestez ; sur quoy, après s'estre excusé sur ce que Monsieur le Préuost des Marchands Le Fèure estoit à Pontoise et que c'estoit son fait, à cause que cette Députation n'estoit composée que de Marchands, il ne laissa néantmoins d'en accepter la charge sur ce qui luy fust représenté qu'il estoit leur Iuge naturel et qu'ils ne connoissoient Monsieur le Préuost des Marchands qu'en certaines choses, et que sa Iurisdiction ne s'estendoit pas sur tout comme celle du Lieutenant Ciuil, qui estoit le véritable Iuge de la Police. Il n'estoit plus question que de la Cérémonie ; pourquoy faire quatre des principaux furent prier Monsieur de Saintot pour accompagner Monsieur le Lieutenant Ciuil ; ce qu'il fit ; et, des Cordeliers, tous furent en corps faire leurs visites.

Ils commencèrent par celle de Monsieur le Sur-Intendant des Finances qui les receut fort bien ; et après auoir ouy le sieur Patin, il respondit que toute la disposition de la Cour estoit de donner à la Compagnie ce qu'elle désiroit; que de sa part il contribueroit à tout ce qu'il pourroit pour faire voir à Messieurs de Paris l'affection qu'il auoit pour le retour de Sa Maiesté dans sa bonne Ville; après leur auoir dit que véritablement il y auoit quelque chose à redire au procédé des Bourgeois, sur ce que le Roy estant à S. Germain en Laye, les Préuost des Marchands, Escheuins et Bourgeois de la ville de Paris auoient pris des passe ports de son Altesse Royalle pour venir trouuer le Roy à Saint Germain, et que cela l'auoit d'autant plus estonné que la Métropolitaine du Royaume, ceste grande ville et ce monde, s'estoient soumis à demander des Passeports à d'autres qu'à leur Souuerain. A cela luy fut respondu que ce n'auoit point esté par marque de soubmission, mais seulement pour éuiter les fréquentes incursions des gens de guerre, qui, violant la foy publique, rôdoient partout sans aucun respect ni considération. En suitte de quoy il asseura la Compagnie et de son affection et de son seruice.

De là on fut chez Monsieur le Chancelier logé aux Vrsulines; lequel n'estant pas encore en estat d'estre veu, on fut chez Monsieur le Garde des Sceaux, qui, auec tendresse, receut la Compagnie et dit que la Cour ne respiroit que Paris; qu'il approuuoit fort le zèle des Députez; mais que ce n'estoit pas encore tout fait; que la personne du Roy ne pouuoit pas estre en seureté dans vne ville tandis qu'il y auroit des ennemis de son Estat; que Paris n'estoit remply que de gens de guerre, allans et venans; que de sa part il estoit obligé de représenter les inconuéniens qui en pourroient arriuer; qu'il sçauoit fort bien, et par expérience, que tous les bons

Bourgeois n'auoient iamais manqué et d'affection et de fidélité enuers le Roy; que s'il y auoit eu du désordre parmy eux, que ce ne pouuoit estre que la Canaille qui l'eust causé, et non les gens de bien; qu'il feroit ce qu'il pourroit pour que le Roy retcurnast en bref à Paris; que toute la disposition y estoit ainsi qu'il l'auroit désià dit; mais que parauant il falloit pouruoir à la seureté de la personne du Roy. A quoy fut respondu que toute la seureté y estoit et que lors de l'approche de sa Maiesté, on sortiroit de Paris soixante mille hommes pour luy aller au deuant, et qu'il n'y auoit que sa présence qui pourroit apporter le calme et la tranquillité dans la ville et dissiper les menées de certains factieux qui estoient aux gages de ceux qui taschoient de fomenter le désordre. Ce qu'ayant ouy, il remercia la Compagnie, l'asseura de sa protection et de son seruice, et dit que le Roy donneroit audience sur le midy.

De là on retourna chez Monsieur le Chancelier, qui d'vne grâce toute extraordinaire reçeut la Compagnie, approuuant son affection auant que l'on luy eust dit aucune chose; et comme il vit que l'on se préparoit à la harangue, s'estant vn peu retiré pour donner moyen à la pluspart de la Compagnie d'entrer, le lieu estant vn peu serré, il entendit mot pour mot ce que le sieur Patin luy dit; à quoy il respondit ponctuellement, asseura la Compagnie de l'affection du Roy enuers ses suiets, et particulièrement enuers les Parisiens; que iamais le Roy, quoyque ieune, n'auoit tesmoigné pendant ces troubles aucun ressentiment contre Paris; que souuentes fois il luy auoit ouy dire qu'il l'aymoit; qu'il n'y auoit du tout rien à craindre, mais tout à espérer de sa clémence et de sa bonté; qu'il espéroit que sa Maiesté, croissant en âge, croistroit aussi en affection et en bonne volonté; et que quant à la Reyne, il falloit tout espérer d'elle; que la sincérité de ses actions feroit paroistre le contraire de ce que l'on auoit creu; qu'il auoit pris la liberté de luy représenter plusieurs fois et en particulier que depuis vingt ans qu'il auoit l'honneur d'estre dans la charge de Chancelier, il n'auoit iamais connu dans les Parisiens que fidélité et amour pour le seruice du Roy; et que là dessus la Reyne luy auoit fait l'honneur de luy dire qu'elle le sçauoit bien et qu'elle se porteroit aussy tousiours pour eux; que ce qu'il disoit, il le disoit auec sincérité et qu'il ne parloit que du plus profond de son cœur; que le Roy, la Reyne et toute la Cour estoient tous disposez au retour de Paris et que pour luy il y apporteroit ce qu'il pourroit; mais qu'ayant l'honneur d'estre du Conseil du Roy, il n'osoit s'engager à luy faire entreprendre ce voyage, estant très périlleux de le faire aller dans vne Ville dont il n'estoit pas asseuré, non plus que ceux qui venoient de parler; que, bien que les Bourgeois le souhaitassent auec passion, ainsi qu'ils le tesmoignoient, il n'estoit pas à propos que ny luy ny ceux du Conseil l'y fissent aller; que c'estoit à la Compagnie à le demander à la personne mesme du Roy et à luy déduire les raisons qui le pourroient émouuoir à entrer à Paris, soit pour la seureté de sa personne, soit aussi pour y receuoir les vœux et les obéyssances de tous ses fidels suiets; que cela estant, pourueu qu'il y eust après la moindre apparence, le Roy ne manqueroit pas de s'approcher de la Ville; qu'il l'y porteroit autant qu'il pourroit, et que l'on se pouuoit en tout asseurer de sa personne, puisque estant Parisien, il y estoit doublement obligé. Après quoy, il remercia la Compagnie de l'honneur qu'elle luy auoit fait de cette visite, et la conduisit iusques à la porte de sa chambre, où ayant salué les vns et les autres, il les asseura, tant en général qu'en particulier, de son affection et de son seruice, et qu'ils auroient audience sur le midy.

Du logis de Monsieur le Chancelier, on fut chez Monsieur du Plessis Guénégault, et de là au logis de Monsieur Le Tellier, où se trouua Monsieur Seruien, auxquels après pareilles Harangues que deuant, ils asseurèrent la Compagnie de leurs seruices et bonnes volontez ; que le Roy et la Reyne estoient tout à fait disposez au retour de Paris ; qu'en ce qui dépendroit d'eux, ils feroient leur possible, iusqu'à se rendre supplians enuers le Roy pour la satisfaction de Messieurs les Bourgeois de Paris ; qu'outre que c'estoit leur patrie, ils estoient encore obligez par affection et pour beaucoup d'autres considérations à souhaiter le Roy dans Paris et la tranquillité dans le Royaume. Ce qu'ayant dit, on les asseura que le Roy approchant de Paris, on feroit vne haye de cent mil hommes depuis Paris iusques à S. Denys, lesquels ne respiroient que la sacrée personne du Roy et sa présence. Sur quoy ils asseurèrent que ce seroit en bref, mais qu'il falloit voir le Roy et qu'ils auroient audience sur le midy.

L'heure venue, les Marchands s'assemblèrent dans le Iardin des Pères Cordeliers, et de là furent en Corps et en Ordre au Chasteau, reuestus de leurs Robbes de Garde, et là furent introduits par le Sieur Saintot, Maistre des Cérémonies, qui les conduisit dans la Galerie Neufue où ils furent bien vne demy heure, attendant que le Roy fust reuenu de la Messe ; après quoy estant de retour, ils furent conduits dans vne Salle où estoit Sa Maiesté, accompagnée de la Reyne sa Mère, de Monsieur le Duc d'Aniou, de Monsieur de Vendosme et autres Grands Seigneurs du Royaume, de Monsieur le Chancelier, de Monsieur le Garde des Sceaux, de Monsieur le Sur-Intendant des Finances, de Messieurs les Secrétaires d'Estat et autres Officiers de la Couronne. Là les Députez prosternez à deux genoux aux pieds de sa Maiesté, le sieur Patin fit sa harangue, supplia très humblement le Roy d'honorer Paris de sa présence et d'y apporter la Paix et la tranquillité tant désirée de ses fidels suiets ; que c'estoit là le seul motif de leur légation, d'asseurer sa Maiesté de la fidélité et de l'obéyssance des Bourgeois.

Il n'eust pas finy que le sieur Brun, vn des Gardes des Marchands Merciers, fist sa Harangue et au Roy et à la Reyne, et dans la suitte de son discours entrecouppé de sanglots, beignant en pleurs, eust la force par l'affection et par le zèle qu'il tesmoignoit au seruice du Roy, de tirer les larmes de sa Maiesté et de la pluspart de l'assemblée, protestant qu'il ne souhaittoit de viure que pour se sacrifier au seruice et à l'obéyssance qui estoit deue à sa Maiesté, et qu'il désiroit auoir cent mil vies pour les luy pouuoir offrir et les sacrifier à ses pieds ; que son cœur parloit pour cent mil hommes qui auoient la mesme affection que luy, coniurant la Reyne de porter le Roy à la Paix, de faire qu'elle fust donnée, et de la donner elle-mesme. Ce discours ainsi naturellement animé, et sans aucun artifice de Réthorique, tira du Roy quelques parolles bien veillantes ; et la Reyne qui dit auoir les sentimens du Roy, asseura la Compagnie de toute affection que le Roy leur tesmoigneroit tousiours et leur en donneroit en peu de temps des preuues qu'ils en auroient toute satisfaction ; qu'il estoit asseuré de leur fidélité, et très rauy de les voir ; que ce n'estoit pas luy qui estoit cause de tant de désordres, et qu'il estoit aussi bien qu'elle, très fasché de ce qu'ils auoient tant souffert et de ce qu'ils souffroient tant encore. A quoy fut respondu qu'il n'y auoit que la seule absence du Roy qui faisoit souffrir Paris, et que sa seule présence estoit capable d'en guérir tous les maux ; que cinquante mil, voire cent mille hommes ne respiroient autre chose et que si sa Maiesté laissoit eschapper cette occasion, on ne pourroit pas sçauoir ce que ces gens là pourroient deuenir ; que sa Maiesté estoit de rechef très humblement suppliée de mettre ordre à ces désordres, d'honorer Paris de sa présence et d'y apporter la paix.

Là, le sieur Perrichon, aussi l'vn des Gardes des Marchands Merciers et l'vn des Maistres de l'Hostel-Dieu de Paris, prit la parole, représenta au Roy la misère publique ; que le dépeuplement de la campagne et la ruine des Fermiers et des Laboureurs, auec le peu qu'on auoit receu au bureau de la recepte généralle de l'Hostel-Dieu, estoit cause que l'on ne pouuoit plus entretenir aucuns pauures, bien loin d'en substanter trois mille que l'on estoit prest de renuoyer et de mettre sur le carreau, n'y ayant en l'Hostel-Dieu aucun moyen pour eux ; qu'il pleust à sa Maiesté et à la Reyne de pouruoir à vne telle nécessité ; que leurs Fermiers se préualant de la guerre ne se mettoient en nulle façon en peine de payer ; que la présence du Roy dans Paris y apportant la paix estoit le vray moyen de faire subsister le pauure et l'indigent ; qu'il ne tenoit qu'à sa sacrée personne que la charité, la plus haute des vertus, ne fust exercée ; qu'il estoit très humblement supplié de mettre la main à l'œuure, et que par ce moyen, en le faisant et donnant à son peuple ce qu'il luy demandoit auec tant d'instance et de Iustice, il surpasseroit en grandeur et en vertu tous les Roys ses prédécesseurs.

Le Roy pressé de douleur et de tendresse, ayant peine à luy respondre, dit seulement qu'il les remercioit; et la Reyne en continuant dit qu'il ne falloit point douter de la bonne volonté du Roy, et qu'il estoit asseuré de la fidélité et affection de ses fidels suiets et des bons Parisiens; fit leuer la Compagnie qui auoit tousiours parlé à genoux et la face contre terre; et après auoir dit qu'en peu on feroit en sorte de les satisfaire et que l'on en rechercheroit incessamment les moyens, le sieur de Saintot eut ordre de les faire retirer ; et sortirent par vne autre porte après s'estre deux à deux prosternez aux pieds du Roy. Ils s'en retournèrent au Couuent des Cordeliers où ils furent conduits par Monsieur le Comte de Nogent, qui les asseura de la bonne volonté de la Reyne et que tout iroit à leur contentement.

I'espère, Dieu aydant, donner à ma Patrie la satisfaction qu'elle pourra désirer des véritables relations de ce qui se passera en Cour pendant que i'y feray séiour, espérant continuer celle cy dessus auec autant de vérité et d'affection pour mes Compatriottes.

Virelay sur les vertus de sa faquinance [4030].

(1652.)

Il est de Sicile natif.
Il est tousiours prompt à mal faire.
Il est fourbe au superlatif.
Il est de Sicile natif.

Il est d'vn naturel tardif :
Il est lasche. Il est mercenaire.
Il n'est pas trop persuasif.
Il n'a iamais eu l'esprit vif.
Il n'est ni galant, ni naïf.
Il n'est qu'à son bien attentif.
Si le nostre le rend pensif,
Ce n'est que pour nous le soustraire ;
Et d'vn accord consécutif
Le peuple ne cesse de braire :
Il est de Sicile natif.
Il est tousiours prompt à mal faire.

On ne sçait quel est ce chétif,
Quel est son père présomptif,
D'où nous est venu ce faussaire,
S'il est noble ou s'il est métif ;
Et la Cour, comme le vulgaire,
Chante pour tout point décisif :
Il est de Sicile natif.
Il est tousiours prompt à mal faire.

Puisqu'il est si vindicatif,
Que son poison est corrosif,
Et qu'il a l'asme sanguinaire,
Qu'vn diable est son maistre instructif,
Qu'il n'est point de préseruatif,
De remède confortatif,
De vuide, ni de lénitif,
Qu'on manque de restauratif
Et qu'il n'est aucun correctif
Contre ce ministre offensif
Dont nostre perte est le motif,
Il n'est rien de plus positif
Que le Chrestien, comme le Juif,

Peut d'vn accent alternatif
Dire au moins pour se satisfaire :
Il est de Sicile natif.
Il est tousiours prompt à mal faire.

Ce faquin est gras comme suif
Et n'est pas beaucoup maladif.
Il n'est ni fourbu ni poussif;
Mais pour le point génératif
Il aime le copulatif;

. . . .

Autrefois on le vit passif;
Maintenant on le croit actif;
Et quoique pour chose si claire
Il est fort sur le négatif,
On peut soustenir le contraire :
Il est de Sicile natif.
Il est tousiours prompt à mal faire.

Chez lui, tout est impératif;
Et comme il sçait peu la grammaire,
Il ne connoit point le datif;
Il prétend faire vn positif
De tout pronom démonstratif.
Il fait vn grand préparatif
Dont il sera mémoratif;
Mais on sçait que ce fugitif
Ne fut iamais expéditif,
Qu'il n'a pas l'esprit inuentif
Et que ce n'est qu'vn apprentif
Dans la science militaire.
Il est meschant. Il est craintif.
Il est de Sicile natif.
Il est tousiours prompt à mal faire.

Quoiqu'il soit fort appréhensif,

Il pille tousiours en corsaire.
Il charge d'vn bien excessif
Aussi bien galère qu'esquif.
Il a des tables d'or massif,
Dont on fait ailleurs inuentaire.
Sous lui tout le peuple est captif.
Il est de Sicile natif.
Il est tousiours prompt à mal faire.

Mais qu'il ne soit plus si rétif
De peur qu'vn bois de chesne ou d'if
N'empesche vn bourreau d'estre oisif
Et qu'vne lettre circulaire
Ne prône encore d'vn ton plaintif :

Il est de Sicile natif.
Il est tousiours prompt à mal faire.
Il est fourbe au superlatif.
Il est de Sicile natif.

Relation véritable des particularitez obseruées en la réception du Roy dans sa bonne Ville de Paris, et tout ce qui s'est fait et passé en Parlement le Lundy 21 *octobre* 1651, *en présence de son Alt. Royalle et autres Ducs et Pairs de France, auec la Harangue faite par M. le Préuost des Marchands à sa Maiesté* [3260].

(21 octobre 1652).

Monseigneur le Duc d'Orléans s'estant rendu au Palais sur les huict heures du matin, accompagné de Monsieur le duc de Beaufort, Monsieur le Mareschal d'Estampes et autres Seigneurs, et ayant pris sa place à l'accoustumée, Monsieur le Président de Nesmond luy a adressé la parole et dit qu'il auoit reçeu Lettre de Cachet de la part du Roy, qu'il a présentée à la Compagnie, sur la suscription de laquelle il y auoit : *A nostre amé et féal Monsieur de Nesmond, nostre Conseiller d'Estat et Président en nostre Parlement*, qui porte :

Qu'il aye à se trouuer le Mardy 22 d'Octobre en son Chasteau du Louure pour receuoir et entendre ses volontez sur toutes les affaires présentes.

Aucuns de Messieurs se sont plaints de ce que plusieurs d'entre eux auoient été obmis et auxquels on n'auoit pas escrit, qu'il sembloit qu'il y eust du particulier, que l'on vouloit demeurer dans vne dissimulation trop secrette, pour leur iouer quelque pièce dans ce temps.

Il est arriué qu'vn particulier est entré dans l'Assemblée et a présenté vn gros pacquet ; lequel ayant esté déployé, il se seroit trouué qu'il y auoit dans ledit pacquet six autres petits pacquets.

Le premier pour Messieurs de la grand'Chambre, et les autres pour les cinq autres Chambres des Enquestes du Parlement de Paris, lesquels ayant esté aussi ouuerts, il s'y est trouué plusieurs particularitez qui seroient trop prolixes à réciter.

Messieurs de Paris ayant sceu le iour pris par sa Maiesté pour y reuenir, ils enuoyèrent par toutes les Parroisses et Églises commander de carillonner ; ce qui a esté fait depuis les trois heures de releuée iusques à l'arriuée de sa Maiesté en son Louure ;

Et le soir du mesme iour, faire les feux de ioie par toutes les rues de la Ville, pour tesmoigner le grand contentement qu'elle auoit de voir son Roy auec elle.

Dès les huict heures du matin, vne Compagnie des Archers de la ville à cheual, auec leurs hocquetons et trompettes, s'allèrent rendre à l'Hostel du Mareschal de l'Hospital, Gouuerneur de Paris, pour le conduire et accompagner à la Maison de Ville, pour, auec Messieurs les Préuost des Marchands, Escheuins et les Mandez, aller receuoir le Roy à son arriuée.

Au deuant du Roy, allèrent toute la Noblesse des quatre Académies, très bien montez et couuerts, iusques au delà du Cours à la Reyne.

Quantité de Seigneurs et Nobles furent iusques à Ruel, où le Roy fut receu par Madame la Duchesse d'Aiguillon et disna au Chasteau auec Monsieur le Duc d'Aniou, son frère.

Monsieur le Préuost des Marchands, Escheuins et Officiers de Ville et vn grand nombre de Bourgeois mandez, tous à cheual, auec les trois Compagnies d'Archers et d'Arbalestriers, sortirent aussi iusques au delà du Cours.

Il y auoit vne multitude infinie de Peuple de tous les quartiers de la Ville, curieux de voir arriuer le Roy à Paris.

Auparauant arriuèrent à Paris Monsieur Séguier, Chancelier de France, Monsieur le Premier Président Molé, Garde des Sceaux, Messieurs les Présidens de Nouion et Le Coigneux, les Secrétaires d'Estat, partie des Gardes Françoises et Suisses.

Sur les six à sept heures du soir, le Roy arriua à Paris par la porte S. Honoré et alla descendre au Louure.

Sa Maiesté estoit accompagnée de Monsieur le duc d'Aniou, son frère, du Roy d'Angleterre, du Duc de Vendosme, du Cardinal de Retz, de plusieurs Ducs et Pairs de France,

Des sieurs d'Estrées, de l'Hospital et de Villeroy, Mareschaux de France,

Des quatre Compagnies des Académies,

Et d'vn grand nombre de Noblesse.

Entre trois heures de releuée iusques à l'arriuée du Roy à Paris, l'on carillonna par toutes les Paroisses et Églises de Paris;

Et au soir les Canons de l'Arsenal et de la Grèue, au nombre de quarante-six, auec quantité de Boëtes;

Et par toutes les rues de Paris, les Feux de ioye et des Lanternes allumées aux fenestres, auec cris de *Viue le Roy!* et mousquetades, ce qui dura iusques à dix et onze heures du soir.

Harangue *de Monsieur le Préuost des Marchands faicte au Roy.*

Sire,

Votre bonne Ville de Paris veut tesmoigner à Vostre Maiesté la grande ioye qu'elle a de son heureux retour en icelle. Elle la considère comme son Soleil dont la présence dissipera tous les nuages obscurs et ténébreux d'ennuy et de tristesse qu'elle a soufferts pendant son absence. Elle se promet auiourd'huy iouir des iours d'Alcyon, exempts d'orages, de tempestes et de tourbillons. Ce luy est vne Iris Thaumentide qui luy donne asseurance d'vne bonne Paix, dans laquelle elle reprendra son ancienne splendeur et reuerra la prospérité en ses familles; et, nonobstant toute la mauuaise saison qu'elle a eue durant quelques années, cela n'a rien diminué de l'estimation naturelle qu'elle a d'aymer son Roy, ainsi qu'elle a fait entendre à vostre Maiesté par les Députez des six Corps des Marchands, par la bouche de ses Colonels et par la nostre, sans se départir iamais du seruice et de l'obéyssance qu'elle a tousiours eue singulière, protestant de vouloir viure et mourir auec cette gloire d'estre fidèles à Vostre Maiesté, de laquelle,

Sire,

Ils veullent estre creus
Très humbles et très obéyssants seruiteurs et Subiects.

FIN.

TABLE ALPHABÉTIQUE.

A

Abel, II, 427.
Ableiges (veuve du sieur d'), I, 222.
Abraham, I, 67, 292.
Absalon, I, 229.
Acheus, roi des Lydiens, I, 394.
Adrien (l'empereur), I, 168, 293 ; II, 52.
Ægée, roi d'Athènes, II, 215.
Aëtius, I, 389.
Agrippa, I, 364.
Aignan, arlequin de la Comédie italienne, II, 192.
Aiguillon (Marie-Madeleine de Vignerod, duchesse d'), I, 413 ; II, 53, 339.
Ajax, II, 217, 218.
Alais (Louis de Valois, comte d'). II, 51, 104.
Alais (le sieur d'), maréchal de camp, II, 118.
Albert, archiduc d'Autriche, I, 468.
Alençon (Jean II, duc d'), I, 263 ; II, 40, 51.
Alexandre, roi de Macédoine, I, 146, 406 ; II, 218.
Alexandre Sévère, empereur, I, 368, 401 ; II, 48.
Alexandre VI, pape, I, 380.
Alibert, financier, I, 119.
Alizon (la vieille), II, 193.
Alluye (Charles d'Escoubleau, marquis d'), I, 436 ; II, 68.
Amat, financier, I, 125.
Amboise (Georges d'), cardinal, II, 46.

Amelot, Jacques, marquis de Mauregard, premier président de la Cour des Aydes, I, 210 ; II, 138.
Amelot, sieur de Gournay, maître des requêtes, I, 214, 219.
Amphitrite, II, 219.
Ampus (la marquise d'), II, 445, 451.
Amyque (le roi), II, 216.
Ancre (N. Conchino Conchini, marquis et maréchal d'), I, 33, 54, 56, 61, 62, 89, 292, 304, 326, 464 ; II, 15, 108, 244, 250, 493.
Angoulême (Charles de Valois, duc d'), I, 82, 263, 435, 445 ; II, 134.
Angrand, financier, I, 135.
Anjou (Philippe de France, duc d'), II, 65, 312, 313, 340, 532, 539, 540.
Anne d'Autriche, reine de France, I, 65, 173, 427, 468 ; II, 499.
Anne (dame), marchande de la halle, II, 276, 291.
Annet, servant à la garde-robe dans le palais Mazarin, II, 223.
Annibal, I, 273.
Antiphon, I, 234.
Appelles, II, 218.
Archimède, I, 15.
Ardier président de la Chambre des Comptes, I, 211.
Argouges (N. d'), conseiller au grand conseil, I, 4.

544 TABLE ALPHABÉTIQUE.

Argus, II, 209.
Aristide, I, 236.
Aristote, I, 63, 390, 406 ; II, 457, 461, 462.
Arnauld, gén. des Carabins, II, 282.
Arnoul, financier, I, 123.
Arteveld (Jacques), II, 425.
Assur, I, 72.
Atrée, II, 462.
Attila, I, 388.
Aubert, financier, I, 118.
Aubray (Dreux d'), lieutenant civil au Châtelet de Paris, I, 214.
Aubry, président de la Chambre des Comptes, I, 210.
Auguste, I, 364, 390 ; II, 48.
Aumale (Charles de Lorraine, duc d'), I, 14.
Avaux (Claude de Mesmes, comte d'), II, 19.
Aymon (les quatre fils), I, 355.
Ayragny, II, 217.

B

Bachaumont (François Le Coigneux, sieur de), conseiller au parlement de Paris, I, 181, 436.
Bachelier, financier, I, 129.
Bailleul (Louis de), président à mortier au parlement de Paris, I, 174 ; II, 421.
Baiots, financier, I, 132.
Balthazar, conseiller au parlement de Paris, II. 443.
Balzac (Jean-Louis Guez de), I, 491.
Barbe, financier, I. 134.
Barberini (Antonio), cardinal, I, 96, 99, 154.
Barbier (Louis), abbé de La Rivière, évêque de Langres, I, 104, 166, 174.
Barbier, financier, I, 138.
Barbier, II, 219.
Barclai (Jean), II, 213.
Barillon (Jean-Jacques de), président à mortier au parlement de Paris, I, 29, 101, 292, 306, 333, 334 ; II, 17, 37, 248.
Barin (sieur de La Galissonnière), maître des requêtes, I, 216.

Barrières, II, 151, 219.
Bartet, agent du cardinal Mazarin, II, 279.
Barthélemy (sieur d'Oynville), maître des Comptes, I, 213.
Bas (le sieur de), II, 151.
Bastier (Mlles Marguerite et Marie), II, 204.
Bautru (Bernard de), avocat au parlement de Paris, I, 211, 479.
Bautru (Guillaume), I, 55, 123, 174, 303, 411, 503 ; II, 441.
Bautru-Nogent, financier, I, 114.
Bazinière (de La), financier, I, 129.
Beaufort (François de Vendôme, duc de), I, 104, 110, 112, 183, 220, 306, 308, 334, 413, 421, 433, 436, 501, 503, 504, 505, 506 ; II, 14, 15, 18, 32, 37, 41, 68, 84, 87, 89, 99, 109, 114, 115, 116, 147, 174, 182, 206, 248, 270, 287, 301, 365, 378, 382, 392, 413, 421, 425, 509, 513, 523, 538.
Beaumais, mercier, I, 519.
Beaupuy (le sieur de), gentilhomme du duc de Beaufort, I, 433.
Beaurain, financier, I. 133.
Beausemblant, nom de comédie qu'on prêtait à Isaac de Laffemas, II, 193.
Beauveau (le comte de), II, 216.
Bechefer (de), substitut du procureur général du roi près du parlement de Paris, II, 430, 431.
Behr, II, 205.
Bellegarde (Roger, duc de), II, 44, 57.
Belleroze (Pierre le Messier, dit), comédien, I, 438 ; II, 193.
Bellièvre (N. Pompone, sieur de) chancelier de France, I, 444.
Bellièvre (Nicolas Pompone de), président à mortier au parlement de Paris, depuis premier président, I, 211.
Bénicourt (de), armurier, à l'enseigne de la Chasse-Royale, I, 291.
Benoise, conseiller au parlement de Paris, I, 216.

TABLE ALPHABÉTIQUE. 545

Bérault, garde des rôles, I, 125, 131, 133.
Bermond (sieur de), conseiller au parlement de Paris, 1, 216.
Bernard, comte d'Espagne, I, 61.
Bernières (sieur de), maître des requêtes, I, 214.
Bernon (M. de), II, 206, 217.
Berlant, financier, I, 135.
Bertinet, I, 15.
Besnard (sieur de l'Essart), conseiller au parlement de Paris, I, 220.
Bétaut, receveur des consignations, I, 132.
Béthune, I, 454.
Beuvron (François de Harcourt, marquis de), I, 433.
Beys, comédien de l'hôtel de Bourgogne, II, 192.
Bignon (Jérôme), avocat général au parlement de Paris, I, 222.
Bigot, II, 217.
Bins, financier, I, 126.
Biron (Armand de Gontaut, baron de), maréchal de France, I, 444; II, 53.
Bitault (François), conseiller au parlement de Paris, I, 219 ; II, 137.
Blaeu, géographe, I, 15.
Blanche de Castille, reine de France, II, 433
Blancmesnil (Réné Potier, sieur de), président à mortier au parlement de Paris, I, 24, 151, 181, 186, 213; II, 14, 26, 37.
Blessier, financier, I, 137.
Blot (N. de Chauvigny de), I, 17, 141.
Bocasse, II, 217.
Bochard (sieur de Champigné), maître des requêtes, I, 267.
Bocquemare (Charles de), président aux requêtes du palais, I, 221.
Bodin (Jean), I, 237 ; II, 461.
Bois-le-Fèvre, II, 157.
Boisset, musicien célèbre du temps, I, 176.
Boleslas le Chauve, roi de Pologne, I, 60.
Bonneau, conseiller au parlement de Paris, I, 222 ; II, 73.
Bonneau, financier, I, 118, 119, 136, 138.
Bonnegarde (M. de), II, 207.
Bonnelle (N. marquis de), I, 211; II, 74.
Bonnivet (Guillaume Gouffier, sieur de), amiral de France, I, 409.
Bordier, financier, I, 114, 123, 131 ; II, 408.
Bossuel, financier, 1, 128.
Boucherat, maître des requêtes, I, 211.
Boucqueval (de), doyen du grand conseil, I, 307; II, 34.
Boudon, financier, I, 127.
Bouguier, conseiller au parlement de Paris, I, 213.
Bouillon (Henry de La Tour-d'Auvergne, duc de), II, 214.
Bouillon (Frédéric-Maurice de La Tour-d'Auvergne, duc de), I, 183, 203, 413, 421, 431, 434, 435; II, 80, 149.
Bouillon (la duchesse de), II, 103.
Boulanger, II, 384.
Boulanger (veuve du président aux enquêtes), I, 220.
Boulay, financier, I, 126.
Boulx (sieur de), conseiller au parlement de Paris, I, 220.
Bourbon (Charles, duc de), connétable de France, II, 417.
Bourbonie (la déesse), II, 201, 203, 205, 211.
Bourdeaux (de), intendant des finances, II, 339, 409.
Bourgogne, gouverneur de Brie-Comte-Robert, I, 265; II, 123, 133.
Boutault (Eloi), évêque d'Evreux, II, 46.
Boutaut, évêque d'Aire, I, 196.
Bouteville (François, comte de), I, 402.
Bouteville (François-Henri de Montmorency, comte de), depuis maréchal et duc de Luxembourg, I, 504; II, 183, 214.
Bouvard (Charles), premier médecin de Louis XIII, I, 465.
Bouvard, conseiller au parlement de Paris, I, 217.

II   35

Boyer, financier, I, 119.
Bragelonne (Jean Quatre-Hommes de), président aux enquêtes, I, 217.
Bragelonne (N. Quatre-Hommes, sieur de), conseiller à la cour des Aydes, I, 212; II, 138, 441.
Brandelys, personnage de comédie, II, 193.
Braze, guépein, I, 83.
Bregi-Flexelles (le comte de), ambassadeur de France en Pologne, I, 507.
Bretonvilliers (de), sieur d'Auron, conseiller au parlement de Paris, I, 221.
Bretonvilliers, financier, I, 136; II, 409.
Brézé (Armand de Maillé, duc de), grand amiral de France, II, 26.
Briçonnet, maître des requêtes, II, 138.
Brienne (Henry-Auguste de Loménie, comte de), secrétaire d'État, I, 174.
Brinquelle, montreur de marionnettes, I, 300.
Brion (sieur de), président en la cour des Aydes, I, 211.
Briquemau, II, 217.
Brissac (Louis de Cossé, duc de), I, 504; II, 151.
Brissonnet, maître des requêtes, I, 211.
Briu, sieur de Houille, I, 218.
Broglio (N., comte de), maréchal de camp, II, 30.
Brossamin, financier, I, 125, 129.
Broué, sieur de La Guette, maître des requêtes, I, 217.
Broussel (Pierre), conseiller au parlement de Paris, I, 8, 9, 16, 23, 26, 27, 151, 174, 181, 186, 212, 220, 225, 373, 376, 458; II, 14, 15, 26, 37, 82, 84, 126, 182, 260, 270, 278, 287, 412, 413, 483, 487, 499, 506.
Bruges (le chevalier de), I, 436.
Brun, garde des marchands merciers, II, 532.
Brutus (Junius), I, 370.
Bullion (Claude de), surintendant des finances, I, 113, 121, 135; II, 74, 408.

C

Caissant, financier, I, 138.
Cajetan (Thomas de Vio), dit le cardinal, I, 68.
Caligula, empereur, I, 401, 442.
Callisthènes, le philosophe, I, 406.
Calprenède (sieur de La), II, 167.
Cambises, I, 390.
Campobacho (le comte de), I, 61.
Camus (Jean-Pierre), évêque de Belley, I, 518.
Camus (N.), ingénieur, I, 15.
Canasille (Nicolas), consul de France à Dantzig, I, 507.
Candale (Louis-Charles-Gaston de Nogaret de La Vallette, duc de), I, 503, 504, 505; II, 50.
Canivet, financier, I, 114.
Canolle (le chevalier de), lieutenant colonel du régiment de Navailles, II, 249.
Cantarini, banquier du cardinal Mazarin, I, 310.
Canto, II, 286.
Carmeline, l'opérateur, I, 14.
Carrel (Thomas), huissier sergent à cheval au châtelet de Paris, I, 121, 329.
Casimir, roi de Pologne, I, 60.
Cassiodore (Aurélius), Senator, I, 368.
Castelnau Mauvissière (Jacques, marquis de), depuis maréchal de France, II, 29.
Castor, I, 215.
Catelan, financier, I, 118, 120, 121, 122, 138, 442, 458.
Catilina, I, 240.
Catinat, conseiller au parlement de Paris, II, 130.
Caton, I, 110.
Caton d'Utique, I, 404.
Catulle, II, 241.
Césy (le comte de), I, 414.
Chabenat, financier, I, 120.
Chaillou (de), maître des Comptes, I, 212.
Chalanges, financier, I, 129.

TABLE ALPHABÉTIQUE. 547

Chambon (le comte de), gouverneur de Saintes, II, 217.
Chambon (N. Hay, abbé de), I, 293.
Chamboy (le baron de), gouverneur du Pont-de-l'Arche, II, 142, 216.
Chamilly (le comte de), lieutenant général, II, 205, 217, 318.
Chamilly (la comtesse de), II, 204.
Chamilly (Mlle de), II, 204.
Champeron, conseiller au parlement de Paris, I, 213.
Champlâtreux (Jean Molé, sieur de), conseiller au parlement de Paris, I, 220; II, 286, 442.
Chantefort, financier, I, 125.
Chapelier, avocat général en la cour des Aydes, I, 213.
Charlemagne, I, 61.
Charles le Simple, roi de France, I, 61.
Charles V, dit le Sage, roi de France, I, 81, 394, 409; II, 235.
Charles VI, roi de France, I, 81, 392, 394, 444, 464.
Charles VII, roi de France, I, 81, 409.
Charles VIII, roi de France, I, 392, 409; II, 51, 458, 460.
Charles IX, roi de France, II, 238.
Charles, duc de Normandie, frère de Louis XI, II, 236.
Charles d'Anjou, roi de Naples, II, 181.
Charles le Téméraire, duc de Bourgogne, I, 61.
Charles Martel, II, 469.
Charles Quint, I, 59, 60, 82, 87; II, 232, 322.
Charlet, conseiller au parlement de Paris, I, 222.
Charlet (sieur d'Ébli), I, 217.
Charlot, financier, II, 57.
Charrié (Jean, l'abbé), agent du cardinal de Retz à Rome, II, 447.
Charron (Jacques), sieur de Menars, intendant des finances, I, 125.
Chartier, financier, I, 128.
Charton (Louis), président aux requêtes du Palais, I, 220.

Châteauneuf (Charles de L'Aubespine, marquis de), garde des sceaux de France, II, 257, 346, 347, 349, 350, 510, 518.
Châtelet (Paul Hay, marquis du), II, 186, 192.
Châtillon (François de Coligny, amiral de), II, 238.
Châtillon (Gaspard IV de Coligny, duc de), I, 273, 308; II, 30, 54, 69, 112, 114.
Châtillon (Isabelle de Montmorency, duchesse de), I, 299.
Chatius, financier, I, 130.
Chaulnes (Honoré d'Albert, duc de), I, 434.
Chaumuel (le sieur de), I, 518.
Chauvin, financier, I, 128.
Chavagnac (Gaspard, comte de), 392.
Chavigny (Léon Le Bouthilier, comte de), secrétaire d'État, I, 155, 174, 332, 333; II, 37, 43, 258, 365, 389, 390, 422.
Chemerault (le comte de), II, 217.
Chemerault (la comtesse de), II, 204.
Chérizy (le comte de), II 217.
Cheselier (N.), conseiller de la cour des Aydes, I, 4.
Chevigny (le marquis de), II, 206
Chevreuse (le duc de), 174.
Chevreuse (Marie de Rohan, duchesse de), I, 431, 435; II, 282, 288, 291, 344, 346, 347, 445, 451, 506, 519.
Chevreuse (Charlotte-Marie de Lorraine, Mlle de), I, 431; II, 292.
Chezelles (sieur de Nue), I, 213.
Childéric Ier, roi de France, I, 81.
Chilpéric, I, 389.
Chiron, II, 272.
Chory, financier, I, 129.
Cicéron (Marcus Tullius), I, 169, 170, 382, 383, 385, 406, 407; II, 457, 527.
Cinq-Mars (Henri Coiffier de Ruzé, marquis de), grand écuyer de France, I, 401; II, 53.
Circé, II, 177.

Ciré (le baron de), II, 192.
Clanleu (le marquis de), I, 273; II, 111, 113.
Claudian, poëte latin, I, 397.
Claudius, censeur, I, 394.
Claudius César, empereur, I, 59.
Clément (Jean), coutelier, I, 519.
Clesia, II, 217.
Clinchamp (Bernardin de Bourqueville, baron de), II, 421.
Clodion le Chevelu, I, 388.
Clovis, I, 281; II, 215.
Cohon (Anthyme-Denis), évêque de Dol, I, 121, 179, 185, 196; II, 123, 124, 314.
Colbert, financier, 123.
Coligny (Gaspard II, amiral de), II, 314.
Colonna, le cardinal, II, 245.
Colonne, le connétable, I, 154.
Comines (Philippe de), I, 229, 392.
Condé (Henri II de Bourbon, prince de), I, 150, 156, 165, 465, 498.
Condé (Louis II de Bourbon, prince de), I, 8, 32, 56, 92, 106, 149, 173, 177, 180, 184, 192, 193, 197, 198, 202, 231, 234, 265, 272, 298, 327, 336, 344, 432, 433, 435, 436, 445, 470, 472, 479, 482, 498, 511; II, 14, 15, 18, 20, 21, 22, 23, 24, 25, 26, 27, 28, 30, 31, 32, 33, 34, 36, 38, 41, 44, 45, 47, 48, 49, 53, 54, 55, 57, 59, 60, 63, 68, 81, 105, 110, 113, 133, 178, 181, 182, 204, 210, 214, 217, 219, 247, 250, 254, 257, 261, 263, 265, 269, 271, 272, 273, 275, 278, 280, 284, 286, 289, 290, 300, 304, 313, 325, 327, 329, 330, 344, 345, 346, 348, 350, 359, 361, 364, 367, 377, 379, 380, 383, 388, 390, 393, 413, 414, 415, 416, 417, 418, 419, 420, 421, 422, 424, 426, 429, 431, 432, 450, 470, 501, 504, 510, 511, 512, 514, 516, 523.
Condé (Charlotte-Marguerite de Montmorency, princesse douairière de), I, 173; II, 16, 172.
Condé (Claire-Eugénie de Maillé-Brézé, princesse de), I, 173, 202, 219; II, 16, 172.
Conradin, II, 181.
Constance, l'empereur, II, 310.
Constantin, musicien du temps, I, 17, 142.
Conty (Armand de Bourbon, prince de), I, 56, 161, 173, 182, 268, 414, 420, 431, 432, 472, 511; II, 14, 22, 26, 28, 41, 46, 52, 56, 63, 72, 78, 80, 107, 108, 152, 153, 160, 204, 250, 277, 282, 286, 292, 300, 325, 419, 429.
Coquelay, conseiller au parlement de Paris, I, 214.
Corbet, II, 205, 218.
Coré, grand prêtre d'Israël, I, 69.
Cornuel (Claude), financier, I, 113, 114, 118, 120; II, 408.
Cosmar (le marquis de), II, 45.
Cosnac (Daniel de), archevêque d'Aix, I, 123.
Costar (l'abbé Pierre), II, 149.
Coste (Pierre), II, 10.
Cottignon, I, 221.
Cottinet (Arnould), libraire, I, 497.
Coudray (N. du), conseiller au parlement de Paris, I, 23.
Coulanges (de), financier, I, 134.
Coulon (Jean), conseiller au parlement de Paris, I, 181, 217.
Courtin, conseiller au parlement de Paris, I, 221.
Courtin, maître des requêtes, I, 216.
Courtois, valet de chambre de la reine mère, II, 282.
Couttayes (le sieur de), I, 513.
Crécy (le sieur de), II, 151.
Créon, roi des Thébains, II, 215.
Crépin, conseiller au parlement de Paris, I, 211.
Créquy (François de Bonne, marquis de), I, 174.
Cresson (le sieur de), I, 431.
Crispus Passienus, II, 48.
Cromwel (Olivier), II, 416, 430.
Cugnac (le marquis de), I, 436.
Cujas (Jacques), I, 460; II, 461.
Cumont (sieur de), conseiller au parlement de Paris, I, 215; II, 130.

TABLE ALPHABÉTIQUE.

Cynéas, I, 361.
Cyrus, I, 390.

D

D'Alvimare, financier, I, 133.
Darbault, huissier, II, 224.
Darius, I, 390.
Darragonnois, financier, I, 113.
Daucour, II, 216.
Davenne (François), I, 105, 517; II, 186.
David, le roi-prophète, I, 229.
David (M.), II, 207.
Davity (Pierre), I, 473.
De Billy, financier, I, 125.
De Bordeaux, financier, I, 116, 123.
De Combes, financier, I, 130.
De Halus, financier, I, 123.
De La Garde, financier, I, 129.
De Mons, vicomte d'Audrezelle, financier, I, 117, 118, 123, 128, 138.
Denouveau, financier, I, 130.
Denys le Jeune, tyran de Syracuse, I, 394.
Denys le Tyran, I, 397.
Deodati, financier, I, 133.
De Repas, financier, I, 134.
Desbournais, financier, I, 413.
Desbrosses - Guénégaud, financier, I, 114.
Descartes (René), I, 15.
Descoutures, II, 227.
Des Forges, II, 217.
Deslandes-Payen (Pierre), conseiller au parlement de Paris, I, 214; II, 81, 450.
Desmartineaux, II, 286.
Des Noyers (François Sublet, sieur), intendant des finances et secrétaire d'État, I, 125, 219.
Des Roches (sieur), II, 98.
De Vic, financier, I, 138.
Deville (Antoine), ingénieur, I, 15.
Diane, II, 203, 205.
Dioclétien, empereur, II, 282.
Diomède, I, 15; II, 216.
Dognon (Louis de Foucauld, comte de), depuis maréchal de Foucauld, II, 430.
Dollu, I, 211.

Dort, II, 217.
Dosnay, II, 206.
Doublet, financier, I, 115.
Douglas, II, 206.
Dournet, financier, I, 134.
Doux, conseiller au parlement de Paris, II, 104.
Dreux (N.), conseiller au grand conseil, I, 4.
Drouet, greffier du parlement de Paris, I, 222.
Drouin, financier, I, 132.
Dubois, sieur de Baillet, I, 215.
Du Bos (Mathieu), II, 275.
Du Faye, II, 206, 217.
Dufresne, avocat et financier, I, 138.
Du Frottoir, I, 503, 504.
Du Guesclin, I, 409.
Du Mas, financier, I, 115.
Dumesnil, II, 217.
Du Mousseau, financier, I, 122.
Dunois (Jean d'Orléans, comte de), I, 409.
Du Perron (Jacques Davy, cardinal), I, 441; II, 459.
Duras (Henri de Durfort, comte de), depuis duc et maréchal de France, II, 215.
Duras (Guy-Alphonse de), depuis maréchal de Lorge, II, 128.
Duret de Chevry, président au parlement de Paris, I, 212, 412.
Durié (la), I, 116.
Durot, financier, I, 132.
Duval (Jean), I, 416.
Du Vouldy, financier, I, 113, 119.

E

Eaubonne (sieur d'), conseiller au parlement de Paris, I, 220.
Effiat (Antoine Coiffier, marquis d'), maréchal de France, surintendant des finances, I, 123, 464; II, 408, 409.
Elbeuf (Charles de Lorraine, duc d'), I, 109, 112, 182, 421, 433; II, 78, 80, 83, 91, 95, 108.
Elbeuf (Catherine-Henriette, fille légitimée d'Henri IV, duchesse d'), I, 182.
Éléazar, I, 69.

Élie, le prophète, I, 258.
Éliézer, serviteur d'Abraham, I, 67.
Émery (Michel Particelly, sieur d'), surintendant des finances, I, 8, 119, 122, 123, 323, 413; II, 411, 412.
Épaminondas, I, 463.
Érigone, II, 210, 220.
Erlach (Jean-Louis, comte d'), général de l'armée weymarienne, I, 23, 509; II, 155, 156.
Érostrate, I, 294.
Esdras, le prophète, I, 68.
Espernon (Jean-Louis de Nogaret de La Valette, duc d'), I, 409; II, 50.
Espinay, financier, I, 125.
Estampes (Jacques, maréchal d'), II, 538.
Esther, femme d'Assuérus, I, 68.
Estienne (Antoine), libraire, I, 473.
Estrades (Geoffroy, comte d'), depuis maréchal de France, II, 29.
Estrées (François-Annibal, maréchal d'), II, 540.
Euzenat (l'abbé), intendant du cardinal Mazarin, II, 223, 339.

F

Fabert (Abraham), maréchal de France, II, 339.
Fabius Maximus, II, 457.
Fauge (sieur de), II, 216.
Faure (François, le père), confesseur de la reine et depuis évêque d'Amiens, II, 375, 406.
Favier, maître des requêtes, I, 215.
Fayette (veuve du président), I, 221.
Fermelis (Mlle de), II, 204, 218.
Ferracier-Monbrun (le sieur de), maréchal de camp, II, 118.
Ferté (Henry de Senneterre, maréchal de La), I, 141; II, 403, 424.
Feydeau, abbé de Bernay, conseiller clerc au parlement de Paris, I, 220; II, 441.
Fezzary, sieur de Gagny, I, 222.
Fiesque (Charles-Léon, comte de), I, 435, 504.
Fieubet, financier, I, 135.
Figuière (le sieur de), I, 455.

Flauriau, financier, I, 136.
Flavianus, évêque d'Antioche, I, 449.
Flechenstein, général de l'armée weymarienne, I, 509.
Fleix (Marie-Claire de Bauffremont, marquise de Senecey, comtesse de), I, 174.
Flexelle (sieur de), président en la chambre des Comptes, I, 210.
Flexelle (fils du précédent), II, 384.
Fontaine-Martel (le sieur de), II, 158.
Fontenay (le comte de), ambassadeur à Rome, I, 414.
Fontrailles (Louis d'Astarac, marquis de), I, 504; II, 405.
Forcoal, financier, I, 131.
Formé, I, 222.
Foulé, maître des requêtes, I, 218; II, 186.
Fouquet de Croissy, conseiller au parlement de Paris, 507.
Fouquet, maître des requêtes, I, 208.
Fournier, président en l'élection et premier échevin de Paris, II, 138.
Fracasse, comédien, II, 193.
Fraguier (François, sieur de Longperrier), conseiller au parlement de Paris, II, 442.
François Ier, roi de France, I, 366, 409; II, 202, 237, 317, 321, 469.
François II, roi de France, II, 238.
François, dauphin de France, depuis François II, I, 60.
François II, duc de Bretagne, I, 164, 409.
Frédéric II, roi de Danemark, II, 42.
Frequienne (le chevalier de), II, 219.

G

Gagnac, II, 217.
Galaud, financier, I, 116, 117, 118, 119, 123, 138, 139; II, 408.
Gamorin, I, 45.
Gargan, financier, I, 116.

TABLE ALPHABÉTIQUE. 551

Garnier, président en la cour des Aydes, I, 212.
Garnier, financier, I, 130.
Garvalet, archer de la ville de Paris, II, 384.
Gassion (Jean de), maréchal de France, I, 297, 336, 350; II, 30, 54.
Gathon, financier, I, 138.
Gaucourt (Joseph, comte de), II, 339.
Gaumont, sieur de Villers, I, 222.
Gautier, comédien, II, 193.
Gedouin, financier, I, 130.
Georges de Paris (le chevalier), I, 149, 298, 358.
Gerzay ou Jarzay (Réné du Plessis de La Roche Pichemer, marquis de), I, 501, 503, 504; II, 161.
Gillon, I, 389.
Girard, conseiller au parlement de Paris, I, 217.
Gobelin, sieur de Gilvoisin, I, 214.
Godard, I, 219.
Godefroy, sieur de Valenton, I, 213.
Gofecourt (M. de), II, 206, 219.
Gofecourt (Mlle de), II, 204, 218.
Goizel, astrologue, I, 177.
Gomberville (Marin Le Roi de), II, 167.
Gondy (de), I, 221.
Gontier, conseiller au parlement de Paris, I, 212.
Gonzague-Clèves (Anne de), princesse palatine, II, 419.
Goret, sieur de Bougival, I, 216.
Gorsenlart, financier, I, 130.
Goulas (de), secrétaire des commandements du duc d'Orléans, II, 422.
Gourville (Jean-Hérault, sieur de), II, 207, 220, 389, 419.
Gouville (le sieur de), colonel du régiment de Condé-cavalerie, II, 217.
Gramont (Antoine, maréchal de), I, 175, 177; II, 71, 115, 122.
Gramont (Philibert, chevalier de), II, 205, 216.
Grancey (Jacques-Rouxel, comte et depuis maréchal de), I, 264; II, 128, 133.
Grandpré (Jean-Armand de Joyeuse, comte de), depuis maréchal de Joyeuse, II, 216.
Grasseteau (Hugues), conseiller au parlement de Paris, I, 221.
Grieux (sieur de), président en la cour des Aydes, I, 210.
Grimaldy, le cardinal, I, 413.
Groin, financiers, frères et fils du maître de la Pomme de Pin, I, 136.
Gros-Guillaume, comédien, II, 199.
Guénégaud (Henry, sieur du Plessis), secrétaire d'Etat, I, 174, 209, 222, 411; II, 42, 54, 73, 76, 531.
Guérin (N.), conseiller de la cour des Aydes, I, 4.
Guérin, financier, I, 125.
Guignet, financier, I, 135.
Guillard, financier, I, 137.
Guillaume, comédien, II, 193.
Guillot, acteur de la Comédie italienne, II, 192.
Guilloty, financier, I, 135.
Guiry, I, 181.
Guise (Henry Ier de Lorraine, duc de), II, 43.
Guise (Henry II de Lorraine, duc de), I, 32, 102, 339; II, 45, 248, 348.
Guise (Louis II de Lorraine, cardinal de), II, 43.
Gustave Vasa, roi de Suède, II, 42.
Guyet, greffier du parlement de Paris, I, 411; II, 104.
Guygnard, II, 206.

H

Hamilton (Antoine), II, 205.
Harcourt (Henry de Lorraine, comte d'), grand écuyer de France, I, 32, 106, 205; II, 72, 81, 91, 173, 247, 312, 418, 501, 521.
Harcourt (le prince d'), fils aîné du duc d'Elbeuf, I, 182, 433.
Hardy, comédien de l'hôtel de Bourgogne, II, 192.

Harlay (Achille de), premier président du parlement de Paris, I, 444 ; II, 459.
Hautdessens, aide du bourreau, II, 198.
Hautman (veuve de), I, 220.
Héliogabale, empereur, I, 401.
Henriette de France, femme de Charles Ier, roi d'Angleterre, I, 173 ; II, 248.
Henry II, roi de France, I, 409 ; II, 237.
Henry III, roi de France, I, 265, 409, 479 ; II, 51, 238.
Henry IV, roi de France, I, 83, 146, 235, 399, 401, 409, 444 ; II, 2, 130, 152, 295, 458.
Henry, roi de Suède, I, 394.
Hérard, receveur général des tailles, II, 155.
Hercule, II, 212, 214, 217, 218.
Hérodote, I, 65, 390.
Hersent (Charles), prédicateur, I, 105.
Hippolyte, reine des Amazones, II, 215.
Hippocrate, II, 463.
Hocquincourt (Charles de Monchy, marquis d'), maréchal de France, II, 59, 403.
Hodicq (Pierre de), président aux enquêtes, I, 220.
Holopherne, II, 368.
Honorius, empereur, I, 397.
Horace, I, 415.
Housset, financier, I, 123, 134.
Hugon, le Roy, I, 26.
Hugues Capet, II, 458, 469.
Huron, financier, I, 132.

I

Ibrahim, le sultan, I, 445.
Illescas (don Joseph de), envoyé de l'archiduc Léopold, I, 223.
Imbert, financier, I, 125.
Imecourt (le comte d'), II, 217.
Innocent X (J. B. Pamphili), I, 477 ; II, 249.
Isaac, I, 67.
Isabelle (Claire-Eugénie), veuve de l'archiduc Albert d'Autriche, et gouvernante des Pays-Bas, I, 468.
Itendu, financier, I, 133.

J

Jacob (le Père Louis), II, 222.
Jansénius (Corneille), évêque d'Ypres, I, 69.
Janvry (de), dit de Féran, conseiller au parlement de Paris, I, 384.
Jars le commandeur de, I, 174, 503 ; II, 198.
Jason, II, 208, 209, 210, 213, 214.
Jassaut, maître des requêtes, I, 214.
Jean II, roi de France, II, 234, 469.
Jean Guillaume, le bourreau, II, 196, 241.
Jérémie, le Prophète, II, 334.
Jodelet, I, 271, 300 ; II, 167.
Joly (Guy), conseiller au châtelet de Paris, II, 413.
Joly, financier, I, 134.
Jonglas, financier, I, 125.
Josselin, financier, I, 137.
Joubert, financier, I, 138.
Joyeuse (Robert, marquis de), I, 174.
Judith, II, 368.
Juignon, procureur au parlement et financier, I, 138.
Jules César, I, 59, 368, 382 ; II, 249.
Jupiter, II, 203, 210.
Justinien, empereur, I, 460.

K

Kerner, financier, I, 138.

L

La Barre (sieur de), président aux enquêtes, I, 218 ; II, 442.
La Berchère, conseiller au parlement de Paris, II, 443.
La Berge (sieur de), capitaine des gardes du prince de Condé, II, 217.

TABLE ALPHABÉTIQUE. 553

La Bergerie (M. de), II, 207.
Laboulaye (Maximilien Eschalard, marquis de), I, 112, 297, 348, 357, 422, 435; II, 84, 100, 122, 148, 149, 161, 378, 413, 414.
La Châtre (Mlle de), II, 204, 218.
La Claucire, II, 29.
La' Coste (peut-être Pierre Coste), II, 220.
La Croix (de), maître des Comptes, I, 213.
Lactance (Lucius, Cœlius, Firmianus), II, 368.
La Fare (Charles-Auguste, marquis de), II, 29.
La Ferté (Marc), I, 210.
Laffemas (Isaac de), maître des requêtes, I, 217; II, 186, 192, 198.
Laffemas (N., abbé de), 1.295, 349.
Lafleur, tambour, II, 157.
La Forests, financier, I, 115.
La Gastine (de), I, 221.
Lagneau, astrologue, I, 177.
La Grange (de), sieur de Marconville, conseiller au parlement de Paris, I, 216.
La Grange (sieur de, maître des Comptes), I, 215.
Laigue (le marquis de), II, 289, 513.
Laisbordes, II, 217.
Laisné, conseiller au parlement de Paris, I, 213.
La Louvière (sieur de), lieutenant-gouverneur de la Bastille, II, 84.
La Magdeleine, II, 217.
La Magne ou Lumagne, financier, I, 116.
Lamoignon (Guillaume de, sieur de Baville), maître des requêtes, I, 211.
Lambert, financier, I, 133, 136; II, 409.
La Motte, II, 217.
La Moussaie (N., marquis de), II, 203, 213.
La Nauve (sieur de), conseiller au parlement de Paris, I, 215; II, 137.
Landais (Pierre), favori de François II, duc de Bretagne, I, 164, 410.

Langue (le baron de), II, 216.
Languet, financier, I, 134.
Lantot, financier, I, 121.
Lapat, financier, I, 132.
La Peyrère (Isaac de), II, 205, 214.
La Piardière, financier, I, 124.
La Pierre (le sieur de), exempt des gardes du prince de Condé, II, 219.
La Porte, arlequin de la Comédie italienne, II, 192.
La Raillère, financier, I, 118, 121, 122, 128, 442, 458; II, 100.
Larcher, sieur d'Esboulets, I, 222.
La Roche (le sieur de), II, 220.
La Rochefoucauld (François VI, duc de), II, 128, 291, 430.
La Rochefoucauld (le chevalier de), II, 216
La Roque (sieur de), II, 205, 216, 219.
La Trousse (de), I, 351.
Launay Gravé (Jean de), conseiller au châtelet de Paris, I, 121, 122, 137; II, 124.
Launoy (le comte de), I, 182; II, 29.
Laurent, prends ton verre, I, 494.
Laverdin (le marquis de), II, 148, 150.
La Baillie (sieur de), I, 217.
Le Blanc, procureur, II, 224.
Le Camus, contrôleur général des finances, I, 117, 118, 119, 123, 138, 323; II, 409.
Le Clerc, financier, I, 135.
Le Coigneux (Jacques), président à mortier au parlement de Paris, I, 116, 174, 210; II, 137, 408, 440, 441, 540.
Le Coq (Jean), sieur de Goupillier, conseiller au parlement de Paris. II, 130, 137.
Le Dru (Nicolas), I, 311.
L'Eclanche, I, 494.
Léfébure, trésorier de France, I, 114, 211.
Le Féron (N.), président aux enquêtes et prévôt des marchands de Paris, I, 137, 217; II, 97, 103, 487, 527.
Lefèvre (Louis-François, sieur de

Caumartin), conseiller au parlement de Paris, I, 222; II, 130, 137, 442, 447.
Le Gras, maître des requêtes, II, 386.
Lemaire, greffier en l'hôtel de ville de Paris, II, 381, 384.
Le Meusnier (Clément, sieur de Lartiges), conseiller au parlement de Paris, I, 212, 219.
Le Nain, conseiller au parlement de Paris, I, 212.
Le Nain, sieur de Tillemont, maître des requêtes, I, 218.
Lenfant, marchand, II, 384.
Le Noir, président en la cour des Aydes, I, 210.
Le Normand (l'abbé), maître de chambre du cardinal Mazarin; II, 223.
Lentulus (Cneius Cornelius), consul, I, 380.
Léon X (Jean de Médicis), pape, II, 320.
Léony, banquier du cardinal Mazarin, I, 326.
Léopold Guillaume, archiduc d'Autriche, I, 223, 335, 341, 361, 431, 516; II, 96, 126, 140, 146, 150, 154, 249.
L'Escuyer, membre de la chambre des comptes, II, 138.
L'Escuyer, financier, I, 125.
Le Page, financier, I, 135.
Le Pautre (Antoine), architecte, I, 15.
Le Picard, maître des requêtes, I, 215.
Le Plaisant, bouffon de Louis XIII, I, 402.
Le Roy, conseiller au parlement de Paris, I, 216.
Le Roy, II, 207.
Le Royer, financier, I, 125.
Le Sage, financier, I, 128.
Lescalopier (sieur de), I, 213.
Lescot, joaillier du cardinal Mazarin, I, 410, 510.
Lesdiguières (François de Bonne, duc de), connétable de France, II, 44.
Lesseville, sieur d'Évesquemont, maître des Comptes, I, 213.
Le Tardif, financier, I, 134.
Le Tellier (Michel), secrétaire d'État et depuis chancelier de France, I, 174; II, 29, 263, 283, 339, 345, 442, 531.
Le Vanneur, financier, I, 138.
Le Vasseur, financier, I, 114, 116.
Le Vau (Louis), architecte, I, 15.
Levis-Ventadour (Anne de), archevêque de Bourges, II, 30, 46.
Lhopital (N. de Vitry, maréchal de), I, 174, 513; II, 87, 214, 421, 506, 539, 540.
Lhopital (N. des Essarts, veuve du maréchal de), II, 449.
L'Huillier, financier, I, 134.
Liancourt (Charles du Plessis, duc de), I, 174; II, 54.
Licinius Sura, préfet du prétoire, I, 401.
Licius, censeur, I, 394.
Liégault, II, 384.
Ligneville (le comte de), II, 214.
Ligours, financier, I, 138.
Lillebonne (N. de Lorraine, comte de), I, 433.
Lionne (Hugues de), secrétaire d'État, II, 263, 279, 281, 345.
Lionne, grand audiencier, I, 212.
Lombart, financier, I, 129.
Loménie (Antoine de, seigneur de la Ville aux Cerfs), II, 226.
Longpré, II, 217.
Longueil (René de), conseiller au parlement de Paris, I, 314, 436; II, 137, 365.
Longuet, trésorier général de l'extraordinaire des guerres, I, 133, 208.
Longueville (Henry II, duc de), I, 104, 161, 173, 178, 182, 204, 303, 340, 421, 432, 440; II, 14, 19, 21, 28, 41, 63, 72, 78, 80, 81, 91, 92, 102, 123, 142, 149, 157, 162, 221.
Longueville (Anne-Geneviève de Bourbon-Condé, duchesse de), I, 161, 173, 177; II, 16, 168, 170, 175, 182, 201, 208, 211, 214.
Longueville (Charles-René d'Or-

léans, comte de Saint-Paul, puis duc de), I, 177; II, 102.
Lopes, marchand portugais, I, 55, 303.
Loppin (Isaac), I, 377.
Lorraine (Charles IV, duc de), I, 272; II, 126, 140, 214, 392, 393, 423, 424, 480.
Lorraine (Charles de), cardinal, II, 449.
Lothaire, roi de France, I, 61.
Lottin (N.), président du grand-conseil, I, 4.
Lottin, conseiller au parlement de Paris, I, 216.
Lottin (sieur de Charni), maître des requêtes, I, 216.
Louet, guépein, I, 88.
Louis le Débonnaire, empereur, I, 61; II, 335.
Louis II, roi de France, I, 81.
Louis VII, dit le Jeune, roi de France, I, 392.
Louis XI, roi de France, I, 365, 392, 409, 442; II, 235, 237, 458.
Louis XII, roi de France, I, 380, 401, 444; II, 51, 458.
Louis XIII, roi de France, I, 28, 83, 296, 401, 409, 476; II, 51, 202, 472.
Louis XIV, roi de France, I, 54, 173, 473, 510, 514; II, 501.
Loyseau (Charles), I, 366.
Lucrèce, I, 369.
Luynes (Charles d'Albert, duc de), connétable de France, I, 62; II, 44.
Luynes (le duc de), I, 264, 435; II, 128, 140, 190.
Luynes, commissaire général aux saisies réelles, I, 133.

M

Machault (François de), conseiller au parlement de Paris, I, 221; II, 448, 449, 451.
Machiavel (Nicolas), I, 6, 99, 256, 278, 319, 337, 344, 347, 380, 512.
Machoire (l'abbé de La), I, 414.
Macquars, financier, I, 115
Magalotti, maréchal de camp, I, 158.
Maillet, financier, I, 116, 125.
Mailly (Jean-Baptiste), I, 203, 359, 437, 501; II, 406.
Maisons (René de Longueil, sieur de), président à mortier au parlement de Paris, II, 258, 431.
Mallet, financier, I, 127, 130.
Mamurra, II, 241.
Mancini (Laure-Victoire), nièce du cardinal Mazarin, I, 104; II, 58.
Mandat (Galiot), conseiller au parlement de Paris, II, 442.
Manicamp (Louis de Madaillan de Lesparre, marquis de), I, 504.
Manzini, beau-père du cardinal Mazarin, I, 268.
Manzini (la), sœur du cardinal Mazarin, I, 292.
Marc Antoine, triumvir, I, 169, 382.
Marc Aurèle, I, 355.
Marcellus (Quintus), consul, I, 59.
Marché, II, 217.
Marchin ou Marsin (Jean-Gaspard-Ferdinand, comte de), II, 377, 430.
Marcillac, financier, I, 132.
Maressar ou Meressars (M. de), II, 205, 218, 219.
Margonne, financier, I, 115.
Marie Stuart, reine d'Écosse, II, 129.
Marie Tudor, reine d'Angleterre, I, 60.
Marigny (Jacques Carpentier de), II, 242, 397.
Marillac (Louis de), maréchal de France, I, 401, 436.
Marillac (Michel de), garde des sceaux de France, 464.
Marin (Claude), intendant des finances, I, 118, 138.
Marin (dit Rigny), financier, I, 126.
Marius, I, 371.
Marre (le baron de), II, 142.
Mars, II, 81, 203, 212, 219.
Marsillac (N. de La Rochefoucauld, prince de), I, 431.

Martillière, avocat au parlement de Paris, II, 198.
Martin, intendant de l'écurie du roy, I, 137.
Martineau, évêque de Bazas, II, 314.
Martineau, financier, I, 130.
Martinozzi (la), sœur du cardinal Mazarin, I, 292.
Martinozzi (Marie), nièce du cardinal Mazarin, I, 104.
Massac (M. de), II, 223.
Matarel, II, 288.
Matha (le marquis de), I, 436.
Matha (l'abbé de), I, 518.
Mathieu, médecin, II, 386.
Mathieu, ordinaire du palais Mazarin, II, 222.
Matignon (François de Goyon, sire de), I, 432 ; II, 91.
Maugis d'Aigremont, I, 355.
Maupeou (sieur de), conseiller au parlement de Paris, I, 216, 219.
Maure (Louis de Rochechouart, comte de), I, 331, 436.
Maurice, archer de la ville de Paris, II, 384.
Mauroy, financier, I, 114, 125.
Maximilien Ier, empereur d'Allemagne, I, 380.
Maximilien II, empereur d'Autriche, I, 468.
Maximin, empereur, II, 49.
Mayne ou Mayenne (Charles de Lorraine, duc de), I, 444.
Mazarin (Jules), cardinal, I, 28, 33, 39, 48, 49, 50, 62, 88, 91, 92, 94, 104, 107, 110, 118, 122, 123, 140, 143, 150, 153, 155, 167, 173, 177, 179, 183, 184, 186, 189, 191, 192, 193, 197, 199, 202, 203, 207, 225, 243, 267, 270, 274, 289, 292, 295, 298, 306, 307, 314, 317, 383, 384, 408, 411, 412, 432, 435, 440, 445, 472, 477, 478, 484, 489, 507, 508, 510, 511, 512, 513 ; II, 6, 12, 14, 15, 16, 18, 19, 20, 21, 23, 24, 27, 28, 31, 32, 33, 36, 38, 42, 43, 45, 46, 48, 49, 55, 58, 59, 61, 63, 70, 75, 79, 86, 89, 102, 107, 108, 114, 126, 132, 139, 141, 152, 157, 160, 163, 168, 169, 170, 171, 172, 173, 174, 175, 176, 179, 181, 182, 184, 209, 212, 222, 223, 227, 229, 240, 241, 242, 256, 260, 261, 263, 265, 274, 279, 283, 286, 289, 294, 296, 298, 301, 303, 308, 317, 318, 320, 321, 323, 325, 327, 329, 330, 331, 339, 342, 343, 344, 346, 347, 349, 351, 352, 353, 358, 360, 361, 364, 366, 376, 377, 379, 380, 387, 389, 391, 396, 397, 410, 413, 415, 417, 419, 420, 421, 422, 424, 426, 427, 432, 437, 441, 450, 470, 472, 474, 476, 480, 485, 493, 496, 499, 500, 501, 502, 508, 511, 513, 517, 519, 523.
Mazarini (Pietro), père du cardinal, I, 95, 265 ; II, 252.
Mazarini (Julio), jésuite, oncle du ministre, I, 154.
Mazarini (Michel), cardinal de Sainte-Cécile, archevêque de Lyon, vice-roi de Catalogne, I, 51, 103, 344, 413 ; II, 24.
Mazel, financier, I, 134.
Mécénas, I, 364.
Médée, II, 211, 212.
Médicis (Catherine de), reine de France, I, 89, 235 ; II, 403.
Médicis (Marie de), reine de France, I, 56, 89.
Meilleraye (Charles de La Porte, duc de), maréchal de France, I, 13, 124, 173 ; II, 44, 71, 99, 100.
Méliand, procureur général au parlement de Paris, I, 210, 222 ; II, 91.
Melon, II, 206, 218.
Memmin, financier, I, 128.
Menardeau-Champré (François), conseiller au parlement de Paris, II, 82, 130, 137, 440, 442.
Merat, maître des comptes, I, 214.
Merault, financier, I, 118.
Mercator (Gérard), géographe, I, 15.
Mercier ou Le Mercier (Jacques), architecte, I, 15.

TABLE ALPHABÉTIQUE.

Mercœur (Louis de Vendôme, duc de), I, 509; II, 35, 58, 263, 281.
Merlin-Coccaïe, I, 471.
Mérovée, roi des Francs, I, 388.
Mesme (Henry, sieur de), président à mortier au parlement de Paris, I, 209; II, 19, 130, 137.
Mestrezeau, I, 15.
Metz (Henry de Bourbon, évêque de), abbé de Saint-Germain des Prés, II, 46.
Meusnier, financier, I, 136.
Michaut, financier, I, 125.
Michel (le Père), de l'ordre des Camaldoli de Grosbois, I, 263, 435, 502; II, 134.
Mignot, financier, I, 125.
Milet, procureur au parlement de Paris, I, 221.
Mileti, I, 311.
Minerve, II, 202, 212.
Miron (Jacques, sieur du Tremblay), maître des comptes et colonel de la milice, I, 215; II, 386.
Mithridate, roi de Pont, II, 163.
Mittanour (Dufour Jean), I, 519.
Mizelas, le vieil, roi de Pologne, I, 60.
Moïse, I, 69; II, 465.
Mole (maître), receveur des rentes de la cour des Comptes, I, 213.
Molé (Matthieu), premier président du parlement de Paris, I, 18, 124, 209, 450; II, 130, 137, 185, 287, 342, 346, 439, 516, 528, 540.
Molé (N.), évêque de Bayeux, II, 120.
Mommirot, financier, I, 136.
Momus, II, 193.
Monaco (le prince de), I, 97.
Mondini ou Mondin (l'abbé), domestique du cardinal Mazarin, I, 98, 410, 511; II, 247.
Monguignard, II, 218.
Monnerot, financier, I, 125, 129.
Montaigu (Jean de), intendant des finances et grand maître de France, I, 394.
Montaigu (lord), II, 389.
Montauban, avocat au parlement de Paris, II, 198.
Montaulieu, II, 217.

Montauron, financier, I, 133.
Montbazon (Hercule de Rohan, duc de), gouverneur de Paris et de l'île de France, I, 167, 173; II, 15, 44.
Montbazon (Marie de Rohan, duchesse de), I, 174; II, 377, 510.
Montecot (sieur de), maître des requêtes, I, 216.
Montelon, avocat au parlement de Paris, I, 220.
Montespan (Louis de Pardaillan de Gondrin, marquis de), II, 430.
Montigny (M. de), II, 205, 218.
Montmaur (le sieur de), I, 209.
Montmorency (Lisbius de), II, 215.
Montmorency (Anne de), connétable de France, I, 409; II, 271.
Montmorency (Henri II, duc de), maréchal de France, I, 401; II, 52.
Montpensier (Anne-Marie-Louise d'Orléans, duchesse de), Mademoiselle, I, 105, 173, 202; II, 350, 383, 503.
Mont-Remy (Lysoie de), II, 215.
Montreuil, II, 217.
Morin, financier, I, 136.
Mortemart (le marquis de), I, 174.
Mothe-Houdancourt (Philippe de La), duc de Cardone, maréchal de France, I, 101, 106, 112, 184, 306, 334, 413, 422, 434, 504; II, 17, 41, 57, 80, 109, 115, 117, 119, 120, 149, 248, 513, 522.
Mothe-Houdancourt (Henry de La), archevêque d'Auch, I, 101, 434.
Motteville (Françoise Bertaud, dame de), I, 431; II, 168.
Mousseau, financier, I, 131.
Moussy (sieur de), maître des Comptes, I, 214.
Moysel, financier, I, 121.
Muissat, financier, I, 136.
Muti (la), sœur du cardinal Mazarin, I, 292.

N

Naboth, I, 261.
Nabuchodonosor, I, 437; II, 334.

558 TABLE ALPHABÉTIQUE.

Naudé (Gabriel), bibliothécaire du cardinal Mazarin, I, 1, 28, 39, 56, 65, 92, 123, 149, 246, 263, 268, 289, 293, 295, 314, 348, 358, 408, 425, 437; II, 222.

Nauplius, II, 216.

Navailles (Philippe de Montaut de Benac, comte et puis duc de), maréchal de France. II, 30.

Negoras, I, 58.

Nemours (Jacques d'Armagnac, duc de), II, 40.

Nemours (Charles-Amédée, de Savoie, duc de), 1, 433; II, 206, 301, 348, 392, 421, 429.

Neptune, II, 202, 218.

Néron, empereur, II, 455.

Nerva, l'empereur, I. 168.

Nesmond (François-Théodore de), président à mortier au parlement de Paris, I, 211; II, 137, 538.

Nevers (N. de Gonzague, duc de), II, 51.

Nicolaï (Nicolas de), président en la chambre des Comptes, I, 209, 450.

Noailles (Anne, comte et puis duc de), II, 29.

Noé, le patriarche, II, 94.

Nogent (le comte de), II, 534.

Noire (maître), sieur de La Planchette, I, 214.

Noirlieu (le marquis de), II, 116.

Noirmoutiers (Louis de La Trémouille, marquis de), I, 112, 431; II, 106, 128, 289, 513.

Normand (l'abbé), domestique du cardinal Mazarin, I, 518.

Nostradamus (Michel), I, 15, 27, 416.

Nouveau, intendant de la justice en la généralité de Paris, I, 126.

Novion (Nicolas Potier, sieur de), président à mortier au parlement de Paris, I, 181, 186, 211, 430; II, 440, 540.

O

Oems, général de l'armée weymarienne, I, 509.

Olier (Jean-Jacques), curé de Saint-Sulpice, I, 519.

Olimpia (Maïdalchini Pamphili, dite la signora), 11, 447.

Ondedei (Zungo), maître de chambre du cardinal Mazarin. II, 342.

Orgeval (d'), conseiller au parlement de Paris, 11, 443.

Orieux (sieur d'), président en la cour des Aydes, I, 210.

Orléans (Gaston duc de), frère de Louis XIII, I, 1, 8, 104, 105, 151, 152, 154, 156, 159, 165, 166, 173, 177, 180, 184, 192, 193, 197, 198, 202, 231, 234, 265, 344, 469, 480; II, 12, 15, 17, 22, 24, 30, 31, 32, 41, 44, 63, 65, 71, 88, 110, 114 135, 138, 174, 176, 216, 227, 250, 261, 265, 271, 280, 282, 283, 285, 290, 300, 309, 312, 313, 315, 322, 328, 329, 330, 345, 349, 350, 364, 365, 366, 377, 378, 380, 382, 383, 390, 392, 393, 396, 414, 420, 423, 424, 426, 450, 470, 497, 499, 503, 506, 507, 511, 513, 514, 520, 523, 538.

Orléans (Marguerite de Lorraine, duchesse d'), I, 173, 202; II, 71.

Ormond (le comte d'), II, 45.

Ortis (d'), I, 13.

Orval (le comte d'), écuyer de la reine, II, 527.

Orviétan (l'), charlatan fameux, 1, 271.

Oudin (Antoine), I, 511.

Oudinet, I, 15.

P

Paget, financier, I, 127.

Palamèdes, II, 216.

Pallas, 11, 209.

Pallu, l'aîné, financier, 1, 136.

Palluau (Philippe de), maréchal de Clerambaut, I, 151, 336; 11, 30, 247.

Palluau, (l'abbé de), maître de chambre du cardinal Mazarin, II, 400.

Palluau (N. sieur du Fay), conseiller

au parlement de Paris. I, 220; II, 130, 138.
Panfili (Francesco), neveu du pape Innocent X, I, 154; II, 249.
Paris, membre de la chambre des Comptes, II, 138.
Paris (Paulin), I, 113.
Particelli, I, 311; II, 411.
Pasiphaé, II, 215.
Pasquier (Nicolas), conseiller au parlement de Paris, I, 441; II, 240.
Passerat (Jean), un des auteurs de la satyre Ménippée, I, 14.
Patin (Guy), I, 92, 149, 246, 263, 359, 437, 507.
Patin, ancien et grand garde de la draperie, II, 526, 529, 532.
Patru (Olivier), avocat au parlement de Paris, II, 277.
Paulet (Charles), secrétaire de la chambre du Roy, inventeur de la Paulette, I, 1, 366.
Pavillon, financier, I, 132.
Payen, financier, I, 123.
Pélissier, financier, I, 127.
Pelletier (N. sieur de La Houssaye), conseiller au parlement de Paris, I, 222.
Péraction, financier, I, 125.
Pérault, président en la cour des Comptes, I, 129.
Péréfixe (Hardouin de Beaumont), précepteur de Louis XIV, évêque de Rhodez et depuis archevêque de Paris, I, 414.
Péricard (François de), évêque d'Angoulême, II, 30.
Périclès, I, 58.
Perrault, président de la chambre des Comptes et intendant du prince de Condé, II, 16.
Perrichon, garde des marchands merciers, II, 533.
Perrot, président aux enquêtes, I, 219.
Perrot (Jean), conseiller au parlement de Paris, I, 219; II, 441.
Persan (Vaudeter, marquis de), II, 88.
Pertel, financier, I, 136.
Pertuis, II, 217.

Pesche (Peuche, sieur de La), II, 276, 291.
Petit, financier, I, 120, 123, 134.
Petit, domestique du président Tubeuf, II, 224.
Petit (la), femme Navarrot, I, 120.
Peyrat, financier, I, 128.
Pharamond, I, 388.
Pharaon, II, 465.
Philippe de Macédoine, I, 161.
Philippe le Hardi, roi de France, I, 392.
Philippe le Long, roi de France, I, 392.
Philippe de Valois, roi de France, I, 392, 393.
Philippe de France, duc d'Anjou, frère de Louis XIV, I, 173, 414.
Philippe le Bon, duc de Bourgogne, II, 208, 236.
Philippe II, roi d'Espagne, I, 60, 83, 468.
Philistus, favori de Denys le Jeune, I, 394.
Phinée, roi de Phénicie, II, 217.
Phisica, II, 117.
Pibrac (Guy du Faur, sieur de), II, 462.
Picard, financier, I, 117, 123, 128.
Pichou, comédien de l'hôtel de Bourgogne, II, 192.
Picot, exempt des Gardes, I, 13.
Pidou, financier, I, 138.
Pinon (Jacques, sieur de Martray), conseiller au parlement de Paris, I, 219.
Pinon, I, 216.
Piry, financier, I, 125, 133.
Platon, II, 202.
Plessis-Praslin (César de Choiseul, marquis de), maréchal de France, I, 508; II, 133, 146, 150, 154, 403, 419, 522.
Pline le Jeune, I, 390.
Pluton, II, 112.
Pollux, II, 215.
Polybe, II, 456, 457.
Pomponius Sextus, jurisconsulte, I, 460.

Pont (Mme de), duchesse de Richelieu, II, 35, 59.
Pontcarré (Nicolas Camus, sieur de), conseiller au parlement de Paris, I, 217.
Pont Saint Pierre (le marquis du), I, 441.
Pordel, financier, I, 128.
Porsenna, roi d'Étrurie, I, 371.
Portail (Paul), conseiller au parlement de Paris, I, 218, 479.
Portier, financier, I, 128.
Potier, (N.), évêque de Beauvais, I, 156, 332.
Potier, financier, I, 138.
Precen (de), marchand de fer, II, 384.
Prélabé, maître, I, 210.
Preschon (Georges), I, 394.
Prevetay (François), libraire, I, 497.
Prévost (Charles), conseiller clerc au parlement de Paris, I, 213.
Prévost, maître des requêtes, I, 217.
Prévost, financier, I, 127.
Priam, roi de Troye, I, 6.
Prier, financier, I, 133.
Probus, empereur, I, 63.
Prochyte (Jean), I, 292.
Proclète, I, 394.
Prudhomme, baigneur, II, 446.

Q

Quatresols (sieur de Montanglos), conseiller au parlement de Paris, I, 219.
Quentin, financier, I, 118.
Quignet (Pierre du), I, 290.
Quincy (veuve de Pierre de), I, 220.
Quintin (N. de La Moussaie, comte de), II, 215.
Quintus Marcius, censeur, I, 407.

R

Rabalus, financier, I, 134.
Radzivil (le prince de), II, 45.
Rambouillet, financier, I, 127.
Ransommes, II, 214.
Ranty (le baron de), I, 518.
Rantzau (Josias, comte de), maréchal de France, I, 336, II, 41.
Regnard, I, 518.
Renard, traiteur au bout du jardin des Tuileries, I, 501, 503, 506; II, 84.
Renaudot (Théophraste), fondateur de la *Gazette*, I, 190, 445; II, 123.
Renaudot (Eusèbe), II, 123.
Renaudot (Isaac), II, 123.
Rézé (Besnard de), conseiller au parlement de Paris, I, 212.
Retz (Albert de Gondy, maréchal de), I, 409.
Retz (Pierre de Gondy, duc de), I, 431, 504; II, 162.
Retz (Jean-François-Paul de Gondy, coadjuteur de l'archevêque de Paris et cardinal de), I, 39, 183, 218, 219, 220, 416, 448, 508, 593; II, 15, 32, 89, 153, 174, 177, 182, 184, 213, 230, 250, 254, 259, 270, 276, 277, 278, 279, 281, 283, 287, 288, 289, 291, 308, 344, 359, 362, 264, 366, 375, 386, 387, 390, 391, 392, 393, 394, 396, 412, 413, 414, 426, 444, 449, 504, 506, 507, 509, 511, 519, 540.
Rhodes (Claude-Pot, comte de), grand maître de la garde robe, I, 174, II, 449.
Rhodes (Louise de Lorraine, comtesse de), II, 444, 445, 449.
Ribier, II, 447.
Richebourg (de), financier, I, 118.
Richelieu (Armand du Plessis, cardinal, duc de), I, 62, 85, 96, 97, 109, 155, 982, 225, 254, 303, 312, 326, 329, 330, 333, 335, 339, 340, 341, 347, 363, 378, 408, 409, 426, 435, 445, 464; II, 46, 242, 258, 407, 411, 485, 492, 493, 499.
Richelieu (Armand-Jean Vignerod, duc de), II, 35, 53, 59, 104.
Richon, gouverneur de Vayres, en Guyenne, II, 249.

TABLE ALPHABÉTIQUE.

Ricouse, II, 217.
Rieux (N. de Lorraine, comte de), I, 433.
Riote, financier, I, 128.
Rivière (le chevalier de), II, 216.
Rivière (Louis Barbier, abbé de La), évêque de Langres, I, 151, 414, 415, 438, 472; II, 71, 282.
Roberval (Gilles-Personne de), géomètre, I, 15.
Robin, sieur de Varize, I, 218.
Rochefau (M. de), II, 205, 218.
Rocollet (Pierre), imprimeur et libraire ordinaire du roi, I, 473.
Rodolphe, I, 69.
Rohan (Henry de Chabot, duc de), II, 100.
Rohan (Tancrède de), II, 105.
Roisi (le comte de), I, 433.
Roland, personnage de comédie, II, 193.
Rolet, financier, I, 134.
Rolland, neveu de Charlemagne, I, 355.
Rolland, financier, I, 118.
Rollin de La Haye, libraire, I, 493.
Romand, financier, I, 134.
Roquelaure (Gaston-Jean-Baptiste, marquis, puis duc de), I, 126, 174.
Rose, financier, I, 127, 134.
Roseret, financier, I, 132, 134.
Rosnay (le comte de), II, 216.
Rouilly, financier, I, 133.
Roulin, I, 494.
Ruellan, maître des requêtes, I, 218.

S

Sachetti (le cardinal), I, 96; II, 250.
Sainctot (Nicolas de), maître des cérémonies, I, 513.
Saint Ambroise, I, 449.
Saint-André (de), financier, I, 131.
Saint Augustin, I, 63; II, 453.
Saint Aure, II, 367.
Saint Benoît, II, 367.
Saint Bernard, I, 68.
Saint-Chamond (Melchior-Mitte de Chevrières, marquis de), 454.
Saint Denis, l'Aréopagyte, II, 215.
Saint Félix, I, 15.

Saint Georges, I, 26.
Saint-Germain Beaupré (sieur de), II, 430.
Saint Grégoire, pape, I, 69.
Saint Hippolyte, II, 367.
Saint Honoré, II, 367.
Saint Ibal, II, 219.
Saint Jean l'Évangéliste, I, 80.
Saint Jean Chrysostome, I, 449.
Saint-Joseph (dom Pierre de), de l'ordre des Feuillants, I, 277.
Saint-Julien, poëte burlesque, I, 109, 436; II, 68, 118.
Saint Landry, II, 367, 371.
Saint Louis, roi de France, I, 392; II, 434.
Saint-Luc (François d'Espinay, marquis de), I, 433.
Saint Magloire, II, 367, 371.
Saint-Maigrin (Jacques-Estuer de La Vauguyon, marquis de), I, 503, 504; II, 311.
Saint Marcel, II, 367, 371.
Saint-Marc (M. de), gentilhomme de la chambre du prince de Condé, II, 205, 217.
Saint-Martin (M. de), II, 206, 367.
Saint Médard, II, 367.
Saint Merry, II, 367, 371.
Saint Paul, apôtre, II, 334, 368, 455.
Saint Paxan, II, 367, 371.
Saint Pierre, apôtre, I, 426, 499; II, 333, 455.
Saint-Pol (Louis de Luxembourg, comte et connétable de), II, 40, 53.
Saint Remy, archevêque de Reims, II, 215.
Saint-Romain (l'abbé de), II, 204, 213, 219.
Saint-Ybar (le comte de), gentilhomme du prince de Conty, I, 432.
Sainte Agnès, I, 468.
Sainte Avoye, II, 371.
Sainte Catherine, I, 468.
Sainte-Croix (François-Molé, abbé de), conseiller clerc au parlement de Paris, II, 442.
Sainte Geneviève, II, 367, 368, 371, 374.

562 TABLE ALPHABÉTIQUE.

Sainte Opportune, II, 367, 371.
Saintot (Nicolas), maître des cérémonies, II, 130, 527, 531.
Salomon, I, 68.
Saluste, I, 240.
Samuel, financier, I, 123.
Sanguin, conseiller en la cour des Aydes, I, 212.
Sara (Henry ou Robert), libraire, I, 497.
Sarrazin (Jean-François), secrétaire du prince de Conty, I, 175 ; II, 204, 213, 219, 222, 277.
Saturne, II, 203.
Sauvain, financier, I, 130.
Savaron (Jean), I, 444.
Savoie-Carignan (Thomas, prince de), I, 182.
Scarron (Paul), conseiller au parlement de Paris, I, 473.
Scarron (Paul), poëte burlesque, I, 109, 268, 423, 471 ; II, 92, 118, 241.
Schomberg (Charles, duc de), maréchal de France, I, 410, 508 ; II, 101.
Scipion l'Africain, I, 379.
Scipion le Jeune, II, 457.
Scudéry (Madeleine de), II, 167.
Séguier (Antoine), président au parlement de Paris, II, 459.
Séguier (Pierre), chancelier de France, I, 11, 136, 159, 174, 252, 457 ; II, 74, 76, 250, 258, 529, 539.
Séjan, I, 364.
Senecey (le marquis de), I, 441.
Senneterre (N., comte de), II, 419.
Senneterre (Henry de Saint-Nectaire, dit de), maréchal de France, I, 123, 174.
Senoc, financier, I, 134.
Sercelles (sieur de), I, 219.
Sercote, joueur fameux, I, 135.
Serroni (Hyacinthe), évêque d'Orange, II, 46.
Servien (Abel, marquis de Sablé), secrétaire d'État, I, 104 ; II, 19, 263, 279, 283, 314, 342, 344, 345, 366, 531.
Sève (N. de, sieur de Chatignonville), maître des requêtes, II, 442.

Sévigné (le chevalier de), II, 103.
Sévigné (Marie de Rabutin-Chantal, marquise de), I, 351 ; II, 103.
Sévin (Charles), conseiller au parlement de Paris, I, 213.
Sigismond, roi de Pologne, I, 367.
Silhon (Jean), I, 32 ; II, 314.
Sillery (Nicolas Brûlart de), chancelier de France, I, 461.
Sillery (le marquis de), II, 213.
Sinon, I, 6.
Sirot (le baron de), maréchal de camp, I, 188.
Sociando, II, 236.
Soissons (Charles de Bourbon, comte de), II, 20.
Solon, I, 58.
Sommerance (N. de), lieutenant général civil et criminel de Stenay, II, 207.
Sourdis (Charles d'Escoubleau, marquis de), I, 436.
Souvray (le commandeur de), I, 503.
Souvré (le comte de) I, 174.
Stevin, I, 15.
Strafford (Thomas de Wentworth, comte de), II, 420, 434.
Strozzi (Philippe), maréchal de France, I, 265.
Suétone, I, 389.
Sully (Maximilien de Béthune, duc de), I, 409.
Sylla, I, 368, 371.

T

Tabouret, financier, I, 121, 128.
Tacite, I, 59, 64.
Tacite, empereur, I, 401.
Tallemant, financier, I, 127.
Tallemant des Réaux, I, 113, 411 ; II, 199.
Talon (Omer), avocat général au parlement de Paris, I, 28, 222, 501 ; II, 120, 177.
Tamboneau (Michel), président au parlement de Paris, II, 441, 442.
Tardieu (Pierre), lieutenant criminel au Châtelet de Paris, I, 215.
Tarente (Henri-Charles de La Trémouille, prince de), I, 433.

Targon, I, 15.
Tarquin le Superbe, I, 369.
Tavannes (Jacques de Saulx. comte de), II, 392, 421.
Télamon, roi de l'île de Salamine, II, 217.
Terrat, financier, I, 129.
Thalès, le philosophe, I, 359.
Théodebert, roi d'Austrasie, I, 394.
Théodoric, roi des Goths, I, 368, 388.
Théodose, empereur, I, 397, 402, 449.
Thésée, II, 215.
Thévenini (l'abbé), I, 510.
Thibeuf (sieur de Bouville), conseiller au parlement de Paris et colonel de la milice, I, 218.
Thoré (N. Particelli, sieur de), président au parlement de Paris, I, 311; II, 135.
Thou (François-Auguste de), conseiller au parlement de Paris, I, 401; II, 53.
Thou (Auguste de), président aux enquêtes, I, 215.
Thucydide, I, 64.
Thyeste, II, 462.
Tibère, I, 364, 442; II, 462.
Tilladet (le marquis de), gouverneur de Brissac, II, 29.
Tillet (du), président aux requêtes du palais, I, 221.
Tillet (sieur du), conseiller au parlement de Paris, I, 215.
Tillet (Jean du), greffier du parlement de Paris, II, 431.
Timothée, disciple de saint Paul, II, 334.
Tiriot (Jean), ingénieur, auteur de la digue de la Rochelle, I, 15.
Tisiphone, II, 193.
Tite, disciple de saint Paul, II, 334.
Tite-Live, I, 466.
Torelli, I, 311.
Toully (M. de), II, 206.
Tournon (François de), cardinal, II, 46.
Tracy ou Trassi (le sieur de), I, 433; II, 219.
Trajan, l'empereur, I, 158, 390, 401.

Trazor, I, 15.
Tremblay (sieur du), gouverneur de la Bastille, I, 210; II, 33.
Tresmes (N. Potier, duc de), II, 54.
Tréville (M. de), I, 436.
Trimouille (Henry duc de La), 1, 434; II, 144.
Tristan l'Ermite, I, 409.
Tubeuf (Charles, baron de Blansac), président à mortier au parlement de Paris, I, 55, 121, 123, 124, 126, 129, 174, 412; II, 222, 223, 409, 441.
Turenne (Henry de La Tour-d'Auvergne, vicomte de), I, 205, 272, 434, 509; II, 47, 140, 155, 169, 171, 174, 175, 202, 214, 215, 280, 390, 403, 424, 425, 522.
Turgot (N.), conseiller au grand conseil, I, 4.
Turlupin, II, 193.

U

Ulysse, roi d'Ithaque, II, 60, 216.
Uncelenus, I, 327.
Ursina (Portia), femme de Pietro Mazarini, I, 292.

V

Valentinois (César Borgia, comte de), I, 380.
Valette (Jean-Louis, chevalier de La), I, 179, 185, 190, 217; II, 118.
Valignie (de), II, 206.
Vallicont, financier, I, 113.
Vallon (N. comte de), II, 392, 420.
Vanel (Claude, dit Trécourt), financier, I, 122, 128.
Varenne (le comte de), lieutenant général, II, 202, 204, 218.
Varin (Jean), graveur et maître de la monnaie de Paris, I, 125.
Variquet (Pierre), libraire, I, 497.
Vassant, financier, I, 130.
Vendôme (César, duc de), I, 433, 509; II, 58, 332, 540.
Verderonne (Claude de Laubépine, baron de), gentilhomme du duc

d'Orléans, depuis président en la chambre des Comptes, 1, 1.
Verdier, financier, I, 132.
Verpillier (Mlle de), II, 204, 218.
Vialar ou Viallard (sieur d'Autheuil), conseiller au parlement de Paris, I, 181, 215.
Vidal, financier, I, 127.
Vieuville (Charles, marquis de La), surintendant des finances, II, 339.
Vigneul (N. marquis de), I, 504.
Villars, (Pierre, marquis de), II, 206, 218, 219.
Villebois (sieur de), I, 213.
Villedot, architecte, I, 15.
Villefort (Joseph-François Bourgoin de), II, 168.
Villefort (sieur de), I, 216.
Villeneuve (N. de), conseiller au parlement de Paris, II, 442.
Villeregi (sieur de), conseiller au parlement de Paris, I, 218.
Villeroy (Nicolas de Neuville, maréchal duc de), gouverneur du roi, I, 174, 508 ; II, 403, 459, 540.
Villesavin (sieur de Plaisance), I, 218.
Villète, financier, I, 127.
Vincent de Paule, II, 500.
Viole (Pierre), président à mortier au parlement de Paris, 1, 135, 181, 186, 219, 450 ; II, 104, 130, 137, 409, 431.
Vion (sieur de Gayonnet), I, 212.
Virgile, II, 93.
Vitermont (de), capitaine au régiment des Gardes, II, 526.
Vitruve (Marcus Vitruvius Pollio), I, 15.
Vitry (Nicolas de L'Hospital, duc de), I, 112, 435 ; II, 106.
Vrillière (N. Phélippeaux, marquis de La), secrétaire d'État, I, 174.
Villefranche (sieur de), II, 74.

Y

Yon, échevin de la ville de Paris, II, 384.
York (Jacques Stuart, duc d'), depuis le roi Jacques II, II, 120, 130.

Z

Zethes, II, 217.

FIN DE LA TABLE ALPHABÉTIQUE.

TABLE DES MATIÈRES

CONTENUES DANS CE VOLUME.

	Pages.
1. Discours sur le gouvernement de la reine depuis sa régence.	1
2. Catéchisme des courtisans de la cour de Mazarin.	6
3. Discours au parlement sur la détention des Princes.	10
4. Factum pour messieurs les Princes (*extrait*).	40
5. L'Union ou Association des princes, etc.	63
6. Le Courrier burlesque de la guerre de Paris, etc.	68
7. Manifeste de madame la duchesse de Longueville.	168
8. Apologie des Frondeurs.	178
9. Le Frondeur désintéressé (*extrait*).	188
10. Apologie pour Malefas.	192
11. Le Temple de la déesse Borbonie.	201
12. Apothéose de madame la duchesse de Longueville, etc.	208
13. Remise de la bibliothèque de Mgr le cardinal Mazarin par le sieur Naudé entre les mains de M. Tubeuf.	222
14. La Juliade, etc. (*extrait*).	227
15. Requête de la noblesse pour l'assemblée des états généraux.	230
16. Déclaration des prétentions de la noblesse, etc.	239
17. La Mazarinade.	241
18. Défense de l'ancienne et légitime Fronde.	254
19. Avis désintéressé sur la conduite de Mgr le coadjuteur.	259

	Pages.
20. Lettre d'un marguiller de Paris à son curé, etc.	277
21. La Requête des trois Estats touchant le lieu et les personnes qu'on doit choisir pour l'assemblée des estats généraux, etc.	292
22. Les Particularités des cérémonies observées en la majorité du Roy, etc.	310
23. Les Sentiments d'un fidèle sujet du Roy sur l'arrêt du Parlement du 29ᵉ décembre (*extrait*).	314
24. Ordre donné par le Mazarin à son maître d'hôtel pour un plat dont il veut que sa table particulière soit servie pendant tous les jours du mois de février, etc.	339
25. Le Secret de la Cour.	342
26. Croisade pour la conservation du Roy et du royaume.	352
27. Les Intérêts du temps.	359
28. Statuts des chevaliers de la Paille, etc.	366
29. L'ordre et cérémonie qui se doit observer en la descente de la châsse de Sainte Geneviève, etc.	367
30. L'Esprit de paix.	375
31. Récit véritable de tout ce qui s'est passé à l'hôtel de ville touchant l'Union, etc.	379
32. Liste générale des morts et blessés.... à la généreuse résolution faite à l'hôtel de ville, etc.	383
33. Le Vraisemblable sur la conduite de Mgr le cardinal de Retz.	386
34. Tarif du prix dont on est convenu.... pour récompenser ceux qui délivreront la France de Mazarin, etc.	397
35. La Vérité toute nue, etc.	406
36. Satyre du parlement de Pontoise.	438
37. Les Justes plaintes de la Crosse et de la Mitre du coadjuteur de Paris, etc.	444
38. Le Raisonnable plaintif sur la dernière déclaration du Roy.	452
39. Requête des peuples de France.... à Nos Seigneurs de la cour de parlement, etc.	465
40. Avis important et nécessaire aux corps de ville, bourgeois et citoyens de la ville de Paris sur la prochaine élection d'un prévôt des marchands, etc.	483

TABLE DES MATIÈRES.

Pages.

41. La Vérité prononçant ses oracles sans flatterie (*extrait*). 500
42. La Vérité continuant de prononcer ses oracles (*extrait*).. 516
43. Relation véritable de ce qui s'est passé à Pontoise en la réception des six corps des marchands, etc......... 526
44. Virelay sur les vertus de sa faquinance............. 534
45. Relation véritable des particularités observées en la réception du Roy dans sa bonne ville de Paris, etc.... 538

FIN DE LA TABLE DES MATIÈRES.

Imprimerie de Ch. Lahure (ancienne maison Crapelet)
rue de Vaugirard, 9, près de l'Odéon.

www.ingramcontent.com/pod-product-compliance
Lightning Source LLC
Chambersburg PA
CBHW070357230426
43665CB00012B/1153